〔データブック〕

# 近未来予測2025

ティム・ジョーンズ＆キャロライン・デューイング

江口泰子訳

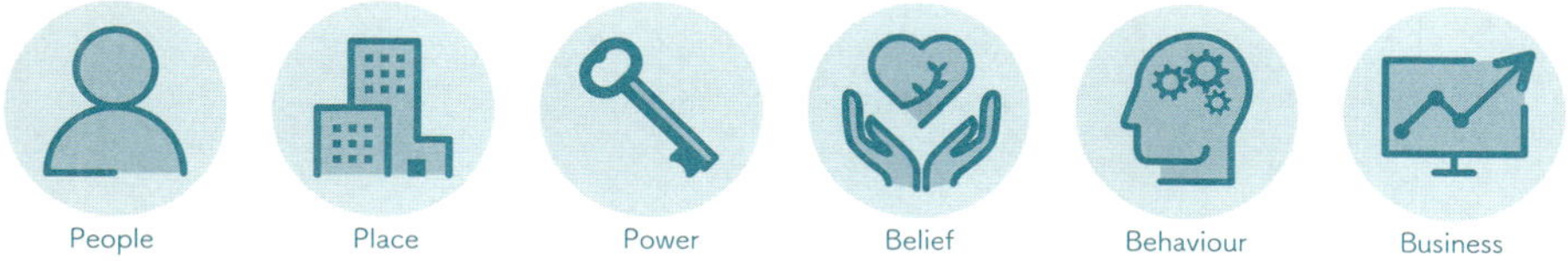


futureagenda

Six Challenges for the Next Decade

Tim Jones and Caroline Dewing

早川書房

FUTURE AGENDA

*Six Challenges for the Next Decade*

by

Caroline Dewing and Tim Jones



Translated by

Taiko Eguchi

First published 2018 in Japan by

Hayakawa Publishing, Inc.

This book is published in Japan by

arrangement with

Future Agenda

c/o The Hanbury Agency Ltd

acting in conjunction with

Intercontinental Literary Agency Ltd

through The English Agency (Japan) Ltd.

装幀／早川書房デザイン室

# 目次

## 第2章　課題1　未来の人



## 第3章　課題2　未来の場所

訳者による注は側注として＊で示した。

# イントロダクション

・私たちが直面する課題
・未来予測――その理由と方法
・予測の不確実性と確実性
・多様な声か、ひとりの意見か

オーダーメード医療、自動運転車、過激派組織ＩＳ（イスラム国）、スナップチャット[*1]、原油価格の低迷、データハッキング。現代に生きる私たちには、ものごとがかつてない速さで変化しているように思える。医療、エンターテイメント、輸送の三つだけをとってみても、技術は急速に進歩しているようだ。同時に、政治やソーシャルネットワーク、誰や何を信用するのかについての私たちの態度もまた、変化しつつある。実際、変化がこれまでにない目まぐるしさで起きているのかどうかは、ただそう感じるだけかもしれないし、事実なのかもしれない。私たちにわかっているのは、二〇二五年までのあいだに、また新しい変化がたくさん起きて、多くの問題が表面化することである。その状況にしっかりと備えるためには、地平線のその先までも見通さなければならない。問題は、未来は誰にも予知できないということだ。なかには、何が起きるかについて、自分は他の人よりもよくわかっていると考える人もいる。ほとんどの人は、重要なのは知的な賭けをすることだと気づいている。もし未来を予知できないのならば、知的な賭けをするためには、次に何が起きるかを予測しなければならない。うまく予測できれば、それだけうまく賭けができるからだ。

＊1　米国で爆発的に流行した、スマートフォン向けの写真共有アプリ。

未来を予測することは、いつの時代にも簡単ではなかった。技術は急速に進歩する。政治運動は移り変わる。経済のダイナミクスは変動し、社会の変化も加速する。そうしたニュースがたびたび見出しを飾っても、ほとんどの人には、それが毎日の暮らしとどう関係があるのかをうまく理解できない。事実、未来を予測することは非常に難しく、地球が直面している重要な問題はあまりにも大きいために、それらの問題が及ぼす影響をひとつの機関や組織だけで正確に理解することは不可能だろう。ますます緊密につながる世界で、変化が加速するのに伴い、より多くの組織がさらに先のことを考えて、新たに生まれる機会や脅威を正しく見極めようとしている。私たちの考えでは、そのプロセスに真の価値が加わるのは、研究分野を超え、大陸を超えて知識を共有する時だ。特に社会が待ち望んでいるイノベーションは、研究分野や産業、あるいは様々な問題が交差する場所で生まれやすい。

「フューチャー・アジェンダ」は、世界最大規模を誇る、グローバルなオープン型未来予測プログラムである。様々な文化や産業、研究分野の専門家が協力し合えば、世界に対するより深い理解を築けるという考えのもとに生まれた。世界をより深く理解できれば、戦略も立てやすくなり、未来に待ち受ける課題にも取り組みやすくなる。私たちの目的は、この後の一〇年間に様々な制度やシステムが機能して、消費者が行動でき、政府がルールづくりに活かせる方法を見つけ出すことであり、規模の大小を問わずあらゆる組織に対し、世界中の専門家の考えや意見にアクセスして、未来に向けた戦略を練る手がかりを提供することである。

二〇一〇年に実施した第一回の「フューチャー・アジェンダ」プログラムでは、二〇二〇年までの未来予測について、たくさんの組織から様々な意見が集まった。まずは、未来の医療から未来の通貨までのあらゆるテーマについて、各分野の専門家にそれぞれの考えを執筆してもらった。そしてその考えを土台に、一五〇〇を超える組織がワークショップに参加して、大きな問題や新たに浮かび上がった課題について議論を重ねた。ボーダフォン・グループを専属スポンサーに、二五カ国に及ぶ企業のCEO（最高経営責任者）や市長、学識経

| 欧州 | アジア | 南北アメリカ | オセアニア | 中東 | アフリカ |
| --- | --- | --- | --- | --- | --- |
| ベルリン | バンガロール（インド） | リマ（ペルー） | ブリスベン | アブダビ | ケープタウン |
| ブダペスト | 北京 | メンドーサ（アルゼンチン） | クライストチャーチ | ベイルート | ヨハネスブルク |
| ケルン | 香港 | ニューヨーク | シドニー | ドバイ | |
| ガーンジー（英国王室属領） | ジャカルタ | キト（エクアドル） | ウェリントン | イスタンブール | |
| ロンドン | クアラルンプール | サンフランシスコ | | | |
| ミュンヘン | マニラ | サンパウロ | | | |
| ノールトウェイク（オランダ） | ムンバイ | スタンフォード | | | |
| ローマ | ニューデリー | トロント | | | |
| ウィーン | 上海 | ワシントンＤＣ | | | |
| チューリヒ | シンガポール | | | | |

**図表１**：2015年フューチャー・アジェンダ・イベントの開催都市

験者、学生が参加した。さらに、一四五カ国以上の五万人を超える人びとがオンラインで各自の意見を投稿した。そうしてまとめたプログラムの成果をオンラインと書籍で発表して以来、確かな情報を求める組織や個人が、私たちの報告を広く共有して活用してきた。その後もテレビ番組に協力したり、講演会やワークショップを開いたり、議論の場を設けたりすることで、未来の変化が各部門や市場に及ぼす潜在的な影響を、世界中の組織や個人が探ったり、新たな機会を模索したりしてきた。

第一回の成功を受けて、あちこちの組織から第二回の実施を望む声が上がった。その声に応えて二〇一五年に「フューチャー・アジェンダ２・０」を実施し、二〇二五年までに予測される重大な変化について議論した。前回とほぼ同様のアプローチを取りながら、新たに次のような挑戦を行なった。たとえば、ワークショップの回数と開催国の数を増やして、より幅広い意見を取り入れ、地域的な差異にも注目した。最終的に三九都市の四五会場（図表１）において、五〇の組織が一二〇のワークショップを開いて、二五のテーマについて話し合った。特に若い世代の参加を促し、高校や大学をはじめとする教育機関の協力も得た。また、ソーシャルネットワークを効果的に使って情報を公開したり、前回、国際的な報道機関とのあいだで築いた関係を活かして、重要なテーマについて積極的にメディアで取り上げてもらったりもした。さらには、スポンサーを一社に絞るのではなく、複数のスポンサー企業がグローバルに、あるいはそれぞれ関心の高い地域において、特定のテーマのワークショップを後援した。本書は、それらすべての成果をまとめたものである。

すでにプラスの変化もたくさん現れた。気候変動や持続可能な医療制度、食料供給の問題に取り組むアイデアもある。個人データをよりよく管理するために必要な政策アイデアや、やがて遺産《レガシー》となる製品やサービス、ビジネスモデルを、未来の重荷にしないためのアイデアもある。これらの考えが実現するように、おおぜいの人が時間と知性を惜しみなく提供してくれたことを、嬉しく思うとともに謙虚な気持ちで受け止めてもいる。「フューチャー・アジェンダ」は、コアチームが無償で働く非営利型のプロジェクトであり、今後も、世界中の未来志向の組織を巻き込んだ、壮大な協働プログラムとして活動を続けていく。

## アプローチについて

当初から私たちの目的は、それぞれのテーマにおいて、次の一〇年に起きる変化について新たな知識を得るだけではなく、今後、進むべき方向やその理由と、予測される影響についても理解することにあった。その目的のために、政府、経済界、大学・研究機関の三部門において各テーマの著名な専門家に依頼して、未来にまつわるよくある質問に答えてもらった。そうして得た回答を基本的な考えとして、標準フォーマットに落とし込んだ。作業効率をはかり、共通の枠組みで捉えるためである。そして、「グローバルな課題」「選択肢と可能性」「解決の方向性」「予測される影響」の四つの小見出しのもとに整理した。

次に、その内容をもとに世界の三九都市において九カ月にわたって、一二〇のワークショップを開催した。

ひとつの組織内で開いた場合もあったにしろ、ほとんどの場合は幅広い分野の多様な専門家が参加した。その時々で最も適した会場を選び、企業の会議室やホテル、レストラン、あるいは大学で開いたこともある。ロンドンやニューヨークからシンガポール、シドニー、上海、ミュンヘン、ベイルート、ドバイ、ムンバイ、ペルーのリマやアルゼンチンのメンドーサまで世界の都市を舞台に、深い知識を備え、いろいろな考えを持った、様々な文化の幅広い年齢層の人たちが集まって、それぞれの意見を交換した。

九カ月後、「フューチャー・アジェンダ」チームは、ワークショップで集まったデータを検討して重要な意見を選び出した。それらは、開催国やテーマが違っても、複数のワークショップで頻繁に耳にした共通の話題に基づいている。プログラムの全成果をまとめる作業の一環として、重要な意見を概要に整理して、「フューチャー・アジェンダ」のウェブサイトで公開した。第一回のプログラムの時と同じように、今回のプログラムで生まれた新しい考えや意見についても、世界中の組織は広く活用して、これまでの前提を問い直したり、戦略的な方向性を練り直したり、新しく登場したイノベーションや成長機会を見極めたりしている。さらには未加工のデータも含めて、プロジェクトの成果はすべて自由に閲覧可能である。次の一〇年間の課題に立ち向かい、より確かな考えを組み立てるために、世界中の組織はそれらの情報をおおいに役立ててほしい。

本書は、その次のステップとして生まれた。オンラインで閲覧できる内容は、世界中のワークショップで私たちが聞いた様々な専門家の意見である。彼らが重要とみなす問題について、私たちが整理・要約して、中立的な立場で記録したものだ。それゆえ、オンラインで読める内容は、必ずしも私たち著者の意見でも、後援者や協力企業の考えでもない。あくまでも独立した専門家の見解である。彼らの意見を尊重するとはいえ、私たちの意見とは異なる場合も少なくない。いっぽうの本書は、私たちが聞いた専門家の意見について、私たちがどう思うかを述べたものだ。私たち個人の考えや意見をつけ加えたうえに、多くの場合、中立的な立場も取っていない。ひとつには議論の途中で気づいた矛盾をなくすためであり、もうひとつには専門家の意見を盛り込んで、筋道の通った内容にまとめるためでもある。

食料やエネルギー、都市、情報、あるいは本書で取り上げるどんなテーマについても、私たちに専門家の振りをするつもりはない。今回のプログラムでは、深い知識を持つおおぜいの専門家と言葉を交わしたが、私たちは詳細には立ち入らず、それぞれのテーマの関連性を見つけ出し、とりわけ重要な共通点に光を当てることで役に立てたと考えている。本書のなかには、同意できない考えもあるかもしれない。だが、別の人がなぜそう考えるのかについては、理解できるのではないだろうか。より豊かな未来を築くのであれば、世界を、そしてその根底にある問題を、誰か別の人の視線で見ることは極めて重要であり、そうすることによってはじめて、何かを成し遂げて、確かな変化をもたらせるはずだと私たちは考えている。本書がその一助となることを願っている。

# 第1章

# 未来に対する12の共通認識

- ワークショップの開催国やテーマ、参加者の顔ぶれが変わっても、繰り返し話題にのぼった12の共通認識がある
- そのうち、実際に懸念すべき共通認識と、さほど懸念するほどでもないものとをうまく区別できるか
- 通説と事実とを見分けられるか

未来に待ち受ける課題と機会について、そしてそれが実際にどんなものかについて、多くの人はそれぞれ違う考えを持っている。政府や大企業、シンクタンクが抱く考えは、自営業者や一般市民が抱く考えとは往々にして異なる。また住む場所が違えば、組織も個人も違うレンズでものごとを見る。たとえば東洋か西洋か、北半球か南半球か。もっと地域レベルで言えば、都市部か農村部かでも、ものごとを見るレンズは変わってくる。

さらに、情報をどこから得たのかによっても考えは左右される。国営メディア、新聞、テレビ、あるいはツイッターといったソーシャルメディアはどれも異なる視点に立ち、様々なグループから情報を入手して、それぞれの方法で伝達する。同じように、信仰や政治信条、経済状態、教育レベルや健康状態のどれかが似通った人は、未来についてもよく似た考えを抱きやすい。もちろん、本人や友人、家族の過去の体験によっても、その人の世界観は変わってくるだろう。

しかしながら、ものごとの捉え方は多様でも、多くの人が共通して抱く考えがある。ほぼ普遍的に認識されて、あちこちのグループで話題にのぼる考えもあれば、大多数の人が同意する考えもある。そしてそのどれも、私たちが未来をどう捉え、それゆえ何を重視するのかという優先順位に影響を及ぼす。おおぜいの人が共有する考えは、地面に打ち込んだ杭であり、世間の常識はもちろん、社会が受け入れている前提やパラダイムまでも教えてくれるのだ。

以下に、私たちが見つけ出した「未来に対する一二の共通認識」について述べていこう。ワークショップの開催国やテーマ、参加者の顔ぶれが変わっても、繰り返し話題にのぼった共通の未来像である。

最初の五つは、とりわけマイナスの影響や大きな懸念に焦点を合わせている。

## 1．人口が爆発的に増加する

現在、地球上には七〇億人以上の人口が暮らしている。二一世紀の終わりには、あと二〇億か三〇億、もしかすると四〇億人の増加が見込まれるが、果たしてその人口を養えるのかどうかが危ぶまれている。現在の一・五倍の世界人口を養うだけの土地や食料、水を確保できるのか。いったい、どこに住むのか。国家や社会、文化、あるいはいまの生活様式や生活水準、生活の質をどうやって維持するのか。

## 2．資源が枯渇する

人口増加に伴い、私たちが依存している重要な資源が枯渇の危機にさらされるか、完全に枯渇してしまう可能性がある。地球が安定供給できる量の一・六倍もの資源を、すでに世界が消費しているというのであれば、いま以上の消費量の増加にどうやって対応できるのか。資源は、地球上のすべての人に行き渡るのか。現在の私たちが送っているような生活を維持するだけのエネルギーやレアメタルを、確保できるのか。

## 3．環境汚染に歯止めがきかなくなる

いまではほとんどの人が認めるように、人為的な環境汚染は悪化の一途をたどっている。もっとグリーンな生活を心がけるべきだと考える人は多い。生物多様性を保全し、窒素過剰を制御するための安全な閾値《いき》（境界）をすでに超えてしまったいま、その損害を修復する方法はあるのか。都市、海洋、大気の汚染は悪化するいっぽうなのか。化学肥料は食料生産にどんな影響を及ぼしてきたのか。気候変動の影響がますます大きくなっている点はどうだろう。最新技術を使った、魔法のような解決策が登場する日も近いのだろうか。

## 4. 移民は悪だ

カナダやフィリピンのように移民をプラス要因と捉えて、人口バランスを調整し、労働力を確保する手段として受け入れる国もあれば、移民をマイナス要因として捉える国もある。多くの国や地域で、こんな声が上がる。我が国の制度や貴重な資源を圧迫する、これ以上の移民や難民にどう対処するのか。どうしたら数百万人の移民が押し寄せてきて、仕事を奪い、文化を変えてしまう現状にストップをかけられるのか、と。人びとが自分たちの土地にとどまって、もっと安全で豊かな生活を送り、よその国や都会に移住しようと思わないために、私たちには何ができるだろうか。

## 5. 仕事が不足する

人口が増え、高い教育を受ける人が増え、職場に導入される技術が増えるのに伴い、給料をもらって働く仕事は、みなに行き渡るほど残っていくのだろうか。人工知能（ＡＩ）やロボットが、低・中賃金の仕事に取って代わるのか。たくさんの移民が流入して、いまよりも安い賃金で進んで——それどころか大喜びで——働くと、社会全体の平均賃金を押し下げてしまう。平均寿命が延びて社会的な負担が増えると、高齢者はより長く働いて、若者に仕事を譲ろうとしなくなるだろう。仕事に就けない者はどうするのか。仕事のある者が、彼らを支えなければならない日がやってくるのか。

だがプラス面に目を向けると、おおぜいの人が指摘するように、前向きな変化も起こりつつある。

## 6. 女性の教育水準の向上が、多くの問題を解決する

よりよい教育を受ける機会をもっと多くの人に、とりわけ女子に与えると、社会全体にプラスの連鎖反応をもたらすと期待する声は多い。初等教育を終えたあとも上の学校に進めば、女性も就業してもっと積極的に経済活動に参加し、社会の発展におおいに貢献できるようになる。また家族の規模は小さくなり、出生率は下がり、人口増加にも歯止めがかかるだろう。政治や経済の分野で活躍する女性の数が増えれば、社会や制度の男性優位という不均衡を調整して、世界をよりよく動かせると考える国もある。

## 7. 技術が大きな問題を解決する

人間は難しい問題に直面するたびに、たいてい技術の進歩によって解決してきた。同じような進歩が、また起ころうとしている。「モノのインターネット（ＩｏＴ）」である——あらゆるものをインターネットに接続することで、膨大な量のデータや情報のやりとりを可能にし、生活や仕事の効率を著しく向上させる仕組みだ。

その他にも、技術による解決が期待されているのは次のような難問である。科学者は食料生産性を向上させ、技術者は旱魃《かんばつ》に強く、塩水で育つ作物を開発する。電気自動車のおかげでクリーンな輸送が可能になり、炭素排出量が減って都市の大気汚染が改善する。データ共有と通信技術のイノベーションによって、病人の治療を助け、世界的な感染症のリスクを減らす。

## 8. 答えは太陽光エネルギーにある

太陽光エネルギーの利用拡大を後押しして、世界のエネルギー供給や事業の促進に、大きな影響を与えようとする政府や企業が増えている。太陽光エネルギーは無限に利用でき、一〇〇パーセント再生可能である。何といっても、太陽は毎日昇るのだ。ソーラーパネルや太陽電池の変換効率が上がれば、世界中のどこででも、安価なエネルギーを大量に供給できる。そのうえ、（ほぼ）無料の太陽光エネルギーを利用して（ほぼ）無料の真水をつくり出し、徐々に価格が下がるか無料の食料を供給することもできるだろう。

プラスとマイナスの影響が混在する課題もある。どう捉えるかは、その人の立場や視点によりけりだろう。

## 9. 定年について考え直す必要がある

医療が進歩して平均寿命が延びたおかげで、ほとんどの人は長生きができるいっぽう、多くの国では、いつまで働き、いつ退職するかのバランスを取ることが難しくなった。たいていの公的年金は、約一〇年の年金生活を支えるようにしか設計されていないため、いまの社会では〝死ぬ一〇年前〟まで働きつづけなければならない。年齢を重ねても健康であれば、そしてパートタイムに移行すればなおさら、七〇歳をとうに過ぎても経済力を維持することは可能だ。経験豊かな老年労働者は職場で高い能力を発揮する。社会は老年労働者をうまく支援する制度を設けるべきだ。同時に、高齢者の社会的孤立も大きな問題になっており、高齢者に地域社会への参加を促す方法についても検討すべきだろう。

## 10. 医療費は増加の一途をたどる

平均寿命は延び、新薬が開発され、どの国においても医療費は増加するいっぽうであり、医療保険制度の破綻が予想される国もある。公的支出と個人支出を含めて、医療費の対GDP（国内総生産）比がすでに一〇パーセントを大きく上まわった国もある。糖尿病やがん、アルツハイマー病などの慢性疾患は増加傾向にあり、多くの社会で医療費の負担を倍加させる。だが、いい解決策もある。アジアやアフリカ諸国では現在、基礎的な健康の増進に焦点を合わせ、より有効な医療を国民全員に提供しようとしている。予防医療はさらに重要な役割を果たせるだろうか――慢性疾患を防ぐだけでなく、エボラ出血熱のような感染症の拡大も防げるだろうか。

## 11. アジアの世紀が始まる

二〇世紀がアメリカの世紀だとすると、二一世紀はアジアの世紀かもしれない。中国とインドが経済成長を牽引し、外交面でも積極的にふるまい、経済力と軍事力とを発揮して、世界を舞台により大きな影響力を及ぼす。この二〇〇〇年間のほとんどにおいて経済大国だった中国とインドは、世界のリーダーたる地位を着実に取り戻しつつある。近年、中国は驚異の成長を遂げ、数百万人の国民を貧困から救い、その莫大な人口と経済力を活かして次の貧困層に手を差し延べようとしている。ただし中国は、国が豊かになる前に急速に高齢化の波が押し寄せる、未富先老《みふせんろう》の問題も抱えている。一人っ子政策の長期的な影響が明らかになるにつれ、経済成長は鈍化し、他の経済大国と同じ道をたどって、中国の国際的な影響力も低下すると見られる。それでは、中国よりも人口動態が有利なインドはどうか。二一世紀のインドは経済、軍事、外交の三つの面で、中国に負けないくらい世界的な存在感を示すのだろうか。

## 12. ＧＤＰ成長率は、社会の発展を評価する最良の尺度である

経済成長が止まったかに見える国があるなか、ＧＤＰで社会の豊かさを評価するという、従来の考えから脱却すべきだと唱える者は多い。おもに（あるいは全面的に）ＧＤＰ成長率を重視するということは、社会として経済利益を最優先するという意味であり、私たちにとってもっと重要な、たとえば心の豊かさや教育、幸福などの他の尺度を二の次にするという意味でもある。ＧＤＰ成長率にこだわるあまり、多くの企業が株主価値の向上を優先し、金融市場は短期的な利益を追い求め、それが結局は社会の基準や価値体系を決めてしまう。二〇世紀の資本主義は、二一世紀にとって最良のシステムではないのかもしれない。これ以上の消費は持続不可能であり、ますます多くの人が、二一世紀には――それが何であれ――よりよいモデルが必要だと感じている。

# 重要課題となる六つのテーマ

以上のすべての共通認識に同意する人は少ないかもしれないが、たいていの人はそのほとんどに納得がいくのではないだろうか。このような考えを基本的な前提にしている個人やグループ、あるいは社会変革活動も多いはずだ。そうであれば、市民や企業、政府が未来に向けてよりよい決断を下すためには、一二の共通認識のうちのどれを実際に懸念すべきであり、どれは私たちが考えるほど大きな問題ではないのかを、うまく区別できなければならない。通説と事実とを見分けられるか。私たちの行く手に待ち受けているのは、実際、どんな変化なのか。そして結局のところ、最良の選択は何だろうか。

本書では、一二の共通認識とその他の問題について深く探り、二〇二五年のおもな課題とそれに取り組むことで生まれる好機について、世界中の専門家の考えや意見を紹介していく。全体は、「未来の人」「未来の場所」「未来の覇権」「未来の信念」「未来の行動」「未来の企業」の六つのテーマで構成する。次章から各テーマに従って、本章で述べた一二の共通認識だけでなく、他のたくさんの問題についても様々な考えや意見を紹介していこう。

第2章

# 課題1
# 未来の人

多くの国で高齢化と格差社会化が進展するなかで、どうやって富を生み出し、社会の公正なバランスを取り戻して、よりよい医療や支援を提供するのか。

- 不均衡な人口増加
- 縮小するミドルクラス
- エイジレスな社会
- 長く働く
- 増加する若者の失業率
- 手の届く医療
- 地域居住
- 女性の選択ジレンマ
- 結論——答えは北欧モデルに

世界を見渡せば、人口をめぐるマクロ的な変化が起きていることは明らかだ。私たちは高齢化と格差社会化とが進展する文化のなかで暮らしている。すべての国で一様にその変化が起きているわけではないにしろ、地球全体で見た場合、高齢化と格差社会化というこのふたつの変化は、財源を確保し、社会のバランスを維持したい各国の政府にとって大きな懸念材料である。

近年、医療が飛躍的に進歩したおかげで平均寿命が延び、多くの地域で高齢者の医療費が医療制度を圧迫している。世界の平均寿命は毎年、平均して六カ月ずつ延びている。そのため、高齢者に対する予防医療や病気の治療、一般的なケアに費やす医療費のＧＤＰ比も上昇傾向にある。ＧＤＰ比が一〇パーセントを超えた国において、医療費の維持は非常に深刻な問題だ。

いっぽう、経済学者と政治家が揃って取り上げ、議論するのが格差の問題であり、この問題に対する懸念は高まるばかりだ。所得格差の問題でよく引き合いに出されるのはアメリカだが、実のところ、アメリカ以上に大きな所得格差を抱える国は少なくない。たとえば南米諸国や南アフリカ共和国、インド、中国がそうである。さらに言えば、所得格差だけでなく教育や輸送、医療、通信ネットワークの接続性などの分野において、より大きなアクセス格差を抱える国も多い。

この半世紀というもの、世界は大きく進化した。戦争が減り、病気も減り、教育機会が増え、医療は充実した。今後は高齢化と格差というふたつの問題が原因で、たくさんの変化が起きるに違いない。第二章では、「未来の人」をテーマに二〇二五年の世界を詳しく探っていこう。社会はどう変化して、どんな影響を及ぼすのだろうか。

## 不均衡な人口増加

**人口増加によって新たに一〇億人が地球上に加わり、高齢化も急速に進む。なぜなら、来年生まれる子どもは今日生まれる子どもよりも、平均寿命が六カ月長くなるからだ。人口構成の不均衡を移民で是正する社会もあるが、従属人口指数[*1]の上昇は多くの国にとって問題だ。**

五〇年後、世界人口はいったい何十億人になっているのか――その具体的な数字について意見が分かれたとしても、それがいびつなかたちの増加であることに誰も異論はないだろう。そのいびつさは高齢化や出生率、地域的な差というかたちで表れ、多くの人があまり快適とは言えない場所や人口稠密地で暮らすことになる。従属人口指数が、急速に持続不可能なレベルに近づいている国もある。紛争や地球温暖化が原因でかなりの数の移民が発生するいっぽう、多くの社会がそのひずみを是正しようとする。それが世界中で政治経済や社会に緊張をもたらし、二〇二五年までのあいだ、大きな負担を強いる。

二〇一二年、世界人口は七〇億人に達した。最新の予測によれば、二〇三〇年には八五億人に、二〇五〇年には一〇五億人に達するという[(1)]（図表2）。食料と土地をうまく活用すれば、その人口を養うことも決して不可能ではないように思える。だが、人口増加の規模と速度は、地域によってかなりのばらつきが見られる。欧

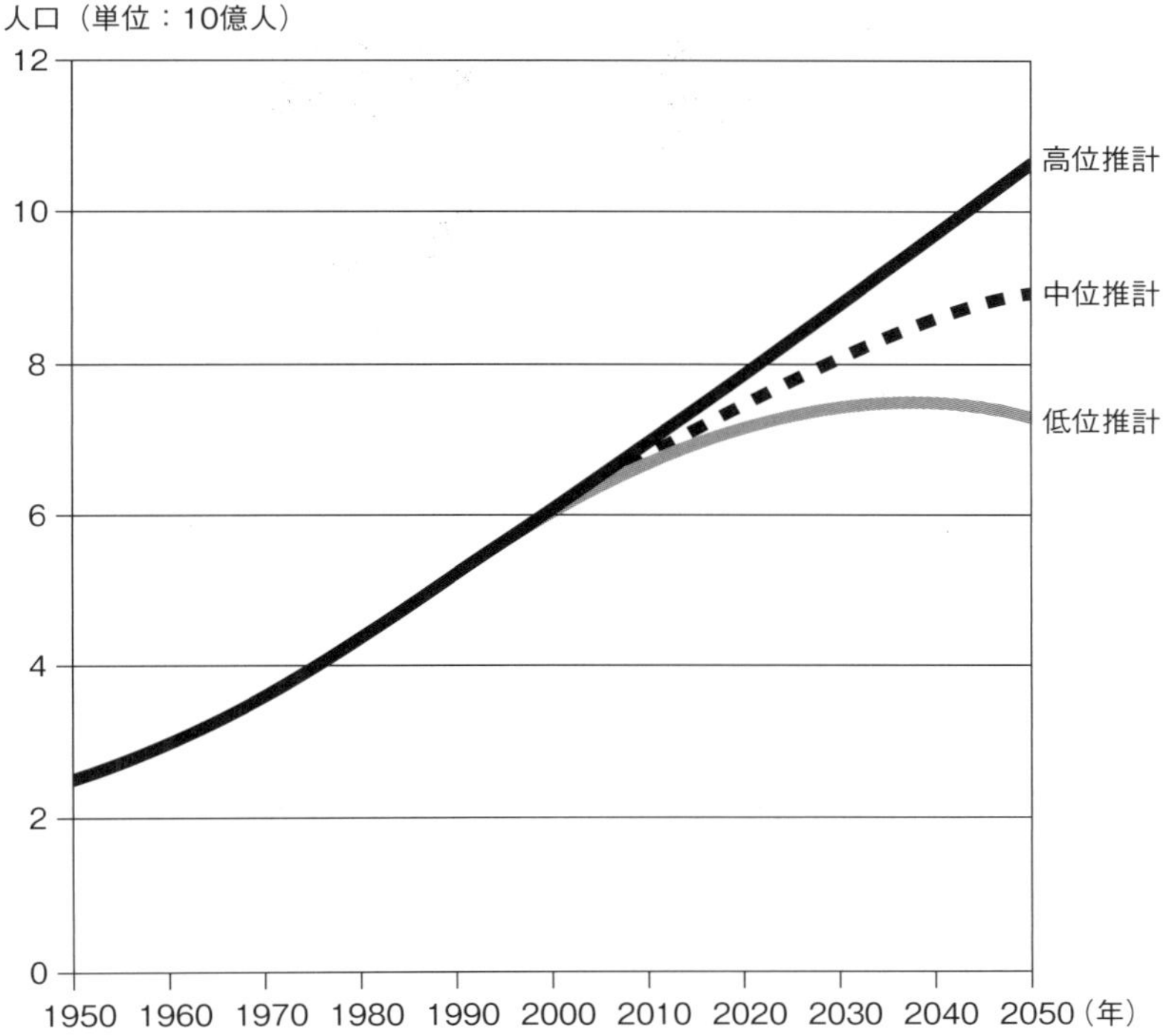


**図表2**：2050年までの世界人口予測（出典：国連）

州では人口は自然減に向かう。二〇一〇年に七億四〇〇〇万人だった欧州の人口は、二〇一五年には七億三八〇〇万人に微減した。大量移民が発生しなければ、二〇三〇年には七億三四〇〇万人に、二〇五〇年には七億七〇〇万人にまで減少すると見られる。他にも自然減が予想されるのは、日本、韓国、台湾、シンガポールだ。二〇一五年から二〇五〇年までの三五年間で、世界四八の国か地域で人口が減少する。そして、人口構成の不均衡という重大な問題に直面する。今後も持続的な経済成長を維持するのであれば、解決すべき最大の問題のひとつは、ますますいびつになる国内の人口構成をうまく活用する方法を見つけ出すことだろ

＊1　32頁を参照。

う。

だが地球全体で見た場合には、二〇五〇年までのあいだ、毎年平均して六〇〇〇万人ずつ人口が増えていく。人口増加のスピードが最も速いアフリカでは、今後も着実に人口が増えつづけ、二〇一五年の一一億人から二〇三〇年には一七億人へ、さらに二〇五〇年には二五億人に達する見込みだ。これほど極端な傾向が見られる地域は他にない。たとえば北米では毎年二〇〇万人ずつ増加し、二〇一五年に三億五八〇〇万人だった人口は、二〇五〇年には四億三三〇〇万人に達するだろう。南米においては六億三四〇〇万人だった人口が、同じく二〇五〇年には七億八四〇〇万人に達すると見られる。

アジアに目を向けると、二〇一五年の人口は中国が一三億七〇〇〇万人、インドは一二億九〇〇〇万人だったが、二〇二二年にはインドの人口が中国の人口を上まわるだろう。その頃、中国の人口増加はピークを迎え、どちらの人口も約一四億人になる。インドの人口は、その後の数十年も増えつづけ、二〇三〇年には一五億人に、二〇五〇年には一七億人に達する見込みだ。

人口増加を促す要因は、おもに「高齢化」「出生率」「移民」の三つである。このうち、ほとんどの社会で顕著なのが「高齢化」だろう。世界中で公衆衛生を改善し、新薬を開発して病気を治療し、たくさんの疫病を根絶して、医療分野の進歩がもたらしたものだ。長寿という、過去半世紀の最もすばらしい成功のひとつは、医療分野の進歩がもたらしたものだ。世界中で公衆衛生を改善し、新薬を開発して病気を治療し、たくさんの疫病を根絶して、給水設備や下水設備も整備した。いまだ撲滅の道は遠いものの、飢餓も減った。その結果、平均寿命が延びた。六〇歳以上が世界人口の一二パーセントを占め、その数は九億人にのぼり、二〇三〇年には一四億人に達するだろう。健康状態が改善して全体的な平均寿命が伸び、アフリカで平均寿命が五〇歳を超え、アジアやアメリカ、欧州では高齢者の姿が目立つ。現在、欧州人口の二四パーセントを六〇歳以上が占め、その割合は二〇五〇年には三三パーセントに達すると見られる。北米でもやはり二〇五〇年までに、六〇歳以上が現在の二〇パーセントから二七パーセントへと上昇し、アジアとラテンアメリカでも、一二パーセントから二五パーセントへと倍加する。

二〇一五年の平均寿命は、低所得の国で四六歳、高所得の国では七九歳で、全体的に見ると約七〇歳である。(2) 平均寿命はさらに延びるだろう。このまま行けば、来年生まれる子どもは、今日生まれる子どもよりも六カ月も長く生きることになる。

同時に、世界中のほとんどの国で、ひと世帯当たりの平均出生子ども数は減少している。これは一般に望ましい現象と見られている。なぜなら、医療が進歩したためであり、長期的な人口増加に歯止めをかけられるためである。乳児死亡率が減った現代では、ひとりの女性がたくさんの子どもを産む必要はない。だが、出生率が低下したいちばん大きな要因は、女性が高い教育を受けるようになったためと考えられている。この五〇年間、世界各国の政府が重点的に取り組んできたのも、女性の教育機会の向上だった。これは、国連の「ミレニアム開発目標（ＭＤＧｓ）」[*2]の優先目標のひとつでもあり、「持続可能な開発目標（ＳＤＧｓ）」[*3]の第五の目標でもある。教育によって自信と能力を身につけた女性は一般に出産時期を遅らせ、産む子どもの数も少ない。

ひとりの女性が平均して六人の子どもを産む国はたいてい所得が低いが、低所得の国が必ずしも出生率が高いわけではない。たとえば、ひとり当たりの国民総所得（ＧＮＩ）の伸びで見た場合、バングラデシュは南アジアでも最低レベルだが、ひとりの女性が産む子どもの数は一九七〇年以来、六人から二・五人に減少した。また、出生率の低下と宗教とのあいだにほとんど相関関係はなく、キリスト教信者の多い国でもイスラム教信者の多い国でも同じ傾向が見られる。出生率が低下した最大の要因は、女性の教育水準が上がったためと考える者が多い。その代表例としてよく名前があがるのがイランとモーリシャスだが、バングラデシュもその好例

＊２　国際社会が二〇一五年までに達成すべき、目標数値を伴った八つの開発目標。二〇〇〇年九月にニューヨークで開催された国連ミレニアム・サミットで採択された「国連ミレニアム宣言」をもとにまとめられた。
＊３　ＭＤＧｓを引き継いで、二〇一五年の国連総会で採択された、持続可能な開発のための具体的行動指針。

だ。世界の出生率はほぼ人口置換水準（人口が増加も減少もしない均衡した状態になる出生水準）の二・二人に近づいている。

ところが、出生率の低さは多くの地域で問題だ。欧州諸国では、出生率は長期的に人口置換水準を下まわり、ほとんどの国においてすでに数十年前から問題となってきた。

一九七八年、急激な人口増加の緩和策として中国は「一人っ子政策」を導入した。この出産制限政策の欠点をあげつらう者は少なくないが、大きな効果があったと考える者も多い。実のところ、効果がありすぎたと言えるかもしれない。導入以来、人口抑制の効果があった反面、弊害も生んだからだ。そのひとつが「四‐二‐一体制」である。つまり、中国のほとんどの若者にはきょうだいがいないため、四人の祖父母とふたりの親の面倒を、ひとりの子どもが見なければならないという問題が深刻化しているのだ。[3]現在の中国は「一人っ子政策」を廃止し、誰でもふたり目の子どもを持てるようになった。だが、男性と高齢者が多く、若者が少ない中国は今後、深刻な危機を迎えるだろう。すぐにでも子どもの数が増えない限り、労働人口が大幅に減少し、巨大な老年人口を支えきれなくなるのだ。

以上のような状況を踏まえて、国内外の社会の均衡を考察するために人口統計学者が用いるのが、従属人口指数である。[4]従属人口指数とは、年少人口（〇～一四歳まで）と老年人口（六五歳以上）が、生産年齢人口（一五～六四歳）に対して占める割合を指す。言い換えれば、働いて税金を支払っている生産年齢人口一〇〇人が、働き手でない年少者と老年者を何人支えているかを示す比率だ。

その測定方法を変更すべきかどうかが、現在、議論の的になっている。たとえば、失業者や公共部門の労働者を含めるか除外するかといった議論である。要は従属人口指数とは、その社会が働き手ではない人口を扶養する負担の程度を表す。年少人口の依存率と老年人口の依存率のふたつに分解でき、経済学者は一般に両方を合わせて考慮する。従属人口指数が高いほど、生産年齢人口とその国の経済は、多くの年少人口と老年人口を扶養しなければならず、社会福祉の負担が大きい。従属人口指数が六〇を超え、その半数以上を老年従属人口指数が占めると、警報が鳴る。なぜなら、社会負担が大きいばかりか、高齢者が多く、人口構成がいびつだという意味でもあるからだ。世界全体で見れば、二〇一五年の従属人口指数は五二・三であり、老年従属人口指数は一二・六にすぎない。その老年従属人口指数も二〇五〇年までには倍加すると見られ、多くの国が懸念している。日本の従属人口指数は六四・五と非常に高く、スウェーデンでは五九・三、イタリアが五六・五、ドイツが五一・八だ。

　同じような指標に潜在扶養率（ＰＳＲ）がある。これは、六五歳以上の老年者ひとりに対する労働人口の比率であり、高齢化の進展とともにＰＳＲは低下する。すなわち、少ない労働者で老年者を支えなければならないという意味だ。現在、アフリカ諸国では平均して、六五歳以上の老年者ひとりを、二〇～六四歳の現役世代一二・九人で支えている。アジア諸国では八・〇人が、ラテンアメリカおよびカリブ海諸国では七・六人が、オセアニア諸国では四・八人が支えているが、欧州と北米ではその数は四・〇人を下まわる。日本は世界最低レベルの二・一人だ。もっとも、欧州の七カ国でも三・〇人を下まわる。[5] 二〇五〇年までにはあちこちの国で二・〇人を割り込むと見られ、そう遠くない将来に多くの国で医療制度はもちろん、高齢者の社会保障制度において、財政的、政治的負担が増すことになる（図表３）。

　人口の不均衡を是正する短期的な選択肢はあまり多くない。最も明らかなのは移民だろう。今日、世界人口の約七人にひとりが移民だ。純移動数（流入数から流出数を引いた移民数）は、高所得国において人口増加の八二パーセントを占めると推定される。世界各地で、移民はますます大きな政治問題になっている。このところ頻繁にテレビが報じるのは、内戦によって国を追われたシリア難民のニュースだが、世界的に見て、移民の大半を占めるのは気象が原因の災害で住む場所を失った人たちだ。一九九〇年以降、移民の数は北半球で一・六五倍に、南半球では一・三四倍に増加した。移民を負の問題とみなす国は多いが、カナダやニュージーラン

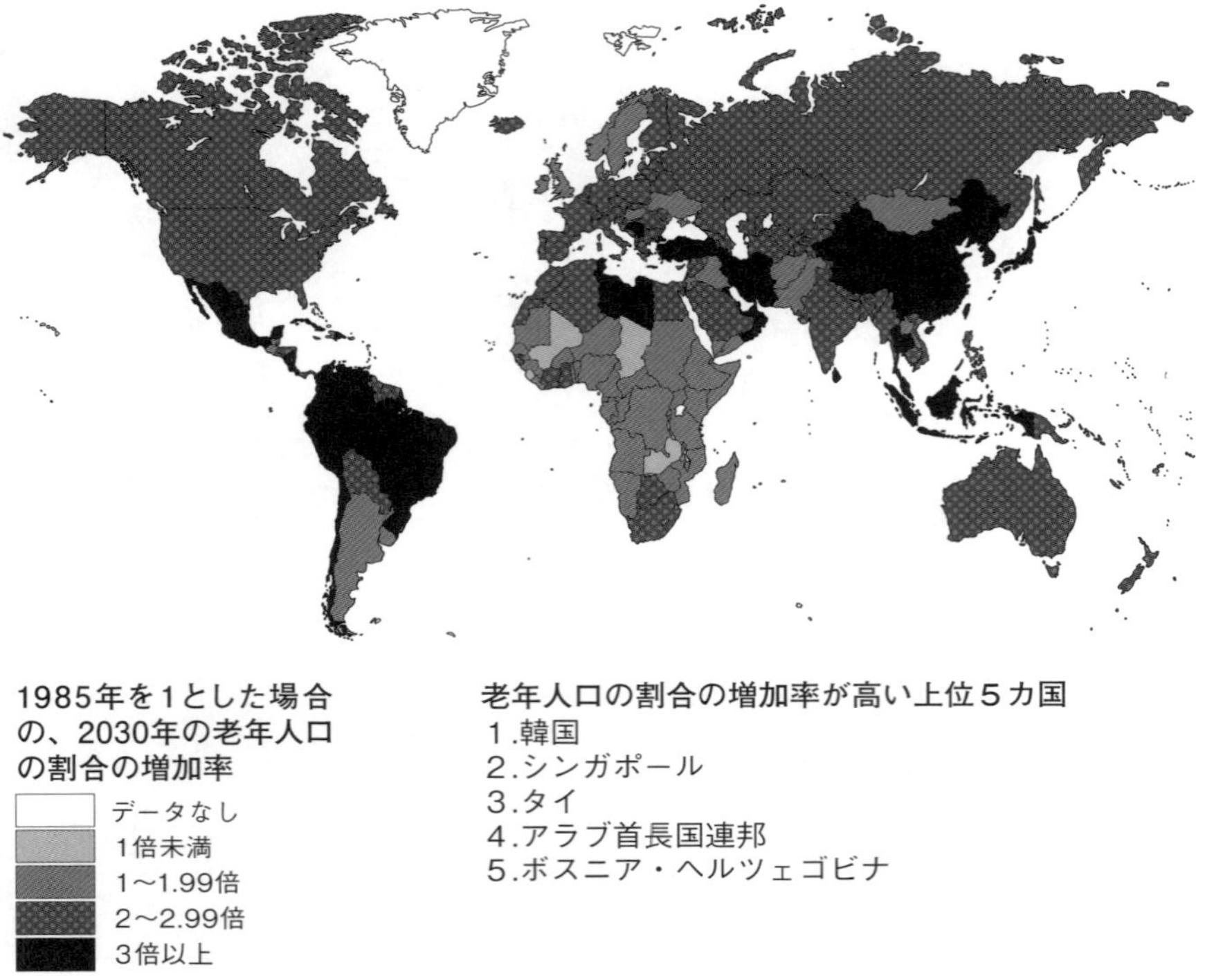


**図表3**：2030年までの、65歳以上の老年人口の割合の伸び（出典：国連）

ド、フィリピンなどの（移民を呼び込んだり出稼ぎ労働者を輸出したりして、積極的な移民政策を打ち出している）国では、移民を経済的にも社会的にもプラス要因とみなしている。

二〇〇〇年から二〇一五年までのあいだ、欧州、北米、オセアニアへの年平均純移動数は二八〇万人だった。気候変動は今後も長期にわたって影響を及ぼすと見られ、地球の平均気温が二度――ましてや温暖化が進んで今世紀中に三度か四度――上昇すると、ますます人口移動を促す[6]。年間百万人の移民を受け入れて労働人口の不足を補う方法は、一部の政府にとって確かに魅力的に違いない。だがその一〇倍、一〇〇倍の移民が北半球や内陸部に押し寄せた時には、その国の様々な制度に過度の負担がかかることになる。

世界的に人口増加のスピードが鈍り、平均寿命が延び、年少人口がつねに二〇億人存在する状態に向かうなか、次の三つについてはいまだ見通しが立たない。すなわち、「従属人口指数の高さ」と「潜在扶養率の低さ」をどう解消していくのか。そして、今後「ますます増加する移民」は、人口の不均衡を是正するメカニズムとしてどんな役割を果たすのか。この三つが政治的に難しい問題となることは間違いない。政策立案者がこれらの問題に先手を打って難しい決断を下すよう、多くの国民は求めている。

## 縮小するミドルクラス

**世界的に中所得層《ミドルクラス》が増加する反面、欧米では格差の拡大によって相対的に減少する。安定した仕事がなくなることもあり、特にアメリカでミドルクラスは着実に減少する。**

世界全体で見た場合、人口動態をめぐる大きな変化のひとつはミドルクラスの増加である。過去に中所得労働者がたくさん誕生したのは、産業革命期の欧州と第二次世界大戦後のアメリカだった。ところがいま、ミドルクラスが増加しているのは欧米以外の地域である。二〇三〇年までにアジア、アフリカ、ラテンアメリカ諸国で、新たに三〇億人のミドルクラスが誕生するいっぽう、西欧とアメリカでは縮小する。「彼らはもはやアメリカ経済の多数派ではない」というわけだ(7)。ミドルクラスの縮小はその概念だけではなく、もっと広い意味において、中所得の仕事の減少と、彼らの役割の縮小までも意味するのだろうか。

二〇一一年、世界人口の一三パーセントが中所得者だった。中所得者とは、ひとり一日あたりの消費額が一〇〜二〇ドルの層を指す(8)。ミドルクラスの増加の大半は、現在、人口全体の五六パーセントを占める低所得者

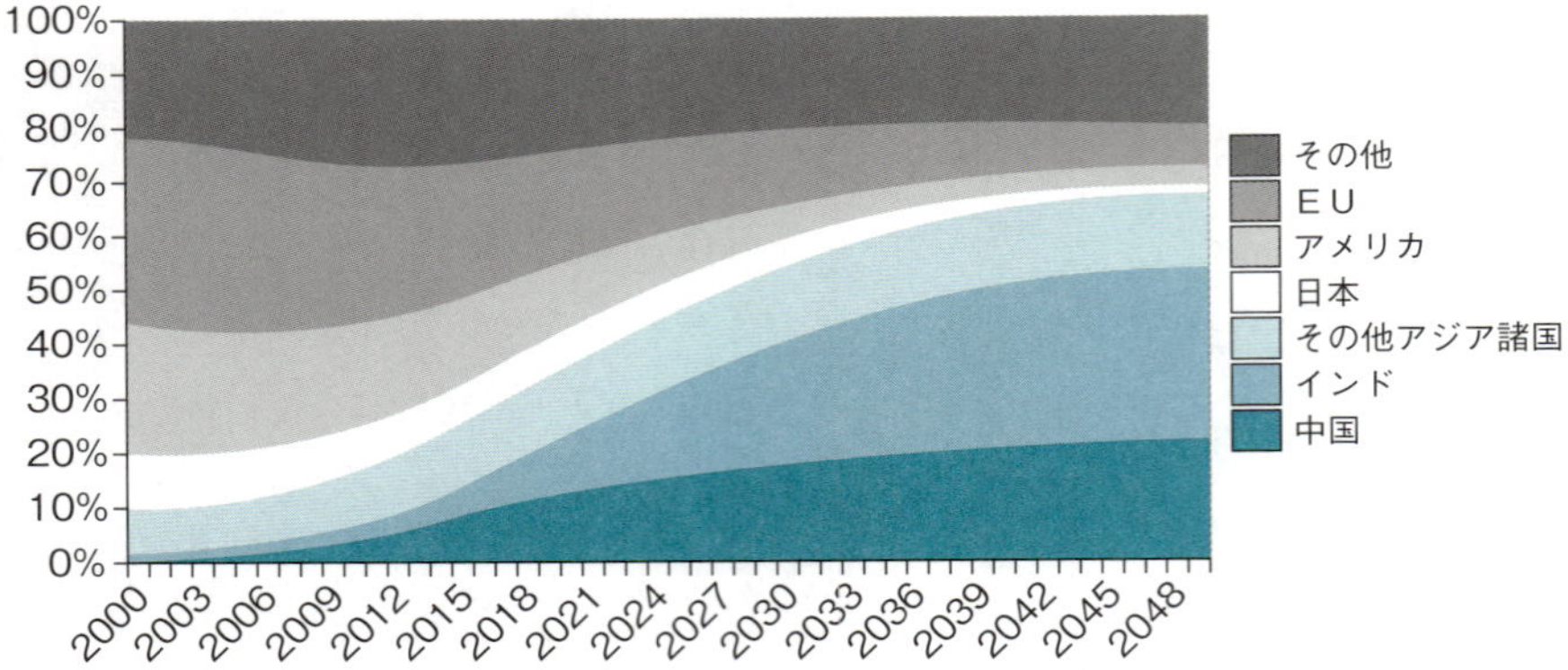


**図表４**：2050年までの世界の地域／国別のミドルクラスの消費比率（出典：クォーツ）

が、一日一〇ドルという壁を超えることで起きる。世界のミドルクラス人口に占めるアジア太平洋地域の比率は、二〇〇九年には二八パーセントだったが、二〇二〇年には五四パーセントに、二〇三〇年には六六パーセントに増加する見込みだ。[9] 対照的に西洋社会のミドルクラスは、急減するというよりは、むしろ経済成長と同じように停滞する。

　アメリカでは、中所得人口はすでに大幅に減少した。一九七〇年、アメリカ人の六五パーセントが中所得者のコミュニティで暮らしていた。二〇一〇年になると、その数字は四〇パーセントに下落した。[10] いっぽう、裕福な地区に住む人口は一五パーセントに倍加し、貧しい地区に住む人口も八パーセントから一八パーセントに増加した。つまり、ミドルクラスは〝上下に押しつぶされた〟（圧縮されつつある）。富裕層と貧困層が増加して、中間層の規模が縮小したのである。シンクタンクのブルッキングス研究所の調査によれば、アメリカにおいて所得分配の格差が目立つのは、小さな都市ではなく大きな都市のほうだという。[11]

　それにはたくさんの理由がある。最も重要な理由は、ミドルクラスの仕事が減っていることだろう。これもまた欧米で顕著な現象だ。新しい技術により人間の仕事を改善したり肩代わりさせたりしようとする、ＩＴ企業やオートメーション企業の担当者と話をすると、興味深いことがある。彼らが焦点を絞っているのは、もはや工場の未熟練労働や農業分野ではないのだ。年収一万五〇〇〇ドルの美容師を、手先の器用なロボットに代えることとさえ、まったく現実に即さない。それどころか彼らが照準を定めているのは、優れたミドルクラスの仕事なのだ。たとえば、高いレベルの知識や記憶力を要するが、ほとんどが同じ仕事の繰り返しである法律や会計部門の事務や管理の仕事は、AIが取って代わるには理想的な職種といえよう。その結果、欧米では年収五万ドルの仕事が消滅の危機にさらされている。これが、多くのミドルクラスに懸念をもたらす。

これほど顕著ではないにしろ、見逃せない理由のひとつは、オンデマンド経済、いわゆる〝ギグ・エコノミー〟の急成長だろう。(12) アクシオム（米）、イーデン・マッカラム（英）、フリーランサー・ドットコム（豪）、アップワーク（米）といった、専門職やフリーランスのためのオンライン・プラットフォームやクラウドソーシングの仲介サイトが、弁護士やコンサルタント、デザイナー、原稿整理編集者、マーケターなどの人材とプロジェクトとを直接マッチングさせて、中間業者を省いている。世界最大規模のクラウドソーシング仲介サイトであるアップワーク（エランスとオーデスクが合併した）だけでも、九三〇万人のフリーランスを三七〇万社の企業と結びつけている。一億六〇〇〇万人にのぼるアメリカの労働人口の約半数が、二〇三〇年にはフリーランスか独立業務請負人[*4]になると見られ、紹介サービスや人材派遣会社などの中間業者に取って代わる莫大な規模の機会が生まれる。何もアメリカに限った話ではない。インドでは、労働人口の二五パーセントがフリーランスだ。(13) 同じような傾向はフィリピンやケニア、インドネシア、ブラジルでも見られる。世界中の人材を供給できるうえに、サービス経済の発達もあって、これまで労働者の活動を制限していた場所や国境の問題は

＊4　企業に属さずに、経験や技能を活かして、専門性の高い仕事をプロジェクト単位で請け負う個人を指す。インデペンデント・コントラクター。IC。

なくなる。これが国際市場の均一化を招き、人とプロジェクトとのますます効果的なマッチングを促し、長期的に、世界のフリーランスの相場を時給四〇〜五〇ドルに押し上げると予想する者もいる。

あるいは、そうは考えない者もいる。[14] 特定の分野において、中間業者の役割がいままで以上に重要性を増すというのだ。たくさんの人が代理店を通さずに直接、保険に加入し、オンラインで新聞を購読契約するとはいえ、たとえば不動産業者はなくならないし、むしろ繁盛している都市もある。インターネット画面が勧める物件数が多すぎて、かえって選べなくなってしまうため、信頼できる案内役や仲介者が必要になるからだ。顧客が望む情報だけを集めて提案したり、指南したりする中間業者を望む声はいっそう高まっているように思える。

グローバルマーケットが国の税収に及ぼす影響を、危惧する欧米政府もある。企業を辞めてフリーランスで働く人間が増えると、個人所得税収が減少するからだが、もちろんそれだけではない。多くの既存企業が消滅して、法人税率の低い国に名目上の本拠地を置くネットワーク企業が取って代わると、法人税収に大きな穴が空くからだ。税収が減れば、国や政府が教育や医療、社会福祉にまわす予算が減り、貧富の差が拡大し、ミドルクラスが縮小する。

人口増加が描く比較的なだらかな曲線と違って、ミドルクラスの縮小が描く曲線は明らかにでこぼこしている。その国や地域の「経済動向」や「人口動向」、「インターネットでつながったグローバルマーケット」という三つの要因によって、大きな影響を受ける国もあるだろう。いまのところ、その影響をまともに受けると思われるのは、アメリカのミドルクラスだ。だが、その同じ要因はアメリカ以外の国でも影響を及ぼしているため、そう遠くない将来に、ミドルクラスが上下に押しつぶされる国が他にも現れるかもしれない。

## エイジレスな社会

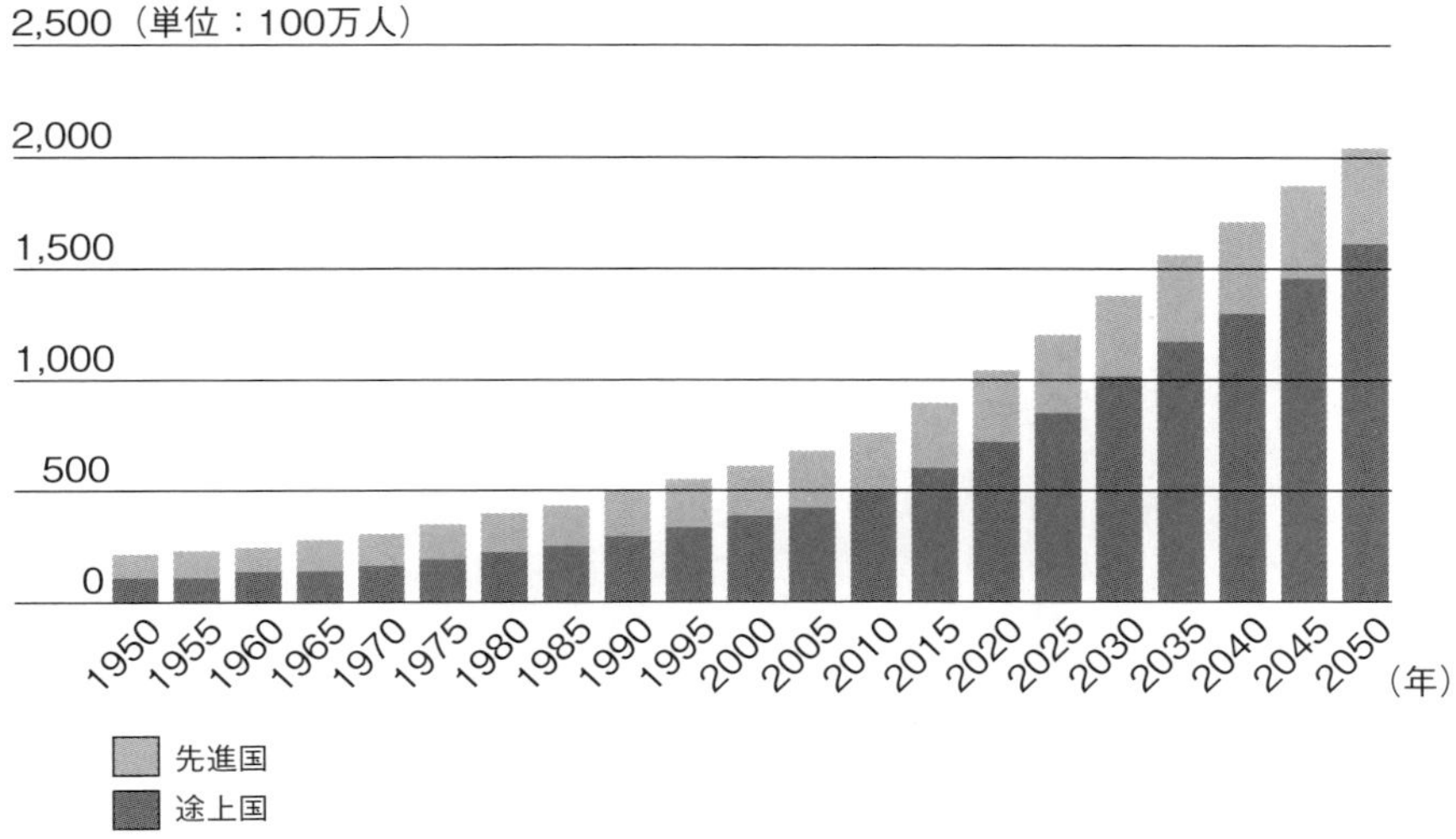


**図表５**：60歳以上の世界人口と、2050年までの推移（出典：国連経済社会局）

**高齢者の増加という人口動態的な変化に社会が順応するにつれ、個人の実年齢はあまり重要ではなくなる。あらゆる年代の創作者や消費者に新たな機会が生まれるが、その恩恵を受けるのはたいてい富裕層に限られる。**

「実年齢はまったく関係ない」そう断言するのは、オックスフォード人口高齢化研究所所長で老年学部教授のサラ・ハーパーである。多少の誇張はあるにしろ、ハーパー教授の言葉が表しているのは、社会が老年人口の増加に順応し、年齢による制限や制約が減少してきたという意味である。世界は、人口動態のかつてない大きな変化を体験している。歴史的に見れば、その変化は急激に起きた。一九九〇年、六〇歳以上の人口は五億だった。ところが、二〇二〇年には一〇億に、二〇五〇年には二〇億に達すると見られる（図表５）。その頃には、地球上の三人にひとりが五〇歳以上になる（二〇〇〇年にはわずか一八パーセントだった）[15]。高齢化は加速の一途をたどり、しかもこの劇的な変化は世界中で起きている。

二〇一六年一月、ベビーブーム世代（一九四六〜六四年生まれ）の第一陣が七〇代にさしかかった。過去半世紀にわたって文化や社会の変革を率いてきたように、彼らは年齢を重ねるという体験をも変えつつある。これまでで最も数が多く、最も裕福なグループである彼らは、自分たちのニーズを満たすために社会を変える。個人金融資産の八割を保有するのもこの世代だ。二〇二五年までのあいだ、ベビーブーム世代は労働人口や消費者市場の特徴や、加齢に対する社会の意識を変えるだけでなく、保険財政や医療財政の方向性をも決定づけるだろう。

老年者はますます健康になった。現代の平均的な六五歳の健康状態は、四〇年前の五八歳に匹敵するうえ、最近の活動的な老年者は、必ずしも仕事を辞めて年金生活を送りたがっているわけではない。健康な老年者は生産的で、コミュニティに参加し、社会とつながる方法を探している。大きな経済力を持つ老年者こそ、成長の源泉だと気づきはじめた企業も多い。二〇二〇年までに、六〇歳以上の市場は世界全体で約一五兆ドルの規模を形成すると見られ、多くの西洋諸国においてGDPのおよそ半分を占める勢いだ。金銭的余裕のある層の需要を掘り起こしたいマーケティング担当者は、若者部門（一九五〇年代にマディソンアベニューの広告代理店がつくり出した部門だ）から、より幅広い年齢層に期待をシフトしている。経済成長は、「健康」と「ライフスタイル」というふたつのキーワードが交差する分野で生まれる。つまり、シニア世代の暮らし方、第二の人生設計、エイジング・イン・プレイス（地域居住）*5、医薬品、旅行やレジャー、美容や化粧品、ファッションや小売などである。

ところが、老年者を取り巻く状況は誰にとっても同じではない。平均寿命は確かに延びたが、全員の寿命が延びたわけではない。「収入」「健康」「平均寿命」のあいだには、強い相関関係がある。英国とアメリカにおいて、富裕層は貧困層よりもおよそ一〇年長生きする。北欧でも約七歳の開きがある。(16) ある特定の人口動態

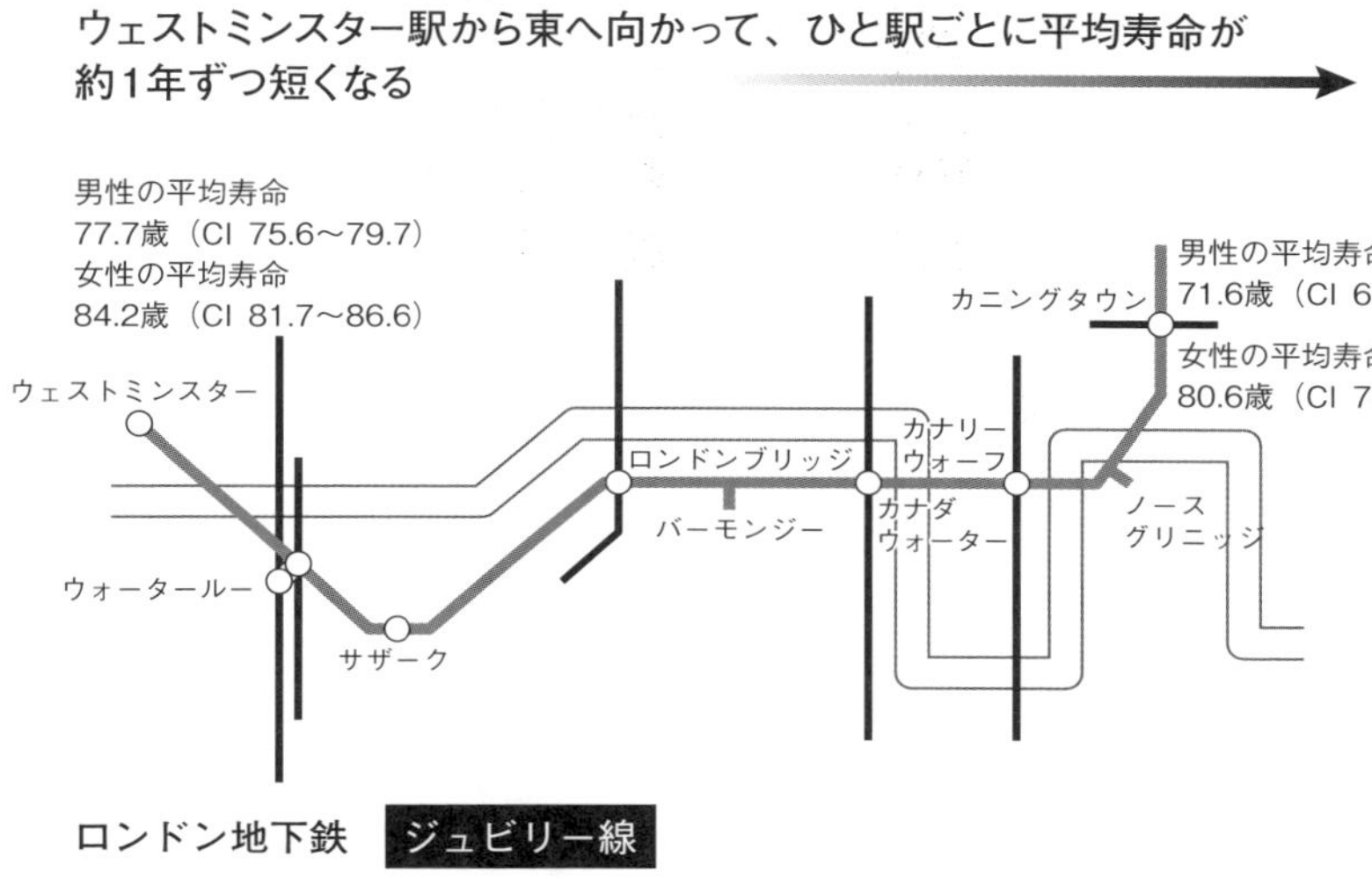


**図表6**：ロンドン市内ジュビリー線沿いの平均寿命（出典：ロンドン保健観察）

グループを例にとると、アメリカの低~中所得の女性の平均寿命はこの数十年のあいだに短くなった。高卒の白人男性の死亡率は非常に高い。若いうちに心臓病を患うか、自殺が原因のことも少なくない。持てる者と持たざる者の所得格差が拡大すると、平均寿命の格差も拡大する。健康と平均寿命の格差の問題に取り組めば、イノベーション機会はもちろん、「政府」「コミュニティ密着型の組織」「民間部門」の三者による新たな協働モデルも生まれるだろう。

　国や地域の人口動態データを比較して、その違いを明らかにする者は多いが、同じ都市のなかの人口動態データを比べる者は少ない。ロンドン市内の地域別平均寿命の違いに着目した統計がある。ロンドン保健観察[*6]が、地下鉄のジュビリー線に沿って平均寿命を調査したところ、顕著な違いが浮かび上がった[17]。ウェストミンスター駅からカニングタウン駅へと東へ向かうにつれ、男性の平均寿命が七七・七歳から七一・六歳へ

＊5　57頁を参照。
＊6　保健にまつわる傾向やニーズを地域レベルで調査する、公衆衛生観察団体。

と、たった七駅で六歳も短くなっているのだ。ひと駅東へ行くたびに一歳近く短縮している計算になる（図表6）。ほとんどの都市で、「高齢化」と「格差」の問題はますます進展する。この問題に取り組むなか、今後、このふたつがどう展開するのか、他の都市でも同様の傾向が見られるのかどうかは、問題の改善度を測る興味深い指標になるだろう。

二〇二五年に向けて、私たちが〝エイジレスな社会〟をどの程度実現したかは、私たちが老年者の新たなモデルを躊躇なく受け入れたかどうかで決まるだろう。年配の労働者をどのような方法で雇用するのか。労働力として活用するのか。彼らのような〝知恵と経験のある労働者《ウィズダム・ワーカー》〟は、次世代にどのような技術を伝えるのか。老年者はどんな製品やサービスを必要とし、望んでいるのか。社会はどうやって、老年者を好意的に受け入れるようになるのだろうか。いろいろな難問が待ち受けている。

## 長く働く

**定年後の長い生活を支えるために、かつてよりも長く働かなければならなくなる。もっと柔軟に働ける制度や政策が登場するいっぽう、年配労働者の雇用に二の足を踏む雇用主も多い。**

人は長く働くようになる。一〇年前の欧州では、五五〜六四歳のうち、全体の三七パーセントしか働いていなかったが、いまではふたりにひとりが働いている。アメリカでは、リタイア生活に入るのは六五歳をすぎてからだと答えた人が、一九九一年の八パーセントから二〇一五年には一四パーセントに増えた。

老後の金銭的不安を考えた場合、長いリタイア生活は多くの人にとってまさに夢になってしまった。年配者の多くが退職したくてもできない。米国立退職貯蓄研究所の試算によれば、二〇一五年、アメリカの全世帯において、退職準備貯蓄口座の残高の中央値はわずか二五〇〇ドルだったという。また五五～六四歳の労働者のうち、年収以上の額を貯金しているのは三人にひとりにすぎない。これらの数字に加えて、充分なセーフティネットもなく、国民皆保険《ユニバーサルヘルスケア》もなく、家族とは疎遠で離れて暮らしているという状況から浮かび上がるのは、さっさと仕事を辞めて年金生活に入ることが、アメリカではますます難しいという事実である。これまでセーフティネットが充実していた欧州でも、このところの政策変更と予算削減を受けて、安定したリタイア生活に対する期待が揺らぎはじめている。またどこの国でも、女性のほうが家事や子育てに時間を取られ、生涯年収が低く平均寿命が長い。そのため、年配の女性はとりわけ老後の生活を支えるために仕事に戻る必要がある。

先進国では二〇一五年に生産年齢人口（一五～六四歳）がピークを迎え、その後は縮小に向かう。二〇五〇年には、現在の五パーセントも縮小するだろう。その状況に備えるため、企業はあらゆる年齢が働きやすい職場づくりを進め、経験豊富で判断力に優れたウィズダム・ワーカーを採用する必要に迫られる。健康な個人は、長生きすればさらにキャリアを積んで創造性を発揮でき、社会に参加して、起業するチャンスにも恵まれるようになる。

高齢化の進展に伴って、年配労働者を支援する事業が発達する。アンコール[*7]が焦点を絞るのは、生産力が高く魅力的な〝第三年代《サードエイジ》〟だ[*8]。彼らのような経験豊富な年配者が教師として働けるように、アンコールでは再教育を行なうが、二〇歳の若者と同じクラスで学ばせるような真似はしない。労働力の生産性は、イノベーションを図るべき分野でもある。たとえばＢＭＷでは、年配労働者のニーズに合わせて国内工場の製造ラインを改革したところ、全労働者の生産性が向上した。

＊7　老年者の就職や起業支援を行なうアメリカのＮＰＯ。
＊8　五〇歳後半から上の、いわゆる中高年世代を指す。

年配労働者を雇用する利益を、多くの企業も理解しはじめた。(18)もちろん、年齢とともに記憶力や処理能力は衰えるが、判断力やパターン認識力、意思決定力などは向上する。この後者の能力は、高度な知識労働には特に必要だ。手仕事や力仕事は減ってきているのだ。経験が豊富であればあるほど、年配労働者は起業家としても有能である。起業家を支援するアメリカのカウフマン財団によれば、一九九六年から二〇一二年のあいだに、年配の起業が六割も増えたうえに、最も起業に成功して、長く事業を続けているのは四五歳以上の起業家だという。

新しい技術プラットフォームとシェアリングエコノミーの登場によって、もっと柔軟に働きたいという年配労働者の希望もかないはじめた。二〇一五年、ウーバーのドライバーの四人にひとりが五〇歳以上であり、三〇歳以下のドライバーよりも多かった。エアビーアンドビーで、宿泊施設を貸し出すホストの一割が六〇歳以上である。追加の生活費を稼ぐ（リバースモーゲージ*9に頼りたくない者にとって、ひとつの選択肢だろう）という動機だけではない。そこにはつながりたい、社交的で積極的な人生を送りたいといった動機も働いているのだ。

年配の労働者を支援すれば、莫大な経済的利益も生まれる。二〇一四年六月に英国の労働・年金省が報告したところによれば、四〇代とほぼ同数の年配労働者（五〇歳から公的年金を受給する年齢までの労働者）が働けば、二〇一三年の英国のGDPは一パーセント上昇していたという。今後、現役世代が縮小するという事実を考えれば、一パーセントは決して微々たる数字ではない。二〇五〇年には、日本、韓国、ドイツ、イタリアのような先進諸国において、生産年齢人口は二五パーセントも減少する。それほど裕福ではないロシアと中国においても、二一パーセント縮小する。その衝撃をもっとわかりやすく言い換えれば、二〇一五年から二〇二〇年までのわずか五年間で、中国は二億一二〇〇万人もの働き手を失うことになるのだ——この数字はブラジルの人口にほぼ匹敵する。この点について、アメリカはあまり懸念する必要がない。有利な人口ピラミッドと移民のおかげで、生産年齢人口が一〇パーセント拡大すると見られているからだ。今後五〇年間の労働人口の減少によって、世界のＧＤＰ成長率が最大四〇パーセントも減少する恐れがある。

そのため、特に欧州諸国では思い切った公共政策を導入している。スウェーデンでは、年配労働者を雇用する雇用主に対して、賃金の最大七五パーセントの助成金を支給する。ドイツでは年配労働者に長期有給休暇制度を導入し、オランダ政府は年齢差別に関する雇用機会均等法と、柔軟な働き方を促進する政策を導入した。

〝超高齢化社会〟を最初に迎える日本では、年配労働者にパートタイム雇用の選択肢を提案するとともに、若い技術者のメンターになるよう勧めている。英国のトレーディング・タイムズは、五〇歳以上の労働者と雇用者とのマッチングを手がけるオンライン・プラットフォームだ。またアメリカでは、コロンビア大学エイジング研究所やボストンカレッジ・エイジング・アンド・ワーク研究所が、画期的な調査や研究を展開してデータや成功事例を提供し、年配者の生産的な雇用を支援してきた。

年配労働者の雇用をためらうのは、無意識のうちに偏見が働くからだ。特定の資格を求めたり、若者を優遇したりする傾向がある。だが、これらの傾向にも対処が可能だ。たとえば、現場管理者の意識を変えるように指導する。あらゆる年齢の従業員を対象に研修を行なう。年配労働者を再教育する。従業員が良好な健康を維持できる資源を提供する。大胆な時短勤務やシフト制を導入する。要介護の高齢者を抱える従業員に対して、支援制度を設けるなどである。職場にロボットが入り込み、自動化が急速に進むと、プラスとマイナスの両方の影響が表れる。ロボット（あるいはパワードスーツ）は、年配労働者の身体的弱点を補う反面、あらゆる年齢層の雇用を脅かす。同様に、環境災害や紛争、経済格差のために国を追われた若い移民労働者は、移住先の国民が嫌がるようなキツい仕事にも喜んで就こうとするために、労働市場を変えてしまうだろう。

＊9　持ち家を担保にして、自宅に住みつづけながら融資を受ける仕組み。

それでは、年金政策は改善できるだろうか。いまの人は昔の人と比べて、定年を迎える年齢になってもずっと健康だ。だからといって、必ずしも年金支給年齢を引き上げるべきだという意味ではない。なぜなら、所得やスキルの低い未熟練労働者や肉体労働者は、これまであまり社会的・金銭的恩恵を受けられなかったうえに、最も年金を必要とするのも彼らだからである。

欧州委員会委員[*10]を務めるドイツのギュンター・エッティンガーは言った。「定年を七〇歳に引き上げる案について議論しなければならない(19)」。そう考えるのは、エッティンガーだけではない。長期的な視野に立ってバランスのいい予算を組む必要に迫られたスウェーデン政府は、超党派の委員会を設置して、年金制度の長期改革を提案するよう一任した[*11](20)。

その結果、スウェーデンは公的年金制度の破綻を何とか免れてきた。ワーキンググループが提案した実効性の高い改革のなかには、個人年金制度の積極的な活用や、平均寿命の延びに応じた法的な定年退職年齢の引き上げといった案も含まれていた。このスウェーデンモデルは、他の国にとっても参考になるのではないだろうか。

## 増加する若者の失業率

失業率が五〇パーセントを超える国もあるなど、職に就くためのハードルは非常に高い。特に北アフリカ、中東、南欧諸国では、一億人もの〝失われた世代〟の若者が、世界の経済成長から取り残されたままになっている。

年配者が長く働くいっぽう、コインの裏側を見るような現象も起きている。若者の失業問題だ。解決が叫ばれる、優先度の高い難問である。一五～二四歳の若者は、世界全体で一二億を数える。彼らはみな、生産的で自立した人生を送り、積極的に社会に貢献する可能性を秘めているというのに、スキルがないか機会がないばかりに、学校に通ったり、きちんとした仕事に就いたり、仕事を続けたり、建設的なかたちで地域に参加したりできない。世界のあちこちの国で、今日の若者は複雑で競争の激しい、時に危険に満ちた世界で成功するための資源や精神的な支えを得られないのだ。

若者の失業は世界中で蔓延している。その数には驚くはずだ。世界全体で約七五〇〇万人の若者が職を探している[21]（図表7）。アラブ諸国のなかには、一六～二四歳の失業率が九〇パーセントに達する国もある。アメリカでは二三パーセント。スペインとギリシャでは約五〇パーセント。英国では二二パーセント。国際労働機関（ILO）の見積もりによれば、二〇一五年に二億一〇〇万人だった世界の失業者数は、二〇一九年には二億二〇〇〇万人を超えるという。その影響を最も大きく受けるのは、どの地域においても、若者、それも特に若い女性だ。若者の失業者は、年配の失業者の約三倍に及ぶと見られる。仕事にあぶれた若者の割合が、成人失業者の五倍を数える地域もある[22]。世界的に見れば、ワーキングプアの四人にひとりが若者であり、質の悪い仕事に就いて、将来の希望が持てない状態から抜け出せない。学校を卒業したあと、フルタイムの仕事に順調に就けない者も多い。必要なスキルが欠けているために、地元では職がないが、職を探すために引っ越す資金もないのだ。

だが、影響を受けるのはスキルや資格が欠けている者だけではない。国や地域によっては、その反対の事態も起こりうる。つまり、高い教育を受けたからと言って、必ずしもきちんとした職に就けるとは限らないのだ。

＊10　欧州連合（EU）の行政執行機関。いわゆるEUの政府に相当する。
＊11　一九九〇年代、経済危機にあったスウェーデンでは、社会保険担当大臣を座長に、与野党の代表がワーキンググループを設置して、一〇年にわたって年金改革案に取り組んだ。

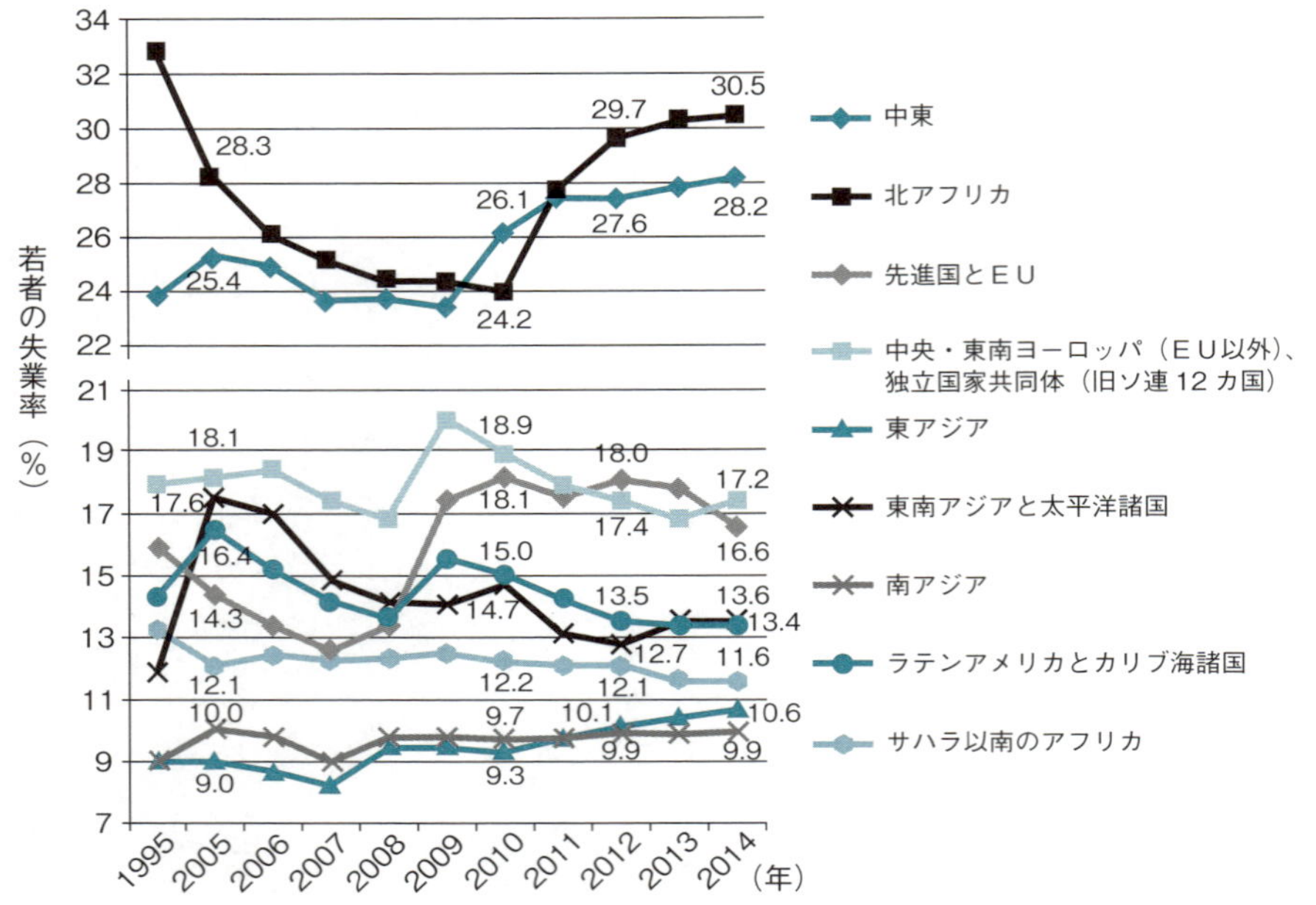


**図表７：**地域別若者の失業率（出典：国際労働機関）

チュニジアでは、高卒者の失業率が二四パーセントであるのに対して、大卒者の失業率は四〇パーセントに及ぶ[23]。中東や北アフリカで、特に失業率が高いのが高等教育を受けた女性だ。トルコでは、大卒の女性の失業率は、大卒の男性の失業率の三倍である。イランとアラブ首長国連邦でも同じ傾向が見られる。サウジアラビアでは、大学を出た女性が職に就けない割合は男性に比べて八倍も高い。

　経済に貢献できないという問題の他にも、若者の失業の蔓延は、精神的な喜びや物質的な充足をその世代全体から奪い取ってしまう。それが高じると社会不安や政情不安を招き、生産力は低下し、経済成長も鈍化する。その影響は長く続く。職に就けない若者は、豊かで充実した人生を送るという希望すら失ってしまう。

　若者が職にあぶれる理由は景気の低迷だけでなく、自動化の進展や求められるスキル不足にもある。新たな技術の登場によって、第一次産業から第三次産業までのあらゆる部門において仕事の性質が変わりつつある。そのため、最も伝統的な職業においてさえ新しいスキルは必要だ。つい一世代前、製造業の仕事に求められたのは身体能力と簡単な読み書きの能力だったが、いまでは専門能力も求められるようになった。さらに悪いことに、自動化やＡＩの導入が進むと、スキルの不要な未熟練労働だけでなく、スキルを要する仕事までも削減されていき、失業者がますます増える。多くの地域で、みなに行き渡る仕事が不足している。これは非常に深刻な問題だ。二〇〇八年の世界金融危機によって奪われた雇用を埋め合わせ、すでに働いている者や、若者も含めてこれから労働市場に参入する者に、生産的な機会を提供しなければならない。そのためには、二〇二五年までに六億もの雇用を新たに創出する必要性があると、国際労働機関では見積もる。

職を探す際には〝場所〟がものをいう。つまり、職のある場所へ移住できなければ職にはありつけない。移住をためらう理由は、自分が生まれ育った町に対する愛着心もあるだろうが、欧米社会においては、公営住宅をめぐる規則[*12]や交通の便の悪さにも原因がある。欧州では仕事のために移住する若者が二・八パーセントにとどまるのに対して、アメリカ国民の約三〇パーセントが故郷を離れて別の州で暮らしている。言葉の壁、文化の違い、特殊な資格のために他の職業に就けないなど、欧州で移住が難しいのは確かだが、移住を躊躇する理由は公共政策とも関係がある。ユーロ圏では、一年以上にわたって失業手当を支給する国が多い。だがアメリカでは、ほとんどの州で半年しか失業手当を支給しないために、仕事のある州や都市に移住するというインセンティブが働きやすいのだ。

欧州の若者は、近年の経済停滞の影響をまともに被《こうむ》ってきた。改善しつつあるとはいえ、欧州連合（ＥＵ）加盟国において二五歳以下の失業率は二〇パーセントを超える。特にギリシャでは、過去五〇年間に例を見な

＊12　たとえば英国では、公営住宅の入居者に認められていた終身の入居権が二〇一一年に見直しになり、又貸しも禁止された。

いレベルの打撃を受けてきた。おおぜいのギリシャの若者が優れた資格を持ちながら、海外で低賃金の仕事に甘んじている。二〇一一～一五年のあいだに、高い教育を受けた一〇万人以上の若者が、ギリシャを離れて英国やドイツに渡った。ギリシャの経済危機は収束のめどが立たないため、夢を叶えるために故郷を離れる若者は今後さらに増えるだろう。財政危機が六年に及び、ギリシャのミドルクラスのほとんどがかなりの資産を失い、以前のように我が子の教育費を支払えなくなった。EUの他の国に働くか学びに行った若者は、近い将来、ギリシャに戻ってくる理由を見出せない。

途上国で比較的多いのが、無給で家業を手伝う若者たちだ。彼らはまだ若いうちから（非公式な《インフォーマル》）家業を手伝うか農場で働きはじめる。世界銀行の見積もりによれば、ザンビアでは働いている一〇代の若者の九九パーセントが、そのパターンに当てはまるという。先進国では、二四歳以下の若者の三分の一が派遣契約で働いている。働かないよりはましにしろ、インフォーマルセクター[*13]の仕事は何の規制もなく、賃金も低く労働条件も悪く、社会福祉も何の保障もない。特に中東とアフリカの若者はその犠牲になりやすく、たとえ就けたとしても職の質について不満が大きい。国際労働機関が調査した若者のうち、五八パーセントがいい仕事に就けるという希望を捨てていた。

とはいえ、全員が職を探しているわけではない。働きたくない者も働けない者もいる。南アジアでは、文化的な理由で多くの女性が働かない。正式な仕事に就いている女性は中東で一五パーセント、北アフリカでは一六パーセントにすぎない。失業率の上昇を防ぐために、中東から北アフリカにかけて、二〇二五年までに毎年一五〇〇万の雇用を創出する必要があると、国際労働機関では見ている。

財政的な意味だけでなく経済活動の観点からも、社会の均衡を維持することが、多くの政府にとって重要な優先課題であることは間違いない。世界の経済成長が停滞し、職場の自動化が進み、求職競争が激化するのに伴い、若者の失業率の上昇に大きな関心が集まるのも当然だろう。

## 手の届く医療

**高齢者や慢性病患者に医療を提供するために、医療費はさらに増加する。医療費の対ＧＤＰ比が二〇パーセントに達すると、医療制度が持続不可能に陥るため、政府は予算と優先順位について難しい決断を迫られる。**

　これまで述べてきた課題を考えれば、多くの国が重要な制度において厳しい現実に直面していたとしても驚くに当たらない。そして、その最たるものが医療制度だろう。国が発展し、経済が成長すれば、医療費も増加する。国民の健康を増進することは優先順位の高い課題であり、効率的で費用対効果の高い医療制度を提供することは、政府にとって難しい問題である。多くの政府が頭を悩ませ、医療費の上昇、高齢化の進展、国民の期待の増大という重圧を前に手を打てないでいる。世界中で医療制度が破綻の危機にさらされている。だがその不安も、改革を促すほどには膨らんでいない。多くの者が手を打つべきことは理解しているが、どう策を講じればいいのか、具体的にわかっている者は少ない。

　世界人口のうち、まともな医療を受けられるのは三〇パーセントにすぎない。適切な医療制度を維持するためには、それだけの費用がかかる。ほとんどの先進国において、医療費の対ＧＤＰ比は九パーセント以下だ。ところが、アメリカでは一七パーセントを超えた。新興経済国でも、ＧＤＰに占める医療費の割合は増大して

＊13　非公式部門。途上国に多い、公式に記録されず国家の統計に含まれないような経済活動を指す。行商や靴磨き、ゴミ集めなど。

いる。インドネシアとインドではそれぞれ三パーセントと四パーセントを超え、中国では六パーセントに近づいている。[24] その理由のひとつが、医療費の高額化だ。アメリカでは、連邦法によって製薬会社は薬価を自由に吊り上げることができる。[*14] アメリカの製薬産業は規模が大きく、また絶大な影響力を持つために、彼らが定めた薬価が世界市場の基準になる。この問題を解決するために様々な措置が取られてきたものの、これまでのところ大きな効果はなく、薬価は上昇するいっぽうだ。たとえばノバルティス[*15]は、白血病などに効果のあるグリベックという治療薬を販売している。二〇〇一年に販売された当時でもすでに、年間約三万ドルかかる非常に高価な薬だったが、この一〇年で価格は三倍に上昇した。[25] ほとんどの先進国では、国の高額療養費制度や個人の保険契約によって還付金などが戻ってくるため、患者はグリベック本来の薬価を支払わずに済む。とはいえ、その分を〝誰か〟が負担しなければならない。

　そもそもこの世に生まれる時から、医療費は高額だ。多くの国では、出産可能な妊娠週数を以前の妊娠二六週から二二週にまで早めた。だが、その出産には莫大な費用がかかる。たとえば妊娠二三週目に出産すると二五万ポンド。これは、臨月で産む場合の三〇倍にも相当する。[26] いっぽう、医療技術が進歩したおかげで世界の平均寿命は毎年六カ月ずつ延びる。その結果、治療を受ける機会が増えるが、とりわけその機会が増すのは人生最後の二年間だ。その時期には入院する回数や期間が増えて、人が一生に費やす医療費の八割を使う。それゆえ、よりよい終末期医療の提供が大きな問題になる。病院と緩和ケアを行なうホスピスとのバランスも重要になる。

　長寿のマイナス面は、がんや認知症、アルツハイマー病といった病気にかかりやすくなることだろう。これらの病気は治療費が高いうえに、治療期間も長引く。年齢を重ねるにつれ、複数の疾患にかかりやすくなり、治療も複雑になりやすい。今日、平均八〇歳の高齢者は四つ以上の病気を抱え、それぞれに治療が必要であるため、ひとつの病気の治療薬が別の病気に副作用を及ぼすことも少なくない。しかしながら、医療費の膨張を高齢者だけの責任にするわけにはいかない。座る時間の多いライフスタイル、飲酒や喫煙の習慣も、糖尿病や心臓疾患、肺気腫、肝硬変などの慢性疾患を激増させる。そのどれも治療費が非常に高くつく。治療に代わるアプローチが必要なことに、多くの人が同意するだろう。そのひとつが、治療が必要になる前の予防医療に重点を置くことだ。また、おおぜいの人に安い医療を提供する技術も必要である。なかには、喫煙者と肥満患者に対する保険の適用範囲を制限すべきだという意見もあり、議論を呼んでいる。

もっと前向きな話をするならば、インドが推し進めているのが、質の高い医療を格安で提供する改革だ。たとえば、アラヴィンド眼科病院は白内障の手術を五〇ドルで行なう。ナラヤナ・ヘルスケア病院では、世界クラスの心臓外科手術が二〇〇〇ドルだ。これは、アメリカで同じ手術を受ける場合のわずか五〇分の一にすぎない。しかも最近、カリブ海に浮かぶケイマン諸島に病院を開業して、成長著しい医療ツーリズム業界に参入し、より多くの患者のニーズに応えようとしている。

また一律の医療ではなく、個人の遺伝子情報に合わせた高度先進医療を提供するオーダーメード医療も急成長分野だ。バイオテック業界がすでに莫大な投資を行なってきたことを考えれば、成果が現れる日もそう遠くないだろう。特に個人の遺伝子型に対応したオーダーメード医薬品は、投薬の効果を劇的に高める。その反面、法外な医療費がかかる。特定の薬を少量開発する必要性があるうえ、オーダーメードのサポート体制もまず間違いなく必要になるからだ。費用面で考えた場合に、この分野が二〇二五年までに大きく普及すると考える者は少ないが、富裕層を対象にしたオーダーメード医療に、大きなビジネスチャンスがある点を疑う者はいないだろう。

＊14　二〇〇三年に定められた「メディケア処方薬剤改善・近代化法」により、薬価について政府は製薬会社を規制できなくなった。

＊15　スイスに本拠地を置く、世界的な製薬・バイオテクノロジー企業。

医療の世界でよく問題になるのは、仕事の自動化とロボット工学が職を奪うのか、それとも増やすのかという議論である。高度な専門知識を備え、高収入で繰り返しの多い薬剤師のような仕事に、AIとロボット工学が近い将来、取って代わる可能性は高い。だがロボットが外科手術をこなせるようになるまでには、たっぷり一〇年かそこらはかかるだろう。[27] これまでのところ、そのロボットに最も近いのはダ・ヴィンチ外科手術システムだ。[*16] 準備や設定に手間がかかるものの、すでに重要な手術もこなせ、中国やアメリカではこの手術用ロボットを用いた医療をセールスポイントにする病院も現れた。だが重要なのは、ダ・ヴィンチ外科手術システムやその改良型が、外科医の役割に取って代わるのか、それとも彼らの役割をいっそう重要なものにするのかという問いだ。トラック運転手や会計士、さらには弁護士補助員《パラリーガル》の仕事はITやAIに奪われるだろうが、人間の手を一切借りずに手術を行なうロボット外科医が誕生する日は、まだまだずっと先のことと思われる。型通りの手術を自動的にこなす技術はすでに開発済みか、開発段階にあるとはいえ、大方の見るところによれば、外科医はやはり手術を監督するか、緊急の場合に備えて手術室に待機することになるだろう。民間航空機の操縦室を考えてみればわかりやすい。今日の航空機は自動操縦で離陸し、飛行し、着陸する。それでもやはり、高度な訓練を受けたパイロットが必ず二、三名、トラブルが発生した場合に備えて操縦室に座っている。それと同じことだ。自動化が進み、高度な研修を受けた支援スタッフの作業が増えるのに伴い、未来の外科医の作業は減るだろうが、手術室のチームリーダーとして、あるいは操縦室の機長として、外科医やパイロットが今後しばらく重要な存在であることに変わりはない。

　結局、医療費増大の原因を探っていくと、現在の製薬会社のビジネスモデルに行き着くのかもしれない。製薬業界は、新薬がたまにヒットした時に転がり込む一〇億ドルの収益に頼らざるを得ない。ところが、研究開発費は大きな注目が集まる創薬にしか投入されない。しかも、創薬には莫大な時間と費用がかかる。特許薬が高価なのはそのためだ。創薬には失敗がつきものという暗黙の了解があり、実際、近年特許を取得した医薬品のなかで充分な収益を生んだケースも、医薬品として充分な効果をあげたケースも数えるほどしかない。たとえば最近承認された七〇種の抗がん剤は、患者の命を平均して二カ月間しか延ばせなかった。

DNAシークエンス技術*17によって創薬の効率が高まると考える者もいれば、ビッグデータの活用によって莫大な費用のかかる臨床試験の回数を減らせるか、場合によっては臨床試験そのものを省けると期待する者もいる。ただし、薬価が株価を左右する限り、大手製薬会社が現在と別のアプローチを模索すると考える者はいない。ほとんどの大手製薬会社が重点を置くのは、病気を治療する薬の開発であって、病気を予防するワクチンの開発ではない。利益の面から言えば、それも納得がいく。がん治療薬が生み出す年間二五万ドルの利益は、がんを予防するワクチンが生み出す五〇〇ドルよりもはるかに魅力的だからだ。予防よりも治療のほうが儲かるという現在のシステムが続く限り、創薬のコストも医療費も必然的に高くなる。

それでもなお、予防医療という考え方は、とりわけ国民の健康水準を底上げするという意味で評価が高い。だが実際のところ、予防医療を推進する制度は整備されておらず、必要な財源を確保している国もほとんどない。治療よりも予防に財源をまわせるようになるためには、かなりの年月が必要だろう。予防医療の分野でスマートフォンなどの携帯端末を利用するモバイルヘルスが、二〇二〇年には五〇〇億ドル規模のビジネスに成長するという、マッキンゼー・グローバル研究所などの予測が楽観的すぎると言われるのもそのためだ。

治療から予防医療へと舵を切るためには、啓蒙活動が欠かせない。ほんのちょっとした情報が大きな効果をもたらす。たとえばインドでは、妊婦の四〜一六パーセントが貧血だ。貧血を防ぐ食事療法を教えるだけで、死産率が劇的に減る。しかしながら、治療から予防医療へは大きな転換が求められ、コスト削減の効果がはっ

＊16　胸腔や腹腔の内視鏡手術用ロボット。
＊17　生物の全ゲノム情報を読み取る技術。

きりと表れるのは二〇〜五〇年も先である。そう考えれば、国民の意識は簡単には変わらないだろう。

医療費の支払いは、国の負担と患者負担とのバランスで成り立つ。国の医療保険制度から民間の医療保険へと切り替えるという考え方には、賛成と反対の声がほぼ同じくらいある。市民はそれぞれ医療費の予算が異なり、使える金額に限りがあるため、その予算を超える場合に、国は医療の提供を中止するか、超過分を税金で返還要求するか、福祉手当から差し引くという考えに賛成の者も多い。一般的に言えば、直接的か間接的かを問わず、また薬代か診療費かを問わず、患者の自己負担額を増やすことが、ますます期待されている。

民間の富裕層向け医療保険が充実している新興経済国にとって急務となるのは、富裕層以外が加入できる健康保険制度の整備だろう。英国の国民保健サービス（ＮＨＳ）は高く評価されているものの、長期的に見れば、その持続可能性を疑問視する声も多い。そこで、国営の医療サービスの代わりとしてインドや南米諸国で有望視されているのが、低所得者向けの「マイクロ医療保険」である。この制度では、加入者は携帯電話の請求額に上乗せして毎月小額の保険料を支払い、それを財源におおぜいの医療保険を賄う。だが、そこには難しい課題がふたつある。第一に、マイクロ医療保険はどの程度の医療サービスを提供するのか。第二に、政府はどの程度の財政支援を求められるのか。インドは今後、イノベーションを進め、データを有効活用し、薬価の新たな設定方法を模索し、マイクロ医療保険を推進し、政府医療保険制度と民間保険会社との連携を図り、政府の財政支援をあとほんの少し充実させることで、アメリカのような莫大な額の医療費を負担せずに、アメリカと同じレベルの医療サービスを提供できるだろう。

求められるのは、もちろん規模の拡大が可能で、持続可能な医療制度だ。私たちが今後、目にするのは世界共通の答えではなく、あちこちの地域や国で登場する新たな動きだろう。費用対効果が高く、より有効で公平な医療システムを、これまで以上に健康で、ますます増加する高齢者に提供するためである。アメリカのある医療経済学者も言うように、理想は〝ぴんぴんころり〟なのだ。二〇二五年までにみながその理想を実現できていたら、大きな進歩に違いない。

## 地域居住

〝エイジング・イン・プレイス（地域居住）〟すなわち可能な限り住み慣れた自宅や地域で、家族とともに人生を全うしたいという高齢者の願いをかなえるためには、医療の分散化を推進する医療改革が必要だ。新しい介護モデルは、「高齢者を中心に考える」「介護者に焦点を置く」「介護現場の連携を高める」の三つの要素を柱とする。

アメリカの外科医アトゥール・ガワンデは、著書『死すべき定め』（みすず書房）のなかで〝死ぬ権利〟という問題に真正面から取り組んだ。そのなかでガワンデが活写したのは、不適切な終末期医療が患者とその家族に強いる、金銭的および精神的負担である。多くの者が、高齢者に対する医療を――いますぐにでも――改革する必要があると考える。この問題が一国の経済や社会に及ぼす影響は明らかだ。しかも、その弊害はますます明らかになりつつある。

終末期医療は急成長市場であると同時に、社会に最も大きな負担がかかる。介護保健施設や有料老人ホームと、住み慣れた自宅や地域のどちらで終末期を過ごしたいかと訊かれると、ほとんどの人が自宅や地域と答えるのももっともだろう。ＡＡＲＰ（元全米退職者協会）が最近行った調査によれば、アメリカにおいて、地域居住を望むと答えた高齢者は九割を上まわったという。(28)

ところがつい最近まで、サービスも技術やビジネスモデルも、高齢者のその願いをかなえることはなかった。もちろん、高齢者は病気になる。世界保健機関（ＷＨＯ）によれば、六五歳以上の七割が何らかの支援を必要とし、欧州では六五歳になるまでに、三人にふたりがふたつ以上の慢性疾患を抱えるという。認知症が社会に及ぼす負担はすでに、がん全体が社会に及ぼす負担を上まわった（それにもかかわらず、認知症の研究費はがんと比べてはるかに少ない）。二〇三〇年には、慢性疾患によるＧＤＰの損失額は、世界全体で四七兆ドルにのぼるという[29]。

問題は、医療制度が慢性疾患ではなく急性疾患の治療に焦点を合わせてきたことだ。今後の課題は、疾患の治療ではなく、クオリティ・オブ・ライフ（生活の質）の低下を食い止め、向上させることにある。たとえば欧州では、医療費の約七五パーセントを慢性疾患の管理や治療に充てているものの、予防医療にはわずか三パーセントしか充てていない[30][31]。

公共の医療費負担者と民間の医療費負担者は、現行制度が抱える問題点を認め、高齢者の増加によって現行制度がもはや持続不可能だという事実を受け入れるようになった。新しい医療モデルの測定基準は、従来の「生命を維持する」ことから「生活の質を高める」ことに代わった。この新しいモデルには三つの特徴がある――「高齢者を中心に考える」「介護者に焦点を置く」「介護現場の連携を高める」の三つである。

このところ、介護の場として注目を浴びているのが自宅だ。またモノのインターネット（ＩｏＴ）、スマートホーム、ウェアラブル端末、ロボットなどの技術はどれも、遠隔介護を行なううえで重要な役割を果たし、高齢者は長く自宅で暮らせるようになる。スマートガジェット、使い勝手のいいモバイルアプリ、遠隔医療情報システム、いろいろなセンサー類を活用すれば、患者の情報を定期的に追跡してデータを作成したり、患者の将来ニーズを予測したり、最適な介護計画を練ったりできるばかりか、症状に応じて複数の患者の治療順位も決定できる。一部の国では電子カルテの共有も一般的になり、医師と患者の両方が閲覧でき、管理できる。特に複数の慢性疾患を抱えて、みずからケアマネジャーの役割も果たす患者もいるだろう――薬、診療や治療、医師や介護者の予約、財政状態といった情報を日々、自分で管理するのだ。とはいえ、高齢者や目の不自由な患者、運動障害や認知症の患者にはもちろん難しい。だからこそ、介護者の存在が重要になる。

介護者はたいてい次のどちらかだ。（無報酬の）家族か、（医療関係者以外の）専門の介護者か。家族の介護者は、体の弱った高齢者がなるべく自立して暮らせるように必要な介護を行なう。ストレスが溜まるうえに、なかなか正当に評価されず、介護の範囲も限られてしまう。アメリカの例をあげれば、家族の介護者の数は急減している。ＡＡＲＰの報告によれば、八〇歳以上の被介護者ひとりに対する家族の介護者の数は、二〇一五年の八人から二〇三〇年には三人に減少するという。重圧のかかる介護世代を支援するために、家族の介護者に対する新たなサービスも登場しはじめた。

二〇一一年にメットライフ生命は、アメリカにおいて家族の介護者の生涯コスト（無報酬という意味で）が、ひとり三〇万ドルを超えると試算した。[32]無償で働くアメリカの介護者は四四〇〇万人を数え、これをお金に換算すると数十億ドルになる。とはいえ、これらの介護者が報酬を得ることはほとんどなく、彼らは仕事のうえでも個人的にもつらい目にあう。家族の介護者は専門職の介護者と比較して生産性が一九パーセントも低く、また心身ともに負担が大きいために、介護者自身が病気になるか介護うつを発症するケースも多い。そのような状況に対して、在宅で介護する家族を支援するための新たなプラットフォームが登場した。たとえばケアリンクス、オナー、ホームチームはそれぞれ、二〇一五年に一億ドル以上の資金調達を受け、専門の介護者を家庭に派遣している。またオンラインポータル（アンフォーゲッタブル・オーグ）やソーシャルロボット（家庭用アシスタントロボットの「ジーボ」）、在宅患者の入院リスクを評価するプラットフォーム（ケア・アット・ハンド）も、介護サービスを支援し、介護現場の連携を図ることで、介護の未来を変えていくのだろう。

そのような連携が最も必要になるのは、慢性疾患を抱えた患者が、退院後に治療プログラムをひとりで管理しきれなくなる時である。この問題を解決するために、アメリカでは患者が症状の改善なく再入院した場合に、病院にペナルティーを科す仕組みがある。そこで、病院側は患者の症状を定期的にチェックすることになり、可能な場合には、地域社会において医療ケアを提供することになる。

もっとも、在宅という選択肢がすべてではない。医療や介護にまつわる新たな技術やモデルが登場するいっぽう、人との触れ合いを維持して高齢者の孤独や社会的孤立を解消することは、目の前にある重要な問題だろう。

## 女性の選択ジレンマ

**経済的に豊かな国の女性は選択肢の幅が広く、自分の人生をコントロールしやすく、自分で人生を切り拓いていける。それが次の変化を促し、新たな意思決定につながる。だが世界全体で見れば、男女格差を解消する戦いはまだ始まったばかりだ。**

男女平等を勝ち取る戦いは、一世紀以上も前から大きな課題だった。国連の「ミレニアム開発目標」が努力を払ってきた[*18]にもかかわらず、学校に通えない子どもは男子よりも女子のほうが多く、アフリカと南アジア諸国で、中等教育を終了する男子の数は女子よりも一・五五倍多い。経済的に豊かな国においても、男女平等とは言いがたい。男女の平均的な賃金格差が二〇パーセントにものぼるからだ。

それでもほぼ世界的な傾向として、学校では女子のほうが成績がよく、その傾向は今日、大学に入ったあとも続く。経済協力開発機構（OECD）加盟国において、第三次教育（大学および職業専門教育）を受ける女子学生の比率は、一九八五年の四六パーセントから、二〇一五年には五六パーセントに上昇した。二〇二五年には五八パーセントを占めると見られている（図表8）。女子大学生は男子大学生よりも卒業率が高く、概して成績も優秀だ。この事実は、二〇二五年にはきっと男女格差の問題にも影響を与えていることだろう。

ほとんどの政府が女性の就業を奨励することは、経済面から言っても理にかなっている。女性の就業率が向上すれば、世界のＧＤＰが五〜二〇パーセント上昇するという試算もある。マッキンゼー・グローバル研究所は、就業率、労働時間、生産性の男女格差がすべて克服されれば、二〇二五年までに世界経済は二八兆四〇〇〇億ドル（二六パーセント）豊かになるという数字を弾き出した[33]。現在、有給で働く女性の数が少ない国ほど大きな成長が見込まれ、たとえばインドは現在の一・六倍豊かになるという。だが、職場の男女平等が実現するのは世界的に見てもまだまだ先の話だ。ＥＵ諸国でも、管理職の女性は全体の三分の一にすぎない[34]。ルクセンブルクでは、その比率は半減する。フォーチュン５００に名を連ねる大企業でさえ、女性のＣＥＯは二〇人にひとりという有り様だ。

貧困が原因で、男女平等が生まれる場合もある。アフリカの貧しい国では就業率の男女差が極めて小さく、ほぼ同じ割合の男女が家業を手伝う。そのほとんどが農業だ。経済成長著しいインドは、世界で最も格差が蔓延している国のひとつだろう。有給で働く女性は労働人口の四分の一にも満たず、ＧＤＰの一七パーセントを占めるにすぎない（ＧＤＰは最初から無償労働を除外している）。国連開発計画（ＵＮＤＰ）は近年の報告書において、インドをアフガニスタンに次いで男女格差の大きなアジアの国に位置づけた。世界全体で言えば、インドは「ジェンダー不平等指数」において一四八カ国のうち一三二位だった。インド以外の南アジアでも、料理や洗濯、子どもの世話や高齢者の介護といった無償労働の九割を女性が負担する。家の外で働く女性の姿は、男性の姿よりもずっと少ない。それに対して、中国ではＧＤＰの四一パーセントを女性が生み出す。

経済的に豊かな国では、女性が活用できる機会は増えるいっぽうだ。教育機会は増え、避妊方法も確実になり、離婚率も明らかに上昇した。そのため、より多くの女性がキャリアを積み、出産を先延ばしにする。働く

＊18　「二〇一五年までにすべての教育レベルにおいて、男女格差を解消する」を目標のひとつとしていた。

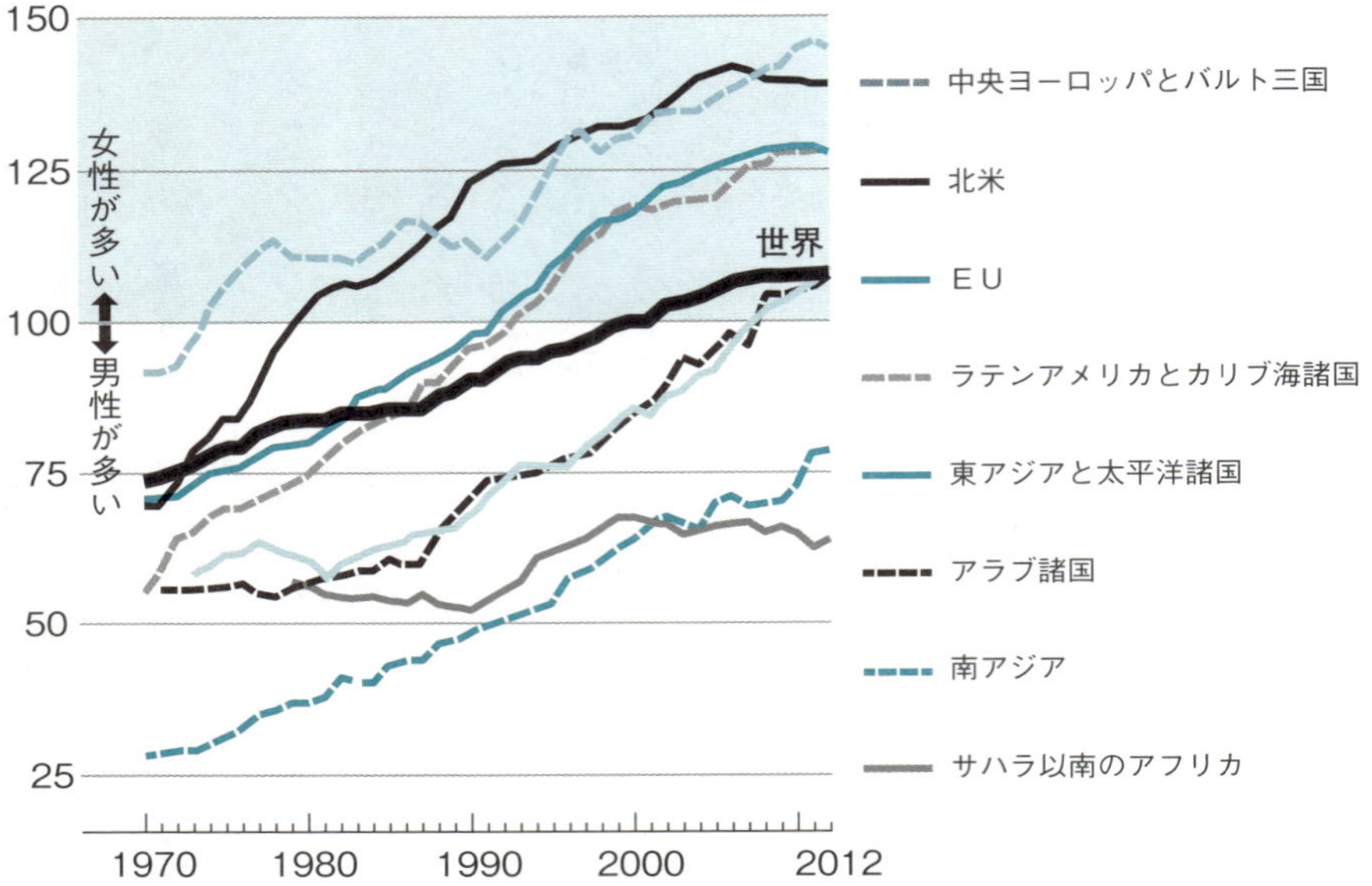


**図表8**：大学および職業専門教育を受ける男女比
（出典：《エコノミスト》誌、世界銀行、ユネスコ）

女性の数が増えれば増えるほど、性差を理由とした格差を女性は受け入れなくなる。男性と同等の教育を受けた女性は賃金の高い職に就きやすいが、それでも全体的に男性よりも年収が低く、男性の年収の四分の三にとどまる。二〇〇六年以降、働く女性の数は世界全体で一五億人から一七億五〇〇〇万人に増加したが、二〇一五年現在の女性の平均年間所得は、二〇〇五年の男性の平均年間所得とほぼ同額だ[35]。

だが、男女の格差を財政面だけで判断したのでは全体像を見誤ってしまう。女性の稼ぎが男性よりも少ない理由が、女性が選択したキャリアパスとライフスタイルにある場合も多いからだ。働きはじめた時には、男性と給与がさほど変わらなかったにもかかわらず、家族の面倒を見る責任を優先しなければならず、年齢を重ねるにつれ、女性の所得が減ってしまう。また国によっては、子育てにかかる費用が高く、職場復帰がかえって経済的な負担となるため、おもな養育者である女性が、産休あとの職場復帰を諦めるか延期せざるを得ないことも少なくない。家族を持ち、子どもの世話をするために一時的に職場を離れた女性が、所得で男性に追いつくことは難しいだろう。

時短勤務がもっと一般的になれば、所得格差は縮まるかもしれない。だが、コアタイムのないスーパーフレックスタイム制はしばしば代償を伴う。なぜなら、従業員が特定の時間に働いたり長時間続けて働いたりするほうが、企業にとっては労働時間の価値が高いからだ。企業側が新たな働き方を導入するか、残業したり特定の時間に働いたりする従業員に高い額の報酬を約束しなければ、男女の所得格差はかなり縮まるはずだと主張する者もいる。もちろん、CEOや法廷弁護士、外科医などに時短勤務で働くという選択肢はないだろうが、ほとんどの人は、必ずしも九時から五時という通常の労働時間に働く必要もなく、またスーパーフレックスタイム制でもきちんと給与は支払われるべきである。

所得格差の問題を雇用主が解決することに待ちくたびれ、職場を飛び出した女性も多い。アメリカで企業の約三割を白人女性が経営するのも[36]、英国で二〇〇八年の世界金融危機後に増加した自営業者の半数以上を女性が占めるのも、そういう理由からだ[37]。新興経済国で女性起業家を生んだのは、携帯やマイクロクレジット[*19]のようなイノベーションだけでなく、時には粗末なスクーターの普及だった（インドでは、中古スクーターの購入者の六割が女性である）。単調でつらい仕事から女性を解放する優れたアイデアは他にもある。足踏みの給水ポンプ、送電網が整備されていない僻地で太陽光発電を使って家庭用電力を賄う試み、地域社会に根づいた仕事の〝クラウドソーシング〟もその例だろう[38]。

女性が本当の意味で職場で男性と対等になるためには、家庭でも男性と女性とが対等になる必要がある、と

＊19　通常の金融機関から融資を受けられない貧困者や女性を対象に、小額の融資を行なう金融サービス。

いう考えに同意する者は多い。そして、それは徐々に実現しつつある。この変化を促すために、これまで女性のあるべき姿を再定義しようとしてきた女性たちは、男性のあるべき姿についても、考えを改めなければならないのかもしれない。野心的で高収入のスーパーヒーローこそ、成功した男性のあるべき姿だという従来のイメージを捨てて、子どもの世話をして、妻のほうが高収入である事実を受け入れる男性の姿を、高く評価すべきかもしれないのだ。

## 結論——答えは北欧モデルに

本章で述べた課題はそれぞれ別個のように見えても、実のところ、関連し合っている。今後、ますます多くの人が格差社会で暮らすようになることは間違いない。それゆえ、格差に取り組むことは最も難しい問題のひとつになるだろう。多くの国で格差が拡大し、高齢化が進展するなかで、どうやって公正な富を生み出して社会のバランスを取り戻し、より優れた医療や支援を提供するのだろうか。世界はもちろん、地域においても様々な格差があることを考えれば、そう簡単に解決できる問題ではないはずだ。答えを模索する者は、いろいろな問題の関連性と潜在的な因果関係を見つけ出そうとする。富だけが問題ではないとはいえ、富は中心となる重要な問題だ。

ほとんどの人は、貧困に苦しむ者の少ない平等な社会を望む。とはいえ、社会の上位に君臨する一部の者たちは、そう簡単に自分たちの影響力を手放そうとはしない。だが多くの人が考えるように、平等な社会を実現するためには、その構造を変えなければならない。あちこちの国で所得格差が増大したのは、つい二〇年前のことだ。この一世紀というもの、所得格差はさほど社会に深く根づいていたわけではなかった。欧米で格差が拡大したのは、一九八五年頃からだと指摘する声が多い。そしていま、高齢者が増加し、すべての人の健康な人生を望む声を背景に医療危機や介護危機が生まれた。急速に拡大するこの危機に取り組むつもりなら、変化を起こす必要がある。アメリカであれば、当面のあいだは、GDPの二〇パーセントを医療費に費やすことも可能かもしれない。だが、それ以外の国ではとても無理だろう。課税か慈善活動のどちらによってにしろ、そして社会がその両方を望む時、富の再分配は明らかに重要な役割を担う。つまり私たちは、人口増加と移民による社会の混乱に対処するだけでなく、手頃な料金で医療を提供し、高齢者や失業者を支援する財源も確保しなければならないのだ。となると、こう訊ねる人が多いのも無理はない。そのお手本をどこで見つければいいのか。

格差の少ない社会は、欧州北部の小さな国に多い。スカンジナビア諸国とオランダが実施する実効性の高い政策を、他の国でも適用できるかどうかについて、詳しく検討してみる価値はあるだろう。私たちがバンガロール[*20]で、教育をテーマにしたワークショップを開いた時のことだ。インド政府のある代表はこう言った。なるほどフィンランドの学校制度は世界トップクラスだが、人口一三億人を超える我が国のモデルにはなり得ない、と。すると、他の代表が彼の意見に異を唱え、北欧のアプローチは確かに人口の少ない国に焦点を合わせたものだが、その成果にはもっと注目すべきだと答えたのだ。北欧の税率の高さを指摘する者は多いが、文化的なプラス面を多く理由にあげる者もいる。たとえば教育水準が高い。高度な医療サービスを提供し、富を分配し、開放性が高く、地域社会との結びつきも強い。事実、「所得格差が小さく、貧困率が低く、経済成長率が高いというスカンジナビア社会の魅力的な面は、一九六〇年から三〇年間にわたって、寛大な福祉国家として発展を遂げ、高い税金を課すようになる前に存在していた」と指摘する者もいる。[39] 包括的な社会福祉制度を二〇世紀に整備したのは、スカンジナビア諸国だけではない。ユニバーサルな（つまり、社会の構成員すべてに対す

＊20　インドのシリコンバレーと呼ばれるIT ビジネスの中心地。

| 人間開発指数の順位 | 人間開発指数（HDI） | | 不平等調整済みHDI（IHDI） | |
|---|---|---|---|---|
| | 値 | 値 | 総合損失（%） | HDIランクとの違い |
| | 2015 | 2014 | 2014 | 2014 |
| 上位25カ国 | | | | |
| 1．ノルウェー | 0.944 | 0.893 | 5.4 | 0 |
| 2．オーストラリア | 0.935 | 0.858 | 8.2 | −2 |
| 3．スイス | 0.930 | 0.861 | 7.4 | 0 |
| 4．デンマーク | 0.923 | 0.856 | 7.3 | −1 |
| 5．オランダ | 0.922 | 0.861 | 6.6 | 3 |
| 6．ドイツ | 0.916 | 0.853 | 6.9 | 0 |
| 6．アイルランド | 0.916 | 0.836 | 8.6 | −3 |
| 8．米国 | 0.915 | 0.760 | 17.0 | −20 |
| 9．カナダ | 0.913 | 0.832 | 8.8 | −2 |
| 9．ニュージーランド | 0.913 | … | … | … |
| 11．シンガポール | 0.912 | … | … | … |
| 12．香港 | 0.910 | … | … | … |
| 13．リヒテンシュタイン | 0.908 | … | … | … |
| 14．スウェーデン | 0.907 | 0.846 | 6.7 | 3 |
| 14．英国 | 0.907 | 0.829 | 8.6 | −2 |
| 16．アイスランド | 0.899 | 0.846 | 5.9 | 4 |
| 17．韓国 | 0.898 | 0.751 | 16.4 | −19 |
| 18．イスラエル | 0.894 | 0.775 | 13.4 | −9 |
| 19．ルクセンブルク | 0.892 | 0.822 | 7.9 | 0 |
| 20．日本 | 0.891 | 0.780 | 12.4 | −5 |
| 21．ベルギー | 0.890 | 0.820 | 7.9 | 1 |
| 22．フランス | 0.888 | 0.811 | 8.7 | 0 |
| 23．オーストリア | 0.885 | 0.816 | 7.8 | 2 |
| 24．フィンランド | 0.883 | 0.834 | 5.5 | 10 |
| 25．スロベニア | 0.880 | 0.829 | 5.9 | 8 |

**図表9**：不平等調整済み人間開発指数、2014年（出典：国連開発計画）

る）福祉制度を築くという社会的な合意が西欧諸国で生まれたのは、二〇世紀初頭だった。北欧諸国において社会福祉制度の青写真を描いたのは、他の大衆運動と手を組んだ労働者たちの力強い運動である。それゆえ、こう考える者もいる。「スカンジナビア諸国と同じレベルで、富の再分配と社会福祉を実現する唯一の方法は、まずはこの議題を前進させるために力強い大衆運動を組織することだ」と。(40)

いまはまださほど極端なレベルではないにしろ、北欧諸国でも高齢化が進展し、従属人口指数が高く、若者の失業率も約二割にのぼる。また社会的費用*21も高い。それでもなお、北欧社会は移民を受け入れ、人口の男女比のバランスにも優れ、高い教育水準を維持して、法的な定年退職年齢の引き上げを検討し、その医療制度は世界でも最高水準を誇る。しかも、経済は成長し続けている。国連開発計画は毎年「人間開発指数（ＨＤＩ）」を発表している。これは「保健」「教育」「所得」の三つの側面で人間開発の平均達成度を測り、各国を四段階（非常に高い、高い、中間、低い）にランクづけした複合統計である。(41)その目的は明らかに、「開発経済の焦点を、従来の国民所得勘定から人間中心の政策に移行させる」ことにある。国連開発計画はまた、「不平等調整済み人間開発指数（ＩＨＤＩ）」も公表している。「国内の達成度の格差を考慮した指数*22」であり、二〇一五年までの一〇年間、ノルウェー、デンマーク、スウェーデン、オランダの四カ国がＩＨＤＩの上位国から落ちたことはない（図表９）。本章で述べた問題の解決法を探す時、スカンジナビア諸国やその周辺国のアプローチに、学ぶ点がたくさんあるのではないだろうか。

＊21　企業などによる経済活動の結果、第三者や社会全体が負担する損失。公害、環境破壊、都市問題など。
＊22　具体的には、国内に存在する不平等の深刻度に応じて、「保健」「教育」「所得」の三つの側面の指標を「割り引く」。

第3章

# 課題2
# 未来の場所

人びとが都市に集まって暮らすようになると、インフラストラクチャーに大きな負担がかかる。高い生活の質を長期にわたって提供できる都市づくりを目指すとともに、農村部を支える方法はあるだろうか。

- 住処《すみか》を奪われる人びと
- インフラ不足
- フレキシブルなインフラ
- 利用しやすい交通輸送システム
- 自動運転車
- 大気汚染
- 水没する都市
- 基本的な公衆衛生
- 生態文明
- 都市間の競争と協働
- オフグリッド
- 結論――スマートシティ対スマートシチズン

二〇〇七年五月、都市人口が初めて世界人口の半数を超えた。二〇三〇年には世界全体で五〇億人が、二〇五〇年には地球上の七〇パーセントが都市で暮らすと見られている[42]（図表10）。ロンドン・スクール・オブ・エコノミクスの都市の時代《アーバン・エイジ》プロジェクトによると、二〇一五年、ムンバイ（インド）やカラチ（パキスタン）、ラゴス（ナイジェリア）やダッカ（バングラデシュ）のような都市部へ、毎時四〇人を超える人口が流入した――もちろん、旅行ではなく移住のためである[43]。アフリカでもアジアでも多くの人口が農村部から都市部へ移動し、世界的に見ても大量の人口が都市部に流れ込んでいる。それにもかかわらず、都市には移住者のニーズを満たすインフラが充分に整備されているとは言いがたい。国連の推計によれば、近年、都市人口のおよそ三分の一が、同じ民族が集まる居住区やスラム街、マイノリティのゲットー、バラック集落などで暮らし、これらの居住区もまた増加傾向にあるという。

　高層住宅がほとんどないにもかかわらず、ムンバイで最も人口密度が高いカマティプラ地区では、わずか一平方キロメートルに一二万人もの住民が暮らす。この数字は、ロンドンで最も人口密度の高い地域の八倍に当たる。となると、都市空間をどう有効活用するのかが、大きな問題になる。都市のすべての住民にどうやって居住施設を供給するのかは、都市プランナーにとって頭の痛い問題だろう。移住者の大量流入によって人口密

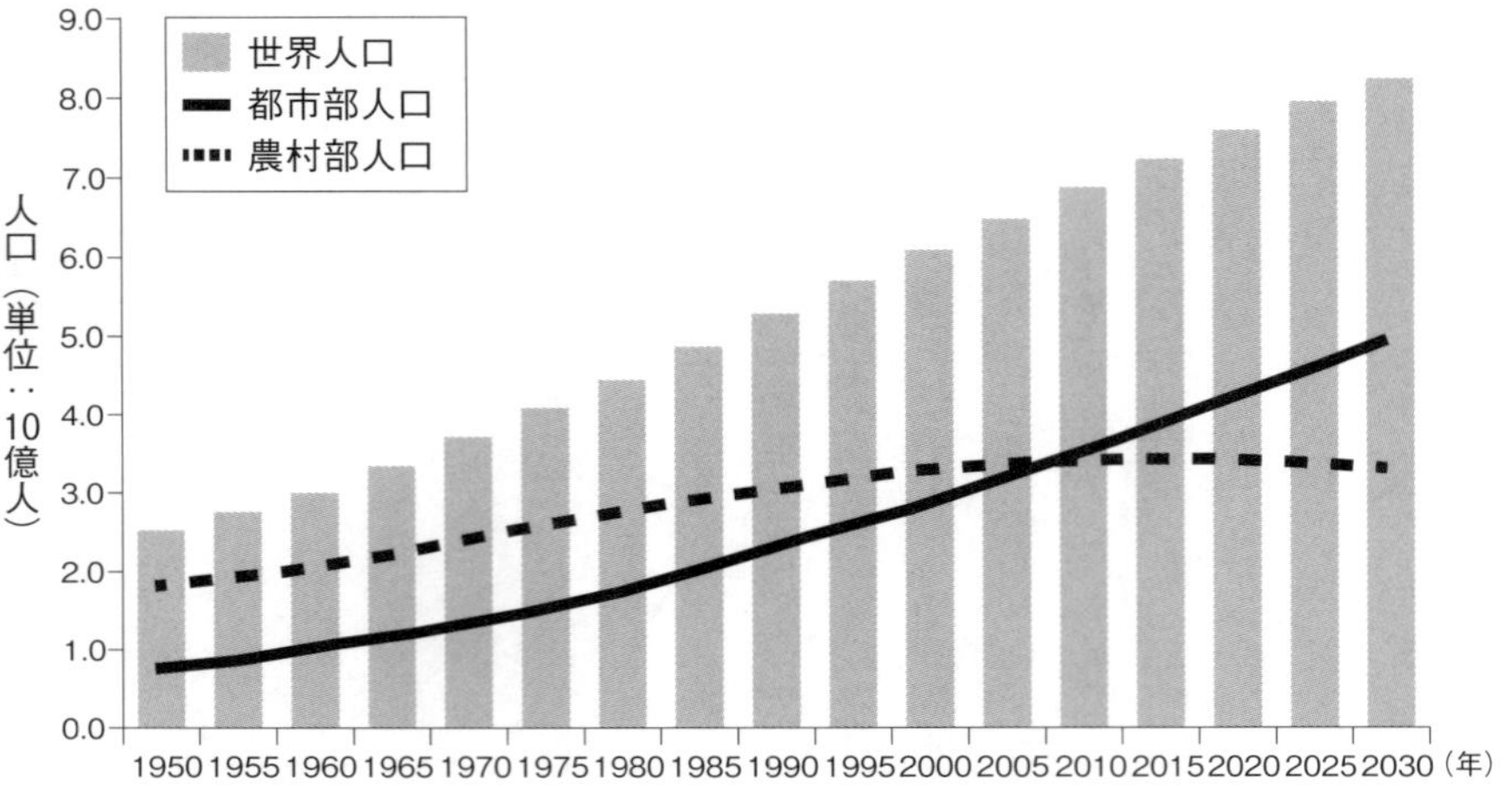


**図表10：** 都市人口と農村人口の2030年までの推移（出典：国連人口基金）

集が爆発的に高まると、賃貸か購入かを問わず、アパートや家の価格が局地的に跳ね上がる。増えつづける住民に住む場所を供給するために、多くの都市では新たに集合住宅を開発して、所有方法の選択肢を示す必要が出てくる。問題は住宅問題にとどまらない。効率が良く、環境に配慮した交通輸送インフラも整備しなければならないからだ。

それゆえ都市にとって、集合住宅の開発と大量輸送システムの整備は最優先課題である。このふたつに加えて、おそらくそれ以上に重大な問題を懸念する者もいる。都市の大気汚染と水害の危険性である。このふたつはすでに数百万人の犠牲者を出し、おおぜいから住む場所を奪ってきた。その脅威はこの先何年も続くはずだ。いっぽうの農村部も決して住みやすい場所ではない。交通輸送システムの整備、医療の提供、教育機会の充実に加えて、基本的な公衆衛生は多くの農村部の課題である。

だが、解決策はひとつだけではない。市民中心の都市デザインから都市間の協働、中国の持続可能な経済成長構想まで、様々な段階の様々な取り組みが進行中だ。これらの構想を実現することが、多くの者にとって急務となる。本章では、都市部か農村部かを問わず、私たちがよりよい暮らしを営むための課題と解決策について探っていこう。

## 住処《すみか》を奪われる人びと

**気候変動や紛争、資源の枯渇、格差を理由に、あるいは政治家がいろいろな問題を解決できないか、解決に消極的だという理由で、これまでにないほど大量の人口が北半球に押し寄せ、今後五〇年間に一〇億人もの移民が発生する。**

二〇一五年、内戦が続くシリアから四〇〇万人を超えるシリア難民が国外へ逃れた。そのうちの一〇〇万人以上が欧州を目指し、あちこちの国で政治危機を引き起こした。なぜなら、国境に足止めされた難民の物理的なニーズについても、大量の難民が政治と社会に及ぼす影響についても、政治家も地域社会もうまく理解できなかったからである。[44] テレビや新聞には、新たな住処を求めて国から国へ、国境から国境へ、大量の難民が押し寄せる姿が溢れた。彼らはいまも移動している。シリア難民の集団移動は——私たちの記憶にある限りにおいて——内戦がもたらした最大の国外脱出《エクソダス》だろう。

シリア難民が西洋世界において、移民や難民に対する人びとの意識に大きな影響を及ぼしたことは間違いない。だが、欧州で起きたこの問題の陰には、さらに大きな移民問題が隠れている。世界のあちこちでいまも起きているその問題を知れば、シリア難民が欧州に及ぼす影響が小さく思えるほどだ。

四〇〇万人というシリア難民の数を大きく凌駕するのは、世界各国で農村部から都市部へと流れ込む人びとの数だ。最も正確な見積もりによれば、その数は〝毎週〟三〇〇万人を上まわるという。中国とインドを合わせて、二〇一五年だけで都市部に流入した人口は数千万人に及んだ(45)。このような国内移動は――たとえその影響が一時的なものだとしても――突然のできごとが原因で起きる場合が多い。たとえば二〇一三年に発生した、中国名で海燕《はいえん》と呼ばれた台風は、わずか数時間のうちに四〇〇万人ものフィリピン人から住む家を奪った。被害者の多くはもとの土地に戻ったものの、生まれ育った町を捨てた住民も多い。国境をまたぐ移民も欧州だけの現象ではない。インドネシアとマレーシアでは、バングラデシュとミャンマーから毎日のように流れつく移民に対処している。[*1]

特定の地域に移民が流入する時、両国のあいだにはたいてい歴史的、経済的な結びつきがある。国際的なメディアはそういった事情を詳しく報道しないが、例をあげれば旧ソ連の構成国と現在のロシア連邦との関係がそうだろう。この種の移民数が公表されることはあまりない。なぜなら、受け入れる側の国も、相手国に大量の移民を送り出しているケースが多いために、純移民数が公表するほどの数にはならないからだ。

さらに言えば、西洋諸国の市民のなかには、大量移民のせいで人口構成が崩れた犠牲者は自分たちだけだと考える者が多いが、そう思う前に、世界の他の地域にも目を向けてみるべきだろう。たとえば、レバノンはもともと人口四〇〇万人ほどの小さな国だが、移民の流入率がこれほど高い国は西洋社会では類例がない。現在のレバノンの人口[*2]のうち、一五〇万人以上をシリア難民が、一〇〇万人をパレスチナ難民が占める。そのうちのどのくらいがレバノンに定住するつもりかはわからないが、ほとんどの者が数十年間の定住を考えている。

大量移動の原因や引き金は複雑だ。戦争や紛争はもちろんだが、二〇年ほど前から人びとが住む場所を失う原因になってきたのが、気候変動やそれが局所的にもたらす影響である。国連難民高等弁務官事務所（ＵＮＨＣＲ）の発表によれば、住む家を失い、移住を余儀なくされた人口は、二〇一五年に過去最高を記録したという。「現在、世界人口の一二二人にひとりが、住む場所を追われて国内で避難移住したか、国際的な庇護を求めている」(46)。そのいっぽうで、よりよい経済的機会を求めるか、迫害を逃れるか、天然資源や社会的資源を手に入れるために移住した場合、その移民を引きつけた魅力はやがて減少する。なぜなら、受け入れ先の人口増加とともに、経済格差もいろいろな資源へのアクセス格差も拡大するからだ。

移住者や移民を、原因別に分類する場合も多い。そして専門家は「環境移民」「難民」「亡命希望者」「政治難民」「経済難民」といった言葉を考え出す。だが、原因をひとつに特定することは難しい。紛争地帯を逃れてきた者は、住む家を破壊されて行き場を失ったのかもしれないし、紛争が及ぼした経済的打撃が原因で国外へ逃れたのかもしれないからだ。

移民の大量流入は様々な影響を及ぼす。なかでも顕著なのは、大衆メディアやソーシャルメディアのコメントに表れた、受け入れ側の国民感情の変化だろう。受け入れ国や都市の住民は、自分たちの文化や生活、治安に移民が及ぼす脅威について声を上げて抗議する。国民感情の変化が、マクロレベルの政策転換につながる場合もある。左派か右派かを問わず、最近の西洋の移民政策は、極めて厳しい規制や政策を定めて、移民を思いとどまらせる方向に進んでいるようだ。移民の権利と利益を削減し、より厳しい規則を設け、国境管理も厳しくする。とはいえ、特定の移民を犯罪者に認定したり、厳しい処罰を科したり、国境地帯に軍隊を展開したりするようなやり方はもはやあり得ないだろう。そのような措置は憲法の基本理念に背いて難民を生み出し、受け入れ側の国民に苦悩と内省をもたらす。すでにその同じ現象を、私たちはシリア難民の窮状で目撃しているのだ。

新興経済国では、都市部への流入を抑制するか禁止する政策を打ち出してきた。中国には悪名高き戸籍制度[*3]があり、モザンビークでは農業従事者に補助金を交付することで、都市部への流入を抑制している。もっと地

＊１　バングラデシュ人や、ミャンマーをあとにした「ロヒンギャ」と呼ばれる難民が密航船に乗って、インドネシアやマレーシアの海岸に流れ着く事態が多発している。ロヒンギャは、ミャンマー政府に国籍を剥奪されたスンニ派のイスラム系少数民族。

＊２　二〇一六年の時点で約五九九万人。

域レベルの取り組みとして、統計に表れない人口の急増に対応するために、インフラや公共サービスを整備する都市も多い。そうしなければ、またたく間にスラム街やバラック集落ができてしまうからである。あるいは、移民受け入れの是非をめぐって話し合いの場を設けるといった、よりバランスの取れたアプローチを模索する地域もあるだろう。

以上を踏まえ、二〇二五年までのあいだに、移民についてどんな動きが見られるだろうか。二一世紀には、気候変動によって海岸に近い都市が深刻な洪水に見舞われる回数が増え、異常気象が異常でなくなり、耕作地が減り、安全な飲み水が手に入らなくなり、住む土地を追われる環境移民が増加する。経済格差の拡大を受け、条件のいい職を求めてより多くの人が移動する。みずから望んだか余儀なくされたかにかかわらず難民は発生し、儲けの大きな難民の密航ビジネスはなくならない。受け入れ国や都市の人口が増加すると、その地域の資源に大きな負担がかかるため、今度はその国の政府が国民に海外移住を勧める。難民を受け入れる地域の負担を軽くするとともに、出稼ぎ労働者からの海外送金も期待できるからだ。

なかには大声で移民反対を唱える政治家もいるが、移民の規模とその影響を見極めることは非常に難しい。きちんとした統計がないために、現状を正確に把握しないまま、反動的な政策を打ち出してしまう危険性もある。しかしながら、今後の五〇年間に一〇億人が移動して、身の危険や貧苦から都市部へと向かう傾向は続く。前例のない大量移動に対応する持続可能な方法を見つける以外に、残された選択肢はないだろう。

## インフラ不足

インフラストラクチャー（インフラ）は競争優位を生み出す要因になる。新興経済国は鉄道網や道路網の建設に投資して、ヒトとモノの効率的な輸送を実現する。対する先進国は、負の遺産《レガシー》となったインフラの維持に追われる。

農村部から都市部へ移り住んだ大量の人口は、様々な方法で都市に負担をかける。港、輸送システム、病院、幹線道路、上下水道、電話システムなどの重要なインフラは、国の繁栄や安全で安心できる生活の基盤である。インフラは移動や輸送を容易にし、情報伝達を促進し、水やエネルギーを安定供給する。労働人口の健康と教育水準を向上させ、経済を成長させる。インフラを築くコストは莫大だが、その投資を怠った場合の人的損失は計り知れない[47]。

国や都市が競争力を保つためには、市場へアクセスできる空港や道路網と、各家庭や事業所にエネルギーを供給する電源と、生産性を上げる水を安定供給するシステムを整備しなければならない。インフラの向上は様々な利益をもたらす。成長の可能性を解き放ち、経済や社会の利益と発展を促す。私立のビジネススクールである欧州経営大学院（ＩＮＳＥＡＤ《インシアード》）のエクゼクティブ・ディレクターであり、グローバル・イノベーション・インデックス＊4の報告書の共同執筆者も務めるブリュノ・ランヴァンは述べている。「インフラ投資は、将来の経済成長にとっていっそう重要になるだろう。とりわけその傾向が強いのが、ハイテクで知識集約型の産業である……大規模なインフラ事業は、新しい産業の発展を間接的に促すという意味で、経済の多様化に役立つ。他の国にはできなくとも、インフラの充実した国にはできることもある[48]」。世界銀行によれば「インフラ設備が一〇パーセント増えるたびに、生産高が長期的に約一パーセント増加する[49]」。これらの調査結果は、電

＊３　中国では戸籍を農村戸籍か都市戸籍に分け、農村部から都市部への移動を厳しく制限している。出稼ぎによって都市で働く農村戸籍労働者は、教育や医療、社会保障などの点で圧倒的に不利な立場にある。

＊４　制度や人的資源、インフラ、技術、市場の洗練度などの複数の項目で、各国のイノベーション度を評価する指数。コーネル大学、欧州経営大学院、世界知的所有権機関（ＷＩＰＯ）が共同で毎年発表している。

力と輸送のインフラ投資が長期にわたってGDP成長に及ぼす影響を明らかにした、EUの豊富な調査内容とも一致する。[50]

インフラ投資の重要性が強く叫ばれているにもかかわらず、現状はまったくその水準に追いついていない。実際のインフラ投資額と必要とされるインフラ投資額とのあいだには、毎年一兆ドル（世界のGDPの一・四パーセントに相当する）ものギャップがあると、世界銀行では見ている。[51] 環境に配慮したインフラを整備する場合には、さらに毎年二〜三億ドルが余分に必要だ。マッキンゼー・グローバル研究所の試算によれば、現在のインフラ水準を二〇三〇年まで維持するためだけに、「世界は現在のインフラ投資額を一・六倍に増やす必要がある」という。[52] 重要な点を指摘すれば、その数字は維持管理費、リニューアル費、予備費——すなわち気候変動に合わせて必要となる費用——を含んでいない。しかも一・六倍に増やしたからと言って、新興経済国において現在のインフラ水準が向上するわけではない。

先進国にとって懸念の的は、負の遺産となったインフラに莫大な維持管理費や復旧費がかかることだ。インフラは老朽化し、環境規制は厳しくなり、サプライチェーンのグローバル化も進んだ。それと同時に「新たなインフラの供給が需要に追いつかないのには、様々な阻害要因がある。とりわけ二〇〇八年の世界金融危機を受けて、民間部門の予算が縮小し、リスクを伴う長期事業への投資に、民間の投資会社が二の足を踏むようになったからだ」。[53]

将来的に、実際のインフラ投資額と必要とされるインフラ投資額とのギャップを縮めるか、埋める方法はたくさんある。理論的に言えば、各国の政府には次の三つの選択肢がある。第一に、インフラ需要を減少させる。第二に、新たなインフラを整備する。第三に、効率的な運用と維持管理によって、既存のインフラを最適化する。どの選択肢も考えられるが、最も大きな可能性が見込まれるのが第三の選択肢だ。[54] ビッグデータとデジタルネットワークを活用すれば、現行のインフラをより有効活用するか、場合によっては完全に迂回することも可能だ。また政策立案者は、既存のインフラをより長く活用し、技術とインフラ利用の変化に適応するという選択肢に賭ける機会が増えそうだ。となると、ここで新たな問題が発生する。すなわち、誰がそのインフラ開発全体の責任を負うのか、誰を信用してその責任を一任するのか。

その問題と隣り合わせにあり、今後大きな変化があると思われるのが、資金源をどうするのか、複数の調達先から確保するのかという問題だろう。プライスウォーターハウスクーパース[*5]は次のように分析する。「政府が単体でインフラ開発を行なうのではなく、民間部門の参加を望む傾向が強まる。そして、たとえば上下水道といった特定分野のインフラを専門とするファンドが参加することになるだろう。中国、インド、ロシア、ブラジル、韓国、インドネシアなどの経済成長著しい新興国が、世界の投資資本を独占するような事態が起きるかもしれない」[55]。コロンビア第二の都市メデジン[*6]のように、都市が抱える大きな課題にともに取り組むためには、政府はますます民間部門と積極的に協力し合い、都市の建物だけでなく、都市を支えるインフラをも向上させる必要があるだろう[56]。

必要なインフラを必要な場所に、必要なタイミングで築くためには、もちろん念入りな将来計画が欠かせない。いま以上に多くの移住者が、予測のつかない規模で都市に流入する事態を見越して、もっと積極的な解決策を訴える者もいる。それはつまり、必要なインフラを整備するだけでなく、そのインフラが革新的に柔軟《フレキシブル》であるべきだという意味なのだ。

## フレキシブルなインフラ

＊５　世界四大会計事務所のひとつ。

＊６　犯罪発生率が高かったメデジンは、スラム街に斬新なデザインの公立図書館や美術館をつくり、公共交通機関としてケーブルカーや屋外エレベータを設置して、犯罪都市から革新的な文化都市へと生まれ変わった。

インターネットに接続した、利用しやすい、分散型のインフラを整備するためには、複雑で、費用のかかる、リスクを孕《はら》んだ問題を解決しなければならない。既存インフラの性能を高めて、新たな用途にも対応できるオープンなシステムにしたうえで、維持管理も行なうためには、それ相応の資源が必要になる。

今日、私たちを取り巻く世界をかたちづくったのは、運河や鉄道や道路などの歴史的なインフラだ。新たな機会が実現（帆船に蒸気機関を導入したり、デジタルがアナログに取って代わったり）すれば、長年使われてきたインフラも変わる。ほとんどが国営である巨大な供給事業者が、一方通行にサービスを供給するいまの世界では、それぞれの事業者が個別に事業を行なうように発達してきた。電気事業者がなぜ〝わざわざ〟水道事業者と話をする必要があるのか、というわけだ。実際、規制当局は特定の分野内での行きすぎた協働を禁じている。

だが、インフラも変化しつつある。フレキシブルになり、よりオープンで、用途に合わせた様々なサービスが可能になってきたのだ。この変化が大きな効果を生むことは間違いない。二〇二五年には、インフラはさらにスマートになるばかりか、適応性も高まっているはずだ。電気を消費《コンシューム》すると同時に生産《プロデュース》する〝プロシューマー〟がたくさん誕生すると、エネルギーの流れは双方向になり、分散型になる。システムのインテリジェント化も進む。たとえば給水がもっと簡単になり、処理したうえで（あるいは処理しないままに）、生活雑排水[*7]、雨水、水道水を用途に合わせて給水できる。あるいは、輸送システムもインテリジェント化する。車両は故障や修理の必要性をみずから知り（あるいは告げられ）、その情報を自動車メーカーや所有者、サービス提供事業者はもちろん、周囲の環境や道路にも自動で知らせる。

ビルや通信システムもすでにインテリジェント化している。私たちが三度のワークショップを開いた、オーストラリアのブリスベンにあるグローバル・チェンジ研究所リビング・ビルディングは、まさにその絶好の例だろう。そのビルは消費する以上の電力をつくり出す。自然に換気を行ない、ソーラーパネルで発電して、六万リットルもの雨水を蓄える。[57]

インフラのフレキシビリティを高めるべき理由のひとつは、効率性を追求する必要があるからだ。重要な資源が関係する場合にはなおさらである。インフラ供給者と規制当局の目標は、より少ない資源でより多くのサービスを提供し、生産物を再利用し、無駄を極力減らして、間違った供給を避けることだろう。その目標を達成することによって、短期的にはコストを削減し、（たいてい貴重な）資源を節約するだけでなく、長期的な計画も立てやすくなる。すでに進行中なのは、小規模の発電設備（風力および太陽光発電所）を分散配置し、ひとつの発電所のようにまとめて制御する〝仮想発電所《ヴァーチャル・プラント》〟である。デンマークでは、二〇五〇年までに再生可能エネルギー一〇〇パーセントを目指すというエネルギー計画を策定し、すでに四割の発電を風力で賄っている。情報通信技術を活用して電力網の機能が向上すれば、さらにその割合は高くなるはずだ。[58]

二〇二五年までに大きな変化が表れるのか――たとえば〝プロシューマー〟がたくさん誕生するのかどうか――は、どのくらい多くの人が車などの資産を共同所有したり、水などの貴重な資源を再利用したり転用したりするかによりけりだろう。大規模な補助金、再生可能エネルギーの固定価格買取制度[*8]、優遇税制措置、企業による市場浸透策などが、大きなインセンティブになる。スマートメーター[*9]の普及は、将来の動向を予測するうえで大いに役立つ。世界の水道メーターの数は二〇二五年に一八億個に達すると見られる。しかも、二〇一

＊７　キッチン、風呂場、洗濯機などからの排水。トイレなどで再利用する。
＊８　再生可能エネルギーで発電した電気を一定価格で買い取ることを、電気事業者に義務づける制度。
＊９　通信機能や管理機能を備えた次世代の高機能電力計。

五年に二八億ドルだった年間投資額は、二〇二五年には六六億ドルに達する見通しだ(59)。だが二〇二五年までのあいだ、国連気候変動枠組条約第二一回締約国会議(COP21)が二〇一五年に採択したパリ協定*10を、各国が忠実に守るならば、フレキシブルでオープンなインフラへの移行ペースは、さらに速まるものと期待される。

先進国で〝旧式の状態〟を新しくするとは、新たなインフラを築くことではなく、おもに既存システムのイノベーションを図り、別の目的に利用するためにつくり変えることを意味する。もともとインフラが不足していたか古くなって使われなくなっていた地域では、全システムの取り替えも可能だろう。ちょうど一九九〇年代に携帯電話網が登場して、固定電話網を整備する必要性を〝一気に飛び越えて〟しまった時のようだ。だが、その〝飛び越え〟にも限界がある。たいていの場合、配管、道路、通信回線、ビルなどの有形資産はやはり必要だからだ。

その既存インフラを活かすのがデータである。ビッグデータにしろ、個別データや処理済みデータにしろ、データにアクセスして、うまく活用できるかどうかがカギを握る。もちろん協働も重要だ。なぜなら本当の意味でフレキシブルなインフラを実現するためには、他のシステムとの協力が欠かせないからだ。

水、資源、食料、エネルギーなどの個別システムを統合することも重要だろう。情報を個別にやりとりすれば、資源を奪い合ったり、産業どうしが排他的に競い合ったりすることになる。だがシステムの能力を向上させて、情報を互いにやりとりし、生産/供給/管理を変えれば、従来の個別システムも統合システムに移行できる。簡単な例をあげれば、太陽光エネルギーを使って、送水ポンプを動かして作物に水をやり、コミュニティの食料を賄うようなことだ。こうして電力、水、食料、コミュニティがつながる。

とはいえ、オープンなインフラには、そのインフラを築くための取り組みや費用をはるかに凌ぐ代価がつきものだ。つまり、オープンでインターネットに接続したシステムは、まさしくその特性ゆえ、サイバーテロの標的になりやすい。社会の注目、破壊やそれ以上の混乱を目論む集団にとって、インフラは魅力的な標的に違いない。インフラ供給者は、サイバーセキュリティに熱心に取り組む必要があるとともに、システムをみなに開放する必要がある。だが、その両方を満たすことは難しい。

インフラについて言えば、二〇二五年には次の四つが実現しているかもしれない。一に特定の用途に応じた供給が可能になる。二に需給にもっと柔軟に対応できる。三に効率性が高まる。四にインフラ供給者がより長期的な視野に立てるというプラスの副産物が生まれる。フレキシブルなインフラは、もはや心悩ませる二者択一の選択肢ではない。それは必然的にやって来る変化の波である。問題はただ、早急に普及するかどうかだけである。

## 利用しやすい交通輸送システム

**私たちが近距離を移動する様々な必要性が、都市デザインと都市再生の重要な特徴を決める。都市プランナーは輸送インフラを活用して、社会の変化を促し、低炭素生活[*11]を実現しようとする。**

あちこちの都市で最も目につきやすいのは、輸送インフラだろう。そのインフラが社会に及ぼす影響は、いたるところで見られる。二〇世紀には、ほぼ世界的に自動車がもてはやされた。そのことからも明らかなように、輸送システムは都市の風景を決め、経済を活性化させ、人びとの欲望を満たす。米連邦道路管理局の言葉を借りれば、「幹線道路に一〇億ドルを投資するたびに、二万七八二三人の雇用を創出する」というわけだ[60]。

＊10　世界の平均気温の上昇を二度未満に抑えるために、各加盟国が温室効果ガスの排出量削減目標を設定し、目標達成に向けて取り組むことに合意した協定。

＊11　温室効果ガスの排出量削減のために、石炭・石油などの炭素エネルギー消費をできるだけ減らした暮らし。

| 順位 | 国名 | （単位・キロメートル） |
|---|---|---|
| 1 | 米国 | 6,586,610 |
| 2 | インド | 4,689,842 |
| 3 | 中国 | 4,106,387 |
| 4 | ブラジル | 1,580,964 |
| 5 | ロシア | 1,283,387 |
| 6 | 日本 | 1,210,251 |
| 7 | カナダ | 1,042,300 |
| 8 | フランス | 1,028,446 |
| 9 | オーストラリア | 823,217 |
| 10 | 南アフリカ共和国 | 747,014 |
| 11 | スペイン | 683,175 |
| 12 | ドイツ | 645,000 |
| 13 | スウェーデン | 579,564 |
| 14 | インドネシア | 496,607 |
| 15 | イタリア | 487,700 |
| 16 | ポーランド | 412,035 |
| 17 | 英国 | 394,428 |
| 18 | トルコ | 385,748 |
| 19 | メキシコ | 377,660 |
| 20 | パキスタン | 262,256 |

**図表11：**道路網の発達した上位20カ国、2013年（出典：ＣＩＡ『ワールド・ファクトブック』）

世界的に見ても、道路建設戦略はどこの国でも、それとほぼ同じ考えを前提にしている。米中央情報局（ＣＩＡ）の『ワールド・ファクトブック』[*12]によれば、二〇一三年の時点で、（舗装のあるなしを問わず）世界の道路は六四〇〇万キロメートルにも及ぶ[61]。道路網の発達した上位五カ国は、アメリカ、インド、中国、ブラジル、ロシアの順だ（図表11）。車を基本とした輸送システムは利用しやすく、接続性や利便性にも優れている反面、騒音、大気汚染、広大な道路用地の確保、都市のスプロール現象[*13]と都市の衰退の他にも、車の利用率の高い地域において社会的孤立といった問題も引き起こす。アメリカのような過度の車社会では、他の輸送システムの維持管理費が削られ、自動車への依存度がいっそう高まる。

だが、すべての国において車への依存度が高いわけではない。世界経済フォーラムが毎年、発表する国際競争力ランキング[*14]では、アラブ首長国連邦とシンガポールが（あらゆる）輸送インフラ指標のトップを独占し、EUではオランダが最もランキングが高い（全体の四位）[62]。

輸送システムは、単に人やモノを移動させる以上の意味を持つ。それは移動方法に、そして私たちが移動〝したい〟と思う理由にまで影響を及ぼす。輸送システムは、私たちが望む社会を実現するための手段であり、開放性や移動性、都市デザイン、低炭素生活の実現といった難しい課題に取り組むための手段でもある。たとえば、誰でも利用できるという輸送の開放性は、格差の問題を解消する。フレキシブルで統合的な輸送システムは、市民の移動性を高める。美しいデザインと環境に配慮した輸送システムは、都市の暮らしを向上させる（都市人口の増加にも対応しやすい）とともに、低炭素生活は気候変動対策にもなる。

いま求められている発想の転換のひとつは、輸送の提供から、アクセスの提供に焦点を当てるというものだ。ニュージーランドの運輸省は、二〇四二年を見据えた「将来需要のシナリオ」のなかでこう述べている。「我々が改善しようとしているのは、移動性《モビリティ》だけなく、利用のしやすさ《アクセシビリティ》だという点を理解しなければならない。その目標を達成するためには、次の三つの選択肢がある。第一に優れた輸送システムによって、第二に優れた都市計画によって、第三に優れたデジタル技術の活用によって、アクセス性を改善することである」[63]。

これらの幅広い議論を促すのが都市化の進展であり、都市生活者は新しい輸送システムや様々なサービスを求めている。この変化を推し進めるもうひとつの要因は、所有や利用の新しいモデルだろう。アプリを活用した、ウーバーなどの配車サービスもそのひとつである。だが、ピークカー現象[*15]に詳しい専門家が指摘するよう

*12　世界各国の情報を年鑑形式でまとめた年次報告書。
*13　都市開発が郊外へと無秩序に拡大していく現象。
*14　制度、インフラ、経済の安定度、技術革新など一〇〇以上の指標において、国の総合的な競争力を表すランキング。

に、必要なのは根本的な変化なのだ[64]。今日、温室効果ガスを引き起こす原因の約三分の一を、輸送システムが占めている。この点で改善が必要なのは言うまでもない。

開放的で統合された輸送システムに、私たちはいったい何を求めるのか。それは選択肢が多く、接続性がよく（それゆえ、利用者にとって移動しやすく効率的で）、環境に優しく、持続可能な輸送システムだろう。多くの人が話題にするのは、輸送システムの各所に統合的な輸送ハブを配する必要性だ。もちろん、都市によって輸送ハブの要件は大きく異なる。シンガポールでは、バスや列車を待つあいだの設備として売店とエアコンが欠かせない。深圳《しんせん》市に必要なのは、五つの地下鉄駅を結び、香港との国境検問所を備え、広大な商業地区を擁するターミナルステーションだ[65]。ストックホルム市のハンマルビー・ショースタッド地区は、環境に配慮した大規模な都市開発を行ない、持続可能な移動システムを推進している。トラム（路面電車）、自転車、徒歩をおもな移動手段とし、バイオガス[*16]を活用した公共交通システムを運行して、カーシェアリングにも取り組んでいる。〝地域内の循環《クローズド・ループ》〟システムを築いて、廃棄物や下水、エネルギーを再利用している[66]。

重点的な取り組みが期待されるのは、社会の大きなニーズに応え、都市で暮らす貧困層の利益になるような輸送システムの実現だ。貧困層は得てして移動の選択肢が少ないために、大気汚染の影響を受けやすく、危険な目にも遭いやすい[67]。その問題を解消するために重要になるのは、次のような方法だろう。低所得者層が住む都市周辺の疎外化を防ぐ。（依存度の高い）非公式な輸送手段の問題[*17]を改善する。貧困層や低所得者層が、自転車を所有しやすい仕組みをつくる。歩行者用のインフラ（安全な歩道、椅子、トイレなど）を整備する[68]。とはいえ、お粗末な輸送インフラは途上国だけの問題ではない。サストランズ[*18]は、貧困な輸送インフラの問題は、英国の数百万人の市民にとって日々の現実だと述べている[69]。

「プロプア・モビリティ」[*19]も提案するように、〝社会的輸送〟という解決策から多くのことが学べるはずだ[70]。倹約志向の旅行者が使う移動手段を思い浮かべてみればいい。東アフリカの二輪タクシー（ボダボダ）や、環境に優しいインドのリキシャは、安価なうえに低炭素社会を実現する選択肢でもある。

もちろん、統合的な解決策が一夜にして現れるわけではない。〝新しいこと〟を始めるのは大変だ。だが、技術と将来への見通しは、目の前で起こりつつある変化に重要な影響を及ぼす。そのふたつによって、公共輸送事業者はより大きな期待を集め、解決策を提案して社会に披露する。とはいえ、何ごとも政府の力だけで成し遂げることは難しい。大きな変化をもたらすために必要なのは、パートナーシップと新たなビジネスモデルなのだ。そして、そのパートナーシップには、技術によって可能になった新たなプレーヤーも含まれるだろう。

## 自動運転車

完全自動運転[*20]への移行が実現すれば、幹線道路をトラックプラトゥーン[*21]が走行し、都市のなかを小型の配達カーが行き交うようになる。コネクテッドカー[*22]はネットワークを築き、様々な技術を試行し、いずれ運転手なしに走行する画期的な体験を提供する。

＊15　自動車の保有台数、免許取得率、走行距離がピークを迎え、緩やかな減少に転じる自動車離れ現象。
＊16　下水処理場の汚泥や生ゴミなどを発酵させると発生するガス。主成分はメタン。
＊17　110頁を参照。
＊18　持続可能な輸送を推進する英国の慈善団体。
＊19　国連ハビタットが二〇一三年に公表した報告書。プロプアとは「『プア（質素な、粗末な）』に『プロ（賛成）』」を意味し、プロプア・モビリティで「質素な輸送手段に賛成」というほどの意味。
＊20　運転手が搭乗せず、運転操作と周辺監視をすべて制御システムが行なう、いわゆる無人運転。
＊21　互いに通信しながら、隊列を組んで走行する自動運転トラック。プラトゥーンは英語で「小隊」の意味。
＊22　インターネットに常時接続し、車両の状態や周囲の道路状況など、様々なデータをセンサーで取得して集積・分析する車。

未来の輸送をテーマに議論するたびに、必ずといっていいほど話題にのぼったのが、無人運転車あるいは自動運転車の果たす役割だ。新しい話題ではないものの、乗用車やトラック、バスそのものが周囲の環境を認識して、目的地まで自動走行する日はさらに近づいた。二〇二五年までに、世界のどこかで、極めて重大な進化を目撃することになるだろう。とはいえ、進化のスピードも違えば、進化する部門や分野も様々に違いない。

自動車メーカーは過去三〇年以上にわたって、自動運転車の可能性を実証するおびただしい数の実験を行ない、開発の方向性を決め、原理を証明し、たくさんの問題（データアクセスの問題、所有かカーシェアリングか、あるいはネットワークの信頼性についてなど）を提起して、開発の成果を自信たっぷりに披露してきた。ボルボは、事故の可能性を察知した際に人間に替わって車が運転を引き継ぐ機能を付与し、新しいボルボ車による死亡事故を二〇二〇年までにゼロにすると発表した。グーグルやアップル、アマゾンが証明してきたのは、自動車産業部門の外からでも、イノベーションを起こして開発を加速できるという事実である。二〇二五年頃には、完全自動運転車をかなりの規模で目撃することになるのだろうか。それともまだ完全自動運転車ではなく、いまよりもバックアップ機能の発達した車にとどまるのだろうか。二〇二五年までに私たちが体験するのは進化か、それとも革命だろうか。

まずは自動運転車の前身ともいうべき、コネクテッドカーの開発を優先する自動車メーカーも多い。国内に専用テストコースを持つ日産は二〇一三年、複数の自動運転車の商品化を二〇二〇年までに目指すと発表した。BMWとメルセデスはすでに、ドイツのアウトバーンでコネクテッドカーを走らせている。自動運転車には、定速走行・車間距離制御装置（ACC）や運転支援機能をさらに進化させ、自動車線維持、自動駐車、自動加速や制御、事故回避、運転手の疲労度検知などの機能を搭載する。二〇一四年、電気自動車メーカーのテスラはモデルSにオートパイロットシステムを搭載した。またデルファイ[*23]は二〇一五年に、自動運転技術を搭載したテスト車を用いて、アメリカ大陸横断に初めて成功し、西海岸と東海岸をつなぐ走行距離の九九パーセントを自動運転で走行した。

アップルが「タイタン計画」なる自動運転車開発プロジェクトに〝本気で取り組んで〟いることが明らかになると、シリコンバレーで他にどんなプロジェクトが進行中かについて、様々な憶測を呼んだ。[71] おそらく、この分野で先頭を切っているのはグーグルだろう。二〇一五年の時点で、すでに一〇〇台以上の自動運転車が、一六〇万キロメートル以上の走行実験を行なってきたからだ。グーグルが無人運転車の開発に着手したのが二〇〇五年。そしてその年、米国防高等研究計画局（ＤＡＲＰＡ《ダーパ》）が開催するロボットカーレース「グランド・チャレンジ」で優勝した。この数年というもの、グーグルは熱心なロビー活動を繰り広げて、公道で自動運転車を走らせる許可を取りつけてきた。そして二〇一二年に初めて公道で試験走行を行ない、二〇二〇年の実用化を目指している。根本的な問題は、グーグルが完成した自動運転車が果たして市街地を走行可能なのか、ロータリーにうまく対処できるのか、歩行者の予測不可能な動きを避けられるのか、衝突を防げるのか、などだろう。

同じくらい注目を浴びているのが、都市間と都市内での宅配だ。すでに採掘現場や農地といった公道以外の場所では、自動運転車や無人運転車の要素は広く活用されてきた。また、自動運転のトラックどうしが相互に通信して、適正車間距離を取りながら、隊列を組んで幹線道路を走行するトラックプラトゥーンが実現する日もそう遠くない。ダイムラーは傘下のフレイトライナー[*24]製の自動運転トラックが、ネバダ州の幹線道路で試験走行する許可を取りつけた。対する競合のボルボやスカニアも、スウェーデンで走行実験に乗り出した。[72] とはいえ、物流分野で本当の革命は、都市のなかで配達をこなす小型の自動運転車だろう。ゆっくりとしたスピー

＊23　アメリカの大手自動車部品メーカー。
＊24　アメリカの大型トラックブランド。

ドで無人走行する小型の電気ロボットカーが、自宅やオフィス、指定の引き渡し場所や車のトランクに荷物を届けてくれる。この分野で主導権を握るのはアマゾンだと考える者は多いが、それも当然だ。人件費の削減と配達スケジュールの最適化というふたつの点で、「ラストマイル・デリバリー」[*25]を簡素化できることは、企業にとって非常に魅力的な選択肢に違いない。

だが、コアプラットフォームにまつわる極めて重要な問題が未解決のままだ。つまり、携帯電話事業者はすでにデータを共有しているが、自動運転車の全システムが機能するために必要な共有データを誰が保有し、どうやってそのデータにアクセスするのか。これは信用や有用性、法的責任の問題であり、またその当事者がどの世界に属するかによっても、政府、IT企業、自動車メーカー間のバランスが大きく変わってくる。これらはぜひ解決しなくてはならない問題だ。ほとんどのビジネスモデルは、道路上の自動運転車について一〇〇パーセントの可視性を求める。九九パーセントでは充分ではないのだ。

それ以外にも、リスクという難しい問題がある。自動車保険の観点から見れば、自動運転車とはすなわち事故を起こさない車であり、もはや自動車保険は不要ということになる。ところが、保険会社にしてみれば、ただ単に事故を起こすリスクが車の所有者から他に移っただけだ。責任を帰すべきは自動車メーカーか道路か、あるいは自動運転の全システムか。システムの欠陥は大きな損害を引き起こすことが予想され、これも解決の待たれる重要な問題である。

現在のところ、自動運転技術は安全性が証明され、多額の投資も行なわれている。道路がより安全になり、混雑も解消されれば、大きな社会的利益になる。アメリカとEU諸国において、各国政府が規制問題について議論を始め、一部のシステム（重大な事故が発生した際に、自動で緊急通報する「ｅＣａｌｌ」システムなど）については、数年以内に搭載を義務づける動きもある。二〇二五年には、乗用車か商業車（トラック）かを問わず、バックアップ機能の発達した車や自動運転車が、幹線道路を同じ方向に向かって一斉に走っていることだろう。街なかでは、無人の配達ロボットカーが行き交っているのかもしれない。もっともいまのところ、完全自動運転の乗用車が街なかを走る時代はまだまだ先のようだ。

## 大気汚染

**あちこちの都市で悪化する大気汚染は住民の命を奪ういっぽう、目に見える促進剤となって、人びとの意識を変え、健康やエネルギー、輸送、都市デザインなどの政策転換をもたらす。**

デリー、パトナ、グワーリヤル、ライプール——世界で最も大気の汚れたこの四つの都市は、いずれもインドにある。実際、世界で最も大気汚染のひどい上位二〇都市のうちの一三都市をインドが占める（図表12）。大気汚染で世界的に名高い北京を覆うスモッグは、そのほとんどが粒径一〇ミクロン（〇・〇一ミリメートル）の粒子（ＰＭ10）だが、インドの都市の多くには、それ以上に危険で小さな粒径二・五ミクロン以下の微粒子（ＰＭ２・５）が浮遊する。呼吸によってＰＭ２・５が肺の奥深くにまで達すると、甚大な健康被害を及ぼす。デリーの大気汚染は、世界保健機関（ＷＨＯ）が安全と定める基準値の一五倍にも及ぶ(73)。

　その原因がディーゼル車の排気ガスなのか、工場が排出する煤塵《ばいじん》なのか、スラム街で使う灯油ストーブの煤なのかはともかく、インドのほとんどの都市で、ぜんそく患者数や、がん、心臓発作、脳卒中の罹患《りかん》率が高まっている。インドでは毎年、大気汚染が原因と見られる病気で約六二万人が命を落とす。もっとも、インド特有の現象ではない。中国では、大気汚染が原因で亡くなる住民の数が一日四〇〇〇人にものぼる。これは、一

＊25　配送センターから最終目的地までの配送部分。第7章「ラストマイル・デリバリー」も参照。

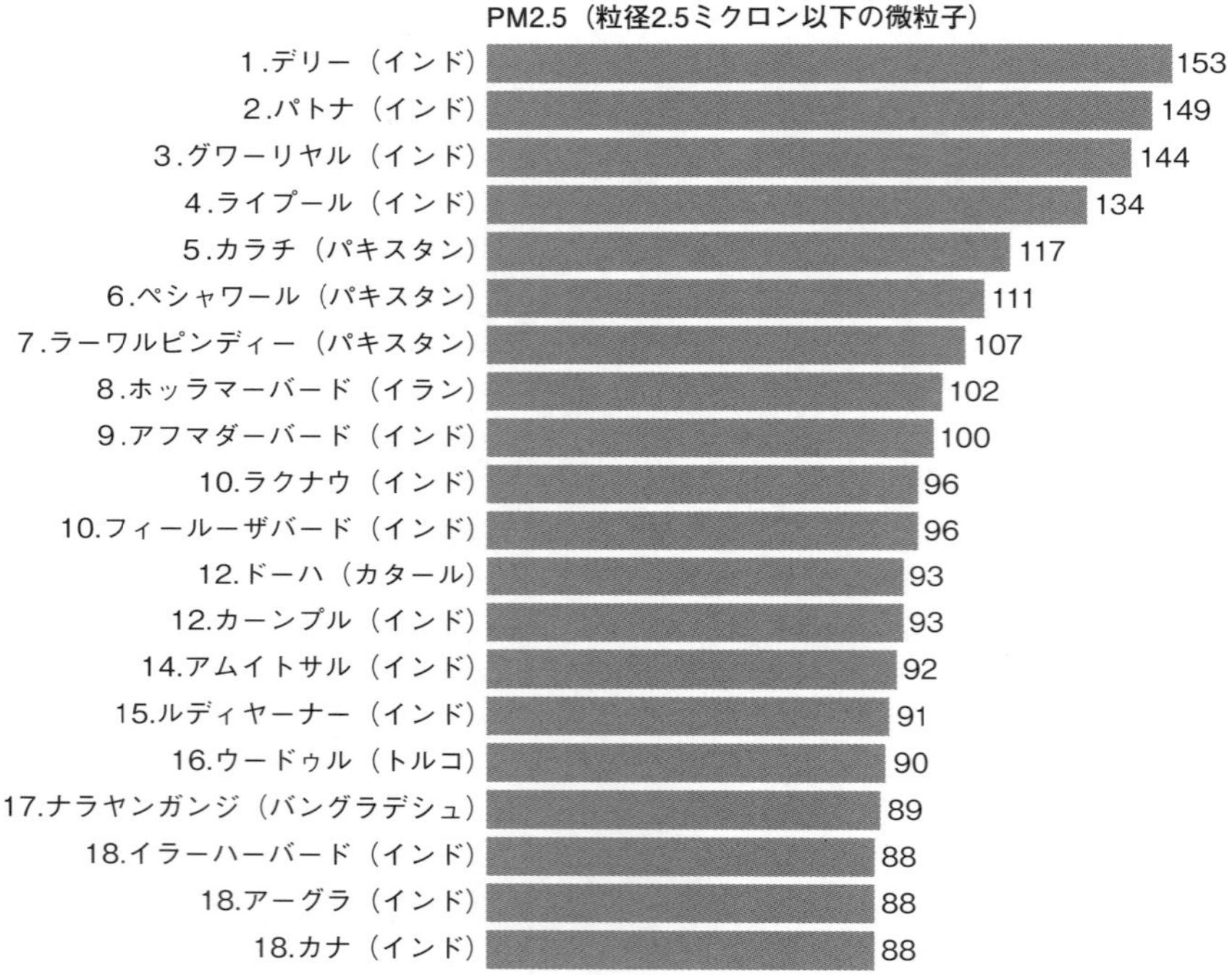


**図表12：**大気汚染が深刻な世界の都市、2014年（出典：世界保健機関）

日の死亡者数の一七パーセントに当たる数字だ。中国各地の都市の平均寿命は、大気汚染のせいで国全体の平均寿命より五年も短い。全人口の八割が安全基準を下まわる環境で暮らし、北京の大気汚染はあまりにも深刻なために、その空気を吸った時に肺に及ぼす影響は、一日四〇本のタバコを吸った時に匹敵する。(74) 数年前、市民がこぞってつけていた紙製のマスクは、いまでは丈夫なフェイスマスクになり、大気汚染のせいで子どもを持つのを躊躇する夫婦まで現れた。それでも世界銀行によれば、全体的に見た場合に、今日、最も大気汚染がひどいのはインドでも中国でもなく、アラブ首長国連邦だという。(75)

二〇一二年、大気汚染が原因で亡くなった人は世界中で七〇〇万人を数えた。工業化が進展し、車を所有する地域が拡大したうえに気候変動も加わって、問題は悪化の一途をたどっている。経済協力開発機構は、大気汚染が「早死に」の最大の原因になる日も近いと考えている。[76]

大気汚染にまつわる重要な問題は、その原因も影響を及ぼす分野も多岐にわたることだ。たとえば大気汚染が悪化する原因について言えば、産業戦略やエネルギー政策から、排気ガス、都市デザイン、交通機関の選択まで複雑に絡み合っている。同じように影響について言えば、ぜんそく、心臓発作、慢性閉塞性肺疾患、がんの罹患率の高さといった健康被害に加えて、スモッグに覆われた灰色の空や視界の悪さは、世界の都市をますます魅力のない、不健康な場所にしてしまう。

なかには、この数年で大気の質を大幅に改善した西洋の都市もある。たとえばロンドンは市民の意識を高めるキャンペーンに着手し、大気汚染から住民の健康を守り、大気の質を改善する施策に市長みずから乗り出した。[77] 低排出ゾーンの規制を強化し、旧型のディーゼルタクシーを廃棄処分とし、二階建てバスの電気自動車化を図り、四〇万棟に及ぶビルに空気清浄設備を取りつけた。また二〇二〇年までに達成する目標として、輸送管理の見直しを最優先課題に掲げる。いっぽう、EUは加盟国のうち、大気汚染が長年改善しない一七カ国に対して法的手段に訴えた。この問題に早急に取り組むようEUの勧告を受けたブルガリア、ラトビア、スロベニアの三カ国は、毎年、交通事故よりも大気汚染で亡くなる市民のほうが多い。アメリカでは一九九〇年代以降、大気の質は向上してきたものの、アメリカ疾病予防管理センター（CDC）によると、まだ多くの問題が未解決だという。最近の予測に基づけば、アメリカの大気汚染の問題は二〇二五年までに改善するどころか、悪化に向かう。[78]

市民の関心が高まり、健康被害に対する懸念が政治問題にまで影響を与えはじめたインドと中国は、ついに対策に乗り出した。中国政府は全国にセンサーを設置して、データをオンラインで定期的に公表している。インドでも比較指標を採用して大気の質をモニタリングするいっぽう、工業が盛んなグジャラート、マハーラーシュトラ、タミル・ナードゥの三つの州では、世界でも初めてとなる粒子状物質の排出権取引制度[*26]を導入した。グジャラート州のスーラトでは、点在する三〇〇カ所ものテキスタイル工場から石炭を燃やした蒸気が発生するため、真っ先に排出権取引を行なうものと見られている。(79) テキスタイル工場が排出する粒子状物質の排出データを、すでにモニタリング装置は蓄積しはじめている。(80)

モニタリングと排出権取引以外に、もっと〝極端な〟方法を試している都市もある。世界保健機関が中国で大気汚染が最も深刻だとみなす西部の蘭州《らんしゅう》市では、当局が周囲の山のなかにいくつも峡谷を掘って、その巨大な窪みに大気汚染を封じ込めてしまうという計画を発表した。だが蘭州市の大気汚染の原因は、石炭や自動車の排気ガスというよりも山を爆破することにある。これまでも、開発のために七〇〇以上もの山を吹き飛ばして土地を平らにしてきた。山を爆破して巨大な峡谷をこしらえたところで、問題を悪化させるだけではないだろうか。

現在、都市デザインに対する新しいアプローチが求められている。もっと健康的な都市生活を促すことで、生産性を上げ、平均寿命を延ばし、コミュニティの復元力を高め、医療サービスの負担を減らすためである。車への依存度を減らすことは最優先課題だろう。インドでは、たとえ都市に暮らしていても、ほとんどの人は徒歩かバスか自転車で移動する。しかも、車を所有する世帯は全体の五パーセントしかない。車が普及する前に、市民を大量輸送する公共交通システムを整備する時間はまだ充分残されている。すでに一四都市が地下鉄を整備したか、整備中である。

このまま粒子状物質を排出しつづけるならば、二〇五〇年には世界人口のほとんどが深刻な大気汚染の影響を被るだろう。経済協力開発機構では、今後は世界中で大気汚染が汚水以上に大きな死因になるはずだと考え、早急の対策を呼びかけている。(81) 多くの国にとって課題は、国民の健康に及ぼす影響と、経済成長を維持するためのバランスをうまく取ることだろう。これらの国は、依然として化石燃料を利用している。あるいはエネルギーの確保が第一で、クリーンエネルギーにまで頭のまわらない地域もある。だが市民の関心を喚起し、行動を起こすように促すのは、炭素排出削減目標ではなく、はっきりと目に見え、被害を及ぼす大気汚染だと考える人が増えてきた。

ぜんそくを抱えた子ども、灰色に覆われた空、まともに呼吸できない苦しさは、市民と当局の両方にとって、大きな変化をもたらす引き金になると見られる。そしてその結果、大気汚染は急速に気候変動の中心課題になり始めた。どこに住み、どう暮らすのか──この問題を改善する試みは、多くの課題に対する取り組みを促すとともに、都市について、そしてその都市をどう活用するのかについて、私たちの考えを変えていくのかもしれない。とはいえ、懸念すべき都市問題は大気汚染だけではない。

## 水没する都市

**ほとんどの都市は洪水に対する備えがない。多くの地区や世帯はもはや洪水保険に加入できず、ますます危険にさらされている。これ以上、改善の見込みもなく、状況は悪化するばかりだ。**

過去の気象データを見る限り、二〇一五年は観測史上、最も地球が暑かった一年であり、自然災害の被害がとりわけひどい一年でもあった。ネパールでは地震が起き、インドのチェンナイでは一〇〇年に一度といわれる洪水が発生した。インド全土で、近年まれに見る長期の熱波が続いた。ミャンマー、バングラデシュ、イン

＊26　一般には、各国や企業が温室効果ガスを排出できる量を「排出枠」というかたちで決め、その枠を超えた国や企業が、排出枠を下まわった国や企業から排出枠を購入し、それによってガスの排出を削減したとみなす制度。

ドをモンスーンに伴う豪雨が、モザンビークとマラウイを大規模な洪水が襲い、エチオピアは旱魃《かんばつ》に見舞われた。欧州が洪水被害に遭った原因は、大規模なエルニーニョ現象の影響にある。エルニーニョは太平洋赤道域で海面水温を押し上げ、アメリカに豪雨と洪水を、南米に嵐や洪水と作物の不作をもたらした。

二〇一五年、自然災害の犠牲者は二万三〇〇〇人を数えた。四月にネパール大地震でおおぜいが命を落としたために、前年の自然災害の犠牲者数である七七〇〇人を上まわったものの、過去一〇年間の平均値である六万八〇〇〇人は大きく下まわった。保険業者の話によると、二〇一五年の自然災害の損害額は二〇〇九年以来、最低レベルに下がり、保険の請求額も二七〇億ドルに下がったが、将来的に言えば、保険金の支払い要求は二〇二〇年までに高成長市場で二倍に、成熟市場でも約一・五倍に跳ね上がると見られている。[*27]となると、状況は改善しているのか、それとも悪化しているのか。

人類は気候変動の問題に直面しており、何らかの手を打たなければならない、というのが今日の共通認識だろう。一部の者が言う通り、二一世紀の到来とともに人類は「人新世《じんしんせい》」に入ったのかもしれない。人新世とは、人間活動の影響が、地球の生態系や気候に大きな影響を与えるようになった、近年の地質学的な時代を言い表したものだ。[*28]これまでの人間活動が、もう元には戻せない、長期的な影響を地球に及ぼしはじめたのかもしれない。深刻な影響としてよく取り上げられるのは、「大洋の酸性化」「窒素循環」「生物多様性の喪失」の三つだが、政治的な関心が最も高いのが気候変動であることはほぼ間違いない。

二〇一五年にCOP21で採択したパリ協定[*29]に現在、各国が取り組んでいることを考えれば、世界の平均気温の上昇を一・五～二度に抑えるという全体目標を達成できるのではないか、と期待する声もある。だが、あまり楽観的でない声も多い。過去の人間活動がすでに幅広い影響を及ぼし、二一世紀中にあと三～四度の気温上昇は免れないだろうという懸念が広がっているのだ。

温暖化の問題に取り組むためには、エネルギーシステムを変えることはもちろん、私たち自身の意識や行動も大きく変える必要がある。英国で毎日、車の運転で消費するエネルギー量は、風力、太陽光、波力の三つを使って、家庭に供給できると思われる再生可能エネルギーの量を上まわっている。暖房、飛行機旅行、製造、あらゆる装置や設備の電力を含めると、既存の環境保全技術《グリーン・テクノロジー》で供給できる量を、はるかに超えたエネルギーを使用していることになる。最近の消費者行動を考えれば、カーボンニュートラル[*30]なエネルギー供給を実現できる国はほとんどない。原子力エネルギーと太陽光エネルギーを推進し、超効率の電池を開発しない限り、二〜四度の平均気温上昇を防ぐことはまず無理だろう。

その意味を本当に理解している者はいないだろう。気候変動に関する政府間パネル（IPCC）の評価報告書をもとに、英国気象庁は、地球の平均気温が四度上昇した際に想定される影響を表す世界地図を作成した。[82]北極と南極の氷河が溶ける。アマゾン川流域、アメリカ南西部、中国南部およびアフリカの大部分が砂漠化する。旱魃とハリケーンが頻度も威力も増し、季節もすっかり変わってしまう。それにもかかわらず、私たちが備えるべき最大の問題は洪水かもしれない。海面上昇と豪雨という直接的な影響か、不安定な気象パターンの副産物かはともかく、多くの地域にとって、想定外の規模の洪水に備えることが最重要課題になりそうなのだ。

洪水の原因は、森林破壊と、山の斜面を切り拓いた集約農業にある。つまり、森林を伐採したせいで土壌の保水力が減り、降った雨は濁流となって地表面を流れ落ち、近くの川に流れ出す。そして下流の都市で洪水が発生する。都市には、そうして流れ落ちてきた水を排出する方法も封じ込める方法もほとんどない。

＊27　死者数約九〇〇〇人。
＊28　オゾンホールの研究でノーベル賞を受賞したオランダの大気化学者、パウル・クルッツェンの造語。人新世《アントロポセン》とは「人類の時代」という意味。
＊29　82頁を参照。
＊30　自然界の二酸化炭素の増減がない状態。

| | |
|---|---|
| 1 | 広州 |
| 2 | マイアミ |
| 3 | ニューヨーク |
| 4 | ニューオリンズ |
| 5 | ムンバイ |
| 6 | 名古屋 |
| 7 | タンパ（フロリダ州） |
| 8 | ボストン |
| 9 | 深圳 |
| 10 | 大阪 |

**図表13：**世界で最も水害のリスクが高い10都市、2015年（出典：経済協力開発機構）

地球上の人口のほとんどが都市で暮らし、大きな都市のほとんどは沿岸にあるため、膨大な数の人間を洪水が襲う(83)。広州、マイアミ、ニューヨーク、ムンバイ、名古屋、ボストン、深圳《しんせん》、大阪は、特に大きな被害を受けやすい（図表13）。世界で最も水害被害を受けやすい一〇都市の人口を合わせると一億五〇〇〇万人にのぼり、二〇二五年には七五〇〇万人増えて、一・五倍の二億二五〇〇万人に膨れ上がる(84)。世界の裕福な都市上位二二カ所は、深刻な水害被害のリスクを抱え、水害はさらに住宅、貧困、エネルギー、社会の崩壊などの問題を引き起こす。二〇七〇年になる頃には、水害に遭う危険性のある総資産は、今日の一〇倍を超える三五兆ドルにのぼる見込みだ。この数字は、世界の推定年間経済生産高の九パーセントを上まわる。専門家の長期的な試算によれば、気候変動が原因で内陸か北半球への移住を余儀なくされる人口は、世界中で最大一〇億人にのぼるという。

気候変動の影響を受けるのは人間だけではない。いま以上に深刻な旱魃が今後も続けば、作物、野生生物、安全な飲料水の供給にも悪影響を及ぼす。だがプラス面に目を向ければ、塩水で育ち、旱魃に強い作物の開発が進んでいる。また、カナダやシベリアはいまよりも温暖になるため、より多くの人が住めるようになるだろう。

もっとも、多くの人にとって最優先事項となるのは、気候変動の影響に対処することだろう。この数十年というもの、本来ならば建てるべきではない土地にビルや家屋を建て、洪水が起きれば冠水することがわかっている氾濫原まで開発してきた。しかもオランダを除いて、通常の洪水に対応して計画されたビルはほとんどない。たいていの国では、具体的な計画も提案されてこなかったのだ。

都市のインフラを、水害対策の観点から考え直すいい機会だろう。ただ単に、新しく建て直すという意味ではない。ロンドンでは洪水を防ぐ可動堰《バリア》をテムズ川に建設した。水害を防ぐために、新たなインフラを築くという積極的な取り組みをした都市は、他にはあまり見当たらない。テムズ・バリアは一九六〇年代に計画されて一九八二年に完成し、ロンドンを高潮から守ってきた。本来は年に一、二度の利用を想定していたが、二〇一四年にゲートを閉じた回数は四八回にも及ぶ。もしこのバリアがなければ、その年、トラファルガー広場は一七回も水没していたはずだ。中国の珠江《しゅこう》デルタ[*31]でも、持続可能な洪水対策について議論し、計画を練っている。近年はあえて農村地帯を洪水の被害に遭わせて、都市を守るという方策を取っている。

人が都市に住むのを諦めるか、都市のほうが近い将来、進んで内陸に引っ越す、などとは誰も考えないだろう。だが、すでにニューヨークのような都市では、再保険会社が水害保険の再保険の引き受けを断り、多くの都市で洪水被害が頻繁に起きることを考えれば、二〇二五年までに積極的な水害対策を講じる必要があることはますます明らかだ。多くの人が懸念するように、地球温暖化が深刻な被害を引き起こすのであれば、水害に対する私たちの意識や行動も大きく変わるに違いない。水害の被害から都市がすぐに復旧・復興できるよう、きちんと備えるべきだという考えが根づくだろう。

## 基本的な公衆衛生

＊31　深圳や香港から、対岸のマカオまでを囲む三角地帯。

**清潔な衛生施設を利用できないと、住民の健康に悪影響を及ぼし、社会の発展を妨げる。とりわけ、衛生的なトイレの不足が女性に及ぼす影響は大きい。問題を解決するために、政府や支援団体が最優先課題とするのは、衛生施設、啓蒙、イノベーションの測定基準を決めることだろう。**

水害対策と安全な飲料水の確保は新聞の見出しを飾る大きな課題だが、あまりニュースにはならないにしろ、水をめぐる問題は他にもある。衛生施設だ。とうの昔に解決されてしかるべき問題だが、都市部か農村部かを問わず、いまでも数百万人がトイレを利用できない状態にある。

衛生的なトイレが利用できれば、疫病は減り、世帯収入は増え、女子を学校に通わせ、環境保全にも役立ち、人間の尊厳も高まる。国連の「ミレニアム開発目標」は、トイレの利用者数の数値目標を掲げていたが、二〇一五年、その目標に約七億人も届かなかった。「持続可能な開発目標」は「ミレニアム開発目標」を引き継いで、「二〇三〇年までに、世界中の人びとが安全な水とトイレを利用でき、双方の持続可能な管理を行なう」という目標をあげた。確かに困難な問題には違いない。世界保健機関によれば、清潔なトイレを利用できない人は約二五億人を数え、世界人口の三〇パーセント以上にのぼるという。その大多数が、アジアかアフリカの農村部で極貧生活を送っている人たちだ。

いまでも、世界の約一億三〇〇〇万世帯にトイレがない。つまり一〇億人以上もの人が屋外で、草むらで、野原や道端で用を足している。糞便には一グラムあたり一〇〇〇万個のバクテリアと一〇〇〇万個のウィルスが存在するため、屋外で排泄すると疫病を簡単に広めてしまうことになる。汚染された水や不衛生な状態で用意された食事が原因で、疫病が発生することがある。そうして一気に拡大した疫病を封じ込めることは難しい。

トイレの不備は、とりわけ女性と幼い子どもに大きな影響を及ぼす。清潔で安全なトイレが使えないことは、女子にとって大きな問題だ。それも特に生理のあいだは、学校を欠席するか、用を足すためにまだ暗いうちに家を出なければならなくなり、嫌がらせや危険な目に遭いやすくなる。それが長期にわたって、女子の健康や教育、生計手段、安全に影響を与え、本来ならば労働人口の半分を占める女性の生産性を制限し、国の経済にも大きな損失をもたらす。

特にこの難問に直面しているのがインドである。というのもインドの農村では、家のなかで排便することを不衛生と考えるうえ、カースト制度の外側にあるダリットと呼ばれる不可触民しか排泄物を扱ってはならない、という習慣がいまも深く根づいているからだ。それが何世代にもわたる貧困を生むとともに、自分の排泄物を自分で始末するという習慣に結びついてこなかった。特にその傾向が強いのがヒンドゥ社会である(85)。屋外で排便する習慣を廃止するキャンペーンの一環として、ナレンドラ・モディ首相はみずからブラシを手にデリーの街角を掃きながら、この問題の解決を訴えた。とはいえ、人びとが考え方を改めるまでには長い時間がかかるだろう。二〇〇五年にインド政府が行なった調査では、都市部か農村部かを問わず屋外で用を足していたのは、全イスラム教世帯のうちの四二パーセントだったのに比べて、ヒンドゥ教世帯では全体の六七パーセントにのぼった。

コレラやエボラ出血熱といった疫病の大流行に対処する際に極めて重要なのが、プライマリーヘルスケア施設[*32]である。ところが、患者が最初に訪れる医療施設であるにもかかわらず、特に農村部では、その施設の多くに衛生的なトイレがないのだ。安全な飲料水もトイレもなく、衛生状態も悪いために、医療従事者はきちんとした感染予防や感染対策を行なうことも、みずから手本となって地域住民を啓蒙することもできない。そのどちらも、疫病の大流行をコントロールして、終息させるためには極めて重要である。

＊32　診断や治療はもちろん、予防や健康増進なども行なう、コミュニティに根づいた保健医療サービス。

国連の「ミレニアム開発目標」と「持続可能な開発目標」が率先して推進したことで、各国も公衆衛生政策に大いに力を入れはじめた。だが各政策の説明責任は複雑で、複数の省庁にまたがる。たとえば保健省、水資源省、地方自治体省、環境省が絡むうえ、中央や地方、地域や都市ごとに管轄がある。そのどれもが、屋外での排泄が地下水や沿岸水域、地表水に及ぼす汚染問題について理解するようになると、ウェブサイトの内容が重複したり、関係機関どうしで調整不足が起きたり、実行不可能な政策を打ち出したり、予算や優先順位にばらつきが生じたりという問題が起きてしまう。

ＷＡＳＨ（water, sanitation and hygiene）、すなわち「水」「トイレ」「衛生」の問題を改善すると、住民の健康も改善するという理解が進むにつれ、期待されているのが、統合的な政府機関を設置して様々なプロジェクトにもっと戦略的に投資する試みだ。このところ、この分野で主導的立場を取っているのが世界銀行グループである。そして「ＷＡＳＨ」「栄養」「健康」の問題を少なくとも一三のプロジェクトにまとめ、インド、パキスタン、ラオス、カンボジア、ベトナム、エチオピア、モザンビーク、ザンビア、ウガンダ、ハイチの一〇カ国で、約四億四〇〇〇万ドル規模の事業を展開している。

戦略的な投資とともに必要なのは、その投資効果を追跡するメカニズムを強化して、効果的な測定と調査を行なうことだろう。公衆トイレの数を調査するのは比較的簡単だが、個人がトイレを使う習慣をモニターすることは難しい。途上国の場合、複数の指標を同時にモニターできる準備がまだ整っていない。そもそも、簡単に測定できない指標の場合も多い。そこで、世界保健機関とユニセフがこの問題に取り組み、各国政府と協力して、簡単で測定可能な指標を見つけ出して活用し、都市プランナーや政策立案者が求める情報を提供している。[86] 個人の習慣の問題に取り組むキャンペーンを展開する場合、トイレの利用が公衆衛生によい影響を与えるといった、重要ではあっても、個人の実感と遠い利点を訴えたところで効果は低い。もっと高い効果が期待できるのは、トイレの利用によって個人が得られる利便性や社会的評価、安全性などの利益を訴えることだろう。

後者に焦点を当てたキャンペーンを展開すれば、政府が設置した仮設トイレを利用してもらえるだけでなく、住民自身がトイレを設置する気になるかもしれない。

今後は設備投資と啓蒙に加えて、イノベーションも――それも新しいトイレを設置するプロセスと、資金調達の両方で――重要な役割を果たすはずだ。新興経済国において大きな障害のひとつは、物事がスムーズに進まないことだろう。部品を一つひとつこしらえ、あちこちから職人を呼び寄せ、原材料も別々に探し出さなければならない。時間も労力もかかるため、その弱点を革新的な方法で改善すれば、たとえば先進国で廃棄物の分別を自動化するイノベーションがあったように、大きな成果があるはずである。

近年、ビル&メリンダ・ゲイツ財団[*33]は、トイレ再開発コンテストを開催して、途上国の市場向けに革新的なトイレのデザインを募集した。優勝したのは、カリフォルニア工科大学のマイケル・ホフマンの応募作である。ソーラーパネルを動力源とする電気化学反応器を使って、排泄物から水素を生成すると同時に、尿のなかの塩分を酸化させて塩素を発生させ、殺菌作用のある溶液をつくり出してトイレを流す仕組みだ。生成した水素は料理用に使ったり、燃料電池に貯蔵して電気をつくり出したりできる。水素などをつくったあとの残留固形物は、堆肥としても活用できる。このプロトタイプはまもなく屋外で試験利用され、早ければ二年で実用化に漕ぎ着けるかもしれない。ゲイツ財団は毎年、トイレ分野に八〇〇〇万ドルの予算を組む予定であり、世界保健機関の見積もりによれば、その投資は生産性の向上と医療費の削減につながり、社会的、経済的利益のかたちで九倍になって返ってくるという。

デジタルなインフラがもたらすビジネスチャンスに焦点を合わせる都市があるいっぽう、この時代になっても、まだ世界の大きな問題のひとつがトイレだという事実に驚く者もいるだろう。清浄な大気と安全な飲料水

＊33　マイクロソフト元会長のビル・ゲイツと妻のメリンダが立ち上げた慈善基金団体。

の提供という基本的な問題に取り組みもせず、旅行情報のアプリをあれこれ工夫することに、本当に意味があるのかという疑問は湧く。意味はないと答える者もいる。あるいはこれもまた、地球規模《グローバル》は地域《ローカル》というジグソーパズルのピースを組み合わせたものであり、地球全体でよりよい生活を実現するためには、一つひとつ取り組まなければならない小さな問題のひとつだ、と答える者もいる。

## 生態文明

**これまで四〇年にわたって急速な発展を遂げてきた中国には、環境に及ぼす長期的な影響に配慮するという視点はなかった。だが、中国は大きな問題に直面し、持続可能な開発という明るい光が差しはじめている。**

発展と環境という難しい問題に直面して、荒涼とした未来が待っていると考える者は多い。安全な飲料水や大気汚染、インフラの問題に取り組んでいる者もいるが、新興経済国において時間切れが迫っていると考える者も多い。だが、変化は起きはじめている。それも、予想もしなかった方向から見えはじめたのだ。「天然資源の保全と環境改善に、最も野心的な目標を掲げて取り組んでいる国はどこか」と誰かに訊ねたならば、中国と答える人はまずいないだろう。イェール大学が発表した二〇一六年の環境パフォーマンス指数（図表14）を見れば、全一七八カ国のうち中国は一〇九位だ。しかも大気環境（家庭燃料、大気汚染）と農業（窒素投入度合い）のカテゴリー別で見れば、その順位はさらに低い[87]。

ところが、汕頭《さんとう》、深圳、天津、成都をはじめとする成長著しい大都市では、まったく違う考えを持つ者もいる。彼らはこう言うのだ——経済を優先して環境問題を無視する地方の役人のやり方を、中央政府はよく思っ

| 順位 | 国名 | 指数 | 推移 |
|---|---|---|---|
| 1 | フィンランド | 90.68 | ↑ |
| 2 | アイスランド | 90.51 | ↑ |
| 3 | スウェーデン | 90.43 | ↑ |
| 4 | デンマーク | 89.21 | ↑ |
| 5 | スロベニア | 88.98 | ↑ |
| 6 | スペイン | 88.91 | ↑ |
| 7 | ポルトガル | 88.63 | ↑ |
| 8 | エストニア | 88.59 | ↑ |
| 9 | マルタ | 88.48 | ↑ |
| 10 | フランス | 88.20 | ↑ |
| 11 | ニュージーランド | 88.00 | ↑ |
| 12 | 英国 | 87.38 | ↑ |
| 13 | オーストラリア | 87.22 | ↑ |
| 14 | シンガポール | 87.04 | ↑ |
| 15 | クロアチア | 86.98 | ↑ |
| 16 | スイス | 86.93 | ↑ |
| 17 | ノルウェー | 86.90 | ↑ |
| 18 | オーストリア | 86.64 | ↑ |
| 19 | アイルランド | 86.60 | ↑ |
| 20 | ルクセンブルク | 86.58 | ↑ |
| 21 | ギリシャ | 85.81 | ↓ |
| 22 | ラトビア | 85.71 | ↓ |
| 23 | リトアニア | 85.49 | ↓ |
| 24 | スロバキア | 85.42 | ↓ |
| 25 | カナダ | 85.06 | ↑ |
| 26 | 米国 | 84.72 | ↓ |
| 27 | チェコ | 84.67 | ↓ |
| 28 | ハンガリー | 84.60 | ↓ |
| 29 | イタリア | 84.48 | ↓ |
| 30 | ドイツ | 84.26 | ↓ |
| 109 | 中国 | 65.10 | ↓ |

**図表14：**イェール大学の環境パフォーマンス指数、2016年（出典：イェール大学）

ていない。中国共産党は「生態文明」に大きく舵を切り、政府の全システムを大きく改革しようとしているのだ、と。中国は責務である持続可能性を強く肝に銘じて、ルールブックを書き換えはじめた。議論し、報告書を出し、枠組みを構築してガイドラインを決め、二〇、三〇、五〇年後に実現するかもしれない変化のことでロビー活動に忙しい、よその国を尻目に、中国は二〇二〇年までに現れる変化を始動させた。その必要に迫られたのだ。

パリ協定を採択したCOP21の席で多くの識者の気持ちを沸き立たせたのは、中国が気候変動についてこれまでの論調を変え、方針を転換したことだった。その二カ月前に開かれた「国連持続可能な開発サミット」においても、中国は二〇三〇年までにカーボンニュートラルな状態を目指すと公約した。アジア協会政策研究所のジャクソン・ユーイングは述べている。「この数年、環境と気象政策について、中国の立場にはすばらしい前進が見られた」、と。もっとも、実情を知れば驚くこともないだろう。なぜなら、中国は最も困難な環境問題に直面しているうえに、国の規模と工業力を考えれば、問題に対処するだけの手段も資力もあるからだ。

この先、気候変動や他の難問に取り組むために、中国共産党中央委員会（CCCPC）が推進するのが「生態文明」という考え方である。重大な変化は何ごとも、中国共産党の最高指導機関である中央委員会で始まる。一九七八年の中国共産党第一一期中央委員会第三回全体会議（第一一期3中全会）において、中国は改革開放路線に転じ、これをもって近年の中国の経済成長が始まった。その後、GDPは五九〇億ドルから一〇兆ドルを超えるまでに成長し、一九九〇年から二〇〇五年の一五年間に、四億七〇〇〇万人もの国民が貧困を脱したのである。

経済成長が減速したいま、中国共産党が焦点を置いているのは、持続可能な開発を目指し、環境に配慮した経済成長を実現することである。生態文明の青写真を正式に発表するにあたって、胡錦濤前総書記は次のように述べた。「生態文明建設の核心は、環境収容力、自然の法則、持続可能な開発をもとに、資源を節約し環境に優しい社会を築くことにある」[88]。「持続可能な開発」の中国版である「生態文明」はすぐに、イノベーションに焦点を当てる中国の新たな指針となった。二〇一五年、国連は述べた。「国家の戦略として、また二〇一五年以降の新たな開発枠組みとして、中国が生態文明の建設に取り組むことは、世界にとって計り知れないほど大きな意味を持つ」。

こうして具体的な行動指針が定まり、中国は動きはじめた。たとえば次のような戦略である。中国で初めて財産権を確立する。規制制度を整備して天然資源を管理する。多額の補助金をもとにした従来の価格制度を改め、資源の有償使用制度を導入して資源に本来の価格を反映させる。中国の地勢を開発・保護する制度を確立する。たとえば重要地域を指定して、天然資源の枯渇を監視する。枯渇が懸念される海と陸の資源について、生態レッドライン（超えてはならない限度）を設ける。国際的に優勢になってきた「汚染者負担」の考え方に従って、汚染環境の修復費用や補償費用を汚染者が負担する制度を実施する、などである。生態文明は中国が国内の環境問題に対処する戦略ではあるが、その言葉は西欧スタイルの工業化に対する批判とも受け取れる。

無数に定めた目標や法令のなかでおそらくいちばん重要な転換は、中国共産党がパフォーマンス指標制度を見直したことだろう。この数十年というもの、もっぱらＧＤＰに焦点を当ててきた中央委員会が従来の考えを改め、新たなパフォーマンス評価制度を公表したのだ。新たな指標には資源消費、環境変化、環境効率が含まれ、どれもパリ協定で合意に達した考え方と一致する。

詳しく報じられることはないにしろ、変化はすでに現れはじめている。中国は太陽光エネルギーの発電量を二〇一五年に年間二〇ギガワットに倍加させ、さらに年間一〇〇〇ギガワットの発電量を目指している。二〇三〇年には、ＧＤＰ当たりの二酸化炭素排出量を、二〇〇五年比六〇〜六五パーセント削減するという目標も公表した。中国は気候変動との戦いを、経済改革を加速させ、持続可能な発展を遂げるための大きな機会と捉えている。

人間文明の次の段階に進むことで、将来起こりうる経済成長の鈍化に中国がうまく対処できるかどうかについては、もちろん議論の余地があるだろう。だが、気候変動に世界が手を打たなければならないという背景があり、中国がこれまで石炭エネルギーに大きく依存してきたために、国民の健康に有害な影響を与えてきたという事実があり、環境保全技術で世界をリードする機会があることを考えれば、中国の生態文明が長期にわたって影響を与えることに異論を唱える者はいないだろう。

## 都市間の競争と協働

**都市と都市とのあいだの競争は国境を越えて繰り広げられ、変化を促す。優秀な頭脳を引きつけるために都市は競い合う反面、過密、資源不足、大気汚染といった、繁栄の裏側にある問題を解決するために協力し合う。**

国際貿易や世界的な影響力は通常、国家レベルで、政府どうしの関係で決まる。時には世界貿易機関（WTO）のような組織の支援を得て、国家は互いの国益のために一丸となって協定の交渉にあたる。そのような多大な時間を要するプロセスに臨むことは、都市当局にとっては非常にストレスが大きい。都市は不釣り合いなほど世界の生産量の大部分を担っている。代表的な六〇〇都市が、世界のGDPの六割を生み出しているのだ。[89] 貿易機会を拡大し、ビジネスチャンスをつかむために、積極的に動きはじめた都市もある。都市の影響力はますます、その街の歳入額に左右されるようになった。なかには積極的な活動が繁栄に結びついた都市もあり、今後は国家間ではなく都市間の活動や協力に焦点が絞られるようになると指摘する者もいる。一八世紀に消えた都市国家という考え方が、再び脚光を浴びようとしているのだ。

農村では味わえない繁栄の機会を、都市は与える。人口密度が高いゆえ、企業は幅広い関係を築きやすく、資金を調達しやすく、顧客も見つけやすい。もちろん、経済規模と成長率は重要であり必要であるにしろ、都市の競争力を決定づける要因はそれだけではない。たとえばビジネス環境、規制環境、人的資本の質の高さ、そして実際、都市の競争力を左右するのは、都市が提供する生活の質である。

真の意味で都市が繁栄するためには、ただオフィス棟や研究団地《リサーチパーク》を建てればいいだけではない。市民が出会って交流するカフェやコンサート、美術展、広場も必要だ。莫大な投資を行なって、市民が散歩に出かけたりサイクリングを楽しんだりする設備を整え、公共交通機関を充実させ、随所に緑地をこしらえた、健全で暮らしやすい都市づくりがあちこちで進行中だ。ニューヨークにはハイライン[*34]があり、ロンドンにはオリンピックパーク[*35]があり、ソウルは市内を流れる清渓川《チョンゲチョン》を三〇年ぶりに復元した[90]。そのどれもが都市の魅力を伝える絶好の例だろう。

都市開発者が焦点を合わせるのは文化だ。たとえばアラブ首長国連邦のアブダビは、サディヤット島に文化地区を開発中である。パリの四分の一ほどの面積の土地に、三つの美術館（ルーブル・アブダビ、グッゲンハイム・アブダビ、シャイフ・ザーイド国立博物館）を開館して、アブダビを中東地域の美術のショーケースと位置づける。その中心を成すのは、二〇三〇年までに石油依存経済から脱却するという計画である。

都市にとっては〝ブランド化〟も重要だ。来てもらいたい人たちを引きつけるために、ターゲットに確実に訴求するイメージを打ち出す。ニューヨークは「眠らない街」をアピールする。テキサス州オースティンは「オースティンを変な街にしておこうぜ」というスローガンを打ち出して、クリエイティビティを前面に押し

＊34　全長二・三キロメートルの空中庭園。
＊35　二〇一二年のロンドンオリンピックの跡地を利用したスポーツ複合施設、都市公園。

出している。このようなブランド化をみると、都市を発展させる際には、その都市のアイデンティティや魅力をかたちづくる文化的な要素を排除すべきではない、ということを痛感する。

世界に名だたる都市はいま、イノベーションの面でますます重要な役割を担っている。イスタンブールやパリ、ロンドン、ニューヨークなどの巨大都市の市長は、意思決定について有権者に直接、説明する責任を負い、国家や国会議員よりも素早く動き、断固たる行動を起こし、貿易から移民、教育までの幅広い問題について、即効性ある結果をもたらす。カギを握るのは市長の強い影響力だ。ロンドンの混雑ゾーン*36、ニューヨークの肥満税*37、パリ（や他の都市）の自転車レンタル、あるいは都市の混雑を緩和する多様な公共交通システムは、どれも国ではなく都市による決定だ。メルボルンは一二〇〇のビルプログラムと銘打ち、市が旗振り役となって、既存の商業ビルをエネルギー効率のいいビルに改修する事業を進めた。香港やニューヨーク、シンガポール、シドニーでも、環境に配慮した建築基準を採用している。オスロは、二〇一九年までに自家用車による市の中心部への乗り入れを禁止すると発表した。まだ自治権を持つわけではないが、今後、都市に重要な変化をもたらすのは、中央政府ではなく市議会だと考える者も多い。

だが、都市の影響力が中央政府の範囲を越えて拡大することには、マイナス面もある。農村部に対する中央政府の関心が薄れてしまうのだ。都市生活者と地方生活者とのあいだにますます溝ができ、それが社会問題につながる。中国には親が都市部に出稼ぎに行き、農村部に残された子どもが六〇〇〇万人もいる。(91) その子どもたちは、都会の子どもたちと比べて栄養不足で、学校での成績も芳しくない。都会に大量の労働者が流入するスリランカやフィリピンでも、同様の問題を抱える。

順調な成長の陰で、都市はその繁栄の副産物にさらされやすい。都市はいま、世界の天然資源の七五パーセントを消費し、温室効果ガスの六〇パーセント以上を排出する。急速な都市化は、暮らしにくさを生む。富裕層にとってもそれは変わらない。あちこちに亀裂が生じる。南アフリカ共和国では公共交通機関がないために、

**図表15：** C40（世界大都市気候先導グループ）加盟都市（出典：C40）

スラム街の住民は費用のかさむミニバスタクシーを使って出勤しなければならない。マニラやパキスタンのラホールから、デリーやタンザニアのダルエスサラームまで、あちこちの街が停電やトイレ不足に悩まされている（住民はわざわざ高いペットボトルの水を買わざるを得ない）。ロンドンの中心部は、富豪ばかりが住む一種のゲットーと化し、重要な職に就く労働者は周辺に追いやられ、看護師や教師、警官不足を生んだ。都市が交通機関、電力、公衆衛生、安全性を提供しない限り、必要な労働者を引き寄せ、その都市が秘めた経済的可能性を発揮することはできない。これらの問題を協働によって解決している都市も多い。たとえばC40（世界大都市気候先導グループ）は、政策連携を図り、気候変動の問題に取り組む都市間ネットワークだ。廃棄物管理、ビルの効率性改善、公共交通機関が抱える問題などについて意見を交換する[92]（図表15）。C40は加盟都市間で成功事例を共有する非常に強力

＊36　ロンドン中心部に設けられた区域。特定の時間帯に車を乗り入れると課金する。

＊37　砂糖を多く含むソフトドリンクにかかる税金。

な組織だ、という評判をよく耳にする。将来の課題に取り組むためには、G20以上に強力なネットワークかもしれない。エクアドルの首都キトにあるIDEビジネススクールでワークショップを開いたあと、私はディナーの席でキトの副市長のとなりに座った。最近、副市長に選出されたばかりだというその女性は、他の都市の取り組みについて熱心に知りたがった。犯罪都市から先進的な都市に生まれ変わったコロンビアのメデジンは、いまでは様々な官民パートナーシップを築いている。キトの副市長はC40を、都市どうしが支援し合う最善のかたちと考え、その理由を、最適なアプローチを早急に見つけ出して導入し、調整できるからであり、キトに大きな利益をもたらす可能性があるからだと語った。

もちろん成長する都市ばかりではない。衰退する都市もある。アメリカでは一〇都市にひとつの割合で都市は縮小している。ドイツでも三分の一以上の都市が衰退傾向にある。中国でも人口がピークを迎えたあと、二〇五〇年になる頃には、同じような運命をたどる可能性が高い。古い工業都市では、すでに縮小の兆しが見えはじめた。都市が生き残るために、都市プランナーは知恵を絞って優れた政策を見つけ出す必要があるだろう。ドイツのデッサウ＝ロスラウやアメリカのピッツバーグの成功例に倣う、勇気ある都市プランナーは少ない。これらの都市では、遺棄された建物を壊して、土地を自然に戻したのである。

## オフグリッド

格差のせいか、それともみずから望んだかはともかく、オフグリッドな（接続しない）暮らしをしている人は、社会から分断されるか、もしくはプライバシーを保ち、健康的で心穏やかな日々を送ることができる。どちらの場合にしろ、イノベーションを育む土壌である。

都市に移り住んで、もっと接続した生活を送るのが一般的な風潮にしろ、その反対の生活を求める人が多いことも確かだろう。以前よりも明らかにネットワークを使える環境にあるにもかかわらず、アクセス格差のせいか、みずから望んだかはともかく、オフグリッドな暮らしをしている人は、社会から分断されるか、もしくはプライバシーを保ち、健康的で心安らかな毎日を過ごせるようになる。インターネット・ドット・オーグ[*38]によると、世界人口の九割が携帯電話の圏内に住み、二〇一五年の時点で、三〇億人がインターネットに接続しているという。[93]

私たちがアルゼンチンのメンドーサで出会ったたくさんの旅行者は、その接続性のよさを思う存分活かして、仕事と休暇をうまく組み合わせていた。いわゆる、仕事とお楽しみをミックスした〝ブレジャー[*39]〟である。以前なら二〇代や三〇代の頃に長い休暇を取って、三カ月から半年ほどもかけてバックパックであちこち旅をしたものだが、今日の旅はもっとスタイリッシュで期間も長い。私たちが出会った旅行者のほとんどは、数年かけて南米をまわり、さらに遠くまで足を伸ばそうという旅の一、二年目だったが、彼らは旅を続けながら勤め先の企業でパートタイムとして働くか、フリーランスで働いていた。週に二日、無線ＬＡＮにちゃんと接続できる環境にあれば、旅を続けながら働いて給料も稼げる。そのため、旅の予算を切り詰める必要もなく、安いユースホステルを探して、長距離バスに揺られる必要もない。それどころか、エアビーアンドビーを利用していいアパートに泊まり、車に相乗りする。さらに重要なことに、公共部門であれ、ＩＴ企業であれ、マーケティング企業であれ、彼らの雇用主はそのようなワークスタイルに何の不満も抱いていないのだ。今後フリーランスが増え、仕事そのものよりもプロジェクト単位で考える働き方が広まれば、特定の部門において〝無線Ｌ

＊38　フェイスブックの事業開発部門。いまだ接続していない残りの五〇億人をネットにつなげるプロジェクト名でもある。
＊39　出張のついでに現地の文化や食事、観光などの休暇を楽しむスタイル。Business + Leisure。

ANノマド〟がますます増えるに違いない。

とはいうものの、それが当てはまるのはごく一部の運のいい者たちだけで、世界人口の約六割がいまだインターネットに接続していない。彼らはいろいろな理由でオフグリッドな暮らしをしている。接続しなければ、心安らかで満ち足りた日々を過ごせるかもしれない。あるいは待っているのは、社会から分断され、大きな精神的ストレスを感じる日々かもしれない。

インターネットに接続しない理由はいろいろだ。まず最も明らかな理由はアクセス格差である。アクセスを阻むおもな障壁は「インフラの質」「通信料金の高さ」「インターネットに接続する必要があるかどうか」の三つだろう。アクセス格差はインターネットだけではなく、教育や医療にも当てはまる。つまり貧富の差によってインターネットや教育、医療を利用できるかできないかというアクセス格差が広まり、それがますます社会格差を拡大させる。国連の「持続可能な開発目標」は、目標一〇において「国内および国家間の格差是正」を真正面から謳《うた》っている。たとえば、世界中で一〇億人以上もの人が電気のない暮らしをしている——すなわち、多くの都市で一〇〇年以上も前から当然のように利用してきた電気を、いまだ世界の二〇〇〇万もの村が利用できない。その一〇億人のほとんどは、ただ単に電気がもたらす利益を享受できず、夜に電気をつけられないとか、食べ物を冷蔵庫で保存できないというだけではない。薪や蠟燭《ろうそく》、灯油や石油を燃やして汚れた空気を吸い、健康にも悪影響を受けているのだ。

長いあいだ目立った活動はなかったが、ここへ来てようやくこの問題に取り組もうという動きが見られるようになった。アフリカ、インド、南米において、スタートアップの活動や政府の政策、企業の社会的責任（CSR）事業に弾みがついてきたのだ。スタートアップのエムコパとオフグリッド・エレクトリックは、電力網のないケニアとタンザニアの農村部で、独立型の太陽光発電装置を販売し、この分野で受賞経験もある二大リーダーだ。(94) アフリカ諸国の多くが固定電話を飛び越えて一気に携帯電話を持つようになったように、電力供給についても、電力網に接続せずに一気に再生可能エネルギーを利用するという、同じような飛び越えが起きている。ソーラーパネルの価格が下がり、電池貯蔵の効率が改善し、ＬＥＤ照明の省エネ性能が上がって、そこに革新的なビジネスモデルが加われば、利用しやすく、手軽な価格のエネルギーを多くの人に供給することが可能だ。村単位か世帯レベルかにかかわらず、初期費用を払い終えたあとは、電気料金を支払うことなく利用できる電力が、人びとの生活を変えはじめる。子どもは夜に本を読め、教育レベルが上がる。親は日が暮れたあとも働け、一週間は食べ物を保存できる。私たちが一世紀も前から当然のように享受してきた基本的な変化が、これまで取り残されてきた人びとの生活に一気に押し寄せるのだ。

　オフグリッド生活には、デジタル世界との接触を絶つというポジティブな側面がある。経済的、政治的、社会的、文化的な理由から、あるいはプライバシーを守るために、ますます多くの人がデジタル世界との接触を一時的に絶つか、完全に絶つ。情報の氾濫に伴い、積極的にデジタル環境を避けるか、場合によってはデジタルのない世界へ身を隠す者も増えた。それをデジタルへの依存を絶つためであり、自分という人間を取り戻すためと考える者もいる。一時的に接続を絶つのか永久的に絶つのかは、それぞれの選択だろう。だが、スマートフォンやインターネットから一時的に離れるほうを選ぶ人や家族、コミュニティが多い。たとえば、画面を見たりネットに接続する時間を減らして交遊や運動にあてたり、心穏やかに過ごしたり、学びの時間を増やしたりして〝デジタル・デトックス〟を行なうのだ。

　デジタル・オフグリッドの生活には、プラスとマイナス面がある。プラス面に目を向ければ、ストレスが減って穏やかな気持ちになれ、環境にも優しいうえ（皮肉にも、影響力のある人や周囲の人との）つながりが増え、節約にもなる。そのいっぽうで、よく言われるマイナス面は格差の拡大だろう。デジタル世界へのアクセス格差は社会の分裂を生む。多くの調査が示すように情報格差《デジタルデバイド》は経済的、社会的、民主主義的な格差を拡大させる。現実にしろ、ただそう感じるだけにしろ、その格差は情報を持つ者と持たざる者とのあいだの緊張を高め、社会の不安定化をもたらす。

国連の「持続可能な開発目標」があちこちで明記する「誰ひとり取り残さない」という意図は、今後、多くの人にすばらしいイノベーション機会を提供する。インフラ投資か補助金を増やすことで、取り残されてきた人たちのアクセス機会を改善できるかもしれない。あるいはそのイノベーション機会とは、彼らを社会的、政治的に不安定な状態やストライキから守り、絶望感や疎外感などのメンタルヘルスの問題から守る方法を、見つけ出すことかもしれない。

## 結論——スマートシティ対スマートシチズン

同じ都市はふたつとしてない。どの都市にもその都市だけの魅力がある。だから、誰にとっても住むには最良の都市という、世界共通の設計図というようなものはない。たとえば、移動について言えば、ムンバイでは労働者の五五パーセントが徒歩で通勤する。その数字はロンドンでは三〇パーセント、ニューヨークでは九パーセントだ（図表16）。ニューヨークでは五五パーセントの人が毎日、公共交通機関を利用するが、ロンドンでは三〇パーセント、ムンバイでは三九パーセントだ[95]。大気汚染について言えば、上海のひとり当たりの二酸化炭素排出量は、ニューヨークの一・四五倍、メキシコシティ、ロンドン、ベルリン、ヨハネスブルクの二倍だ。このことからわかる通り、どこかひとつの都市がいいということはない。コロンビアのボゴタをはじめラテンアメリカの都市はバスが非常に発達しているが、ひとり当たりの殺人発生率が世界でも最も高いのも、ラテンアメリカの都市である[96]。

いわゆるスマートシティ[*40]から、たくさんの可能性が生まれている。インドは最近、一五〇〇億ドル規模のプロジェクトに乗り出した。既存の中規模都市を近代化して一〇〇のスマートシティを開発し、大都市の衛星都市

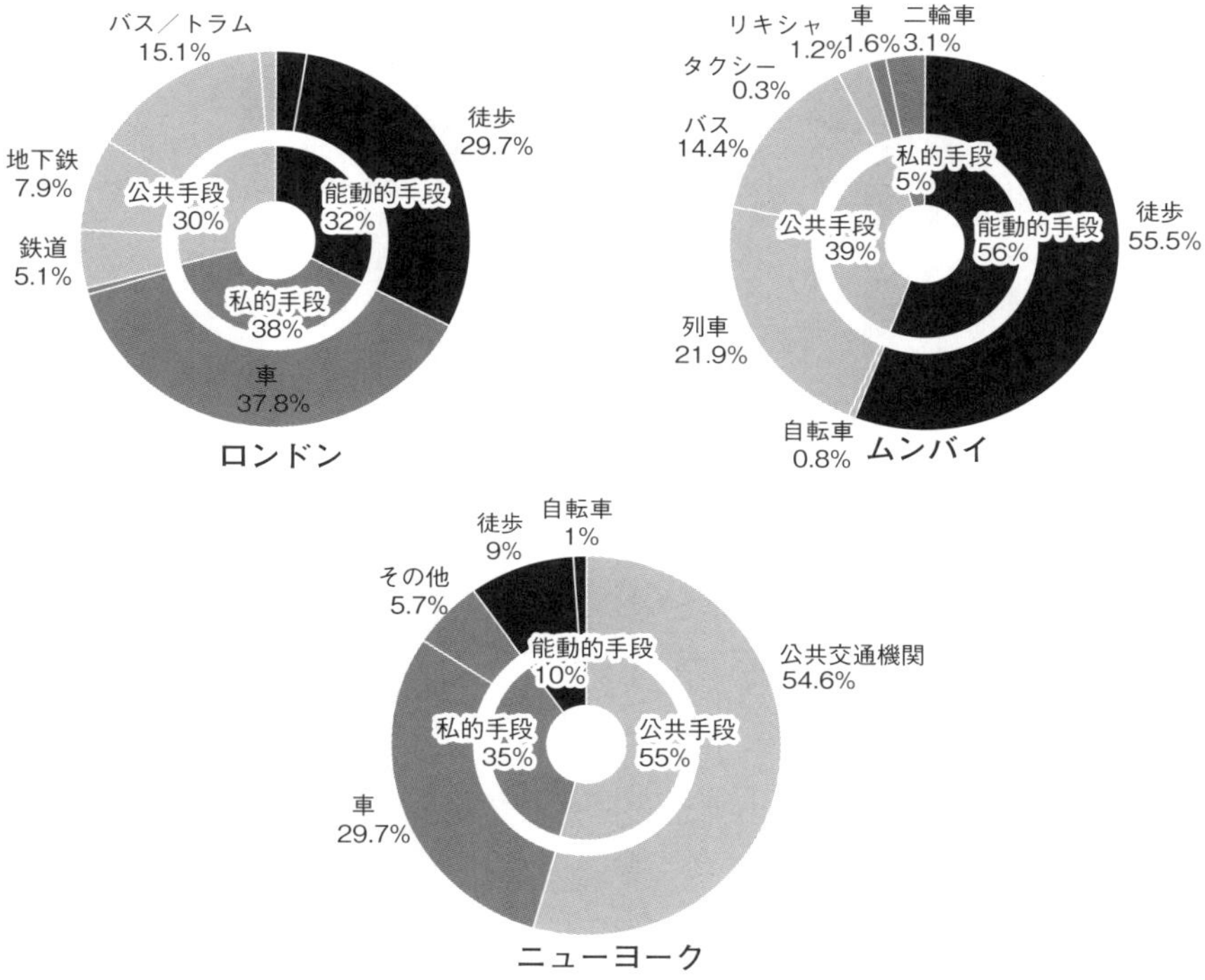


**図表16：**ロンドン、ムンバイ、ニューヨークの通勤手段（出典：LSE Cities）

にするという計画だ。その目的は、既存の中規模都市の基本インフラを改善することにある。安全な飲料水と電力を供給し、廃棄物処理と公共交通機関の充実を図り、ITの接続性を促進する――それによって、都市が抱える難問を〝スマートに〟解決するのだ。

他にも、IT技術を駆使したスマートシティ構想を推し進めている都市は多い。たいていの人が考える理想的なスマートシティとは、再生可能エネルギーシステムと優れた輸送網、デジタルインフラとが一体となって、すべての住民に高効率の持続可能な住環境を提供する都市だろう。ドバイでは、そ

＊40　最先端のIT技術や環境技術を駆使して省資源化を図った、環境配慮型都市。

の実現に向けた計画を推進中だ。都市と企業とが連携して、スマートシティ開発に取り組んでいる大規模な例もある。ＩＢＭスマーターシティーズ／スマータープラネットプロジェクトもそのひとつだ。世界各地の大都市のなかにはこのプロジェクトを導入した市長も多く、たとえばリオデジャネイロでは、大規模なセンサーネットワーク、クラウドベースのストレージ、予測分析を統合している。[*41] インテルはカリフォルニア州のサンノゼと連携してモノのインターネット（ＩｏＴ）の可能性を実証し、Ｍ２Ｍ[*42]のインフラを介して大気汚染、騒音公害、交通渋滞の改善に取り組んでいる。完成予定が大幅に遅れてはいるものの、世界で最も持続可能性を追求した環境配慮型のスマートシティを開発中なのが、アラブ首長国連邦のマスダール・シティだ。また韓国の松島《ソンド》新都市は、シスコシステムズの「スマート＋コネクテッド」構想を導入し、ユビキタスなデータシェアリング、ビルオートメーション、高速ネットワーク、あらゆる双方向性の接続によって、理想的なスマートシティの実現を目指している。

　このように都市のスマート化を目指すプロジェクトは多いが、ここで大きな問題が浮かび上がる。すなわち、都市はそれ自体でどこまでインテリジェントになれるのか。そしてまた、これらのプロジェクトのおかげで、スマートシティで暮らす住民はもっと情報に通じ、よりよい意思決定を行ない、重要な戦略の開発と実行に参加できるのか、という問題である。都市人口の増加に伴い、スマートシティを支える技術だけでなく、積極的に協力して参加する〝スマートな市民〟がいて初めて、都市を住みやすい生活空間に変えられるのではないだろうか。都市そのものと、その構成空間の利用方法を変えることは、技術の問題であるとともに、住民がその都市空間とどう関わるのかという問題でもある。

　たとえば人口が倍加したシンガポールでは、都市機能を向上する重要な要素のひとつとして公共交通機関の充実を掲げ、二〇三〇年までに、全世帯の八〇パーセントが自宅から徒歩一〇分以内で電車に乗れるよう駅を整備し、移動者の七五パーセントが公共交通機関を利用することを目指している。できるだけ多くの市民が公共交通機関を利用することは、都市にとっても市民にとってもメリットが大きい。欧州の都市のなかでもオープンデータの公開に積極的なロンドンは、共有情報をインテリジェントに活用して、大胆な協働と優れた意思決定を可能にする中心都市へと急速に発展しつつある。つまり、それは都市間の様々なグループと、それも特に幅広い政府機関との協働を意味する。近年、ハード面で目覚ましい進歩を遂げてきたドバイでは、イノベーションはたいてい、その地域だけか、ひとつの政府機関のなかだけで起こってきた。つまり、公共部門の他の様々な組織との連携がほとんどない。だが、もし大気汚染や都市の住民の肥満化といった重要課題に取り組むのであれば、複数の政府機関との協働が必要になる。思いつくままにあげるだけでも、保健、輸送、都市計画、経済、観光事業などの機関が考えられるだろう。いま、求められているのは、最前線に立って住民とともに都市をデザインすることなのだ。

都市か地方かに限らず、どう暮らすのかについて、私たちがたくさんの難しい問題に直面していることは間違いない。よりよい生活の質につながる政策を協働で成立させ、そのアプローチを実行できれば、大きな一歩を踏み出せる。よく言われることだが、新たな課題に取り組む方法を探して未来に目を向ける時には、バックミラーを覗くことも大切だ。今日にも当てはまる、過去の教訓や的を射た考えはないだろうか、と。たぶん、あるはずだ。半世紀以上も前の一九六一年に、ノンフィクション作家のジェイン・ジェイコブズが著した『アメリカ大都市の死と生』（鹿島出版会）には、こんな一節がある。「都市にはあらゆる人に何かを提供する能力がある。それが可能なのは、都市があらゆる人によってつくられるからであり、またその時にこそ、その都市の能力は発揮される」。今日にも当てはまる言葉ではないだろうか。

＊41　都市情報をひとつの中央コマンドセンターで一元的に把握・予測して統合管理し、あらゆる災害や緊急事態に対応するシステムを導入した。

＊42　Machine-to-Machine。機械間通信。

第4章

# 課題3
# 未来の覇権

西洋の政府がみずからの影響力を都市とネットワークに譲り渡し、アジアとアフリカがより大きな権力を主張する時、誰がどのようにして世界の主導権を握るのだろうか。

- 権力と影響力の移動
- 中国崇拝
- アフリカの経済成長
- 中央政府の影響力の低下
- すべてがつながった世界
- 個人データ保護
- 通商を促進する国際規格
- オープン・サプライウェブ
- エネルギー貯蔵
- 結論——目まぐるしく変わる状況

世界を舞台に大きな変化が起きている。そしてその変化は誰が、どこで、どのようにして力を生み出し、行使するのかという問題に影響を及ぼす。地政学的なレベルにおいて、誰にとっても関心が高いのは、次のふたつの問いだろう。第一に、中国とインドが影響力を増し、世界の大国として再び浮上するのか。第二に、アフリカ諸国は今後、経済的に、政治的にどんな役割を担うのか。西洋が支配力を渋々ながらも〝残りの地域〟に譲り渡す時、世界中が見守るのは、より熾烈な競争に直面する欧州とアメリカが、二〇世紀に維持してきた影響力をこれまで通り行使できるのかという問題だ。二一世紀は中国の世紀になるのだろうか。広範なアジア諸国が協力し合って世界を牽引するのか。それとも、引きつづきアメリカが世界の覇者たる地位を守り抜くのか。未来の覇者を決めるのは、安全保障か技術か、それとも貿易だろうか。

それと同時に、あちこちで起きている変化は中央政府の役割と権力に影響を及ぼす。政府主導の変化が増えている地域もあれば、民間部門が直接、あるいはたいていパートナーを組んで、存在感を増しつつある地域もある――国家が国家どうしでパートナーを組むのに対して、民間部門は都市とパートナーを組む傾向がある。中央政府よりも市長のほうが、重要な地位を占める都市もある。

モノのインターネット（ＩｏＴ）が現実のものとなり、技術に対する依存度が高まるにつれ、データセキュリティとデータ所有権の問題について懸念が広がる。データには国境がない。外部の不法侵入からネットワークを守る企業の保護システム《ファイアウォール》も脆弱だ。常時接続し、何もかもがネットワークにつながった世界では、個人データの保護が非常に重要になる。また電力供給をめぐる根本的な変化に、すなわち化石燃料から再生可能エネルギーへの転換と、エネルギー貯蔵という基本的な問題に関心の高い者もいるだろう。

これらの重要な問題に共通して明らかなのは、影響力をどう行使するのかという問題と同じくらい、影響力の性質そのものも変化しつつあることだ。私たちが向かうのは、断片化するいっぽう、ますますつながりあう世界である。本章では「未来の覇権」について考察する。力がどのようにして生まれるのかを、様々なレンズを通して探るとともに、いろいろな地域において、最も重要な変化は何かについても探っていこう。

## 権力と影響力の移動

**経済力の重心はさらに東へと移動して、二〇〇〇年前の重心地に近い場所に戻る。近年の超大国は変化の速度を抑えようとするが、膨大な人口を抱え天然資源が豊富な場所というふたつの事実は動かしようがない。**

未来の影響力について語る時、どんな見方をするにしろ、重要なのは「地政学」「グローバリゼーション」「超大国の果たす役割」にまつわるマクロ的な見通しについて、様々に言われている内容をうまく要約することだろう。たとえば、私たちがいま目にしているのは、グローバリゼーションと国際貿易が終焉する時代だろうか。第二次世界大戦後に成立した体制はもはや時代遅れになり、二〇一五／一六年の時点で、すでに目的にかなっているようには見えない。あちこちで調整が進行中だ。西洋の市場は勢いを失い、平和の調停者や番人

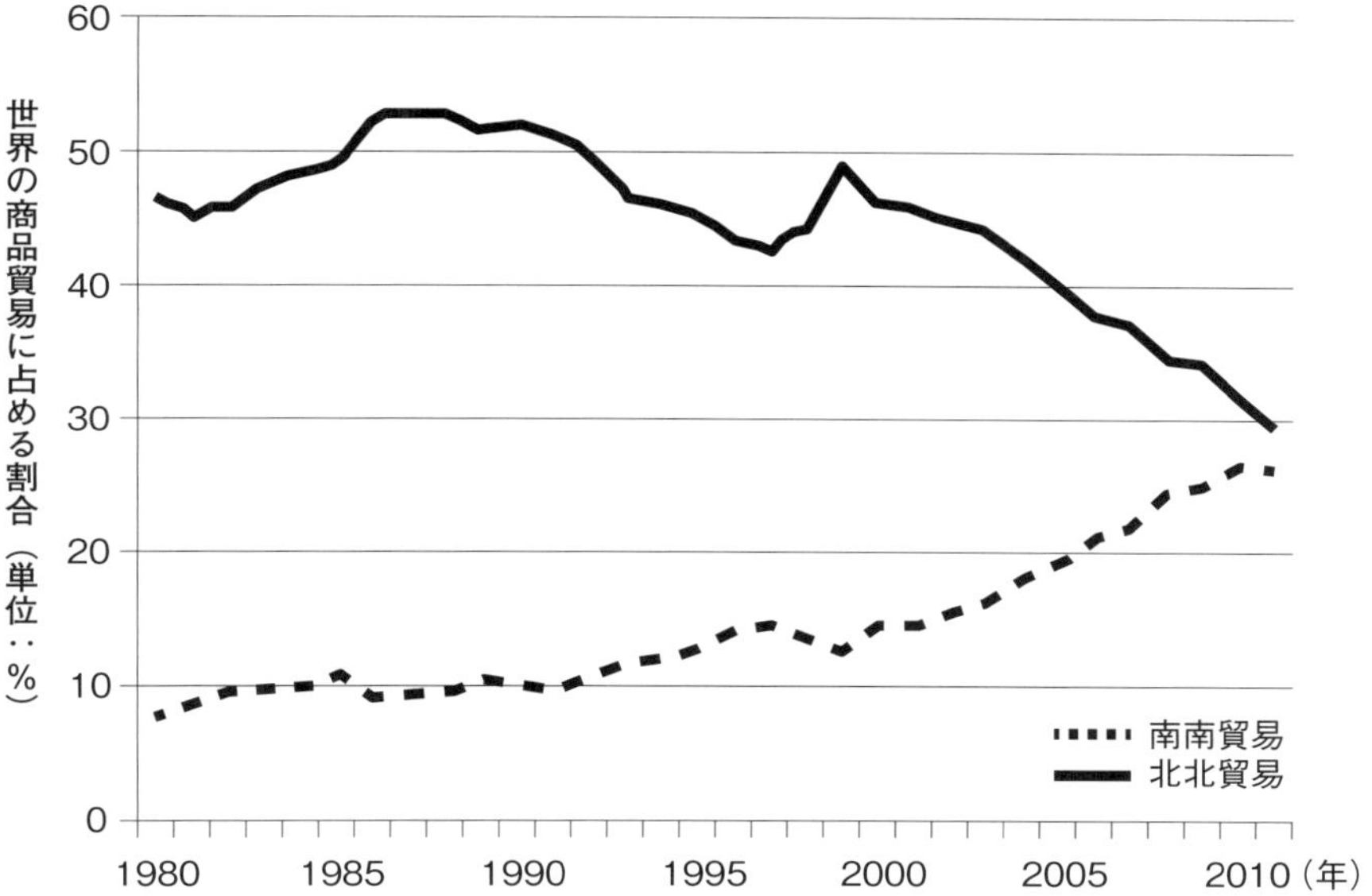


**図表17：**南南貿易と北北貿易が世界の貿易に占める割合の変遷（出典：《エコノミスト》誌）

として行動するというアメリカの意欲も衰えた。欧州はＥＵという組織上の問題に直面している。若い労働人口とミドルクラスの勃興によって大きな恩恵を被るアジア諸国は、国際貿易に影響を及ぼしはじめたばかりか、外交の舞台でも重要な役割を担いはじめた。いまはまだ影響力の小さなアフリカと南米も、豊富な天然資源を武器に、二〇二五年頃には変化が表れているはずだ。

二一世紀はアジアの世紀だと言う者がいる。だがそれが本当であろうとなかろうと、二〇二五年になる頃には、第二次世界大戦後に栄えた交易路は勢いを失い、代わりにインド洋地域の貿易が盛んになる。二〇〇〇年からの一〇年間で二倍に増えた南南貿易（途上国どうしの貿易）は、二〇二五年には世界貿易の三分の一を上まわると見られる（図表17）。

何世紀も成長を続けてきた欧州の経済力は、相対的に衰退すると予想する者は多い。うまくいくと思われたユーロ圏をめぐる実験も、今後は一〇年をかけて、失敗の影響に対処していかざるを得ないと指摘する声もある。欧州は何とか生き延びると考える者もいれば、次の三つの未来像を予想する者もいる。第一に、ユーロ圏はふたつに、おそらく北と南に分裂する。第二に、ドイツマルクやイタリアリラなどの主要通貨が復活する。第三に、ユーロ圏は完全に解体して各国の通貨が復活し、これまでの経済的影響力も分散する。

アジアのある国でワークショップを開いた際に、来るべき時に備えてドイツがすでにマルク紙幣を刷ったという噂を耳にした。その数カ月後、私がベルリンのワークショップに参加して、「未来の決済」をテーマに意見を交換していた時のことだ。ドイツの銀行業界の上級メンバーにその噂話をして、本当かと訊ねると、こんな答えが返ってきた。「刷っていないとしたら、我々も随分と愚かだろうね」。

ユーロという通貨がどうなろうと、ドイツは二〇二五年まで、EUのなかで確固たる地位を保つだろう。しかしながら全体的に見た場合、英国のEU離脱《ブレグジット》や常につきまとうギリシャのユーロ圏離脱《グレグジット》などの内部問題によって、欧州大陸の影響力が揺らぐことは間違いない。

経済大国になるにはもう少し時間がかかるのが、欧州とアジアとのあいだに位置するトルコである。ニューデリーでインド銀行の関係者と会話を交わした時、その関係者は「トルコは欧州の中国だ」と述べた。非常に面白い考えだったが、パリでその話をしたところ、同意する者は少なかった。一九九六年にEUとのあいだで関税同盟が発効して以来、トルコから欧州への輸出額は二〇一四年に七〇〇億ドル近くに達し、トルコの輸出総額の四三・五パーセントを占めた。〝世界で最も進歩的なイスラム教国家〟という定義が、果たして二〇二五年の時点でも当てはまるのかどうかは不透明だが、地域経済と世界経済に対するトルコの影響力は増しつづけ、地政学的な位置を考えれば、世界貿易に対する影響力も増すだろう。

いっぽう、先行きがあまり明るくないのがロシアだ。人口減少、不衛生な水、食料供給不足（以前は、旧ソ連の構成国から供給を受けていた）などの問題を抱え、経済も腐敗している。半国営企業の収益を左右するのは、経済効率ではなく政治家とのコネのあるなしだ。おもな輸出品である原油の価格が高騰し、欧米の金融市場にアクセスできたにもかかわらず、二〇一一年から二〇一四年までのＧＤＰ成長率は、平均して二・四パーセントにすぎない。ほとんどの経済学者は、二〇二五年までのロシア経済はさらに悪化すると予測する。だからといって、自国で自身の権力基盤を一段と固め、国際舞台での存在感を維持したいプーチン大統領の野望を挫《くじ》くものではない。

　中東ではどこに足を運んでもたくさんの共通点を目にする反面、違いも多い。たとえばシーア派とスンニ派の対立や紛争。過激派組織ＩＳ（イスラム国）に、資金を提供するかしないか。改革を進めるサウジアラビアに対して、イランはペルシャ帝国の再建という野望を抱く。経済的、政治的な理由によって、中東に対するアメリカの影響力は低下している。石油輸出国機構（ＯＰＥＣ）加盟国の多くは、多様化の必要に迫られている。単に気候変動の問題に取り組むという話でない。中東は中国やインドにとって、ますます重要な玄関口となる可能性があるのだ。それも、この地域にとってだけではない。さらに重要なことに（長期的な視野に立てば）、中国やインドからアフリカ諸国へと通じる重要な玄関口として、機能する必要があるかもしれないのだ。

　アフリカ大陸の大きさを忘れる者はいないだろう（その面積はインド、中国、アメリカ、欧州を合わせたよりも大きい）。労働人口——つまり人的資源——は二〇四〇年に世界最大になる。アフリカ大陸のＧＤＰは二〇二〇年には二兆六〇〇〇億ドルに達し、個人消費は一兆四〇〇〇億ドルに及ぶ。新たに誕生する、五億人ものミドルクラス消費者の購買力に期待する声も多い。問題は、それが実現するタイミングだ。二〇二五年までに大きな変化が起きるのか。それともインドのように、もっと長いタイムスパンで考えたほうがいいのか。

　そのインドには有利な特徴がたくさんある。人口ピラミッドは理想的で、国内市場は大規模だ。ミドルクラスは増加し、国内に本拠を置く多国籍企業は成長著しく、資源確保のために領土を拡大する意図もない。ＩＴ分野では世界クラスの専門知識を誇り、生産工程でのイノベーションにも意欲的だ。つまり、インドは世界で

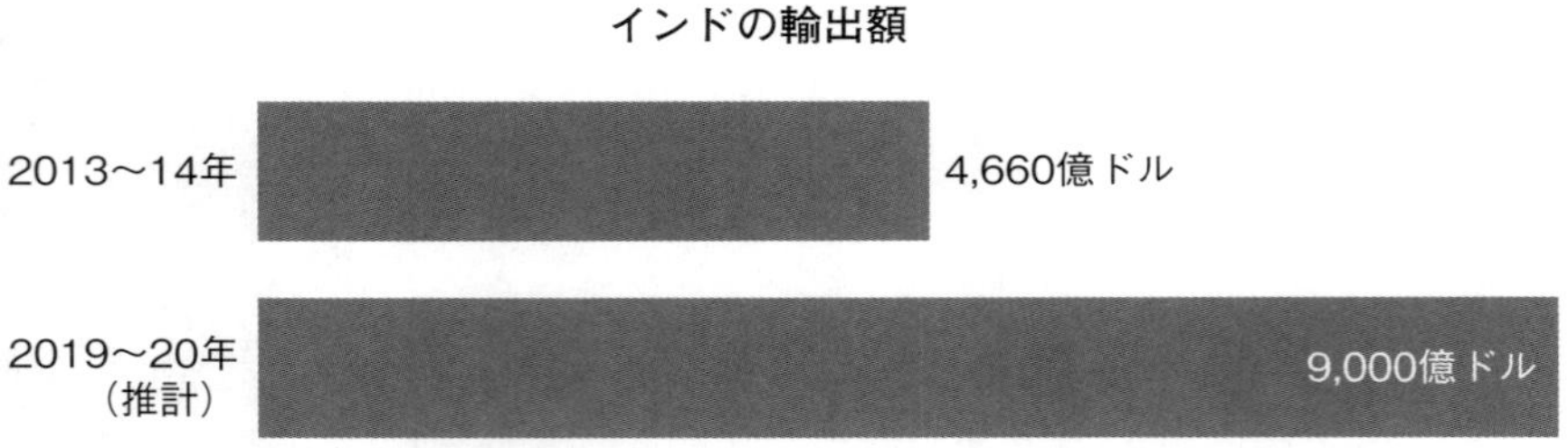


**図表18：**2020年までのインドの輸出額（出典：《エコノミック・タイムズ》紙）

トップスリーの経済大国になる可能性が高い。インド人としての帰属意識を保ったまま海外に移住し、進歩的なビジネスリーダーとして活躍する者も多いため、おおぜいがインドを長期的に有望な国とみなしている。そうかと思えば、ビジネス相手としては、いまだリスクが高いとみなす声も多い。インフラは当てにならず、インドでは当たり前の賄賂や汚職も大きな障害というわけだ。インド政府は財の輸出を倍加させて二〇二〇年までに九〇〇〇億ドルに増やし、世界貿易に占めるインドの輸出の割合を、同じく二〇二〇年までに二パーセントから三・五パーセントに増やしたい意向だ（図表18）。世界銀行、エコノミスト・インテリジェンス・ユニット（ＥＩＵ）[*1]、国際通貨基金（ＩＭＦ）、国連は、二〇二五年までのインドのＧＤＰ成長率を六〜七パーセントと見込んでいる。だが、改革の足取りは重い。

　他のアジア諸国について言えば、シンガポールは引きつづき国際貿易のハブ役を担い、ひとり当たりのＧＤＰにおいてもアジアの上位を維持する。インドネシアは、進歩的な政府の政策と安定した原料輸出をもとに、着実な経済成長が見込まれる。だが何と言っても、影響力を及ぼすのは中国だ。ＩＭＦの数字からは、二〇〇五〜二〇一五年のあいだ、中国が世界のＧＤＰ成長率の平均二五パーセント以上を占めてきたことがわかる。中国経済も今後はそう高い成長率を維持できない、と考える者もいる。とりわけ一人っ子政策の影響による、いびつな人口ピラミッドのかたちを見れば、そう考えるのも無理はない。もし中国がいま以上の経済力とソフトな外交手段を用いて世界秩序をつくり変えるならば、そして世界の準備通貨であるドルの地位を人民元が奪うことになれば、その時には中国が世界貿易を牛耳るのかもしれない。

　南米に目を向ければ、ブラジルの運命は中国のコモディティ（商品）ブームの縮小に影響され、二〇二五年になる頃には、その経済成長は年三パーセントを下まわると予測される。またチリやペルー、メキシコは環太平洋パートナーシップ協定（ＴＰＰ）が発効すれば、恩恵を受けるだろう。その反面、内向き思考のアルゼンチンは次から次へと襲う危機につまずいているように見える。

　その北に位置するアメリカについて言えば、中国が世界人口の二〇パーセントを占め、世界のＧＤＰの約七分の一（約一四パーセント）を生み出すのに対して、アメリカは世界人口の六パーセントを占め、世界のＧＤＰの二〇～二五パーセントを生み出している。[97] 貿易とエネルギーの分野で自給率の高まるアメリカが、果たして今後も世界の海の警察官役を引き受け、国際貿易のルートを守ると〝確約〟するだろうか。数十年先には、アメリカの外交政策と経済的影響力が大きく後退している可能性がある。

　世界の経済の重心はこの二、三世紀で大きく移動した。かつては移動の速度も緩やかだった。最初の一〇〇〇年は、現在のパキスタンとアフガニスタンの国境あたりにあった経済の重心は徐々に西へ移動し、一九五〇年代にはニューファンドランド島の沖合に移った。一九八〇年代の中頃以降は移動のスピードを驚異的に上げ、年に一四〇キロメートルという未曾有《みぞう》の速さで西から東へ向かった。マッキンゼー・グローバル研究所のモデルが予測するところ、今後、インドとアフリカの影響力が高まるにつれ、二〇二五年にはロシア南部に移動し、カザフスタンとの国境付近に及ぶという[98]（図表19）。大きな変化が起こりそうだ。

＊1　《エコノミスト》誌の調査部門。

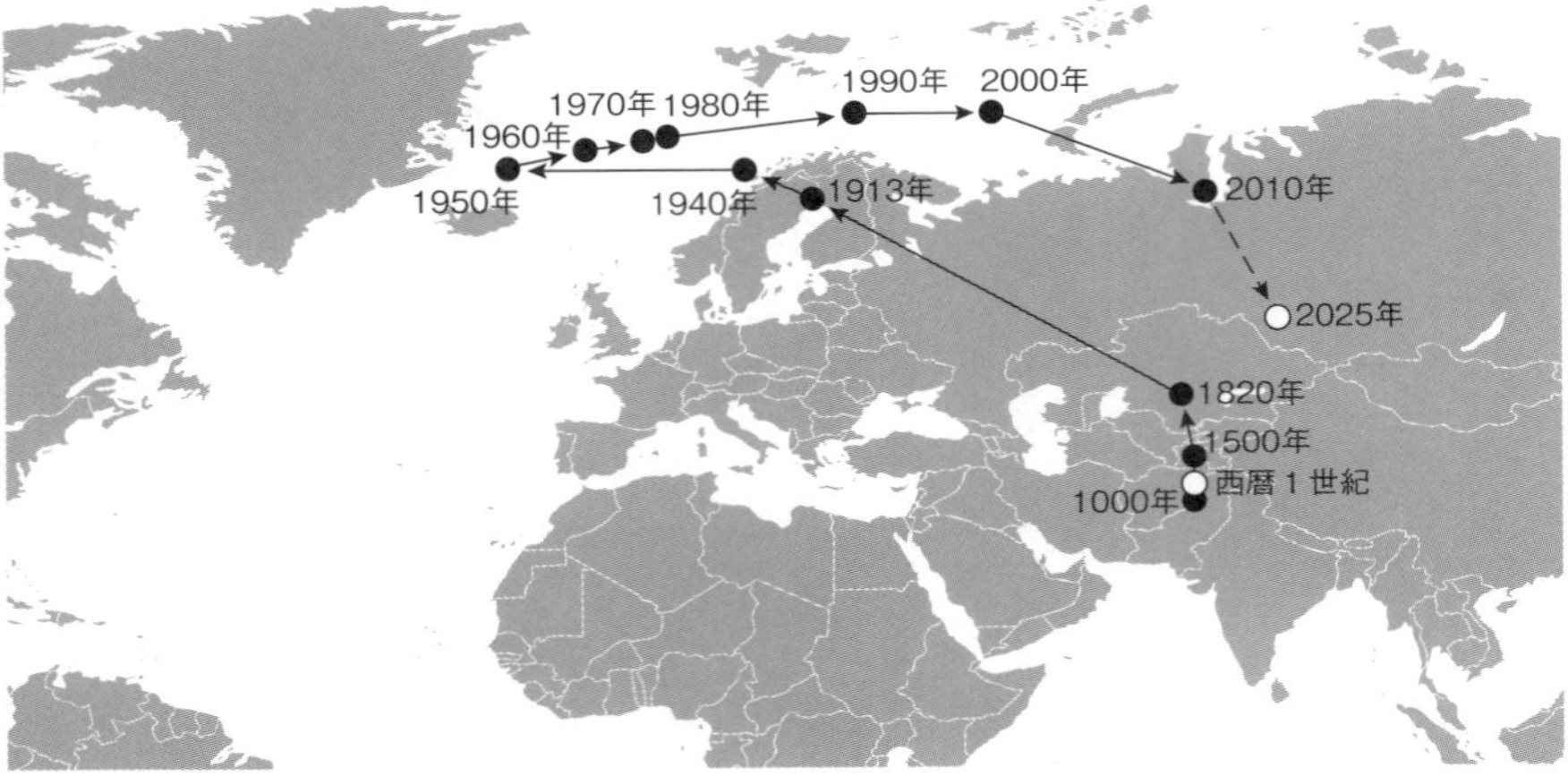


**図表19：**世界の経済の重心の変遷（出典：マッキンゼー・グローバル研究所）

## 中国崇拝

**中国が今後も経済的な影響力を及ぼすのに伴い、世界のあちこちの人びとのあいだで〝中国崇拝〟が高まる。そしてその文化的な影響力が増すにつれ、中国に対する期待と恐れが急速に広まる。**

二〇二五年までに中国が重要な存在になる、という分析には何の意味もない。もっと私たちの興味を掻き立てるのは、次のような問いだ。中国はどのような点で重要になるのか。ある者にとって中国は約束の地だ。他の者にとっては、高圧的な政府や時代遅れのイデオロギー、あるいは自己中心的な視野の狭さに捉われた手に負えない巨獣だ。重要なのは、おそらくこういうことだろう──中国に対する様々な考えが真実かどうかはあまり大きな問題ではなく（いずれにしろ、真実はいつも中間にある）、世界が中国をこのような極端なレンズで見ているという事実である。まるで中国は世界を救うのか、それとも破滅に導くのか、その二択しかないかのようなのだ。

この傾向は今後も長く続くとともに、より多くの産業や政府や人びとが、日々の暮らしのなかで中国（中国人）の影響力をもっと意識するようになるだろう。

中国の消費力が持つ重要性について、いまさら指摘するまでもない。中国での売上げがアップルの株価を左右する。全ウーバーの営業の三割を占めるのも中国だ。[*2] 中国の消費者は、本場スコットランドの住民よりも高級なウィスキーを飲み、ハリウッド映画の成否も握る。映画「ワイルド・スピード　SKY MISSION」は、中国で公開されるとわずか三日間で一億八〇〇〇万ドルもの興行収入を記録した。

もっと小さな企業にとって、中国は一気に売上げを確保できる市場かもしれない。オランダのエダムチーズであろうと、スペインのチョリソーであろうと、英国のブロンプトン折り畳み自転車であろうと、中国でブームに火がつけば一気に売上げが上がる。それも中国の莫大な人口のおかげである。二〇一五年、中国の〝ミドルクラス〟あるいは〝比較的裕福な〟消費者の数は、アメリカのミドルクラスの数を上まわった。[99] その差はさらに拡大し、中国のミドルクラスは増えつづけている。

その結果、（規模の大小を問わず）多くの海外企業が二〇二五年に向けて、中国市場を極めて重要な（場合によっては〝考え得る唯一の〟）事業拡大の機会と捉えている。[100] 中国は、市場進出に成功した者に富を約束する黄金郷《エルドラド》だ。その反面、西洋企業の運命はいまや中国消費のわずかな変化にも左右され、ちょっとした変動にも、パニックに陥ったような分析が次から次へと紙面を賑わせる。中国市場に無限のビジネスチャンスを見出す楽観論者がいるいっぽう、こう指摘する悲観論者もいる。中国の消費者は気まぐれで捉えがたく、しかも中国は不透明な負債を抱えている。不動産市場も株式市場もバブルであり、政府は不器用な市場介入を続けてい

＊2　中国の配車アプリ「滴滴出行」が二〇一六年にウーバーの中国事業を買収し、ウーバーは事実上、中国からの撤退を余儀なくされた。

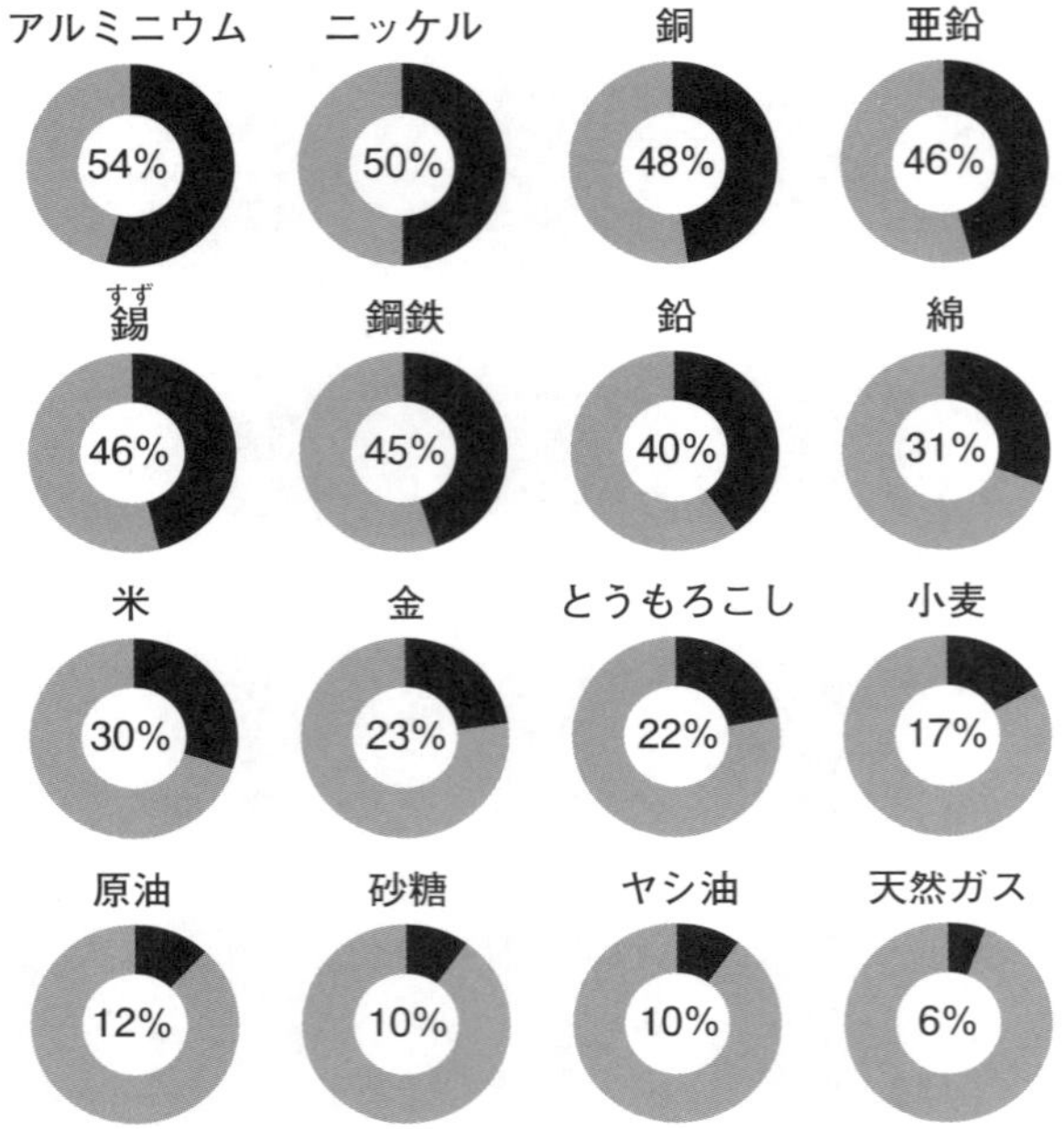


**図表20**：世界が消費した資源のうち、中国が消費した割合、2014年（出典：世界経済フォーラム）

る、と。

だが、中国が消費しているのは付加価値製品だけではない。その急速な経済発展を可能にしたのは、やはり急速な天然資源の消費に他ならない。そう聞いて驚く者もいないだろうが、世界で最も二酸化炭素の排出量が多いのは中国だ。その理由のひとつは、莫大な量の石炭を生産して消費しているからであり、中国はまた稀金属の（さほど稀少ではない金属においても）世界最大の消費国である[101]（図表20）。そのうえ、私たちがいまこうしているあいだにも、安全な飲料水、家畜、リン（農業に必要な有限の資源）を世界でいちばん消費しつづけているのだ。そのいっぽう、再生可能エネルギー技術に対する投資額も世界一であり、（文字通り）新天地を開拓して、水力発電の限界に挑み、その可能性を探ってきた。最も有名なのが長江中流域の三峡ダムであり、中国はいまでは太陽光と風力で世界最大の発電量を誇る。中国が天然資源問題を引き起こしているのは確かだが、生態文明の制度建設[*3]が軌道に乗れば、中国が問題の迅速な解決を提供する中心地になると考える者も多い。

二〇〇五年の時点では、中国ブランドの商品を意識して買い、使っていた西洋の消費者は少なかった。その年、中国のレノボがＩＢＭのパソコン事業を買収し、翌年、レノボはＩＢＭのブランド名を消して、西洋の大通りで初めて名前が知られる中国ブランドになった。今日、西洋の消費者は（たとえ、個人的にその品質を認めていなくても）たくさんの中国ブランドを知っている。ファーウェイ、テンセント、アリババ、小米科技《シャオミ》、ハイアール、中国国際航空、中国東方航空、中国銀聯《ぎんれん》などだ。テンセント（無料インスタントメッセンジャーアプリの微信《ウェイシン》で有名）と、アリババは世界トップクラスのテクノロジー企業だが、それ以外にも多くの企業が衣料や家電、小売、食品、パーソナルケア[*4]などの分野であとに続こうとしている。

さらに、中国は金融的に広大な勢力範囲を誇る（図表21）。ピレリタイヤ[*5]から、ＲＣＤエスパニョール[*6]、アメリカのスミスフィールド・フーズ[*7]まで、西洋の多くの大企業を傘下に収めた。世界の不動産市場と国家的なインフラ事業においても、中国の投資と専門技術が果たす役割が拡大している。アフリカのガボンでの鉄道建設や、英国の原子力発電所建設計画もその一部である。

海外企業のためにせっせと製品を量産する〝世界の工場〟という役割を脱して、思うがままに競争する革新的な生産国に変わったことを、懸念すべき兆候とみなす者もいる。独占禁止法に反する慣行、知的財産権の侵

＊３　104頁を参照。
＊４　スキンケアやメークアップなど身体を手入れするための商品。
＊５　ミラノに本拠地を置くタイヤ製造会社。二〇一五年、中国化工集団の傘下。
＊６　バルセロナのプロサッカークラブ。二〇一五年、中国玩具大手のラスターグループが買収。
＊７　世界最大の豚肉生産、食肉処理企業。二〇一三年に食肉大手の双匯《そうかい》が買収。

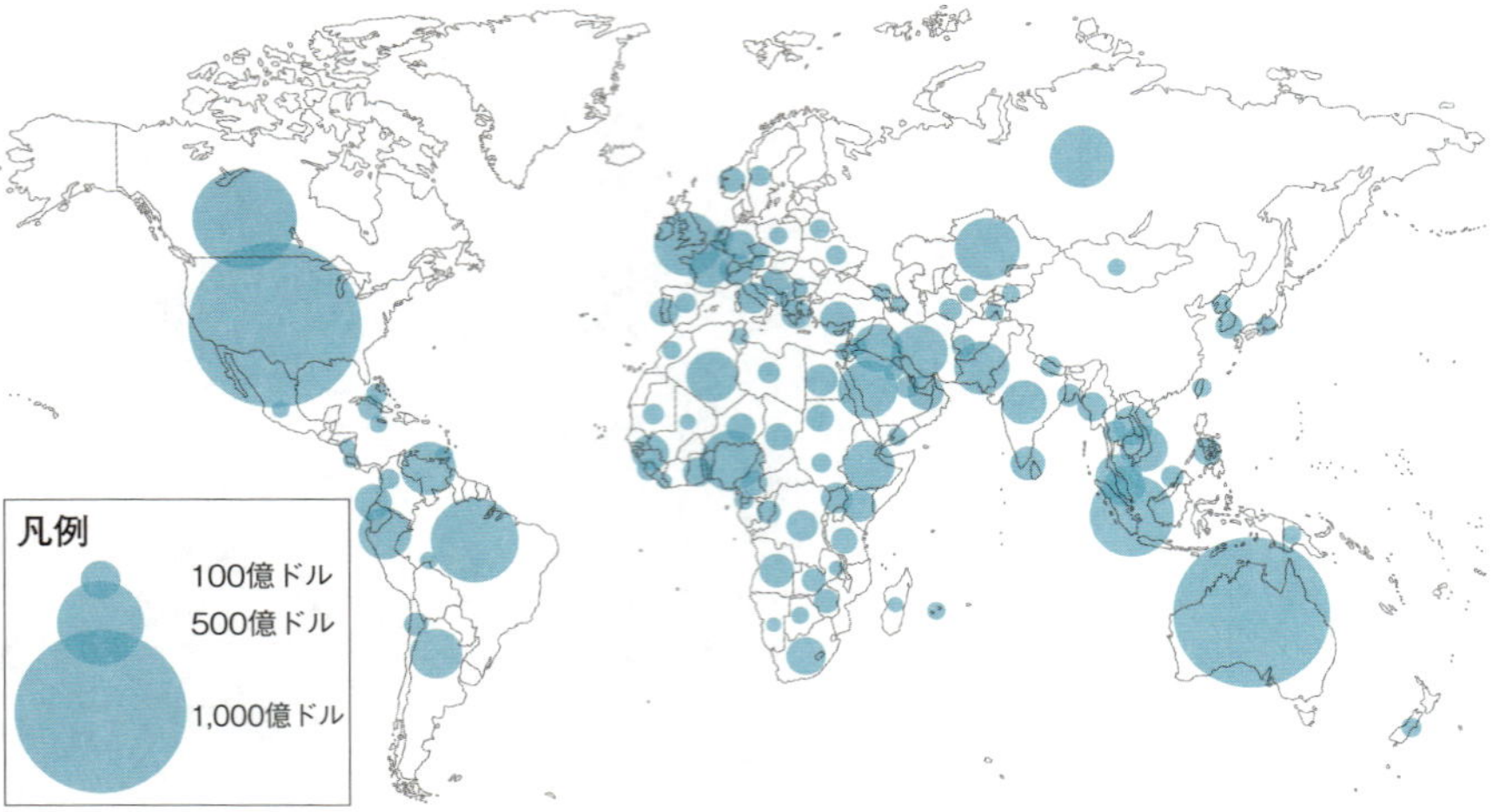


**図表21**：2014年の中国の投資先（出典：ヘリテージ財団、アメリカン・エンタープライズ研究所）

害、特許権の侵害、保護貿易主義的な国家政策――これらのせいで、中国市場にアクセスするのは難しいと思う者も多い。だが、世界は新たなプレーヤーを必要としているとみなす者もいる。イノベーションを推進し、斬新なアイデアを提案し、想像力に富んだ投資を行ない、既存の多国籍企業の寡占状態に果敢に攻め込んでいく。いまの世界が必要としているのは、まさにそういったタイプのプレーヤーだというわけである。

政治的な影響力（それを支えるのは軍事力だ）を放つ中国の存在感を、多くの者は懸念する。彼らが指摘するのは、（特に南シナ海で顕著な）領土拡大主義的な行動であり、サイバーセキュリティやデータプライバシーを脅かす慣行であり、人権擁護活動に対する容赦ない弾圧であり、自国の資源消費に対する「（パンがなければ）ケーキを食べさせておけ」とでも言うような、無知で鈍感な態度である。そうかと思うと、年配者を敬う儒教的な態度や献身的とされる労働倫理、比較的視野の狭い外交政策に光を当てる者もいる。そして、中国が世界に与える、もっと良いほうの影響に目を留めるのだ。

二〇世紀が政治と経済の分野で中国と世界とが遭遇す

る世紀だったとすれば、これからの数年は文化の分野で遭遇する時代だろう。中国の経済的優位が（少なくとも、近い将来において）ますます盤石になるのに伴い、〝中国という国を動かしている考え方〟を理解するという課題が浮上する。そして、中国の行動や活動について熱心に分析し、「中国独特の社会主義」や儒教に基づく政策理念の意味を読み解こうとするのだろう。あるいは、「いかにも中国人らしい考え方」にまつわる、的外れで辛辣な批判を目にするのかもしれない。

しかしながら多くの人にとって、中国文化との直接の遭遇は、新しいビジネスマナー（たとえば〝縁故資本主義〟など）を学ぶというかたちになるのだろう。あるいは、中華料理や中国語のメニューを要求する、我が者顔の中国人旅行客に直面するかたちかもしれない。その彼らは、老朽化の進んだ西洋のインフラや独特の宗教思想を、信じられないといったような顔で眺めるのだろうか。そして私たちは、二〇世紀に世界がアメリカに対して抱いた愛憎半ばする執着心と同じような気持ちを、このまったく謎めいた中国という国に対して抱くことになるのかもしれない。

## アフリカの経済成長

**インド、中国、アメリカ、欧州を合わせたよりも大きな面積を誇るアフリカ大陸と、その天然資源の規模に疑いを持つ者はいない。経済成長の急激なスピードにもかかわらず、アフリカを成長市場とみなす者はつい最近までごくわずかだった。**

二〇〇五〜二〇一五年のアフリカ大陸全体の経済成長は、年平均五パーセントを上まわった。中国のようにアフリカもすでに都市化し、欧州のように人口が一〇〇万人を超える都市も多い。人口は着実に増加し、今後、

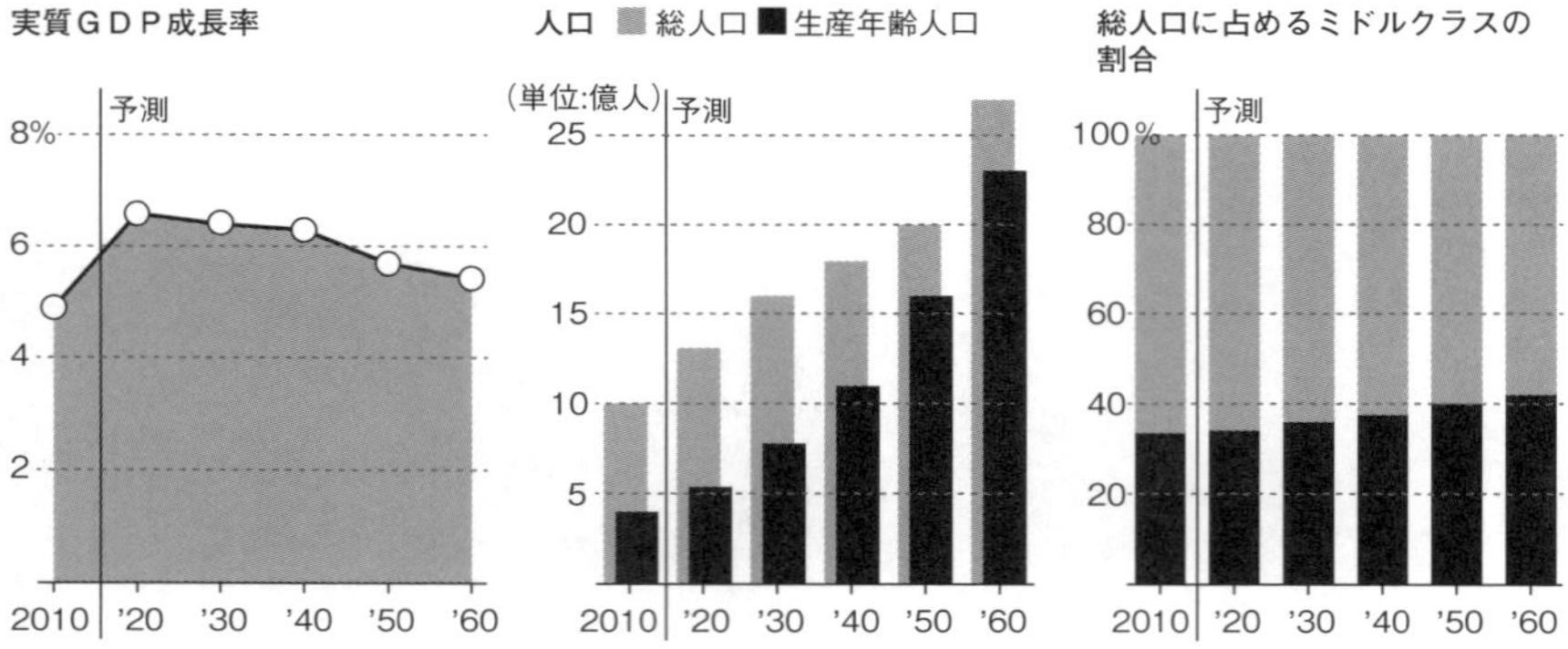


**図表22：**アフリカの実質GDP成長率と、人口動態の予測（出典：アフリカ開発銀行）

アフリカ全体で二〇億人に向かうと見られ、およそ五億人のミドルクラスの消費者が誕生して、大きな影響を与えることになるだろう[102]（図表22）。

だがひとくちにアフリカと言っても、様々な〝アフリカ諸国〟があり、経済も様々である。ナイジェリア、アンゴラ、リビア、アルジェリアは原油輸出国だが、エジプト、南アフリカ共和国、モロッコは経済活動がもっと多様化している。ひとり当たりのＧＤＰが二〇〇〇ドルを大きく上まわる国も多い。またケニア、タンザニア、ガーナ、カメルーンは農業経済からの脱却を図っている。

アフリカの経済成長を長年にわたって支えてきたのは、コモディティ（商品）価格である。アフリカ大陸は地球上の鉱物資源の三分の一を、世界の原油埋蔵量の一割を保有し、ダイヤモンド原石取引の七割近くを独占する。これらは過去の経済成長にとっては望ましいことだったに違いないが、ごく一部のコモディティ（原油など）と国際価格に依存しすぎたために、市場の不安定化を招き、とりわけアフリカの通貨は大きな打撃を受けてきた。たとえば二〇一四年、少なくとも一〇カ国のアフリカ通貨が一〇パーセント以上の通貨価値を失った。価格が不安定とはいえ、原油と天然ガスは今後も重要な輸出品だろう。この先、アフリカが重要な産出国であることに変わりはなく、二〇三五年の時点で世界の原油生産の一〇パーセント

を、天然ガス生産の九パーセントを占めるものと見られる。(103)

天然資源に依存する経済から脱却すべく、他の経済部門の育成に取り組んできた国も多い。これまでのところ、「製造」「サービス」「観光」の三部門で大きな成長が見られた（とはいえ、エボラ出血熱かテロ事件か、あるいは政変のせいか、観光部門は不安定だ）。たとえばナイジェリアはいまだに原油輸出経済に大きく依存しているものの、サービス部門はＧＤＰの六割を占めるまでになり、〝ノリウッド〟は年間三〇億ドルの映画産業に成長した。これはハリウッドの規模をも上まわり、ムンバイ（元ボンベイ）の〝ボリウッド〟に次いで世界第二位の規模を誇る。同じようにアフリカ大陸第二の原油輸出国であるアンゴラは、漁業、農業、製造業部門で成長を果たし、政府収入の三分の一を原油以外で賄う。ケニアやナイジェリア、南アフリカ共和国、コンゴ民主共和国は、モバイル技術とソーシャルネットワークを活用し、とりわけ金融サービスと医療分野において、国民生活を大きく変える先端的なプラットフォームを提供している点で、世界的なリーダーと見られている。[*8]

ナイジェリアやエチオピアをはじめ、ケニア、アンゴラ、ガーナ、ザンビア、モザンビークでは経済分野で著しい発展が見られるが、経済成長の大きな牽引役を担うのが、引きつづき南アフリカ共和国であることは間違いない。アフリカ大陸を、あるいは少なくともサハラ以南を代表する経済国家と多くがみなすのは、やはり南アフリカ共和国なのだ。だが、この国がアフリカ全体の経済状態を代表しているわけではない。ＧＤＰ成長は不安定で、二〇〇五年から二〇一五年までの成長率は平均二パーセント程度にとどまり、今後一〇年も同じような状態が続くと思われる。

別の専門家が指摘するのは、アフリカの「平均寿命」「乳児死亡率」「エネルギー消費」の三つである。二

＊８　たとえば国際送金をビットコインで行なうプラットフォームや、モバイル端末を用いたチャット形式の診療サービスなど。

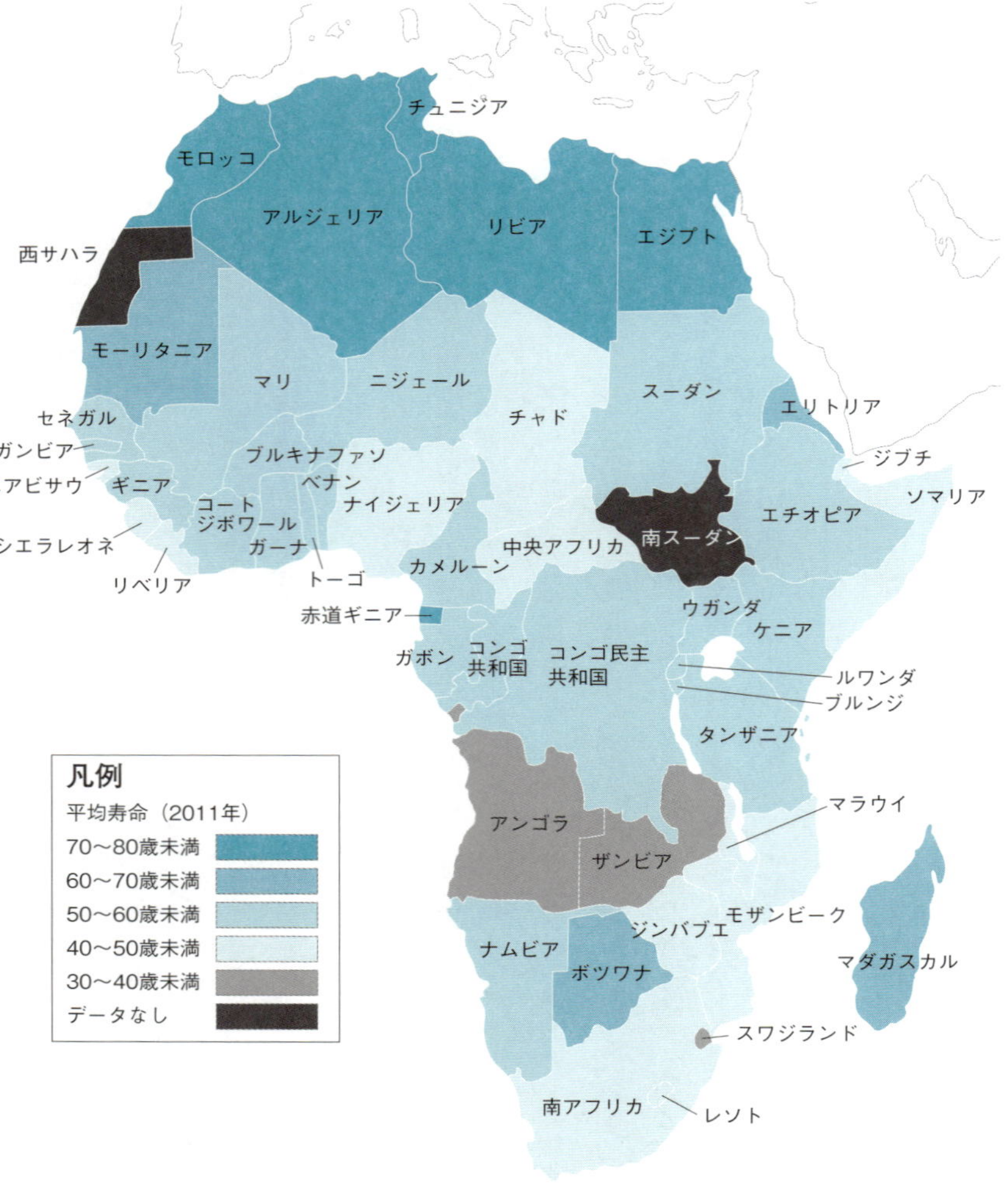


**図表23：**2011年のアフリカ諸国の平均寿命（出典：ＣＩＡ『ワールド・ファクトブック』）

〇一五年までの一〇年間、世界の平均寿命が約七〇歳だったのに比べて、アフリカ全体では一〇パーセント以上も平均寿命が延び、四九歳が五五歳に上昇した。ハイパーインフレで経済が混乱を極めたジンバブエでも、三七歳から四六歳に上昇した（図表23）。二〇三〇年頃には、アフリカ全体で六四歳にまで上昇するものと見られる。いっぽう、乳児死亡率はいまだ一〇〇〇人中八一人と高いものの（世界の平均は四二人）、一九九〇年の一七七人からは下落している。また、一九九〇年に約五〇〇キロワット時だったひとり当たりの電力消費量も、二〇一四年には約六〇〇キロワット時に増加した。重要な指標であるこの数字は非ＯＥＣＤアジア諸国とさほど変わらないが、それでもまだ欧州の電力消費量の一〇パーセントほどにすぎない。

欧州とは古くから貿易関係を結んできたアフリカも、現在では他の途上地域との南南貿易が半数を占める。中国は過去一〇年間でアフリカとの貿易を倍加させ、いまは全体の一七パーセントを占めるまでに拡大した。アフリカのアジアや南米諸国との、また中東を経由した、より広い結びつきも強まっている。インドとブラジルの対アフリカ貿易は、それぞれ全体の六パーセントと三パーセントを占める。[104] そのどちらの国もアフリカ貿易の大幅な増加を目論んでおり、アフリカ諸国で中国の強引なやり方[＊9]に反発の声が上がるなか、インドやブラジルが将来的に中国の地位に取って代わる可能性もある。加えて多くの者が指摘するのが、アフリカ大陸内での貿易額の増加だ。政治的立場は違っても、経済成長を目指すという共通の目的を持つ国どうしで二国間協定を結ぶ機会が増え、それが大陸内の新たな貿易協定に発展し、新興の商業圏の構築につながり、インフラ投資を促しているのだ。あまり民主主義的とは言えないか独裁政権の国もあるにしろ、いまの政治状況を脱却した多くの国でインフラが改善すれば、今後数年のうちに経済的にも政治的にも発展を遂げ、貿易上の障壁も解消

＊9　インフラ投資をしたり、中国企業が進出したりする際、中国が本国から大量の労働者を送り込むため「現地に富を落とさず」、現地の雇用改善や貧困問題の解決につながらない、という問題が起きている。

するだろう。
二〇三〇年までには、アフリカで大幅に都市化が進み、人口の半数が都市に暮らすようになるだろう。規模の大きなアフリカの一八都市を合わせると、消費支出はおよそ一兆三〇〇〇億ドルにのぼると見られる。その結果、生産性と需要が高まり、投資が期待できる。現在、アフリカ大陸の全人口の半数が二五歳以下であり、二〇一五〜二〇三五年までの二〇年間に、一五歳以上の人口が毎年五〇万人ずつ増えていく。[105] 課題は、その大量の若者をどうやって商機に結びつけるかだろう。アフリカは世界一の成長市場になる可能性が高いが、問題はその時期だ。着実な経済成長を遂げているとはいえ、アフリカのミドルクラスは他の地域と比べて規模が小さい。となると問題は、アフリカは二〇二五年までに大きな変貌を遂げるのか、それともインドのようにいましばらく時間がかかるのか、ということだろう。

## 中央政府の影響力の低下

**変化を主導する中央政府の能力は、二〇二五年までに国の内外から強い圧力にさらされるようになる。多国籍企業がルールを決める機会が増えるいっぽう、市民が信頼を寄せ、支持するのは、地域に根差した活動やネットワーク型の活動だ。**

話題を西洋に戻すと、多くの者が、政府も統治《ガバナンス》も過渡期にあると考えている。民主主義へと大きく傾いた二〇世紀の流れは、このところ中断しているようだ。国際的な影響力の低下を実感して、経済同盟か軍事協定、多極グループの一員として協働関係を築こうとする政府も多い。二〇〇八年の世界金融危機以降、ＩＭＦ、Ｇ20、世界銀行、アジアインフラ投資銀行（ＡＩＩＢ）[*10]の権威や影響力が目立つようになり、ＴＰＰやＴＴＩＰ《ティー・ティップ》

[*11]のような多国間貿易協定が、今後の経済成長を左右する重要な国際標準やプロトコル（手続きや規則）の調整を目指している。また、世界保健機関（ＷＨＯ）、国際連合食料農業機関（ＦＡＯ）、気候変動に関する政府間パネル（ＩＰＣＣ）、経済協力開発機構（ＯＥＣＤ）、国際エネルギー機関（ＩＥＡ）のような政府間機関はどれも、今後の世界が進む方向性に影響を与えようとしている。各地域においては、欧州連合（ＥＵ）、東南アジア諸国連合（ＡＳＥＡＮ）、湾岸協力会議（ＧＣＣ）、アフリカ連合（ＡＵ）、米州機構（ＯＡＳ）がそれぞれのレベルで、将来目標の設定を目指す。

　そう聞くと、国の主権が脅かされているように感じる者もいるだろう。選挙で選出されたわけでもない国際的な組織が、主権国家を差し置いて、その地域の重要事項を決めているとみなす中央政府もある。ところが国際的な組織が主導権を握る状況は、国の政治家と政治プロセスに対する信頼が揺らいでいる、特に一部の西洋の国にとっては都合がいい。民主主義へと向かう流れが停滞したように見える傾向も、偶然ではないだろう。第二次世界大戦下、民主主義国家はわずか一一カ国にすぎなかったが、二〇〇〇年頃には、アメリカのシンクタンクであるフリーダム・ハウスは、世界全体の六三パーセントに当たる一二〇カ国を民主主義国家に分類していた。とはいえ今日、エコノミスト・インテリジェンス・ユニットが、「完全な民主主義国家」とみなすのは二〇カ国にすぎない。アメリカ、カナダ、オーストラリア、ニュージーランドおよび欧州一四カ国に、モーリシャスとウルグアイを加えた二〇カ国である[106]（図表24）。そのあとに、「欠陥のある民主主義国家・地域」として日本や台湾、インドネシア、ギリシャ、イスラエル、メキシコなど五六カ国が続き、さらにその下に「混合政治体制国家《ハイブリッド》[*12]」三九カ国と、「独裁政治体制国家」の五二カ国が続く。

＊10　二〇一三年に中国の唱導によって発足した、アジア向け国際開発金融機関。
＊11　大西洋横断貿易投資パートナーシップ協定。北大西洋版ＴＰＰ。
＊12　制度的には民主制だが、実際には自由が制限されている政治体制。

| | 順位 | 指数 | 選挙プロセスと多元主義 | 政府の機能状況 | 政治参加 | 政治文化 | 市民の自由度 |
|---|---|---|---|---|---|---|---|
| 完全な民主主義国 | | | | | | | |
| ノルウェー | 1 | 9.93 | 10.00 | 9.64 | 10.00 | 10.00 | 10.00 |
| アイスランド | 2 | 9.58 | 10.00 | 9.29 | 8.89 | 10.00 | 9.71 |
| スウェーデン | 3 | 9.45 | 9.58 | 9.64 | 8.33 | 10.00 | 9.71 |
| ニュージーランド | 4 | 9.26 | 10.00 | 9.29 | 8.89 | 8.13 | 10.00 |
| デンマーク | 5 | 9.11 | 9.17 | 9.29 | 8.33 | 9.38 | 9.41 |
| スイス | 6 | 9.09 | 9.58 | 9.29 | 7.78 | 9.38 | 9.41 |
| カナダ | 7 | 9.08 | 9.58 | 9.29 | 7.78 | 8.75 | 10.00 |
| フィンランド | 8 | 9.03 | 10.00 | 8.93 | 7.78 | 8.75 | 9.71 |
| オーストラリア | 9 | 9.01 | 9.58 | 8.93 | 7.78 | 8.75 | 10.00 |
| オランダ | 10 | 8.92 | 9.58 | 8.57 | 8.89 | 8.13 | 9.41 |
| ルクセンブルグ | 11 | 8.88 | 10.00 | 9.29 | 6.67 | 8.75 | 9.71 |
| アイルランド | 12 | 8.85 | 9.58 | 7.50 | 7.78 | 9.38 | 10.00 |
| ドイツ | 13 | 8.64 | 9.58 | 8.57 | 7.78 | 8.13 | 9.12 |
| オーストリア | 14 | 8.54 | 9.58 | 7.86 | 8.33 | 7.50 | 9.41 |
| マルタ | 15 | 8.39 | 9.17 | 8.21 | 6.11 | 8.75 | 9.71 |
| 英国 | 16 | 8.31 | 9.58 | 7.14 | 6.67 | 8.75 | 9.41 |
| スペイン | 17 | 8.30 | 9.58 | 7.14 | 7.22 | 8.13 | 9.41 |
| モーリシャス | 18 | 8.28 | 9.17 | 8.21 | 5.56 | 8.75 | 9.71 |
| ウルグアイ | 19 | 8.17 | 10.00 | 8.93 | 4.44 | 7.50 | 10.00 |
| 米国 | 20 | 8.05 | 9.17 | 7.50 | 7.22 | 8.13 | 8.24 |

**図表24**：完全な民主主義20カ国、2015年
（出典：エコノミスト・インテリジェンス・ユニット民主主義指数）

民主主義こそ最善の選択肢と考える者にとって、問題は次の三つだろう。第一に、脱植民地支配の過程で民主主義に飛びついたか宗主国から押しつけられた国が、明らかに苦戦している。たとえば南アフリカ共和国、パキスタン、ウクライナ、イラクやリビアがこれに当たる。第二に、長く民主主義の輝く星だった国や地域が麻痺状態に陥っている。ワシントンDCとブリュッセル（EU）は、〝合意と膠着《こうちゃく》状態の絶え間ないせめぎ合い〟に四苦八苦しているようだ。第三に、アラブ首長国連邦のような良性の独裁国家であろうと、中国共産党であろうと、民主主義ではない国家が事実上かなりうまくいっている。また、国民の支持においても大きな変化が見られる。なぜなら、アメリカ人の二倍もの中国人が、自国の進む方向性に極めて満足しているいっぽう、EUではこの三〇年間に投票率が三分の二に減少したからだ。フランスや英国、ドイツの国政選挙への投票率はいまや、ロシアやアメリカ並みに低い。

それに対して、州や都市の統治に対する信頼は増し、信任も厚い。市民は自分たちのような人間が、目の前の問題に何かしらの影響を与えられるという自信を深めている。世界の市長は都市間ネットワークであるC40[*13]を通じて成功事例を共有し合い、権限を強化し、影響力を高めてきた。だがそれも、市民の支持や協力あってのことだ。ニューヨークやロンドン、パリ、イスタンブール、エクアドルのキトでも、都市がより大きな影響力を持つことについて、市民の支持は高まっている。[107]同じような高まりを見せているのが、州知事に対する支持だ。もっと地方レベルにおいても、真のシェアリングエコノミー[*14]やコミュニティレベルでの協働が盛んになれば、より身近な責任やリーダーシップに対する支持はさらに高まるだろう。

統治機関による、特に市による情報公開は、地域社会とネットワークに大きな力を与えてきた。世界で最も

＊13　111頁を参照。
＊14　第7章「真のシェアリングエコノミー」を参照。

情報公開の進んだ都市であるロンドンは、多様なプラットフォームを導入してデータ公開のイノベーションを促し、効率の向上を図ってきた。国や地域で言えば、台湾、英国、デンマーク、コロンビア、フィンランドという意外な組み合わせが、二〇一五年のオープンデータインデックス*15の上位五カ国である。(108)オープンデータと個人データは、市民の側から「透明性」を促していくことになると思われる。市民はオープンデータにアクセスして利用できるとともに、自分が望む個人データを共有できるようになり、データという社会的資源を活用する、よりよい方法をつくり出していくだろう。

市民の参加機会が増えるだけでなく、クラウドソーシングを活用した政策決定や意思決定の機会が増えると、政治家の必要性はますます減るかもしれない。そのいっぽうで増すのが、プラットフォームのデザイナーと議論のファシリテーターの重要性だろう。この傾向がこのまま続くなら、最も大きな力を手に入れるのは、インターネットでよりつながった市民である。今後は中央政府の影響力が弱まって、分散化が進む。シンガポールでは、公共サービスの提供を分散化して超地域密着型にすることで、格差の解消に役立てている。

対する政府や規制当局は、企業とのあいだに開いた差を必死に取り戻すべきだろう。このところ、イノベーションを起こすのは企業のほうだ。その大半がシリコンバレーに本拠地を置き、一国を凌ぐほどの莫大な資金力と影響力を備えている。技術の進歩が社会のニーズを満たすにつれ、地平線の上に、あるいはそのすぐ向こうに見える未来の姿を、私たちは大手テクノロジー企業の動向から探ろうとする。今日、熱い注目を集めるのがアップルとアルファベット*16だ。アップルの秘密主義はつとに有名だが、彼らが自動運転車(プロジェクト・タイタン)と、拡張現実(AR)や仮想現実(VR)の開発に取り組んでいることは公然の秘密だ。対するアルファベットはアップルよりも情報を公開し、完全自動運転車やVR事業をはじめ、幅広い事業に取り組んでいる(図表25)。その一部を紹介すれば、ドローン開発を目指す「プロジェクト・ウィング」*17は、アマゾンと競争しながら、ラストマイル・デリバリーの未来を変えようとする。ヴェリリー*18が開発するスマートコンタク

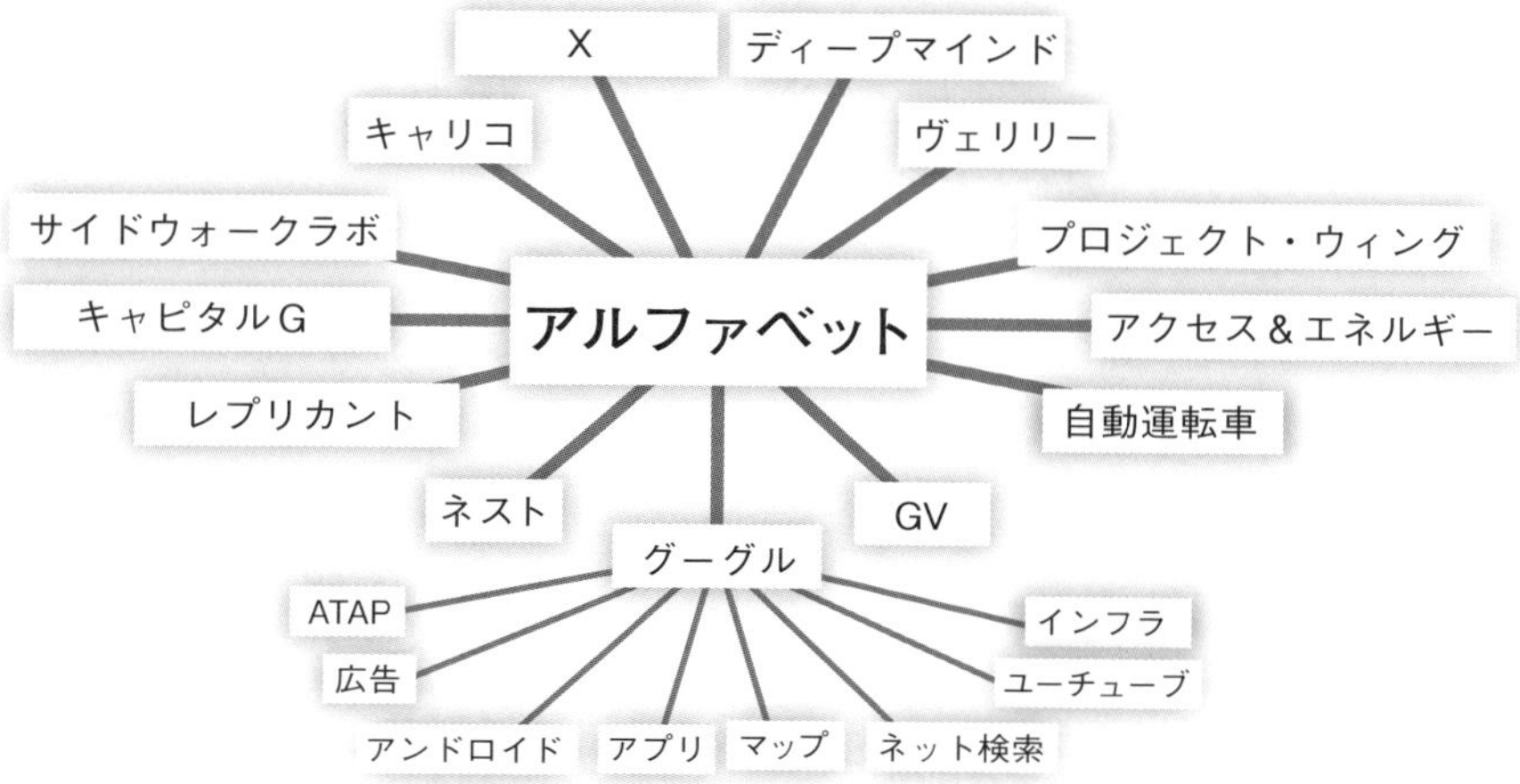


**図表25：**2016年にアルファベットが取り組んでいる事業（出典：アーズ・テクニカ）

トレンズは、太陽光エネルギーを利用して体温や血糖値などの生体データを集める。X*19が手がける「プロジェクト・ルーン」は、気球を用いた移動体通信システムによって、いまだ通信網の整備されていない地域に住む地球上の三分の二の人口を、インターネットに接続するという壮大な事業だ。《ウォールストリート・ジャーナル》紙によれば、Xは、血流中をパトロールして、がんや心臓発作などの兆候を早期発見する磁気のナノ粒子も開発しているという。ボストン・ダイナミクスは、動物の動きを真似た軍用ロボットの開発に携わっている。四足歩行ロボットのチータ・ロボットは、すでに時速約四七キロメートルという世界最速記録を持つ。またキャリコが取り組むのは、一部の人が持つ長生きと関係のある遺伝子を調べることで、平均寿命を延ばすという使命だ。もちろん新たな技術によって大きな変化をもたらすのは、

*15　各国政府のオープンデータの公開状況を、一五の分野において評価した指標。
*16　グーグルが二〇一五年に設立した持ち株会社。
*17　第７章「ラストマイル・デリバリー」を参照。
*18　グーグルのライフサイエンス部門が立ち上げた新会社。
*19　旧グーグルX。グーグルの研究開発機関。

これらの企業だけではないかもしれない。だが、シリコンバレーの巨大テック系企業が注力し、利用する資源のレベルを見れば、様々なことが読み取れる――いまにどんな変化が実現するのか。そして、そのシステムを支配するのはどの企業なのか。となると、国家はどのようなかたちで参加するのか。技術をコントロールし、資源を提供する役割なのか。だが、グーグルやアップルのような企業はますます――自分たちの事業を通して――、中央政府は必要ないと告げているのだ。

トップダウンとボトムアップの双方から、これまで以上に重圧にさらされる世界にあって、政府はNGOと宗教団体からも大きな圧力を受けていると考える者も多い。非営利部門の成長とともに、たくさんのNGOが勢力範囲を広げ、影響力を増した。オックスファム[*20]やアムネスティ[*21]、ワールド・ビジョン[*22]、グリーンピース[*23]、国境なき医師団[*24]やセーブ・ザ・チルドレン[*25]、アショカ[*26]、グラミン銀行[*27]、ビル&メリンダ・ゲイツ財団などである[(109)]。これらの組織は国内の問題はもちろん、国際的な問題を議論するテーブルに着いたり、他の政府代表とともにダボス会議に出席したりする。どの組織も格差の広がりを埋めていることは間違いなく、政府以上に大きな成果をあげているケースも多い。とはいえ、抵抗に遭っている分野もないわけではない。

この数世紀のあいだに、私たちに影響を及ぼす主体も、私たちが信頼を寄せる対象も変わった。今後は次のような問いが浮かび上がるだろう。果たして社会を横断する新たな組織が現れて、次の段階に進むのだろうか。それとも、よりいっそうつながり、そのつながりをうまく活用した市民が、既存の組織や新しい組織に参加するとともに、市民のほうでもその組織に影響を与えるのだろうか――市民が共鳴するその組織とは、地元のコミュニティかもしれない。地域のリーダーや宗教組織、NGOや市民ネットワークかもしれない。私たちがそのどちらの方向に向かおうとも、多くの国で中央政府の影響力が徐々に低下していることは間違いなさそうだ。

## すべてがつながった世界

**二〇二五年には、一兆を超すセンサーが複数のネットワークにつながる。接続することで利益を得るものはすべて、何かひとつのデバイスやネットワークとは接続しているだろう。一万倍ものデータを一〇〇倍も効率よく伝送できるようになるが、情報セキュリティが大きな問題になる。**

二〇二〇年には、世の中に出まわるSIMカードの数が五〇〇億枚を超すと見られ、あらゆる記録をデジタル化し、膨大な量の情報をつくり出すために、今後はデータ量が毎月倍加していくと言う者もいる。[110] データの多くは、デバイスと人間とのやりとりだけでなく、M２Mのやりとりからも生まれる。近い将来には、接続できるものはまず間違いなく、何かひとつとは接続しているだろう。ＩＢＭやノキアなどの予想によれば、二〇二五年頃には、モノのインターネット（ＩｏＴ）のおかげで世界には一兆を超えるセンサーが溢れ、お互いどうし、あるいはセンサーと複数のネットワークとが接続して、現在の一万倍ものデータを一〇〇倍も効率よく伝送できるという。[111][112] インターネットに接続することで利益を得るものはすべて、二〇二五年には、何かひとつとは接続しているはずだ。それは冷蔵庫かトースター、完全自動運転トラック、Ｔシャツかもしれない。世界

＊20　貧困と不正の根絶を目指す国際協力団体。
＊21　国際的な人権擁護組織。
＊22　キリスト教精神に基づく人道支援団体。
＊23　国際環境ＮＧＯ。
＊24　医療救護活動を行なう国際ＮＧＯ。
＊25　子ども支援専門の国際ＮＧＯ。
＊26　社会起業支援を専門とするＮＧＯ。
＊27　貧困者や女性を対象に、無担保の小額融資を行なう銀行。

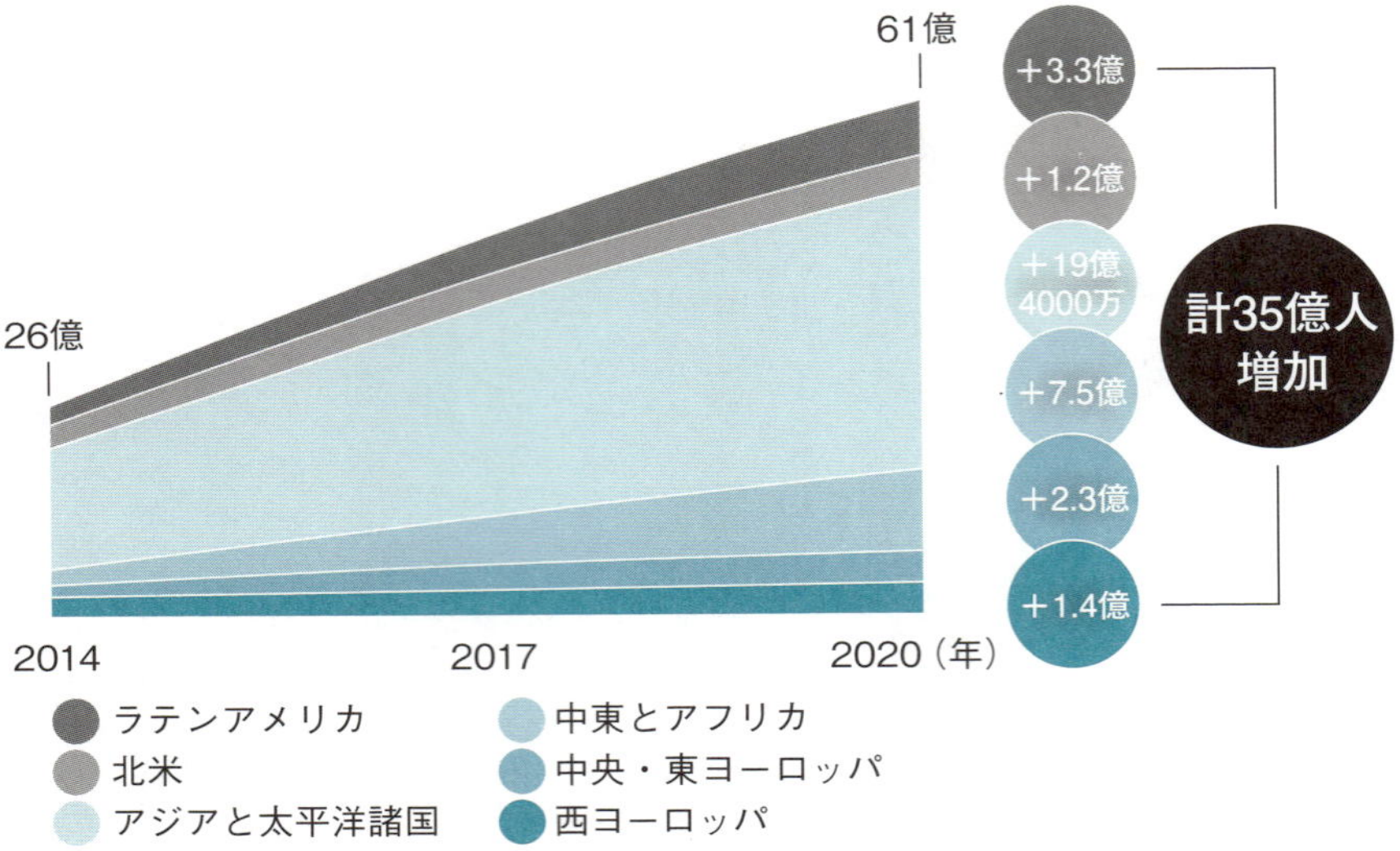


**図表26：** 地域別2020年までのスマートフォン契約数（出典：エリクソン）

のデジタル化が実現すれば、以前は考えられなかった膨大な量の情報と利益とをもたらす。その反面、想定外のリスクを生む扉をも開いてしまう。

今日、インターネットに接続している人口は、世界で三三億人以上にのぼる。このところ、三年ごとに新たに一〇億人が加わっており、いまのペースが続けば、やがて一〇年のうちに、世界のどこにいようとも世界人口のほとんどが接続できるようになるだろう。その変化を促すのが、スマートフォンをはじめとするデバイスである。二〇一四年に世界で使われたスマートフォンは二六億台を数えた。エリクソン[*28]によれば、その数は二〇二〇年には六〇億台に達するという（図表26）。ノキアやファーウェイでは、ユーザーひとり当たりのデータ通信量を一年半ごとに倍加して、ひとりが毎日一ギガバイトの情報にアクセスできるように計画している。フェイスブックやグーグルでは、ドローンや気球[*29]を大量に飛ばして、いまだ接続できない人びとを、インターネットにつなげるという計画の実現に取り組んでいる。新しく接続可能になる人口の八割以上をアフリカとアジアの人口が占め、二〇二〇年までに携帯電話とスマートフォンの契約数は、九〇億件を超えると見られる[113]。

二〇一五年の時点で、すでに高度につながった国もある。ひとり当たりのデバイス数で見れば、ドイツ、スウェーデン、オランダ、スイス、アメリカが二〇台を超えている。デンマークでは三〇台を超え、韓国は四〇台にも迫ろうかという勢いだ。いっぽう急激な追い上げを見せるのが中国の六台だ。あちこちで投資が盛んなことを思えば、二〇二〇年になる前に、ひとり当たりの平均デバイス数が一〇台を超すというのも充分納得がいく[114]。しかしながら、これらのデバイスのほとんどを、私たちユーザーが所有することも利用することもないだろう。数にしておそらく三〇〇～四〇〇億台ものデバイスのほとんどは、機器のなかに埋め込まれているからだ。ほとんどのデジタル情報はクラウドに保存され、いつでもどこにいてもすぐに情報にアクセスしたいと思う時、ネットワークの物理的限界が問題となる。キャパシティ・オンデマンド[*30]を実現するために、ネットワークは柔軟なプログラムの変更や自動化が可能にならざるを得ない。これによって、自己最適化する「コグニティブネットワーク[*31]」が登場し、複雑なE2E[*32]のタスクを自律的に、リアルタイムに処理できるようになる。モノ、機器、ビル、インフラ、デバイスを相互接続するネットワークという概念にすでにシスコも着目し、IBMはその概念をスマータープラネット構想[*33]に組み込んだ[115]。

さらに膨大な量のデータを生み出すのが「パッシブな」、すなわち電源を備えていないタグやセンサーだ。

＊28　スウェーデンの通信機器メーカー。
＊29　プロジェクト・ルーン。145頁を参照。
＊30　必要に応じて、処理能力を追加する機能。
＊31　コグニティブは英語で「認識」「認知」の意味。
＊32　End-to-End。端末相互間。
＊33　118頁を参照。

小型センサーはすでに実用化され、どこにでも取りつけたり組み込んだりできる。食料や衣類に、商品パッケージや部品に組み込めるどころか、動物の体内に埋め込むことも可能だ。専用の読み取り機《リーダー》を使えば、様々なエネルギー波を使って位置情報、温度、移動の方向、活動状態、あるいは生体情報などの大量の情報を、離れた場所からでも一括して読み取れる。

センサーをネットワークにつなげると、効率が上がる、廃棄が減る、未知の世界が開けるといった利点も多い反面、リスクも孕んでいる。結果をよく考えもせずに、あらゆるものを、それも特にデータ保護レベルの非常に低いデバイスまでも接続してしまうことになるからだ。つまり、ケトルを接続したら、それが個人の無線LANへの裏口となり、パスワードを使わずして個人データを盗み見る扉が開いてしまうかもしれないのだ。ケトルやラップトップだけではなく、発電所や交通機関、医療機器などのあらゆるものを接続する時、懸念されるのはプライバシーではなく安全面だ。データベースはもちろん、機器やシステムをターゲットにしたサイバー攻撃はすでに珍しくない。何もかもがオンラインでつながった世界では、悪意あるハッキングのリスクが膨大に高まる。何十億というパッシブなタグやセンサーにはハイレベルな暗号化機能がないため、悪意あるハッキングの危険性はさらに高まる。

あらゆるモノにタグが付き、クラウドを通じてつながり、システムがあらゆることを分析する時、いったいどんなことが起きるのだろうか。映画「マイノリティ・リポート」のコンセプトのひとつは、犯罪予知だった。映画の原作者であるフィリップ・K・ディックが焦点を当てたのは、水槽に浮かび、未来の犯罪行為を予知するという特殊能力を持つ、三人の「プリコグ」と呼ばれる女性である。だが、今日の警察が犯罪予測に活用しているのはビッグデータアナリティクスだ。[116] データ分析手法を用いて、大量のデータから有用な知識や情報を抽出し、意思決定や予測に役立てる技術については、少々大袈裟に騒がれすぎの感もあるが、実のところ、ロサンゼルスの街角では一種の犯罪予知を行なっている。公的および私的な情報源から得た複数のデータの流れを活用して、ロサンゼルス市警察は、実際に犯罪が発生する〝前に〟、予測される犯行現場に警官を派遣する。「そのアルゴリズムは一般に〝予測警備〟と呼ばれることを行なう。つまり過去数年間の――場合によっては過去数十年間の――犯罪発生データに基づいて、アルゴリズムがデータを分析し、その日にどの地域で、どんなタイプの犯罪が起こりそうかを割り出す[117]」。この時、必要になるのは過去の犯罪現場と犯罪者の居場所のデータであり、そのうえに天候情報や、おおぜいの人が集まるスポーツイベントなどの開催情報を重ねる。リアルタイムの分析を行なうことで、犯罪が発生しそうな場所を特定するのだ。「映画『マイノリティ・リポート』で予知するのは犯罪者だが、ロサンゼルス市警察のアルゴリズムが予測するのは、犯罪者ではなく、犯罪の起こりそうな場所と時間だ[118]」。それでは、実際にどんな効果があっただろうか。パトロールによって、約二割の犯罪を未然に防いだという。映画のような、ほぼ完璧な予測率とは言えないまでも、ロサンゼルスのような大都市においてそれだけの効果があったということは、ビッグデータ分析の今後の可能性を強く裏づけるとともに、近い将来にあちこちの都市で導入される可能性も高まったという意味だ。データと、いわゆるデジタル変革は、様々な分野に大きな影響を及ぼしている。未来の力を手に入れるのは、最も重要なデータを所有するか、そのデータに優先的にアクセスできる者だろう。

## 個人データ保護

個人データ保護を積極的に推進する多くの国にとって関心が高いのは、国際規格やプロトコルを設定したり、より高い透明性を確保したりすることだが、国際的な合意から離脱して独自のやり方を選択する国もある。

合意に基づくEUの政治スタイルは、プライバシーの問題に対して充分に機能していないという声がある——EUのやり方は保護主義的であり、データ管理にばかり重点を置き、ユーザー管理が疎かになっているというのだ。あるいは、世の中はとっくに進化しているというのに、規制当局が負の遺産となった法体系への対応を余儀なくされ、いまだに地図上の国境に縛られた統治体制への対応を迫られているからだ、と指摘する声もある。現在の欧州モデルが、既存のマーケットリーダーが変化に適応でき、マーケットチャンレンジャー[*34]と協働できるようにつくられていることは間違いない。EUは、個人データ保護について強硬姿勢を取っている。課徴金を強化し、企業が個人データを取得する際にはユーザーの同意を得るように要求し、「データ保護・バイ・デザイン[*35]」の原則も定めた。対するアメリカは〝創造的混乱〟に対して、もっと開放的だ[*36]。中国とインドは、EUのアプローチに倣おうとする。多様な文化を持ち、多様な言語を話す中国やインドのような環境では、EUのやり方に利点が多い。充分な時間と資金と資源とを投入して規制当局と協力し、目の前の難問に取り組んだり好機を見極めたりできるのは安定した企業だけだからだ。

大きな違いはあるものの、EUモデルに倣う国でもアメリカにおいても、個人データ保護の枠組みがその元とするのは、公正情報行動原則（FIPPs[*37]）である。EUのアプローチは、「プライバシーの保護は市民の基本的権利だ」という発想に立ち、トップダウンで規制を整備して一律にルールを課し、データの利用を規制するか、その利用について〝明示的な〟同意を得るというものだ(119)。いっぽうのアメリカはセクトラル方式[*38]を採用し、機密性の高い情報を扱う、たとえば医療やクレジットといった特定の部門において、プライバシー侵害につながるリスクを規制する。つまり、アメリカにはデータ利用にまつわる包括的な規則が少ないため、業界はより革新的な方法で製品やサービスを開発したり展開したりできる反面、セクター（部門）の狭間に位置する業界のデータ利用については、規制を免れるといったことも起きてしまう(120)。

そろそろ規則が技術に追いつくべき時だろう。現在の個人データ保護法制は、コンピュータによって大量の個人情報が処理されるようになった、一九七〇～八〇年代の状況に対処するために整備された。当時、データ処理は複雑で資源集約型の作業だという前提があり、それゆえ豊富な資金力を持つ大企業以外に、データ処理は不可能と考えられていた。ところが、その考えはもはや古くなった。いまは毎日五億点を超える画像が、そして毎分二〇〇時間を超える動画がアップロードされて世界中の人の目に触れる時代だ。先の前提は当てはまらない。画像や動画以外にも、通話も含めて人びとは膨大な量の情報をつくり出すが、その情報量もかすんでしまうほどのデジタル情報量が、毎日、その彼らについてつくり出されているのだ[121]。ビッグデータの様々なかたちの技術的能力も、すでに洗練されて普及のレベルに達し、その技術的能力が提供する機会と、それらの技術が提起する社会的、倫理的な問題とのバランスの取り方について慎重な議論が必要になった。

　国内での個人データ保護に加えて、多くの政府が懸念するのは「個人データの越境移転」、すなわち自国の市民の個人データが他の国へ移転されたり、さらにそこから別の国に移転されたりする状況である。いわゆるスノーデン事件[*39]をきっかけとして、韓国、ロシア、インドネシア、ベトナム、ブラジルは、データローカリゼーション法[*40]の制定を進めている。理論的に言えば、この法律によって、自国の市民のプライバシー保護と個人データのセキュリティを確保するとともに、自国（新興国）のテクノロジー産業も保護できる。だが、分散型

*34　マーケットリーダーを追う業界二位、三位の企業やブランド。
*35　システム開発の段階から、プライバシー対策を考慮した設計にしておくこと。
*36　アメリカには個人データを包括的に保護する法律がなく、プライバシー保護は基本的に自主規制である。
*37　米連邦取引委員会（ＦＴＣ）が定めた、電子市場において遵守すべき公正情報行動に関するガイドライン。
*38　個別部門ごとに、個別法を定めて規制する方法。
*39　米国内のＩＴ企業が所有する個人情報を、米国家安全保障局（ＮＳＡ）が監視・収集していたという事実を、米中央情報局（ＣＩＡ）元職員であるエドワード・スノーデンが暴露した。
*40　企業が事業を行なうためには、国内のコンピュータ関連設備を利用するか新たにサーバーを設置して、データを管理・処理することを定めた法律。

であるインターネットの構造を考えれば、こうした要求だけでデータの越境を阻止することはできない。事実、一部の独裁主義政権ではこれらの政策を悪用して、国内での監視を強化したり、データローカリゼーション法を通じて、国内のインターネット企業の競争力を阻害したりしている。国内のデータセンターは経済的に繁栄するかもしれないが、海外のインターネット企業やクラウドコンピューティングといった、安価な技術に依存している国内の他の企業にとっては、国内のコンピュータ関連施設を利用するか新たにサーバーを設置しなければならなくなるため、負担が大きい。将来的には、国際規格を設定することが、より現実的な解決策のように思える。

ここに、ベースとなる原則がある。「国連ビジネスと人権に関する指導原則」[*41]である。それによれば、企業や他の第三者から個人が人権侵害を受けた場合、すべての国はその個人を守る義務がある。さらに国連総会が採択した「デジタル時代のプライバシーに対する権利」は、通信の監視と傍受が人権に及ぼす影響に深い懸念を表し、オフラインの時に人びとが有する権利は、オンラインにおいても保護されるべきだと謳っている。この決議は、デジタルコミュニケーションにおいてプライバシーの権利を尊重し保護するよう、すべての国に呼びかけたものだ。もちろん同意することは簡単だが、適用することはずっと難しい。

二〇一六年に米連邦捜査局（ＦＢＩ）が、ｉＰｈｏｎｅのロック解除をめぐってアップルに技術協力を要請した一件[*42]は、政府機関が個人データにアクセスする事例のひとつにすぎない。データをめぐる規則によってデータの商業的利用が可能になるいっぽう、個人データの保護にますます関心が高まることは間違いない。重要なのは、現行の法的枠組みを近代化して、個人データ保護法を国際標準にする方法と、ユーザーの意識を高める方法の二点だろう。市民の同意を得られる内容を法的に定義することにより、現場の実務が明確になるだろう。企業はすでにユーザーの個人データを利用している。だが、それはカスタマーサービスを向上するためではなく、自社の利益に結びつけるためだ、と多くの市民は不信感を募らせている。今後は、インターネットのインフラに対する信頼も低下するだろう。そして、現在や過去の膨大なデータが、誰の許可も得ずに勝手に掘り出されて利用されるという懸念が、ますます広まるに違いない。

## 通商を促進する国際規格

**通商をめぐる国際ルールは、貿易の自由化を促進し、煩雑な手続きを省いて単純化を図る方向に向かっている。だがその反面、さらに制約を課すような協定や基準、プロトコルも多い。**

デジタル化の進展に伴い、国際貿易の場面においても力の均衡に大きな変化が見られる。域内の貿易障壁を取り除いたおかげで、インドではＧＤＰが一五パーセント、バングラデシュとスリランカではそれぞれ一七パーセントも増加した。「税関手続きを自動化するだけで、コンテナ一台につき一一五ドルの節約になる」と世界銀行では試算する。[122]

世界が国際貿易の最適化を目指すなか、貿易の自由化を推進する動きと、ますます制約を課すような動きがあり、今後の国際ルールの方向性とそれぞれに対する支持に影響を与えそうだ。国際貿易は、アメリカ主導で発達してきたと言えるだろう。つまりそのことが一部の者の目には、アメリカが国際貿易を大きく発展させてきたと同時に、どこの国よりも恩恵を受けてきたように映るのだ。たとえばこの一〇年ほど、国際取引のほとんどは（たとえ取り扱い通貨がドルでなくても）、アメリカのクリアリング銀行[*43]を通さなければならなかった。

＊41　国連人権理事会で承認された、すべての国と企業が守るべきグローバルな三一の原則。

＊42　カリフォルニアで起きた銃乱射事件の容疑者が死亡後、容疑者のｉＰｈｏｎｅのロックを解除する仕組みを開発するよう、ＦＢＩがアップルに要請した。

そのため、反テロ法で定められたトリガー条項[*44]が発動されて、送金が阻止されるということが起きてしまう。一部の者は、これを意図的で不必要な干渉とみなす。国際貿易においてインド洋の重要性が太平洋の重要性を脅かすようになったいま、次のような問いが持ち上がる。国際貿易のリーダーたる地位と影響力を、アメリカはどうやって維持するのか——そのなかで、貿易にまつわる基準はどんな役割を果たすのか。

ＴＰＰには環太平洋の一一カ国が参加する。[123] 日本は参加するが中国は不参加だ。アメリカが参加すれば、財輸出の四四パーセントを、農産物の八五パーセントをＴＰＰが取り扱う。統合的な経済圏を築き、サービス経済を成長させるルールを確立し、環太平洋地域に資本の流れをつくるというのが、ＴＰＰの公的な目標である。だがこの協定に批判的な者は、ＴＰＰはアメリカのテクノロジー企業と銀行制度に恩恵をもたらし、国際貿易においてドルの重要性を揺るぎないものにするためだと警戒する。対する支持者の考えは違う。ＴＰＰが発効すれば、中国と貿易を行なうＴＰＰ参加国のガバナンス基準を向上させることになり、ひいては、もっと国際的なルールに従うよう中国に圧力をかけられると主張する者も多い。

ＴＰＰ以上に評価が分かれるのが、大西洋版ＴＰＰと言われる、アメリカとＥＵ間のＴＴＩＰである。支持者は〝経済版ＮＡＴＯ〟と呼び、この不安定な時代に、世界の民主主義国家の連携を強化する狙いがあると考える。だが、いろいろなリスクを懸念する声もある。アメリカは作物、家畜、微生物[*45]において、新しいタイプの遺伝子組み替え技術を規制していない。そのためＴＴＩＰが発効すれば、現在の厳格な規制や基準をバイパスして、ＥＵ内に遺伝子組み換え食品が入り込む裏口を開けてしまうことになるというのだ。たとえばＴＴＩＰ反対派の主張によれば、ＥＵ加盟国それぞれが持つ、病害虫や疫病を防ぐための食品の検査能力も低下するという。また食品の品質を上げるために、その国独自で高い基準を設定する自由も、ＴＴＩＰの導入とともに制限されてしまう。

アジアのなかには、アメリカ主導でない貿易協定に熱心な国も多い。東アジア地域包括的経済連携（ＲＣＥ《アールセッ》

Ｐ《プ》）のほうが自国のニーズをよく満たすと考え、この自由貿易協定（ＦＴＡ）を、アメリカ抜きの一六カ国[*46]が推進している。

将来の地政学の方向性に影響を与えそうな重要な関係と言えば、中国とロシアの複雑ながらも揺るぎない関係だろう。旧ソ連の崩壊以降、両国は「領土・主権の相互尊重、相互不可侵、内政不干渉、平等互恵、平和共存」を謳ってきた。[124]二〇一一年、中国はロシアの最大の貿易相手国になった。一九九〇年代初め、中露の二国間貿易額は年間五〇億ドルにすぎなかった。それが二〇一四年には、一〇〇〇億ドル近くにまで激増した。モスクワは当初、中国が周辺諸国への影響力を争うのではないかと警戒し、シルクロード経済ベルト構想[*47]に懐疑的な目を向けていたが、二〇一四年には支持を表明した。またアジアインフラ投資銀行や新開発銀行、[*48]ＢＲＩＣＳ外貨準備基金[*49]においても、中露は協力関係を築いている。

ＥＵや北米自由貿易協定（ＮＡＦＴＡ）、将来のＴＰＰ、ＴＴＩＰなどの自由貿易圏はどこも関税を撤廃するか削減するため、各国はそれぞれの国益を守るために、輸入割当[*50]やライセンス、反ダンピング規制、規格、輸入信用状、輸出補助金などを採用してきた。[125]こうした税関手続きや技術規格、包装表示／パッケージ包装の

＊43　銀行間の決済業務を専門に行なう銀行。クリアリングは「決済のための事前準備」の意味。

＊44　トリガーは「引き金」の意味。あらかじめ条件を決めておき、その条件を満たすことが引き金となって発動される条項。

＊45　乳酸菌など。

＊46　ＡＳＥＡＮ一〇カ国に日本、韓国、中国、インド、オーストラリア、ニュージーランドを加えた一六カ国。

＊47　中国西部から中央アジアとロシアを経由して欧州へつながる経済ベルト。中国政府の経済圏構想「一帯一路」の「一帯」に当たる。いっぽうの「一路」は、中国沿岸部から東南アジア、アラビア半島、アフリカ東海岸を結んで欧州へ向かう「二一世紀海上シルクロード」を指す。

＊48　ブラジル、ロシア、インド、中国、南アフリカ共和国のＢＲＩＣＳ五カ国が運営する国際開発金融機関。

＊49　ＩＭＦと世界銀行に対抗して、ＢＲＩＣＳ五カ国が設立した外貨準備基金。

＊50　外国で製造された品物について、国内販売量を制限すること。

取り決めは、貿易を直接制限するものではないが、管理上の煩雑な手続きを増やすことになり、結局は貿易を制限する方向に働いてしまう。

国境を越える財の流れを規制する各国政府にとって、共通の優先事項は、国際的なサプライチェーンの安全性を確保することだ。そのためには、次のふたつに重点を置く必要がある。第一に、合法的な貿易を奨励して促進する。第二に、サプライチェーンリスクを軽減する。政府機関がこのふたつのバランスをうまく取れるかどうかは、データ、国際規格、関係国が幅広く受け入れられる貿易政策とともに、世界経済を劇的に変えつつある最先端技術にかかっている。

自動化に加えて、センサーをはじめとするＭ２Ｍ技術が普及すると、貿易はますますスムーズになる。各国政府間はもちろん、製造から船積み、トラック輸送までの段階において、貿易相手とのあいだでも情報の流れが改善し、プロセスの効率化を生む。だが、そのためにはより高度なセキュリティが求められ、それゆえ規格やプロトコルの重要性も高まる。規格を設けることは、単にルールを定めるだけの話ではない。それは貿易を取り巻く全体的な状況も変えてしまう。自動化とシステムの効率化を望む者は、規格やプロトコルに参加しなければならず、それがますます彼らを新たなシステムのなかへ引き込む。予測分析によってさらに効率性が高まり、より安全で確実な国際貿易システムが実現する時、参加するという選択肢はたまらなく魅力的に思える。

自動化の進展に伴う大きな利益のひとつは、書類仕事が減り、取引コストが削減されることだろう。様々な関係者がデータ交換基準に同意して、データ共有が可能になれば、国境において貨物の受け渡し効率が格段に向上する。信頼できる貿易業者のプラットフォームを通して、内部データと独立した第三者のデータとを照合することで、税関職員は最新情報にリアルタイムにアクセスでき、国際貿易がよりスムーズになる。ＲＦＩＤ[*51]や他のＭ２Ｍによる電子認証とＩｏＴプラットフォームを前に、書類に一枚ずつスタンプを押す日々は急速に遠ざかろうとしている。

とはいえ、そのためには、あらゆる関係者が協力し合える明確なデジタル規格を定める必要がある。となると、主導権を握るのはやはりアメリカということになる。ＡＴ＆Ｔ、シスコ、ＧＥ、ＩＢＭ、インテルの五社が設立したインダストリアル・インターネット・コンソーシアム[＊52]のような、特定の部門か地域に焦点を当てた共同事業体《コンソーシアム》が設立されたことは大きな一歩だが、目的はあらゆる産業のグローバルスタンダードを設定することにある。驚くほどでもないが、アメリカの大手信用調査会社ダン＆ブラッドストリートも提案するように、将来的にはみな、国際的な取引主体識別コードを利用することになるのだろう。

将来の貿易状況を決定するのは、国際的および地域レベルでの大規模な合意だと論じる者もいるが、現在もすでに様々な規格のもとで貿易を促進している。食品や自動車、サービスに対する安全基準にせよ、自動化にまつわる情報伝達とデータの規格にせよ、多くの輸出入品は規格に沿って国内に入り、海外へ送り出される。前向きに利用されて、より迅速で安全な貿易を実現することもできれば、非関税障壁のような好ましくない利用のされ方をして、貿易を制限する場合もある。規格は今後ますます戦術的な対応として使われ、国内市場を保護したり、輸出ターゲット市場の変化を明らかにしたり、輸入相手に対する厳しい管理を維持したりする。様々な規格がなければ、どの国もまったく平等な立場になるが、そのような状況はどこの国も望んではいないように思える。

## オープン・サプライウェブ

＊51　ＩＤ情報を埋め込んだタグのデータを、電波を用いて非接触で一括して読み取るシステム。
＊52　ＩＩＣ。ＩｏＴの産業実装を目的とする団体。

**集中生産から分散生産へと移行するにつれ、「より小さく分散型の」アプローチを取る企業が増える。従来の国際的なサプライチェーンに取って代わるのは、もっと現地的で消費者志向のサプライウェブとネットワークだ。**

モノを移動させるという事業は、言うまでもなく規模の大きなビジネスだ。数字にばらつきがあるものの、完成品か部品か原料かを問わず、私たちが使うか消費するモノの約八割が、いつかの時点で船に乗って運ばれてきた。コートジボワールからカカオを輸入するのであれ、ソウルが液晶ディスプレーを出荷するのであれ、バングラデシュがTシャツを輸出するのであれ、求められる時に、求められるモノを世界各地に供給するよう計画、管理し、実行することで、企業は長年、競争優位を確保してきた。それはまた戦略的かつ長期的な優位であるとともに、運営上と戦術上の短期的な優位でもある。一部の企業にとって、物流管理能力は競争原理を変えてしまった。「企業は競争しない。競争するのはサプライチェーンだ」というわけである。

この数十年間に、国際的なサプライチェーンを築いて最適化するために、企業は莫大な投資を行なってきた。拡大するとともに分散化する消費者基盤に製品を供給するため、多国籍企業が世界のあちこちの工場で分散生産する時代にあって、サプライチェーン管理は企業にとって独自のセールスポイントになった。比較的単純な食品の生産か、もっと複雑な自動車の製造かにかかわらず、企業は多層にわたる複雑なサプライチェーンを築いてきた。世界中のブランド車メーカーにとっての一次仕入先（直接取引先）は、たとえばドイツを本拠地とするボッシュのような企業であり、空調機器から燃料噴射装置までの様々な自動車用の完成部品を供給する。だが、ボッシュはそのための部品を世界中の二次、三次仕入先から調達する。世界中の顧客に途切れなく製品を供給する方法を、企業が模索してきたことからも明らかなように、サプライチェーンの構築と管理は企業の成否を大きく左右してきた。

ところがここへ来て、マーケットプレイス[*53]や３Ｄプリンティング、オーダーメード品の現地製造といった急激な変化が、現状を大きく揺るがそうとしている。マーケットプレイスによって、多くの企業が効率的に部材を手に入れやすくなっただけではない。荷物の位置追跡や出荷コストなど、以前は隠れていた情報の「見える化」が進み、透明性が大幅に改善したのだ[126]。いまはまだマスマーケットでの利用法を模索中とはいえ、３Ｄプリンティングは製品出荷にも変化をもたらしつつある。すでに航空宇宙部門で大きな影響を与えている３Ｄプリンティングは、さらに他の部門へも進出して、いまに消費者が世界の裏側から製品を取り寄せる時代が終わり、自宅で部品を３Ｄプリントする日がやってくるのかもしれない。となると、サプライチェーンは必要なくなる。必要なのは、金属やプラスチックなどの材料と３Ｄプリンターだけだからだ。

現地で製品を完成させる企業も増えるだろう。顧客の要望に応じて家電を最終的に組み立てる場合もあれば、地元のディーラーでＢＭＷにオプションを装備する場合もあるだろう。それゆえ、最終製品の部品はもっと分散型になり、小ロットの注文になる。アマゾンはすでに、配送車のなかに３Ｄプリンターを据えつける特許を申請した[*54]。リアルタイムという概念が、新たな次元の扉を開いた例と言えるだろう。

このような迅速さは、幅広い選択肢を確保しておく際にも求められる。製造コストや為替変動に対してだけ、リスク管理をすればいいわけではない。サプライヤーが抱える潜在的リスクに対しても、迅速に対応する必要があるのだ。垂直統合の時代が終わりを迎え、もっと流動的な関係が生まれはじめた。企業はサプライチェーンの運営をやめて、サプライウェブを築こうとしている。そのなかでは、クラウドを用いた情報の民主的な流

＊53　インターネット上の取引市場。バイヤーとサプライヤーが自由に参加でき、企業間で部品や資材、原料などのあらゆる部材を調達できる。
＊54　倉庫の在庫を減らし、配達時間を短縮するために、３Ｄプリンターを搭載した移動式拠点を開発して、注文を受けた商品を配送車のなかで製造し、配達するという構想。

れによって、パートナー、顧客、サプライヤーという三つの次元の複雑なネットワークが、鎖《チェーン》状ではなく網《ウェブ》状で機能する。

輸送が滞る。インフラに欠陥が生じた。為替が変動した。あるいは工場が閉鎖された際には、部品の調達に支障が出てしまう。企業は製品出荷を維持するために、迅速に反応するフレキシブルなネットワークを、別の選択肢として用意しておく必要がある。それと同時に、サプライウェブの透明性が高ければ、二次、三次仕入先も自分たちの立場を客観的な目で観察でき、もっと公平な条件で競争に加われる。世界最大の会計事務所デロイト・トウシュ・トーマツによれば、サプライチェーンはバリューウェブに進化したという。デロイトの定義するバリューウェブは、サプライヤーと協働者の全エコシステムを包含し、すべてを結びつける。(127)バリューウェブは多くの点で効率がいい。コストが削減できる。サービスレベルが向上する。リスクを緩和する。学習とイノベーションを促す。さらには、新しい技術が生み出す多くのデータによって透明性が高まるため、今後はバリューウェブに向かう動きがさらに加速するかもしれない。

共有型のオープン・サプライウェブでは、他の企業の短期的なニーズに応じて施設や資産を共有することで、経営効率が高まる。対応できる地理的な範囲も広がり、顧客は世界各地の分散拠点から迅速かつ確実に製品を受け取れる。(128)このサプライウェブに参加してその資源を活用する企業は、製造、組み立て、物流の分散拠点を、短期あるいは長期契約で利用することもできる。そのいっぽうで、市場の変化に合わせて急務となる莫大な投資を行なったり、長期リース契約を結んだり、戦略的パートナーシップに参加したりする必要もない。企業はいっそう効率的に、世界中に製品を供給できるようになる。マーケットプレイスによって可能になったオープン・サプライウェブでは、顧客の近くで製品を完成させることができ、今後増えつづける個別大量生産《マス・カスタマイゼーション》にも対応でき、リスクを管理する様々な選択肢も提供してくれる。それゆえオープン・サプライウェブは、規模の大小を問わず、多くの製造業者にとってプラスの選択肢に思えるだろう。

今後は、こんな問題が重要になるはずだ――共有型のオープン・サプライウェブによって効率は向上する。その反面、競合とパートナーを組むという明らかな商業的リスクもある。このふたつのバランスを、果たして企業がどう取っていくのか。だが実際、よりフレキシブルなアプローチが生む透明性と効率性が大きな魅力となって、将来にはオープン・サプライウェブが標準になると考える者も多い。

## エネルギー貯蔵

**エネルギー貯蔵、それも特に電力貯蔵は、再生可能エネルギーというジグソーパズルの欠けたピースである。電力貯蔵の問題が解決すれば、真の意味で分散型の太陽光エネルギーが可能になり、電気自動車の普及も加速するだろう。**

本章の最後で取り上げるのは、二〇二五年のエネルギーについてである。二〇世紀の地政学的な変化に極めて重大な影響を及ぼしてきたのが、エネルギー問題だった。ＯＰＥＣによる原油価格引き上げ、石油産出国への武力侵攻、企業買収など、多くの国にとってエネルギーの確保こそが最大の関心事だった。とはいえ、原油価格が高騰し、需要も高かった長い年月を経て、エネルギー供給を取り巻く状況も変わり、いまでは再生エネルギーへの移行が加速している。世界のあちこちで、しばらくは原油の需給が一致する要因もあるにしろ、将来的には再生可能エネルギーに移行するというのが大方の見方の一致するところだ。

二〇二五年までにエネルギー貯蔵で大きな進歩が見られるという、楽観的な意見も多い。だが、そこには誤解も多い。最もよくある誤解は、貯蔵問題が解決すれば、すぐにでもエネルギーシステムが切り替わるという考えだろう。実のところ、化石燃料から再生可能エネルギーへの移行には数年から、長ければ数十年がかかる。

現在のシステムは、火をつけなければエネルギーをそのままとっておける化石燃料向けにできていて、再生エネルギー向けにはできていないからだ。

エネルギーを貯蔵できれば、電力の供給方法と供給時間を制御できる。とりわけ電力需要の高い時間に電力をつくり出せない地域においては、貯蔵能力がカギを握る――太陽光、風力、波力などの再生可能エネルギーの場合[*55]だけでなく、複数のエネルギー源を組み合わせた電源構成《エネルギーミックス》の場合でも、やはり貯蔵能力は重要だ。このところ期待が高まっているのが、スマートグリッド[*56]である。その中心にあるのが、供給側と消費者側の両方で、電力の流れを管理して最適化できる仕組みだ。

進化のスピードは遅いものの、蓄電池が果たす役割は大きい。その価格は徐々に下がり、二〇一五年までの五年間でほぼ半減した。古い蓄電池には鉛やニッケル・カドミウムが使われていたが、いずれも有害物質のうえ、原料のなかにはかさばり、重いものもある。充電式のリチウムイオン電池は小型化に成功し、スマートフォンやラップトップだけでなく、工具や電気自動車、ドローンの電源としても使用される。着実に性能が改善し、原料の質や生産技術が向上したために、蓄電可能な電力量（エネルギー密度）も一・五倍に増加した。

電気自動車のような製品に搭載する優れた蓄電池は、世の中を変えるかもしれない。最近まで電気自動車のバッテリーは、キロワット時当たりのコストが四〇〇～五〇〇ドルで、バッテリー価格が車両価格の約三割を占めていた。GM（一〇以上もの蓄電池プロジェクトを展開している）は、最新のシボレー・ボルトEV[*57]のバッテリーを、キロワット時当たり約一四五ドルに抑えようとしている。コストが一〇〇ドルあたりまで下がれば、あらゆるサイズのガソリン車と――補助金なしでも――競えるようになり、電気自動車が主流になる日も近いかもしれない。

蓄電池技術にもっと劇的な変化をもたらそうとしている企業もある。バッテリー開発会社のサクティスリー（米）が重点を置いているのは、固体電解質を用いてエネルギー密度を二倍に高めたリチウムイオン電池の生産である。そのサクティスリーを、紙パックのないサイクロン式掃除機を製造する英国のダイソンが完全子会社化した。[129] 家庭用ロボット事業に参入するにあたって、ダイソンは固体電池が必要になる。さらには、電気自動車やグリッド・ストレージ事業*58への進出も視野に入れているのだろう。大量生産が進めば、固体電池はキロワット時当たり、目標の一〇〇ドル前後に下がるだろう。

世界中の研究グループが、蓄電池の飛躍的な進化に取り組んでいる。マサチューセッツ州ケンブリッジに本拠を置くスタートアップの24Mは、ナノテクノロジーを活用した、コスト効率のいい〝半固体〟のリチウムイオン電池を開発中だ。いっぽう英国のケンブリッジでは、エネルギー密度が現在のリチウム電池を上まわる、リチウム・空気電池の開発を目指している。カーネギーメロン大学から独立したアクイオン・エナジーが開発した、有害化学物質を含まない、海水電解液を用いた蓄電池は、貯蔵性能に優れているうえに鉛などと違って高価な維持費もかからない。韓国のＬＧ化学は、電気自動車に搭載するリチウムイオン電池開発の経験を活かして、住宅用、商業用、産業用の定置型蓄電池に取り組む。他にも、リチウムイオン電池を手がける大手製造業者は多い。ＢＹＤ（比亜迪）、ジョンソンコントロールズ、パナソニック、ソニー、サムスンは、太陽光発電設置業者、インバーター製造業者、イノベーションとなる製品を開発するインテグレーターとパートナーを組んでいる。[130]

だが、とりわけ際立っているのは、太陽光発電設置でアメリカ最大手のソーラーシティだろう。ソーラーシティの太陽光発電システムは、電気自動車メーカーのテスラが供給するリチウムイオン電池を利用している。

*55 天候や気候に左右され、発電力が不安定になる。
*56 最新のＩＴ技術を用いて、エネルギー需要をリアルタイムに把握して送電する次世代送電網。
*57 ＧＭのブランドであるシボレーが、ＬＧグループと共同開発した電気自動車。
*58 電力系統に接続したエネルギー貯蔵システム。定置型蓄電池など。

そして、そのソーラーシティをテスラが買収した。このふたつの企業が、定置型蓄電池事業に乗り出したことには大きな意味がある。(131) ソーラーシティが住宅用顧客に提案を目論むのは、電気の時間帯別料金、補助的《アンシラリー》なサービス、*59 系統連系型太陽光発電システムである。*60 また、カリフォルニア州フリーモントにあるテスラ工場の屋根に太陽光パネルを設置して、二〇〇キロワット分の電力を蓄電するプロジェクトにも取り組んでいる。これによって、ピーク時価格で莫大な額にのぼる工場の電気代を節約するためである。

テスラは（バッテリーの供給元であるパナソニックと共同で）五〇億ドルを投じて、ネバダ州に巨大工場「ギガファクトリー」を建設し、リチウムイオン電池を量産する。(132) 新しい蓄電池の「パワーウォール」は太陽光発電によって家庭用に電力を蓄えるとともに、電気自動車に搭載されてテスラ車の価格も押し下げる。(133) つまり、テスラは電気自動車メーカーである同時に、エネルギー貯蔵製品メーカーでもあるわけだ。

太陽光発電業界のリーダーの予測によれば、今後数年のうちに、消費者は太陽光発電システムだけを購入するのではなくなるという。つまり消費者が購入するのは、発電機から蓄電池、負荷管理装置、すべてを監視するアプリまでを含めたエネルギーシステム一式である。そしてその全システムを、クラウドのビッグデータアナリティクスによって活用する。消費者一人ひとりがもっと発電、蓄電、利用に責任を持つようになる。しかも、電気事業者から電力を購入するよりも安く済むいっぽう、電気事業者は電力を安定供給するために必要なスマートグリッドのシステムも利用できる。

テスラのCEOイーロン・マスクは、「システム全体に蓄電池を導入する」ことで、ピーク出力の平準化といった様々な利益を電力網から得られると強調する。そのうえ、従来の発電所の数を減らすことにもなる。イーロン・マスクは述べた。「基本的に言って――原則的に言っての話だが――、再生可能エネルギーは別にして、定置型蓄電池が各家庭にあれば、世界の発電所の半分は閉鎖できるだろう」。

## 結論――目まぐるしく変わる状況

様々なかたちの力は、明らかに関連し合い、目まぐるしく変化しつづけている。超大国が及ぼす地政学的な影響から、デジタル化とともに進展する透明性、エネルギー供給の新たな可能性まで、状況は刻々と変化している。

世界のあちこちで議論に参加した時、いつも私の念頭にあったのは、米中間の関係と競争、そして泥沼化した中東情勢だった。だが、今後のインドとアフリカが担う役割は――米中関係や中東問題以上とは言わないまでも――同じくらい、私にとっては関心が高い。遠い将来に、インドとアフリカが影響力と経済力の重心になると理解している企業は多いものの、二〇二五年までに、このふたつの地域が大きな役割を果たすようになるとみなす企業はほとんどない。二〇一五年には「フューチャー・アジェンダ」のワークショップとともに、企業向けのワークショップも開催した。そして、地域、市場、あるいは企業レベルの変化が及ぼす影響について議論し、おもな動向を重要性に応じて「重要」「中程度」「あまり重要でない」の三つのグループに分類してもらった。すると驚くことに、ほとんどの企業がインドとアフリカを「あまり重要でない」に分類したのである。その理由はひとえに、影響を及ぼすまでに「時間がかかる」うえに「さほど大きな影響ではない」からだという。

データの未来やプライバシーの未来について開いたイベントや、サイバーセキュリティやコネクテッドカーを取り上げたワークショップで必ず話題にのぼったのは、データの持つ力――それも特に、そのデータがふさ

＊59　電気の品質を維持する系統運用サービス。周波数制御や、発電トラブルが発生した際に、停電を防ぐために電力を即時に補給するサービスなど。
＊60　商用電力系統と並行して接続し、電力の送り出しとともに、受け取りも行なう太陽光発電システム。

わしい者の手にあるかどうか――についてだった。ビッグデータがこのまま爆発的に増えつづけると、私たちの焦点は、現在のような土地の争奪戦（できるだけ多くのデータを手に入れようとする状態）から、価値あるデータを、さらに重要なことには、リアルタイムの高度な分析によって優れた知識を取り出すという、もっと的を絞ったアプローチに移っていく。ところが、こんな問いが浮かび上がる。果たしてどのデータが重要なのか、と。より多くの情報が公開されて共有され、ワークショップで頻繁に話題にのぼったような変化が実際に起こる時、誰が〝特定のデータ〟を持っているかについては、いまだ不透明だ。たとえば完全自動運転車が支障なく走行するためには、システム全体が情報を共有していなければならない。それぞれの車の位置だけではない。天候や信号などの情報も必要になる。それらのあらゆる情報が、オープンデータとして基本的に無料で共有されて初めて、多くの者がこう訊ねる。影響を及ぼす付加情報は何であり、それはどこにあるのか――それらがわかって初めて、多くの者が重要なデータを手に入れられるのだ。

今後、国際的に、あるいは地域レベルにおいても光が当たる多くの分野において、誰や何が主導権を握るのかについては、いまのところ明らかに流動的だ。政府が企業と影響力を競い、政府どうしが覇権を争い、ネットワークやＮＧＯがこれまで以上に存在感を増す。二〇二五年には、これまでの一〇年とはまったく違うかたちの力が現れているのかもしれない。

第5章

# 課題4
# 未来の信念

優先事項が変わり、忠誠を誓う対象が変わる世界において、私たちが自分の人生を生きて、より大きな利益を得るための価値観や規範を、いったい誰や何が決めるのだろうか。

- 試される資本主義
- 自然資本
- 全費用
- 人と人との触れ合い
- 変わるプライバシーの性質
- 真実と幻想
- 倫理的な機械
- 信仰を守る
- 結論

何を、誰を、なぜ別のものではなくそれを信じるのか――信じるということの本質がこれほど変化した時代は、歴史上なかったのではないだろうか。原理主義が勢いを増し、資本主義がつまずき、インターネットのなかに一種の無法地帯が広がる時代に、そのような疑問の声が上がったとしても不思議ではない。

ロンドンでディナーテーブルを囲んだ時、ある哲学教授が投げかけたのは、私たちが誰に、なぜ信頼を置き、それゆえ誰を信じるのかという問題が、大きな転換点に差しかかっているのではないかという問いだった。その教授は続けた。この数千年を振り返ると、人は最初、部族のリーダーに従い、やがて王に従った。信仰心が高まると、大きな力を持ったのは宗教だった。その後もしばらく宗教が絶大な力を振るったが、一部の地域で国家や政府に対する忠誠が主流になった――ルネッサンス期から一九世紀末にかけての欧州を思い浮かべれば、わかりやすいだろう。そして二〇世紀に入ると、私たちは企業や組織に、また多くの地域で資本主義システムに大きな信頼を置くようになった。ところが今日、政府や企業に対する信頼は揺らぎ、既存の宗教に対する疑問の声が上がり、人はそれぞれ信じる対象を見つけはじめた。公的なシステムに対する信頼を失い、仲間や友人に信頼を寄せることもある――ソーシャルネットワーク上の相手のことすらある。なかには〝現代的な〟宗教に幻滅して、聖典や教義を忠実に解釈して実践する原理主義に走る者まで現れた。

二〇一五年に行なったワークショップでは、おもにエネルギーやデータ、都市や医療などの具体的なテーマについて議論した。ところがそのなかで、私たちが誰を、何を信じるのかについて現代は過渡期にあるという声があちこちで聞かれた。そこで様々な意見を探るために、ムンバイとシンガポールにおいて、未来の信念やアイデンティティ、メディアが私たちの行動に及ぼす影響について深く議論する機会を設けた。

本章では、私たちが特定の考えを信じる理由を理解するために、様々な現象の関連性を探っていく。資本主義のパラダイム、二〇世紀の西洋を支配したマントラについて考えるとともに、著しく変化する世界において、人びとの社会的意識をめぐる新たな課題についても焦点を当てる。ワークショップで耳にした変化について紹介しよう。本章で述べる内容は、未来の信念や考えについて正解だと認められたものではない。だが、それでもなお、世界のあちこちで行なった議論について改めて取り上げていくつもりだ。

## 試される資本主義

**格差などの問題を解決できない資本主義社会は、変化を強く求める声、構造的な課題、技術によって可能になる自由を手に入れようとする動きに直面している。これらが一緒になって、資本主義社会のルールを書き換え、みなが協力し合うという協働的な状況が生まれている。**

最近の資本主義は試練にさらされている。世界が危機に瀕している一因は資本主義にある、とみなす者も多い。何の解決策も示せない資本主義よりも、もっと公正なシステムが現れることを望む声もある。こうした反感の中心にあるのが、格差の問題だ。経済学者のトマ・ピケティは著書『21世紀の資本』（みすず書房）のなかで、格差拡大は資本主義では絶対に解決しない問題だと述べた。ピケティがとりわけ強調したのは、資産格

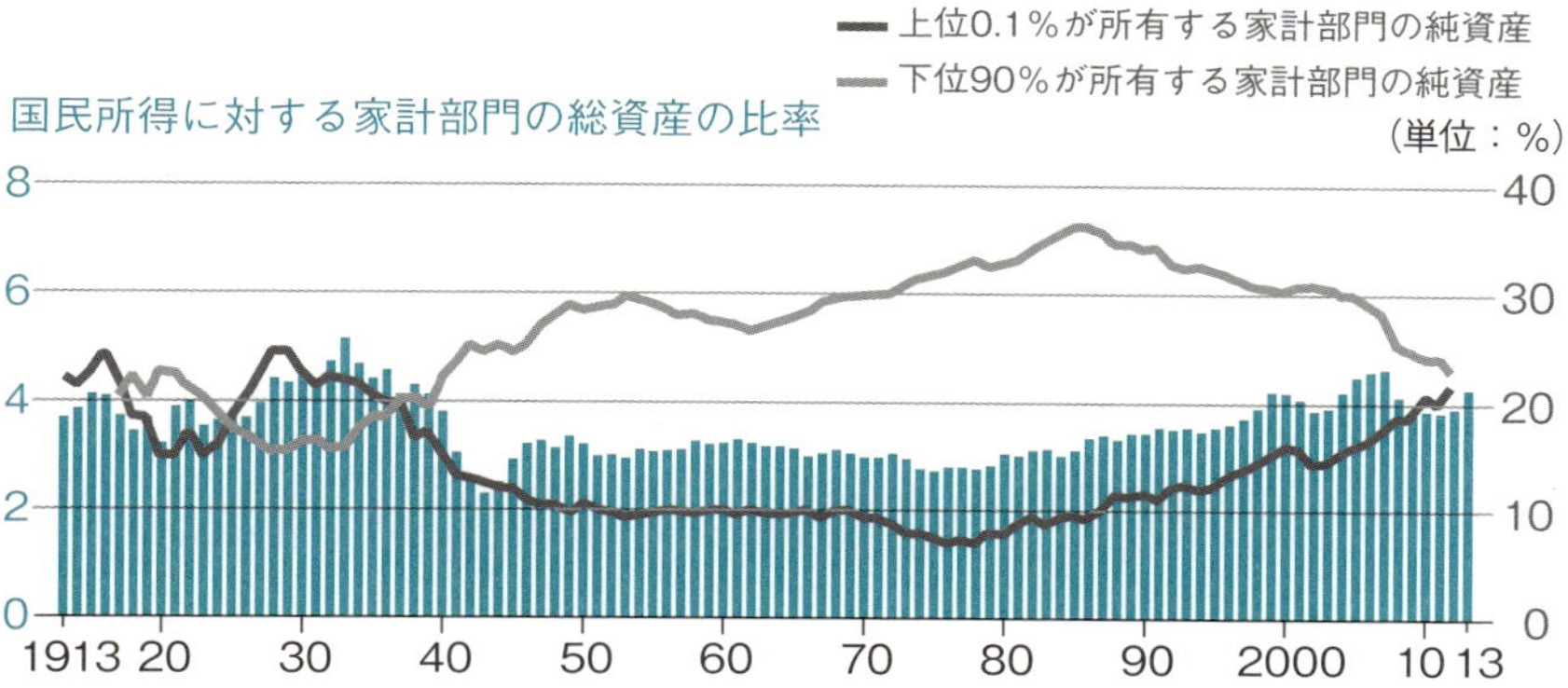


**図表27**：アメリカで上位0.1％と下位90％が所有する純資産（出典：ピケティ）

差である。欧州とアメリカにおいて、資産格差は所得格差の約二倍に及ぶ——つまり、上位一〇パーセントの富裕層の所得は全体の二五〜三五パーセントにとどまるが、総資産の六〇〜七〇パーセントを独占する。(134) アメリカでは、上位〇・一パーセントが所有する資産と、下位九〇パーセントが所有する資産の規模がほぼ等しい（図表27）。格差の大きな経済国では、そうした貧富の差が、健康、暴力、薬物依存、平均寿命などの分野に悪い影響を与えている。具体的な解決策を見出せず、社会不安のリスクを口にする悲観論者もいる。格差の問題に取り組むことは、経済的にも社会的にも大きな意味を持つだろう。

アメリカのアイスクリームブランド、ベン&ジェリーズの創設者であるベン・コーエンとジェリー・グリンフィールドは二〇〇〇年、ユニリーバに事業を売却した。この時、ふたりは同社の社会的使命《ソーシャルミッション》プログラム*1の継続を望んだ。ユニリーバは了承したばかりか、プログラムの効果を評価する社会的測定基準を明らかにしてほしいとふたりに依頼し、それがきっかけで「多重資本《マルチキャピタル》スコアカード」が生まれた。*2(135) また、英国の老舗百貨店ジ

＊1　ベン&ジェリーズでは、三つの企業理念のひとつとして「社会的使命」を掲げている。

ヨン・ルイスでは給与比率を公式に導入し、経営幹部の年収は従業員の平均給与の七五倍以内に抑えられている。[136]

ジョン・ルイスと対照的なのが、ニューヨークで銀行家を対象に開いたワークショップでのできごとだ。この時、私たちが話し合ったのは格差の問題だった。銀行幹部の報酬があれほど高い理由について訊ね、一般市民の反感もおおいに理解できるという話をしていた。行員の平均年収（三万ドル）とボーナス額（一万ドル）については、銀行もマスコミに公表しているが、幹部の報酬については公表したがらない。つまり数百万ドルという意味だろう。この時、議論の中心になったのは、経営幹部は銀行業界以外の世間並みの報酬を受け取るべきか、それとも銀行業界において競争力ある報酬額にすべきか、という点だった。その点について訊くために、私は重要な職に就く有名な人物を引き合いに出した。当時の国連事務総長の潘基文《パン・ギムン》である。その報酬額はおよそ二三万ドルの他に必要経費と生活費が加わる。アメリカ合衆国大統領にはいろいろな特典がつくとはいえ、事務総長の年収は大統領の年収をしのぐ。銀行業界は競争の激しい市場であることを承知したうえ、経営幹部の年間報酬額の上限を決めて、国連事務総長の二〇倍程度に抑えるところから始めたらどうかと、私は提案した。その程度であれば、少なくとも世間の年収と比べてもまずまず許容範囲であるうえに、社会にとっても利益があるのではないか。ところが、私の提案に彼らは答えた。「世の中がわかっていませんね」。なぜ幹部の報酬額を制限して、当行の競争上のポジショニングをわざわざ落とすような真似をしなければならないんですか。トップの人間は他のどこへでも移れるんですよ。「それでは、業界全体で上限を設ければ？」と言うと、返ってきたのはこんな答えだった。「うまくいくはずがありません」。もちろん、私たちにはよくわかっていないのかもしれないが、こちらが何を言おうと無駄という感じだった。

世間の声が届きやすく、その声を押さえ込むのが難しい時代にあって、市民の意見を考慮せずに、新しい取り組みの支持を得ることは困難になった。単純だが重要な例として、銀行の経営幹部の報酬額はその中心となる問題のひとつだろう。資本については、もっと全体的な考え方をするべきではないだろうか。

## 自然資本

**人新世[*3]において、人間は地球史上、六度目の大量絶滅を引き起こそうとしている。生物の多様性が危機にさらされるのに伴い、自然はこれまで以上に高く評価され、重要な価値を持つようになる。**

私たちは人新世、すなわち人間活動の影響が、地球の地質や生態系、気候に大きな影響を与えるようになった時代に生きている。(137) おおぜいの科学者が、人新世を地球上の種が「六度目に大量絶滅する」時期と呼び、種の七五パーセントが絶滅すると見積もる。(138)《ネイチャー》誌によると、現在、地球上に生息する両生類の四一パーセント、哺乳類の二六パーセント、鳥類の一三パーセントが絶滅の危機に瀕しているという。(139) 平たく言えば、人間が彼らの生息環境を汚し、破壊しているからこそ、生物は絶滅に向かっているのだ。結局、その影響は人間にも跳ね返ってくる。スタンフォード大学の生態学者ポール・エーリックは述べた。「他の種を絶滅に追いやって、人間は自分たちが座っている樹の枝をせっせと切り落としているんです」。

生物の多様性を守り、高めるという擁護論には、次の三つの次元がある。第一に「倫理的な義務」である。人間は自然を守るべきだ。自然を破壊する権利が人間にあるというのか、という議論だ。第二に、自然が人間

＊２　「経済」というひとつの資本だけではなく、「人的資本」「社会・関係性資本」「自然資本」などの多様な資本の面から、プログラムの効果を測定する採点票。
＊３　96頁を参照。

に与えてくれる健康や精神的安らぎなどの「社会的利益」である。人間が自然から得る心理的、生理的、認知的、社会的、美的、あるいは精神的な健康といった多様な利益を指摘する調査は多い[140]。そして、現在の資本主義世界にとってますます重要になると思われるのが、第三の「経済的な利益」――すなわち自然が提供する様々な機能や利益、いわゆる「生態系サービス」である。そのサービスは、次の四つのカテゴリーから成る。ひとつ目は「供給」。食料や水などの生産・提供だ。ふたつ目が「調整」。気候や病気などの制御・調整である。三つ目が「基盤」。養分循環や作物の受粉などを指す。そして四つ目が「文化」。精神的な安らぎや娯楽といった自然の恵みである。

多くの「生態系サービス」には今やそれぞれ、経済的価値が割り当てられている。国連事務総長の潘基文は「人的資本と自然資本は、金融資本と同じくらい重要だという事実に、私たちもそろそろ気づく時だ」と述べている[141]。環境経済学者のパヴァン・スクデフが率いる、世界的なプロジェクトである「生態系と生物多様性の経済学（ＴＥＥＢ）」は、「自然の経済的価値の〝見える化〟を図り」、生態系サービスと生物多様性の価値を、あらゆるレベルの意思決定に組み込むことを目指している[142]。そのようなアプローチによって、生態系と生物多様性が提供する幅広い利益を政策立案者が認識でき、自然の経済的価値が明らかになり、その価値を意思決定に組み込んで具体的な施策に反映することができるのだ。さらには、自然の社会的・経済的価値に対する理解が深まるのに伴い、自然の費用と利益とを評価する新たな方法の開発も進んでいる。そのひとつが、自然資本会計*4である。生態系サービスの世界的な価値総額は、概算で年間一二五兆ドル以上にのぼるという。これは世界のＧＤＰをしのぐ数字だ[143]。だが重要なことに、生態系サービスの評価（どんな単位であれ）は、商業化や民営化のための評価とはわけが違う。多くの生態系サービスは、公共財か共同管理資源のようにみなされるべきであり、従来の市場は生態系サービスを評価する最良の制度的枠組みではない。それでもやはり、生態系サービスは評価されなければならない（実際に評価されている）。そのため、より適切に評価できる新たな共有財産制度が求められる。

今後、さらに理解が深まれば、政府も企業も自然資本の価値を高めるか、自然資本に及ぼす負の影響を削減しようとするだろう。自然資本を高める長期計画を練っている政府も多い。たとえば英国では、国家会計の策定に自然資本委員会の助言を取り入れている[144]。同様に、生態系サービスの経済的価値についても理解が深まれば、企業はその明確な価値を認識したうえで、今後のビジネスを探っていくことになるだろう。

このように、自然資本を会計システムに取り入れる政府や企業が増えた。将来的に、自然資本が大手企業の経営方針や会計報告に影響を与えることは間違いない（ユニリーバの「サステナブル《持続可能な》・リビング・プラン」もそのひとつだ[145]）。この議論において、ワークショップで話し合った重要な点は、人間の行動がもたらす〝真の費用〟について、私たちがすぐにでも、もっと全体的な視点を持つべきであり、また持つようになるだろうということだった。

## 全費用

**社会が自然に依存していることについて意識が高まると、自然資本が提供する資源の〝真の費用〟を企業が支払い、社会に及ぼす負の影響を補償すべきだという要求が高まるだろう。**

今日、商業活動において、意思決定はたいてい収益性と実績という狭い基準のもとに行なわれる。だが、技

＊４　企業のサプライチェーン全体が自然資本に及ぼす、「温室効果ガス排出量」や「水使用量」などの負荷を算出して、その費用分を組み入れる会計処理。

術の進歩によって透明性が増し、またサプライチェーンが自然資本に及ぼす影響と、サプライチェーンが自然資本に依存している点について理解が深まったことからも、企業は従来の会計を見直して、〝価値連鎖全体《バリューチェーン》〟の費用と利益を、会計に組み入れるという考え方に変わってきている。言い換えれば、収益だけではなく、人と地球に対する社会的、環境的影響と利益をも考慮に入れるということだ。ただ単に株主に金銭的利益をもたらすだけでなく、また労働力の搾取や社会の悪化、環境破壊といった負の影響を見て見ない振りをするのではなく、企業は顧客、従業員、株主、広く社会のために、共通の価値をつくり出し、その価値を共有するようになるだろう。

〝差し引きプラス〟へと向かうこのような動きによって、企業は利益だけでなく、負の影響がもたらす全費用をも理解して、会計に組み入れなければならなくなる。これは「外部性」と呼ばれ、その影響は顧客や株主だけでなく、従業員、全サプライチェーン、広く社会にも及ぶ。

経済学者の立場から見れば、プラスの外部性は、あるものが発明され、その発明が広く世間で利用されることで発生する。あるいはインフラ投資によっても発生する。たとえば道路の建設とともに家が建ち、店が並び、観光やレジャー活動の機会が増えるなどだ。反対にマイナスの外部性は、ある工場が閉鎖された際に、その地域社会や住民に対して発生する。とはいえ、マイナスの外部性は環境との関係で——自然がつくり出すか供給し、誰でも利用できる無料の〝財産〟である空気や川、湖や生態系との関係で——語られる場合が多い。言ってみれば、これは「自然資本の清算」だろう。自然は、人間の便益のために使われる財やサービス——人造の資本——に為り変わるのだ。

複数の試算によれば、世界の環境影響上位一〇〇は、世界経済に年間およそ四兆七〇〇〇億ドルもの損失をもたらすという（図表28）。そのような外部性のうち、自然資本コストの大部分は、生態系サービスと天然資源を無料で利用することで発生する。その内訳は、温室効果ガス排出（三八パーセント）、水利用（二五パー

| 順位 | 部門 | 地域 | 自然資本コスト（単位：10億ドル） | 収益（単位：10億ドル） | 自然資本コスト／収益 |
|---|---|---|---|---|---|
| 1 | 石炭火力発電 | 東アジア | 452.8 | 443.1 | 1.0 |
| 2 | 牛の飼養 | 南米 | 353.8 | 16.6 | 18.8 |
| 3 | 石炭火力発電 | 北米 | 316.8 | 246.7 | 1.3 |
| 4 | 小麦農業 | 南アジア | 266.6 | 31.8 | 8.4 |
| 5 | 稲作農業 | 南アジア | 235.6 | 65.8 | 3.6 |

**図表28**：上位５つの外部性が自然資本に及ぼす損失額（出典：トゥルーコスト）

セント）、土地利用（二四パーセント）、大気・土壌・水質汚染（一二パーセント）の順に並ぶ[146]。なかには、生産物がつくり出す価値を損害が上まわる産業さえある。

　今後はこうした外部性を理解して、企業経営にさらなる透明性をもたらす自然資本会計が盛んに活用されるようになるのだろう。企業が公共の利益の枠組みとして活用するのが、自然資本プロトコル[*5]と国連の「持続可能な開発目標」である。また、企業、投資家、規制当局が構成する国際的な連合組織である国際統合報告評議会（ＩＩＲＣ）は、「財務」「環境」「社会」の要因を含む三つの最終損益計算を、国際統合報告のなかで提示している。グローバル企業のプーマは、環境費用を換算した環境損益計算書を活用して、事業の意思決定に役立ててきた[147]。

　こうした会計手法によって、以前は見えなかった費用が可視化されるようになるにつれ、ますます明らかになったことがある。つまり、無料の生態系サービスを利用することで個人や企業が恩恵を得るにしても、隠れた費用を支払うのはより広い社会だという事実である。個人の利益と公共の利益とのバランスをどう取り、その費用を誰が負担するのか。この決して新しくない問題は、二〇二五年に向けてさらに議論が活発になるだろう。

＊５　企業が自然資本に与える影響や依存度を定量的に測定・評価するために、自然資本連合（ＮＣＣ）がまとめた標準的な枠組み。

同じように、大気が供給する〝無料の〟二酸化炭素吸収源サービス*6によってエネルギー生産者と消費者は恩恵を受けるが、その吸収源を破壊した時の費用を負担するのは国際社会だ。「炭素の社会的費用」を評価し、化石エネルギーの生産と利用の真の費用を算出しようという政府も現れた。炭素の（真の）費用（一トン当たり三七ドルから二二〇ドルまでと見積もられる）を、炭素取引制度に組み入れるべきだと主張する者もいる。だがいまのところ、これに対する強制力のある枠組みはない[148]。

　水利用の分野でも外部性が存在する。水の供給力を決めるのはその土地特有の変数であり、水の値段もその供給力によって決まる、と普通は思うだろう。変数には地理的な変数（水が貴重な地域か豊富な地域か）もあれば、季節的な変数（雨季か乾季か）もある。だが実のところ、水の値段を決めるのは供給力ではなく、むしろ文化的、政治的な問題によるところが大きい（図表29）。シンガポールは雨量が足りないわけではないが、水の輸入を隣国のマレーシアに依存しており、それによって水の価格が決まる。シンガポールでは雨水を溜め、低価格で脱塩を行ない、生活雑排水を再利用して、水を一立方メートル当たり約一ドルに固定してきた。対照的なのがアラブ首長国連邦だ。ほとんどの水を淡水化プラントでつくり出すこの国では、一部の顧客には一立方メートル三ドル近くで供給するものの、エネルギー同様、市民には無料で供給する。環境問題や自然資本を専門とするコンサルティング会社のトゥルーコストは、次のように見積もる。「現在の生産拠点において、水の供給力（手に入りやすさ）をもとに水の価格をつけるならば、世界の大手企業は収益の二七パーセントを失うだろう」。

　さらに言えば、使いすぎによって水源が枯渇するという、より大きな社会的費用が水の価格に含まれることもない。水が乏しい地域で観光インフラ（ホテルやゴルフコースなど）を開発すれば、地元住民は日常的に水の使用を制限される。これもまた、利益を私物化して費用を社会にまわす例に他ならない。そして、それは必然的に格差を生む。いまでさえ、世界人口の上位一パーセントが世界の総資産のほぼ半分を独占し、下位八〇

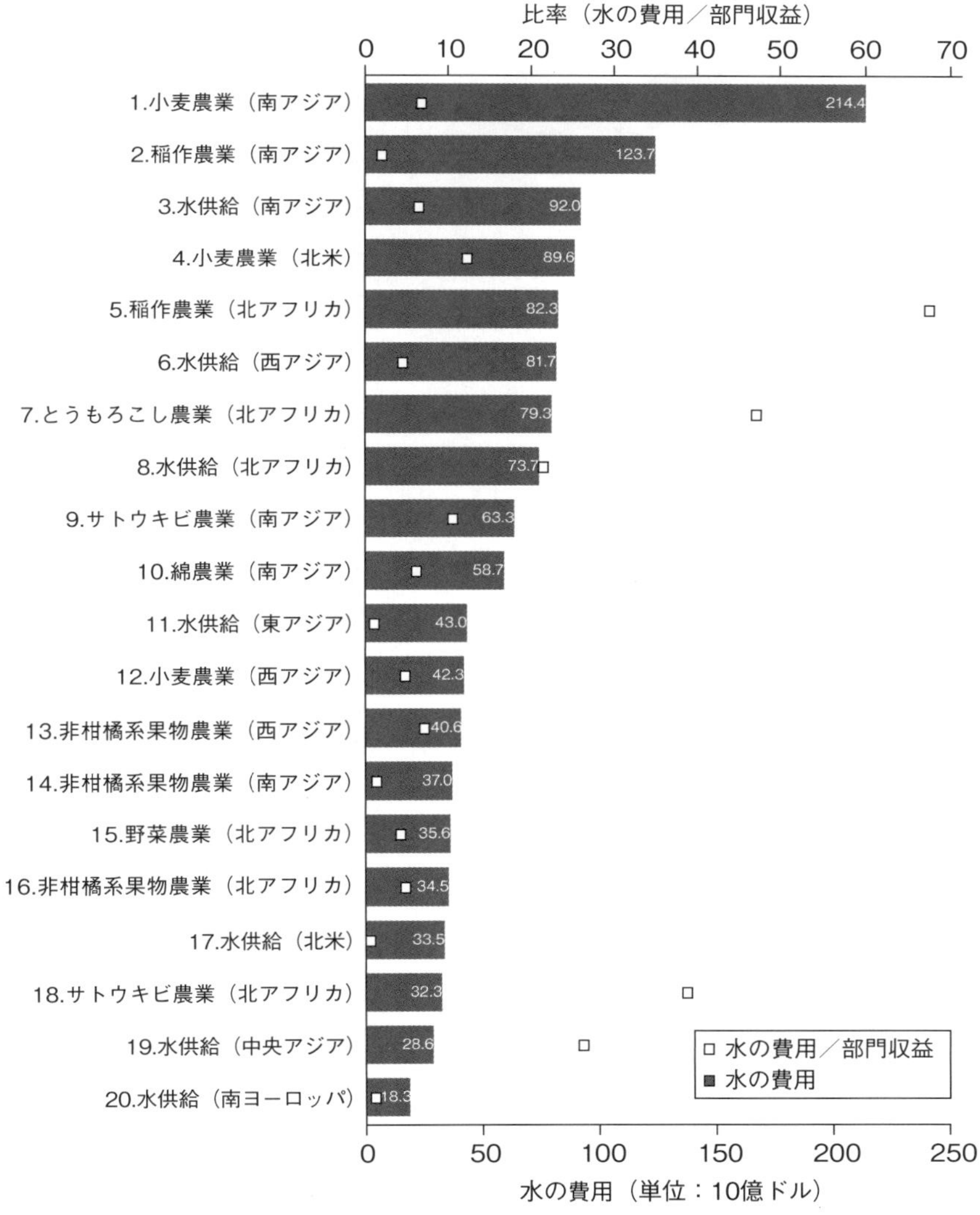


**図表29：**水の費用が高い地域と部門ランキング20、2013年（出典：トゥルーコスト）

パーセントが所有する資産はたったの五・五パーセントにすぎないというのに、貧富の差をさらに拡大させてしまう。社会の発展と不可分である公共財に、貧困層が手を出せなくなってしまうのだ。

環境問題はこれまで、ビジネス慣行の付け足しのように扱われてきた。しかしながら、企業がつくり出す富が自然資本に著しく依存していることが明らかになるにつれ、自然の真の費用を、ビジネス戦略や企業活動に組み込む動きがはっきりと見られる。こう指摘した専門家もいる。外部性を評価して、その費用を算出することは、行動に結びついてこそ意味がある、と。私たちが使い果たそうとしている自然資本の量を知り、それに価格をつけただけでは、根本的に問題に取り組んだことにはならない。私たちは、地球環境や気候変動の臨界点が課す成長の限界に近づきつつあり、すでにその限界を超えはじめた分野もあるのだ。

西洋世界ではもう何年も前から一般的に理解されてきたが、中国やほとんどのアジア諸国がようやく理解しはじめたのは、長期的な富を創造するためには、本質的に資源と気候リスクの管理が必要だということだ。GDP成長率を当然の評価とするいまの時代に、社会の発展を適切に測定する新たな評価方法を、どうやってつくり出せるだろうか。

GDP成長率、ひとり当たりのGDP、あるいは国の負債の他にも、一国の経済状態を評価するためによく使われるのが、貿易成長、給与の伸び、インフラ支出、株の値動き、原油やその他コモディティの価格、家計債務やインフレ率などの様々な指標だ。長年にわたって改良を加えてきたこれらの具体的な数字を用いれば、今年は昨年よりも良かったのか悪かったのかを判断できると、おおぜいのアナリストは考える。

自然資本に注目し、統合報告にもっと全体的な視点を向ける人が増えはじめたいま、こんな問いを耳にする。私たちが毎月、最も注目する数字は何だろうか。地球規模の視点に立てば、地球温暖化のレベルと二酸化炭素濃度の数字（あるいは国連の「持続可能な開発目標」のスコアカード）[*7]かもしれない。それともまだ、経済協力開発機構や国際通貨基金が発表する、世界のGDP評価にこだわっているだろうか。私たちに新たな評価基準が必要なことは間違いない。だが、評価項目を明らかにし、その項目を正確に評価する一貫した方法が合意を見るまで、まだしばらくのあいだは、ＧＤＰなどの従来の評価基準に頼ってしまうのかもしれない。

## 人と人との触れ合い

**サービスの提供や消費の場においてデジタル化と自動化が進み、アルゴリズムが重視されるいっぽう、心のこもった対応や、人と人との交流を大切するブランドはますます魅力的に思える。**

社会経済の評価基準にもっと人間的な視点を取り入れるべきだという議論から、個人的な体験に話題を移すと、多くのブランドに対して抱く気持ちの変化に気づく者もいる。自動化が進む世界にあって、電話の向こうで人間の声が対応してくれるたびに、ノスタルジックな気持ちを覚えるのだ。さらに嬉しいのは、買い物をする時に、生身の人間が手伝ってくれることだ。機械はもちろん効率的だが、客に対するもてなしの心を大切にするブランドは、今後さらに貴重になるだろう。

産業革命以来、世界は自動化してきた。大まかに言って、織機から綿繰り機[*8]まで、一九世紀の機械は汚い仕事や危険な仕事を行ない、面倒な手作業から人間を解放した。二〇世紀に入ると、機械は退屈な仕事や繰り返しの多い作業を引き受け、ルーティンのやりとりやつまらない事務の仕事も自動化した――空港の自動チェックイン機やコールセンターの仕事がそうだ。今日、世界はますます接続し、ＡＩが溢れ、ＶＲが急速に発達し、

＊６　温室効果ガスなどを、大気中から取り除く働きをする海洋や森林、土壌を「吸収源」と呼ぶ。「排出源」の対義語。
＊７　一七の目標それぞれについて、二〇三〇年時点でどれほど達成に近づくかを示す評価表。
＊８　綿花の種を取り除く機械。

機械は人間の役割を奪い、人間よりも優れた選択を人間以上に速く確実に行なう（グーグル・ナウ[*9]がそうだろう[149]）。明日の世界をかいま見るようである。

生活のいろいろな場面で、人間どうしの触れ合いは減るいっぽうだ。何よりそう実感するのは、買い物をする時ではないだろうか。デジタル化の進んだカスタマーリレーションやデジタルオートメーション、インターネット接続のおかげで、私たちはセルフサービスで買い物ができる。ほとんどの人はそれで満足している。カスタマーセンターで適切なサポートが得られる限り、七二パーセントの顧客がセルフサービスを選ぶ。ウェブチャットやＳＮＳでのやりとりもほとんどが自動のため、顧客は一切人の手を借りないまま、画面の案内に従ってニーズを満たせる。自動化を推進するグーグルやアマゾン、アリババなど業界大手のおかげで、顧客が生身の人間と顔を合わせたり話したりすることは、不可能ではないにしろ、非常に難しい。この傾向がこのまま続けば、二〇二〇年には、生身の人間が対応するカスタマーリレーションが、わずか一五パーセント以下に減ってしまう。将来的には自動化が標準になり、機械が人間の声に応答し、人間が機械の声に応答する。平均待ち時間は、コンピュータが人間の声に答え、自然な話し方を真似る反応時間だけになる。アマゾンのエコー[*10]は、ユーザーの指示に答える時間を三秒から一秒に縮めた。ほぼ人間対人間のレベルである。

ビジネスという点から見れば、すべて結構なことだ。自動化とインテリジェント化によって機能が充実し、迅速で正確な対応が可能になるからだ。顧客ひとり当たりのサービスコストも削減でき、それが小売価格に反映される。あるいは利幅が拡大する。

利益を得るのは小売業だけではない。シンガポールのマリーナベイ・サンズは、三棟の超高層ホテル棟のうえに、流線型のスイミングプールデッキを頂いたリゾートホテルだ。二五〇〇以上の部屋数を誇り、一日二四時間、年中無休の高級ショッピングモールには、ロンドンのボンドストリートやニューヨークのマディソンアベニューといった、名だたる高級ショッピング街でも見かけないようなブランドが勢揃いしている。巨大なコンベンション施設と壮麗なカジノを併設したこのホテルは、もちろん大きな注目を浴びてきた。毎日二万食以上を提供し、連日、午後には一〇〇〇人を超える宿泊客がチェックインするホテルを運営するのは、並大抵のことではない。そこで、マリーナベイ・サンズでは効率を高め、ルーティンワークを削減するために、積極的に自動化を進めてきた。

ほとんどの国では、規模の大きなホスピタリティ施設において、おおぜいの低賃金労働者を雇用する。だが高い賃金を支払い、ひとり当たりのＧＤＰを増やしたいシンガポールでは、大量のシェフやウェイター、清掃係、ベルボーイを雇うことは難しい。そこですでに活用しているのが、一日に使う二万枚以上のナプキンを折り畳むロボットや、カジノのテーブルにカクテルを運ぶ自動配送システムである。近い将来には、宿泊客のスーツケースを客室まで運び、ランドリーを集め、ルームサービスを届け、駐車する自動サービスも導入されるだろう。こういった同じ作業を繰り返し、手間のかかる仕事を肩代わりすれば、従業員をもっと重要な（それゆえもっと高給な）仕事に活用できる。各階に配したコンシェルジュが宿泊客に対応し、質問に答える。また、ロボットが間違いなく部屋に注文を届けたか、あるいは部屋を間違えずに要望に応えたかを確認する。マリーナベイ・サンズは、ホスピタリティ業界の基準からは外れているのかもしれないが、ここで試行中のアプローチが今後、世界各地のホテルで導入される可能性も高い。

とはいえ、そこには代償を伴う。つまり、マリーナベイ・サンズというブランドに顧客が接触する体験から、感情的な要素が抜け落ちてしまうのだ。人は人との触れ合いを楽しむ。最近の研究によれば、ホスピタリティ業界について実施した大規模な調査のなかで、人間によるおもてなしサービスの重要性が裏づけられたという。

＊９　アンドロイド対応のインテリジェント・パーソナル・アシスタント。
＊10　アマゾンのＡＩ「アレクサ」を搭載した家電デバイス。アレクサとは音声を認識して、様々な操作を実行する音声認識ユーザーインターフェース。

サービススタッフをはじめ、幅広い種類のスタッフとやりとりする機会の多かった顧客のほうが、満足度が高かったのだ。英語の言いまわしをもじれば、「ブランドは次の（来店の）約束があるほうが強い」[*11]。

自動化にも限度があるだろう。たとえば、サービスを自動化した葬儀屋は想像しにくい。生身の人間どうしのやりとりは、顧客体験にプラスの影響を与える。複雑で実務的な問題を解決してくれたり、不安な状況や感情的な場面で心の支えになってくれたりする。様々なレベルのサービスを提供して、競合と差別化を図る戦略のカギになるかもしれない。アップルストアには、客の要望に応えるだけでなく励ましや安心感を与えてくれる、ジーニアス（天才）と呼ばれるスタッフがいる。どんなロボットも自動化も、彼らには対抗できないだろう。

人間どうしのやりとりを加えれば、ブランドは顧客と交流する豊かな機会を生み出せる。つながりや関係を築け、親近感も持ってもらえる。デジタルマーケティングやオンライン消費が全盛の世の中において、消費者は、いま以上に心のこもったやりとりや触れ合いが体験できるブランドを求めるのではないだろうか。企業にとっての新しいモデルとは、顧客を単なる顧客としてではなく、複雑で多様な面を持った存在と捉えることだ(150)。顧客のほうでも、参加したい、創造力を発揮したい、コミュニティに属したい、理想を叶えたいという、強い要求を満たしてくれる企業や製品を選んできた。そして、心のこもったサービスはそのニーズを満たしてくれる。もっともそのためには、従業員募集、研修、給与、管理や法令遵守《コンプライアンス》といった様々なコストが発生する。

つまり優れたサービスの提供とは、人間味溢れるやりとりと、より高級で贅沢なサービスとを、まずはそれに見合う金額を出せる顧客に提供することになるのだろう。それはまた、「ブランド」と「サービス体験」の差別化にもつながる。たとえば高級スーパーマーケットのホールフーズ（米）やウェイトローズ（英）では、店舗内スタッフとレジ係の充実を図っている。ウェブチャットやフェイスタイムも[*12]、ユーザー向けオンラインサービスを増強している。生身の人間が行なうサービスは温かく、フレンドリーで、心がこもっているという評価を得ることは確かだが、そのいっぽうで人は間違いも犯す。それこそが、私たちを人間たるものにしている。幸い、私たちは生まれながらにして、間違いを自分で修正するというすばらしいメカニズムを備えており、それはとても機械には真似できない。失敗をした時には、人は謝ることができるのだ。〝人間味のあるサービス〟を提供するスタッフを研修する際の重要な要素は、失敗をしでかした時に謝罪する方法を教えることだ。

化粧品会社のセフォラ（仏）は、すでに地域社会との連携――いわゆるコミュニティエンゲージメントとSNSを活用して、オンラインで顧客との交流を深めているが、同時に製品を販売するチャンスも疎かにしてはいない。アップルのシリ、マイクロソフトのコルタナ、グーグル・ナウといったインテリジェント・パーソナル・アシスタントは、人間と自動化とのギャップを埋めてくれる。[151] アップルのプログラマーがシリに隠し機能（「イースター・エッグ」と呼ばれる）を仕込んだおかげで、〝彼女《シリ》〟はユーモアのセンスを発揮する。*13 [152] 日本には、介護者の負担を軽減するロボットがある。二〇一五年、アメリカの玩具メーカーであるハズブロが、「ジョイ・フォー・オール（すべての人にとっての喜び）」ブランドとして販売したのは、高齢者が撫でたり話しかけたりできるペットロボットの猫である。[153]

となると、私たちはどこへ向かうのだろうか。『ポスト・ヒューマン誕生』（NHK出版）の著者レイ・カーツワイルによれば、技術は指数関数的に進化する。[154] つまり、一定期間に技術がどれほど大きく進化するのかついて、私たちは常に見誤る。「人類が二一世紀に体験するのは、一〇〇年分の進化ではない。それは、おそ

＊11　もとの言いまわしは、「人は次の一手があるほうが強い」。
＊12　アップルが開発した、TV電話や音声通話ができる無料通話アプリ。
＊13　「イースター・エッグ」はキリスト教の復活祭の休日に、カラフルに装飾してあちこちに隠しておいた卵を、子どもたちが探す遊び。シリのプログラムには隠し機能が仕込んであり、シリに質問をすると軽妙なユーモアのある答えが返ってくることがある。

らく（今日の速度で）二万年分にも匹敵するような進化なのだ」[155]。だから、何が起きるのかは誰にもわからない。

将来に向けて、大手企業が模索しているのは、自動化による商取引と適切な顧客サービスとのバランスをうまく取る方法である。オンラインのセルフサービスは、今後も顧客体験を変えていくだろう。自動音声応答装置（ＩＶＲ）が標準になり、ユーザーの指示に答えるパーソナル・アシスタントがヴァーチャルなアドバイザー役を務め、セルフサービスや〝アシステッドサービス〟[*14]が主流になる。しかしながら、自動化の重要性が増しても、生身の人間とのやりとりは、いつの時代にも高く評価されるはずだ。そして機械には無理な、もしくは競合とは違った体験をますます提供してくれるだろう。あるいは、そう願いたい。だが、別の未来を描く者も多い。

## 変わるプライバシーの性質

**プライバシーは公的な問題である。インターネットを管理し、被害に遭いやすい個人を守り、個人データを保護するための国際的な枠組みが増える。保護、安全性、プライバシー、公共の利益のバランスを取ることは、ますます政治的な問題になっていくだろう。**

二〇一五年の時点でも、プライバシーをめぐる議論はいまだ活発とは言いがたい。議論は閉鎖的なグループで行なわれ、出席するのはおもに学識経験者、弁護士、規制当局、情報保護に携わる専門家だけだ。だが、その傾向も今後は変わるだろう。プライバシーは無味乾燥な法的事項から、企業も消費者も広く理解して議論する問題に変わるはずである。ビッグデータは新たな可能性を開いたいっぽう、データ漏洩というリスクも伴う。

そのため、個人データ保護が公的な問題として浮上し、近いうちに重要な政治問題となることは間違いない。
現在、プライバシーとデータ保護にまつわる国際的な参照枠組みは三つある。「ＯＥＣＤプライバシーガイドライン」「ＥＵデータ保護指令」「アジア太平洋経済協力（ＡＰＥＣ）プライバシー・フレームワーク」の三つである。だが、個人情報保護についてそれぞれの取り組みには違いがある。個人データを使用する場合、一律に同じ制度を適用する取り組みもあれば、医療などの「特定の部門別」に、政府機関などの「処理機関のタイプ別」に、あるいは児童のプライバシーなど「データのカテゴリー別」にルールを適用する取り組みもある。

これまでデジタル経済を動かしてきたのは個人データだった。だがこれに新たに加わるのが、ＩｏＴが比較的安価に集め、送信し、オンラインで保存できる膨大な情報源である。ＩｏＴが開く機会を最大限に活かすために、テクノロジー企業は慎重にものごとを進める必要があるだろう。自分の個人データが誰の許可もなく、あるいは自分には何の直接的な利益もなく、ただ企業の利益のためだけに利用されるという考えに、市民は激しく反発するかもしれない。サイバーテロを強く警戒する各国政府が、国家安全保障上の問題だという理由で、個人データに直接アクセスできるよう企業に要求するかもしれない。企業にとっての問題は、主義主張と実際性とを切り離して、市民と政府の両方の要求を満たしながら、長期的な収益性を確保することだろう。おびただしい数の〝モノ〟のデータが奔流のように押し寄せ、すぐにデジタル・フットプリント（行動履歴）を残しはじめる。ネットワークがその膨大なデータの管理に直面する時、問題はさらに複雑化する。

そのような状況から生まれる機会とリスクの両方に対して意識が高まるにつれ、企業、政府、さらには一般市民がますますデータのコントロール権を失うまいとして争う。そして、こう問う者が現れる。私たちは、新

＊14　セルフサービスとテーブルサービスとを合体させたスタイル。

たなビジネスモデルの登場を目撃しているのだろうか。それは、初期のインターネットのビジネスモデルを破壊するだけでなく、個人データを合法的に管理して所有するのは当然、組織だという前提までも覆すのだろうか、と。そう考える者もいる。国境をまたぐというデータの性質を考えれば、国際的な規制に合意する必要性とともに、独立機関を設置して監視機能を強化し、司法的な支援を行なう必要性を訴える者もいる。だが、それをいったいどうやって実現すればいいのか。

その答えのひとつの選択肢を提示したのが、ワールドワイドウェブ（WWW）の生みの親であるティム・バーナーズ＝リーだ。彼が提案するのは「ウェブのマグナカルタ」であり、重要な原則を国際的な憲法に明記することで、インターネットをオープンで中立的なものに保つという考えである。バーナーズ＝リーは「プライバシー権、表現の自由、手軽な価格、ネットの中立性をゲームのルールに組み込む」必要性を訴え、もし注意を払わず、意識もせず、ただぼんやりしていたのでは、個人のプライバシーを守る権利を、大きな組織に徐々に侵害されて行く危険性を警告する。[156]そのためには行動を起こさなければならないが、実際にどうすればいいのかについての合意がなく、その手詰まり感ゆえ行動を起こせないままになってしまっているようだ。国連貿易開発会議（UNCTAD）の調査によれば、二〇一三年の時点で、データとプライバシーの保護に関する法律を定めていたのは一〇七カ国にとどまり、法案が審議中の国も三三カ国あったという。これらのプライバシー法のほとんどがその場しのぎで制定され、断片的でまとまりもないため、影響を与えようとしている技術に規制が追いつくことはとても無理だろう。

効率的に機能するために、好むと好まざるとにかかわらず、オペレーター、製造業者、開発者、時にはユーザー自身もすでに、個人データ、個人コード、位置情報を複数の区域にわたって共有している。地域による違いも大きい。アメリカでは州ごとに適切な規格の定義が異なる。たとえ国際的枠組みが合意に至ったとしても、同じ原則の下に、具体的な規制内容が各地で異なるという事態が発生しやすく、この意味において、プライバシーには国境や境界があるという考えが現実になりそうだ。

そのあいだも技術は容赦なく進化する。そして、私たちがいま目にしているのは、第三者の〝裏を掻いて〟、個人データの管理をその個人に任せるという新しいビジネスモデルの登場である。テクノロジー企業は組織から個人へ暗号化という選択肢を与え、データ保護という責任をある程度までは免れた。二〇一六年に起きたアップル対FBIの一件[*15]が示すように、暗号化は法の執行機関であるFBIにとって頭の痛い問題だ。「強い」暗号化、つまり端末相互間の暗号化によって、データを処理するか伝送する企業自体が、その暗号を解読することがほぼ不可能になってしまうからだ。それにもかかわらず、暗号化は標準になりつつある。たとえば、IBMはサーバーチップ技術を中国の製造業者にライセンス供与し、その製造業者が暗号化を管理できるようになった。

プライバシー保護は、インターネットを利用する全員につきものの問題である。インターネットユーザーのおよそ三分の一が一八歳未満だ。大人を対象とした規制は、ネットに率直な意見を書き込む若者の保護に苦戦している。未成年のほとんどは、インターネット上の自分たちの行動を監視する方法について発言権がない。そこで、初期設定と高度な評価を駆使して若者のリスクを削減しようとしているが、大きな決め手はない。その他にも取り組む必要があるのが、プライバシーの解釈をめぐる文化的な違いだろう。たとえば、匿名性について国際的な標準はない。欧州で「忘れられる権利」が認められたことに[*16]、アメリカで「失望」の声が上がった。アメリカでは、オンラインの情報を削除するという考えを、表現の自由を侵害する行為とみなす者が多いからだ。

＊15　154頁を参照。
＊16　二〇一四年、検索結果の削除をめぐる訴訟で「忘れられる権利」を認めた欧州司法裁判所が、グーグルに対して個人情報へのリンクを削除するように命じた。

そのいっぽう、規制の厳しいメディアも、規制のないインターネットも、情報の共有をめぐる限界を押し拡げようとしている。誰の個人情報もみな公有も同然だ。そうした動きに対して監視を強めると、なかには〝すっと消える〟者もいて、データの利用と再加工をデフォルトのモデルにしてきた既存のインターネット企業にとっては、監視は非常に困難になる。

技術の進化に、各国政府は対応できていない。早急な対応が必要にもかかわらず、政治家の理解が進まないために、顧客と企業を保護するプライバシー規制の策定は難航している。とりわけ対応が遅れているのが、インターネットが普及しはじめた新興国である。国際貿易開発会議の報告によれば、アフリカ、アジア、ラテンアメリカ、カリブ海諸国の三八カ国の政府代表のうち、七五パーセントがプライバシーに関わる法的問題をよく理解していなかったという。これは、サイバー犯罪についてよく理解していなかったという、六八パーセントをもしのぐ数字である。

プライバシー保護に関する原則を明確に設定すれば事態も改善するだろう。だが、あまりにも問題が複雑なために、全責任を負う特定の機関や組織を立法者が特定することは難しい。とりわけ困難なのは、いまの段階になって、関係者全員が受け入れられるような規格を設定することだろう。望むべきは、二〇二五年までに、あらゆる関係者が納得のいく国際標準が定まっていることだ。その時、カギとなるのは次のような問いである。果たして、どうやってその目標を達成するのか。どの組織が主導権を握って、国際標準を設定するのか。個人データの保護は、いま以上に政治的な問題になるはずだ。そしていったい何が真実で、何が真実でないのかという問題をも突きつけるに違いない。

## 真実と幻想

**インターネットは知識を民主化し、私たちが誰を、なぜ信用するのかについて、その性質までも変えてしまった。大きな組織に対する信頼が揺らぐ時、私たちは信頼できる誰かや何かを探そうとする。信じるものによって、私たちの意識や行動も変わる。**

私たちが信じるものが、私たちの意識や行動を変える。大量の情報の渦に巻き込まれて、〝真実〟とはネット民が同意するものになるのかもしれない。その世界では〝ネット民による事実認定〟が、検索結果よりも優先される。

私たちがいつの時代にも、真実と真実でないものとを見分けにくい〝煙と鏡の世界〟に生きてきたという考えに、ほとんどの人は同意するのではないだろうか。歴史家、ジャーナリスト、政治家は何世代にもわたって、事実を掘り起こし、大衆に説明することでキャリアを築いてきた。だが今後は、指先だけで（ほぼ）完璧な情報が手に入るにもかかわらず、人生がますます曖昧なものになっていくように思える。これまで以上に難しくなるのは、何が真実で何が真実でないのかを判断し、意味を読み解くためには誰を、何を頼りにすればいいのかを決めることだ。膨大な量のデータによってものごとは明確になるどころか、それが事実なのか、正確なのか、誤報なのか、誰かの再解釈なのかを見分けることはほぼ不可能になった。なかにはまったくのデマも混じっている。いまの時代は誰でも、どんな話題の意見や反対意見でも簡単に読むことができる。情報を読み解くことは難しいが、それ以上に難しいのが、その際に誰を、何を手がかりにするかだろう。

汚職や不祥事が相次ぐ政府や企業に対して、世間は懐疑的な目を向けるようになった。調査会社のエデルマン・バーランドが二〇一五年に世界各地で行なった世論調査（図表30）によれば――インド、インドネシア、そして興味深いことにロシアでも政府に対する信頼度が大きく上がったために、全体的な信頼度はわずかながら上昇したとはいえ――、調査対象の二七カ国のうち、実に一九カ国の人びとが自国の政府を信用していなかった。メディアに対する信頼度も同様に低く、調査を行なった国の六〇パーセントがメディアを信用していなかった。企業のCEOに対する信頼は過去最低を記録し、ほとんどの国で五〇パーセントを下まわった。最も信頼度が高かったNGOでさえ、前回の六六パーセントから六三パーセントに下がっている。となると、私たちはどこで〝正しい〟答えを見つけられるのだろうか。

私たちは、自分と考えが似ていると思う個人のカスタマーレビューや、SNSのコメントを参考にして、ある製品や特定の考えの長所や短所を判断する。この時、消費者が見ているのは、製造業者が訴求しようとしている製品イメージではない。私たちが慎重に見極めようとするのは、いろいろな製品やサービスの質や価値、あるいは特定の考えの真偽をめぐってSNSでどんな意見が出ているかである。これまでであれば、自分に助言してくれる相手の素性を比較的簡単に知ることもできたが、いまのように忙しく、即断を迫られるような社会では、自分が誰の意見を、それも特にオンラインで見つけた誰のアドバイスを参考にしているのか、じっくり考える者はいない。そのいっぽうで、私たちはますます自分自身の意見を参考にしているのだと言う者もいる。つまり私たちが重視しているのは、友人や家族や、自分と同じような考えの持ち主の意見だというわけだ。

近代経済は、自由移動と信頼に大きく依存している。広告に多大な予算を費やすことで生き残ってきたものの、可もなし不可もなしといった中途半端な製品は、今後は売上げを落とすかもしれない。消費者がその製品の欠陥に気づき、高い金額を支払いたくなくなるからだ。それにひきかえ、良質な製品を送り出し、嘘のないストーリーを語る企業はさらに大きな利益を上げるに違いない。その絶好のお手本がアップルだろう。優れたデザインと使いやすさによって、コモディティ化[*17]の進んだ市場でも、アップルの製品は強力なブランド力を放っている。

市民が政府や企業に対する信頼を失った理由は、誰もがオンラインで簡単に自分の意見を表明できるようになったからであり、それはインターネットでは他の書き込みが情報の正しさを証明してくれるはずだ、という

| 2015年 | |
|---|---|
| 世界 | 55 |
| アラブ首長国連邦 | 84 |
| インド | 79 |
| インドネシア | 78 |
| 中国 | 75 |
| シンガポール | 65 |
| オランダ | 64 |
| ブラジル | 59 |
| メキシコ | 59 |
| マレーシア | 56 |
| カナダ | 53 |
| オーストラリア | 52 |
| フランス | 52 |
| アメリカ | 52 |
| ドイツ | 50 |
| イタリア | 48 |
| 南アフリカ共和国 | 48 |
| 香港 | 47 |
| 韓国 | 47 |
| 英国 | 46 |
| アルゼンチン | 45 |
| ポーランド | 45 |
| ロシア | 45 |
| スペイン | 45 |
| スウェーデン | 45 |
| トルコ | 40 |
| アイルランド | 37 |
| 日本 | 37 |

「国民の信頼度が高い国」は
30%（2014年）から
22%へと低下

「国民の信頼度が低い国」は
33%（2014年）から
48%へと増加

**図表30：**自国に対する国民の信頼度（出典：エデルマン・トラストバロメーター2015）

前提に基づいている。大きな問題において、その前提はたいてい正しいが、ウィキペディアでさえ常に情報が正確なわけではない。しかも個人であれ、大きな組織であれ、インターネットで情報を流す者は、嘘の情報を流したからといって特に失うものもない。書き込んだ物語がセンセーショナルであれば、大いに注目を浴びる。カスタマーレビューをでっちあげるのが簡単なように、ウェブサイトのページに嘘を書き込むのは簡単だ。

　インターネットによって情報は民主化された。企業の貪欲さや政府機関の無能さが、世間の注目を集めた。貧富の差は拡大した。こうして、かつては当然だった体制に対する信頼感はもはや当然のものではなくなった。メディア対策の訓練を受けたベテラン政治家や大手ブランドに代わって、このところ目立つのは、卒直な物言いで真実を語る者や小さな企業を信頼する傾向だ。政治の舞台でその傾向が最も如実に現れたのが、ドナルド・トランプやマリーヌ・ル・ペンといった過激な発言を繰り返す政治家の人気だろう。ビジネス界に目を向ければ、そうした世の中の流れに合わせて、大企業は自社製品の来歴やストーリーをアピールしたり、〝正統《オーセンティ》的《ック》な〟ブランドを傘下に収めたりする（コカ・コーラはイノセント・ドリンクス社[*18]を買収した）。

　相手が真実を話しているのかどうかを見極めることは、もちろん個人の問題にとどまらない。巧みなサイバー攻撃は、クリックひとつで企業を破綻に追い込める。そのシナリオは、いまや完全に実行可能だ。そのため、絶対安全と言える対抗策がない限り、インターネットを使わないと公言する者もいる。ソニー・ピクチャーズ・エンターテイメントの元CEOマイケル・リントンもそのひとりだ。以前、私用メールのアドレスとクレジットカードの情報をハッキングされたことのあるリントンは、それ以来、機密のメッセージは手書きしてファックスで送信しているという。同じ手段を講じているCEOは彼だけではない。

　今後、信頼感を維持することはいっそう難しくなるだろう。企業も政治家も、公約を果たすことがこれまで以上に重要になった。技術は私たちの生活を簡単にしたのではなく、ますます複雑にしたのだ。つまり、複数のプラットフォームにわたってこれまで以上に目を光らせなければ、何が真実かをより明確に理解できなくなった。あらゆるものの自動化が進むいまの時代に、そうやって目を光らせる時間や意思のある者がどれほどいるだろうか。しかも、人間に代わってＡＩがものごとを決定するようになると、さらに大きな変化が起きると考える者もいる。

## 倫理的な機械

**自動化は商取引の分野を超え、その問題の及ぶ範囲はシステミック・リスク[*19]だけにとどまらない。ＡＩのシンギュラリティ（技術的特異点）が迫るなか、自律型ロボットやより賢いアルゴリズムが、人間の生死を決するような倫理的な判断を下すようになる。**

二〇二五年には、完全自動運転車が幹線道路を走行し、機械学習したアルゴリズムが疫病と戦い、オンラインで購入した製品をドローンが配達しているかもしれない。機械学習、画像認識や音声認識、ニューラルネットワーク[*20]技術の急速な進歩を見ればわかるように、コンピュータの認識能力は進化を遂げている。かつてＳＦ小説の主題だったＡＩが、次世代コンピューティングの最前線に立ったのだ。

ＡＩはすばらしい利益をもたらす。とりわけ顕著なのが病気診断の分野だが、そのいっぽうで、オンラインで本を買う顧客にそれぞれが興味を持ちそうな本を提案するといった、退屈だが有益な仕事もこなす。それに

＊17　競合する商品同士について、性能や品質、ブランド力に大差がなくなり、似たような製品が多く流通するようになること。
＊18　英国の飲料メーカー。果物一〇〇パーセントのスムージーが主力商品。
＊19　個別の金融機関の決済不能や特定の市場の機能不全が、金融システム全体にドミノ倒しのように波及する現象。
＊20　人間の脳の神経回路網を模した情報処理モデル。

もかかわらず、理論物理学者のスティーブン・ホーキングやビル・ゲイツ、オバマ前アメリカ合衆国大統領などの思慮に富むおおぜいの著名人が、ＡＩが及ぼす影響に警鐘を鳴らす。社会的、経済的な観点からだけでなく、ＡＩが人類の未来に及ぼす影響を危惧しているのだ。ホーキングは、ＡＩがその創造主である人間の知能を大きく上まわる時、待っているのは「技術的《テクノロジカル》・大破局《カタストロフィー》」だと警告する。

ＩｏＴが生成するデータを処理する過程で、コンピュータは知識を指数関数的に蓄積する。アルゴリズムはいま、知覚した生のデータから学び、言語を理解し、画像を認識するように設計されている。つまりコンピュータはみずから収集した知識をもとに、より多くのスキルを学び、微妙なニュアンスを理解し、最終的には私たちが常識と呼ぶものまでも獲得する。さらに進化すると、ＡＩはみずからを改良する能力を手に入れ、人間の手を借りずにさらに優秀なＡＩをつくり出すということが起きてしまう。そのインパクトをグーグルが見逃すはずもない。グーグルは、英国のＡＩのスタートアップであるディープマインド社を四億ドルで買収したという。フェイスブックとアマゾンも、この分野では多額の投資を行なっている。そのような動向は、危険な兆候であり好機でもある。進化したＡＩと自動化は、未熟練労働者の仕事も管理職の仕事も奪う。その反面、個人にもっとコントロール力を与えてくれ、健康や安全、プライバシーをよりよく管理できるようになる。

ＡＩは人間の代わりにはならないと考える者もいる。むしろ、コンピュータは人間の能力を高め、私たちの生活をもっと効率的にしてくれるというのだ。もちろん、コンピュータの性能が上がれば、企業の生産性も上がるが、そのせいで人的資本を犠牲にすることは間違いない。創造主である人間の能力をＡＩがすぐにしのぐ可能性は低いにしろ、伝統的な専門職の単純な事務作業を奪い取ってしまうことは確かだ。コンピュータは長いあいだ、複雑なデータの分析を人間よりも得意としてきた。そのことを身をもって学んだ、スーパーマーケットの店員や工場労働者も多いはずだ。だが今日、コンピュータは手書きのメモを読み、報告書を書いて翻訳し、会話にも答える。初期費用こそ高いものの、疲れたとか仕事に飽きたなどと不平も洩らさなければ、昇給も要求しない。柔軟性のない従業員の仕事を徐々に奪っていったとしても、驚くにあたらない。

世の中に変化をもたらすＡＩの役割はすでに、オートメーション産業に影響を与えている。「群知能」と呼ばれる、分散型で、自己組織化したシステムの集合的なふるまいの研究をもとにしたＡＩ技術は、安全性向上の分野で活用されている。たとえば一台の車のブレーキセンサーが、ここは凍って滑りやすい道だと検知した時、クラウドを通してその情報を同じ道路を走る他の車両に送信する。それゆえ車はもっとインテリジェントになり、次世代の車両には、数千ものセンサーにつながったコンピュータが内蔵される。こうした処理を集合的に行なうことで、車はみずからと周囲の環境を監視し、さらには搭乗者にも油断なく目を配るようになるだろう。

この機能が拡大すると、メッシュネットワーク[*21]やユビキタスなモバイルの接続性によって、そう遠くない未来に自動運転道路が実現し、走行の安全性と道路の交通容量を高め、混雑を緩和するようになるだろう。完全自動運転車が一般的になる日も近い。もうまもなくだ。すでにグーグルの自動運転車は三二〇万キロメートルもの走行実験をこなし、事故がわずか一四件という優れた安全性を実証した。より安全で効率のいい道路は、リスク管理と情報共有の方法を変える。保険対象も個人とその車からコンボイを組む車両全体へ、さらには全システムへと変わるはずだ。だが、そこには難しい問題がある。保険会社は、自動運転システムにコントロールを渡したくないという運転手にも、対処しなければならないからだ。あくまでも〝自由に〟運転したい運転手には、保険の賭け金を高く設定するのか。そのいっぽうで、それ以外の運転手は切迫した事態に遭遇した際、自動運転システムの判断に身を委ねることになるのか。

だが実際の話、事故は起きるし、とりわけ市街地では今後もなくならないだろう。となると、自動運転車は

＊21　通信機能を備えた端末どうしが通信し合う、メッシュ（網の目）状のネットワーク。

時に倫理的な判断を下す必要に迫られる。そして、人命が奪われるかもしれない事態に陥った時、どう判断するのかという難しい問題に直面する。問題の対処を誤れば、法的に大きな影響を及ぼしかねない。しかも、法律は国や地域によって大きく異なる。一例をあげれば、ドイツでは人間の命の価値を天秤にかけることは法律で禁じられているため、アルゴリズムによって人間の命に優先順位をつけるようプログラムすることは、まず不可能である。ところがアメリカでは、この点についてさほど厳格ではない。それでは、自動運転車は個人の命の価値を評価することなく、よりおおぜいの命を救うほうを優先するべきだろうか。いまのところ、答えよりも問いのほうが多いようだ。

グーグル・ディープマインド社をはじめ、AI開発を行なう企業はどこも、人間の優れた価値観や行動を複製するAIシステムのコードを書くことに忙しい。[157] 規制当局が承認した完全自動運転車が、あちこちの道路を走りはじめてからでは遅いからだ。こんな難問もある。人が亡くなるのを避けられない状況に陥った時に、歩行者の列や自転車に乗った子どもを犠牲にしないために、〝運転手自身〟が犠牲になるようなコードを果たして書くのかという、もう何十年も前から議論されてきた問題である。SF作家のアイザック・アシモフは、ロボットが従うべき、かの有名な「ロボット工学三原則」を発表した。[158] そのうちの第一は、「ロボットは人間に危害を加えてはならない。また、その危険を看過することによって、人間に危害を及ぼしてはならない」（アイザック・アシモフ『われはロボット〔決定版〕』小尾芙佐訳、ハヤカワ文庫より引用）だ。だが問題は、スピードを出していた自動運転車が、障害物を避けるために本来のルートを逸れるのはどんな時か——そして、その障害物が羊の場合と人間の子どもの場合とでは、その答えは違ってくるのかである。

私たちがアブダビで政府高官と話していた時に、未来の自動運転車の話になった。私たちが技術と倫理的な問題について説明していたところ、高官はみな、ぽかんとした顔をしたのである。「なぜルートを逸れるのですか？」と彼らは訊ねる。「そのまま運転すればいいことです」。そこで、私たちが世界のどこの国や地域でも、これを重大な問題と考えていると伝えると、戻ってきたのは「ここでは、重大ではありませんね。インシャ・アッラー（アッラーがお望みなら）」という答えだった。「もし道路に子どもがいたのなら、それが神のご意志であるため、車のほうで避けて〝運転手自身〟を犠牲にする必要はありません。誰かが溺れているのを見つけた場合も同じです。あなた自身を危険にさらすのなら、その相手を助けることはないのです」。自分たちの価値観だけで未来を見てはいけないのだ。私たちの考える善悪の観念は、他の文化ではまったく異なる。それゆえ、完全自動運転車の倫理的な問題については、国際的であるとともに地域的な観点からも考え、思いも寄らない視点でも検討する必要がある。ＡＩにとっても、またひとつ難問が増えたのではないだろうか。

それ以上に多くの者が危惧するのが、ＡＩを使った戦争だ。映画「アイ・イン・ザ・スカイ 世界一安全な戦場」で描かれたように、ドローンの積極的な活用によって、すでに戦闘員が直接命を危険にさらす場面は減った。おそらく次の段階は、ロボット兵士やロボット兵器の登場だろう。二〇二五年頃には〝アルゴリズミック・インテリジェンス〟が、創造主である人間の知能を超えている可能性があり、誰を、なぜ攻撃対象にするのかを認識できるようになるのかもしれない。だが、その意味するところは非常に恐ろしい。ＡＩは過激派よりも判断力に優れている可能性があると言う者もいるが、もしＡＩが過激派の手に渡ったら、どうなるだろうか。インターネットの時と同じように、いったんつくってしまったら、ＡＩを搭載したロボット兵器のプラグを抜くことはできないのだ。この問題について、国連は定期的に会合を開いている。非常に危惧される問題のために、一〇〇〇人を超えるＡＩの専門家がすでに、ロボット兵器開発の中止を訴えている。だが、中止は実現しそうにない。望みうる最善の結果はおそらく開発の延期であり、そのあいだに規制や制約について検討が重ねられることだ。選択肢のひとつは、最初の汎用人工知能を「フレンドリーＡＩ[*22]」にすることだ。そうすれ

＊22　人間によい影響を与える人工知能。

ば、その後のＡＩの発達もコントロールできるだろう。いまの時点ではまだ空想のような話だが、二〇二五年にはさほど突飛な話ではなくなっているかもしれない。

これまで技術の倫理については、「責任ある利用か、無責任な利用か」がおもに議論の中心だった。ところが今後、より深い議論が必要になるのは「人間と他の機械に対する、機械のふるまい」についてだろう。システムを信頼すればするほど成功するため、組織はデータ利用の倫理に焦点を合わせるようになる。短期的に言えば、道路上の車にせよ、戦地のロボット兵器にせよ、何か不都合が起きた時には、デザイナー、プログラマー、製造業者、あるいはオペレーターの誰に責任があるのかを決める規則が必要だ。まるでＳＦ小説の世界のように思えるが、ＳＦとは得てして〝未来の現実〟を描いたものだ。創造主である人間よりも賢く、もっと順応性に優れたＡＩが登場した時に果たして何が起きるのかについて、私たちは真剣に考える必要があるだろう。

## 信仰を守る

**人が移動する時、信念や信仰も移動する。多くの人にとって、宗教はかつての暮らしを偲ぶ数少ないよすがのひとつだ。みずからのアイデンティティを確認する重要な要素であるとともに、第二の祖国の市民権や、あとに残してきた国家よりも強い意味を持つ。**

技術がもたらす様々な変化が起きている世界にあって、私たちの内なる信念にはどんな変化が起きているのだろうか。二一世紀は、国境を越え、大陸を越えて、地球規模で移動する数百万人の移民の発生とともに幕を開けた。人が移動する時、信念や信仰も移動する。

こうした動向に加えて、宗教にまつわる世界的な状況も過渡期にある。その原因は、年齢や性別などの人口構成が変化したうえ、出生率や死亡率、そしてもちろん改宗などの人口動態的な統計も変化したことにある。移民の増加はすなわち、多くの国で宗教的な多様化が進んだことを意味する。特に顕著なのが大きな都市だ。というのも、移民はたいていまずは大きな都市に落ち着くからだ。世界人口の八割以上が何かしらの宗教を信じ、多かれ少なかれ、その影響を受けている。多くの人にとって宗教とは、帰属意識をもたらし、その社会において――行動と信条の両方の意味で――自分が誰かを確認させてくれるものだ。そして貿易パターンから女性の就業率、法体系や銀行制度、社会構造までのあらゆるものに影響を及ぼす。人がどう生まれて、誰と結婚し、どう死ぬのかのすべてに影響を与える。

キリスト教は欧州の大部分、南北アメリカ大陸、中央および南アフリカの広大な地域で信仰されている。いっぽうのイスラム教はおもに北アフリカや中東、アジア諸国で盛んだ。このふたつの宗教がうまく共存する方法を見つけ出すことが、二〇二五年までの世界に計り知れないほど大きな影響を及ぼすだろう。最近の調査によれば、今後の数十年間、キリスト教は世界で最大の信者数を誇るものの、二〇五〇年になる頃には、キリスト教信者数とイスラム教信者数の差が縮まるという[159]（図表31）。現在の人口動態の傾向がこのまま続けば、二〇五〇年には世界人口はいまの一・三五倍に増加する。そのあいだに、イスラム教信者は現在の一・七三倍に増加する。イスラム教信者がキリスト教信者よりも年齢層が若く、出生率が高いためである。途上国の若者が宗教に熱心であるのに対して、西洋の住民は平均年齢が上がり、宗教離れも進んでいる（子どもを多く持つつもりもない）。出生率が高く、乳児の死亡率も低下する途上国では、宗教人口のさらなる急増が見込まれる。

『国際宗教人口統計年鑑』では、特定の国の宗教的な多様性や宗教人口について調査している[160]。そのなかで、六つの地域について分析したところ、宗教的な多様性が最も高かったのはアジア太平洋地域であり、次がサハラ以南のアフリカ地域だという。対する欧州とアメリカはあまり多様性が高くなく、ラテンアメリカ・カリブ諸国や中東から北アフリカにかけては多様性が低かった。驚くほどでもないだろうが、宗教を信じない人は宗

| | 2010年の信者数 | 世界人口に対する割合（%）2010年 | 2050年の信者数予測 | 世界人口に対する割合（%）2050年 | 2010〜2050年の信者増加数 |
|---|---|---|---|---|---|
| キリスト教信者 | 2,168,330,000 | 31.4 | 2,918,070,000 | 31.4 | 749,740,000 |
| イスラム教信者 | 1,599,700,000 | 23.2 | 2,761,480,000 | 29.7 | 1,161,780,000 |
| どの宗教にも属さない | 1,131,150,000 | 16.4 | 1,230,340,000 | 13.2 | 99,190,000 |
| ヒンドゥ教信者 | 1,032,210,000 | 15.0 | 1,384,360,000 | 14.9 | 352,140,000 |
| 仏教信者 | 487,760,000 | 7.1 | 486,270,000 | 5.2 | −1,490,000 |
| 民間信仰信者 | 404,690,000 | 5.9 | 449,140,000 | 4.8 | 44,450,000 |
| その他 | 58,150,000 | 0.8 | 61,450,000 | 0.7 | 3,300,000 |
| ユダヤ教信者 | 13,860,000 | 0.2 | 16,090,000 | 0.2 | 2,230,000 |
| **合計** | **6,895,850,000** | **100.0** | **9,307,190,000** | **100.0** | **2,411,340,000** |

**図表31**：宗教別信者数の増加予測（出典：ピュー・リサーチ・センター）

教的な多様性の高い地域で暮らす傾向が強く、キリスト教信者もこれに当てはまる。宗教的な多様性の高い国に暮らす人口は、この一世紀で約一・五倍に増加した。ところが、イスラム教にはその反対の傾向が見られる。一世紀前、宗教的な多様性の低い国に住んでいたイスラム教信者は全体の二割だったが、二〇一〇年にはその数字は三割に増加した。イスラム教徒は、ますます宗教的な多様性の低い国で暮らす傾向が進んだと言える。

宗教はいまでも西洋社会の重要な側面だが、キリスト教信者の多い国では国家と宗教の分離が徐々に見られはじめている。ところがイスラム教信者の多い国はその反対で、政教一致の傾向がとりわけ強い国もある。たとえばサウジアラビアは、国が正式に認めるスンニ派の解釈以外の宗教習慣には不寛容だ。そのいっぽう、イスラム教信者が大多数を占めるインドネシアやマレーシアでは、イスラム教の諸派が伝統的に融合しており、もっと寛容だ。世界中が懸念しているのは、中東から持ち込んだ厳格なイスラム教のほうが教義に忠実で今日的だという理由で、原理主義の信者が増えている現象だ。とりわけ過激なのが超保守的なワッハーブ派であり、これが基盤となって生まれたのが過激派組織ＩＳ（イスラム国）である。

私にとって、今回の「フューチャー・アジェンダ」で最も大きな意味を持つ会話のいくつかは、思いも寄らない場所で行なわれた。それはロンドン、ニューヨーク、ブリュッセル、ドバイ、シンガポール、ムンバイ、香港、シドニーといった通常注目される中心地からは離れた場所で起きた。そのひとつがレバノンの首都ベイルートであり、私は数人の学識経験者とランチのテーブルを囲んでいた。ワークショップでは、水の供給や女性の果たす役割、廃棄物処理の問題など、重要な課題について話し合った。そしてまた、内戦で世界中に散らばった二〇〇〇万人もの離散レバノン人が世界に及ぼす影響と、人口約六〇〇万人のレバノンが、パレスチナとシリアから二五〇万人もの難民を受け入れている現状についても意見を交わした（それに比べて、欧州に流入する難民の数は年間一〇〇万人である）。

ランチの席で、会話は必然的にシリア情勢や、中東の紛争と政治の話になった。様々な意見や陰謀説の飛び交う複雑な会話になったが、私の心を強く動かしたのは、少数派のキリスト教信者が、レバノンという国に対して果たす役割について話が及んだ時だった。レバノンが、中東を覆い尽くすシーア派とスンニ派の対立の縮図であり、イスラエルとシリアの影響が色濃く漂う土地であり、アメリカ、欧州、ロシアという外部の力の紛れもない焦点であるならば、レバノンで暮らすキリスト教信者の政治的な位置づけは相当に異質なものだろう。つまり、彼らは基本的にシーア派とスンニ派の力の均衡を保つ役割を果たす。シリア軍の勢力が低下して、イランを後ろ盾にするヒズボラ[*23]が台頭するのに伴い、レバノンのキリスト教信者は安定を維持する橋渡しの役割を担ってきた。さらに言えば、レバノンに流入するイスラム教信者の難民のせいでキリスト教の影響力が低下する――それゆえキリスト教信者の影響力も低下する――につれ、今後はレバノンのキリスト教信者が、もっと積極的に政治プロセスに関わっていくことが極めて重要になるだろう。

レバノンに住むキリスト教信者の多くがフランスのパスポートを所持しながら[*24]、国のよりよい未来を願って

＊23　レバノンのシーア派政治組織、武装組織。アラビア語で「神の党」の意味。

レバノンに留まりつづけている。「なぜ、留まるのですか」と、私がそのひとりに訊ねた。「しかも、あなたのお子さんはすでにニューヨークとパリに住んでいらっしゃいますね」。すると、こんな答えが返ってきた。「もしパリに移住して、そこで撃たれたら、私は死体安置所で引き取り手を待つただの遺体で終わってしまいます。ですが、レバノンで吹き飛ばされれば殉教者とみなされ、政治的な注目を集めつづけられます」。一国の運命が、このような悲愴な決意にかかっているのだ。

信教の自由という人権は、ますます脅かされている。アメリカ国務省が発表した最近の調査によれば、あちこちの国でその基本的な自由が著しく侵害されているという。(161) 報告書はその原因を、政府の横暴な政策のせいではなく、合法的な権威が崩壊したあとの空白を狙って勢力を伸ばした、武装集団のリーダーや犯罪組織、テロリストのグループのせいだと指摘する。シリアとイラクの国境地帯では、過激派組織IS（イスラム国）が「数十万人の住民を強制退去させ、集団処刑を行ない、拉致、人身売買、奴隷化、強姦、数千人の女性や子どもを無理やり改宗させている……」。狂信的な組織はISだけではない。ナイジェリア、ニジェール、チャドやカメルーンでは、宗教支配を目論むボコ・ハラム[*25]が襲撃やテロ、女子生徒の拉致といった蛮行を繰り返している。

北アフリカ、トルコ、南アジアから移民が流入して、欧州でイスラム教信者が増加すると、政教分離という国の統治姿勢が揺らぎ、宗教と国家との関係が変わってしまうことを恐れる者もいる。また、国境を越えて拡大するイスラム過激派の強力なイデオロギーに対処するメカニズムが、西洋の民主主義には欠けているとみなす者や、信教の自由を支持する社会でありたいという願いと、みなが合意できる共通の価値体系を守りたいという願いの、このふたつのバランスを取ることは難しいと危惧する者も多い。イスラム教信者の多いインドネシアやマレーシアでは、宗教の多様性が後退して、信教や習慣、表現の自由を、猛威を振るう原理主義に奪われてしまうのではないか、という不安も大きい。

二〇二五年までは、いろいろな国が様々な方法で信教の自由に取り組むことになるだろう。アメリカと同じように、フランスも建国の理念を謳った明確な憲法を持ち、すべての市民に憲法の精神を受け入れるよう求める。そのなかには、普通教育によって建国の理念を市民に強く啓蒙すべきだ、という考えも含まれる。だが統一的な憲法典のない英国では、アメリカやフランスとは違うアプローチを取ってきた。移民のサブカルチャーの発達を禁じず、宗教（超保守派のイスラム教を含む）ごとの学校も受け入れてきた。ドイツは宗教的かどうかにかかわらず、狂信的なイデオロギーを排除しようとしつつも、常に宗教教育を支援してイスラム教信者の学校を容認し、彼らが社会に参加する機会を与えてきた。

過激派組織ＩＳに参加して訓練を受けたあとに、自国に戻った過激な戦闘員の行動に、西洋諸国の政府は慎重に対処する必要があるだろう。パリやブリュッセルで起きたテロ事件を契機に、彼らのような戦闘員の問題が大きく表面化した。イスラム教信者の移民と人口が欧州で増加したために、過激な戦闘員はますます政治行動を起こしやすくなっている。だが、ＩＳ参加後に自国へ戻ってきた若い男女を収監するといった厳しい刑罰には、イスラム教社会からも強い反発の声があがるだろう。将来的に、地域に根差したプログラムを展開して若者を過激な思想から守ることが、唯一の解決策かもしれない。

こうした背景のもと、キリスト教は南下する。サハラ以南のキリスト教信者は二億七七〇〇万人、南米では二億五〇〇〇万人を数える。これによってキリスト教の重心地（キリスト教信者の人数分布を考慮した中心地）も、ニジェールの首都ニアメへと移動した。ヴァチカンもこの動きに従うべきだろうか。

＊24　レバノンは第一次世界大戦後の一九二〇年から独立する一九四三年まで、フランスの委任統治領だった。
＊25　ナイジェリアを中心とするワッハーブ派の組織。ボコ・ハラムは「西洋教育は罪」の意味。

| | 沈黙の世代（1928〜1945年生まれ） | ベビーブーム世代（1946〜1964年生まれ） | X世代（1965〜1980年生まれ） | 前期ミレニアル世代（1981〜1989年生まれ） | 後期ミレニアル世代（1990〜1996年生まれ） |
|---|---|---|---|---|---|
| 宗教的な行動 | | | | | |
| 毎日、祈りを捧げる | 67 | 61 | 56 | 46 | 39 |
| 週に1度は礼拝に通う | 51 | 38 | 34 | 27 | 28 |
| 信仰の内容 | | | | | |
| 神の存在を信じる | 92 | 92 | 89 | 84 | 80 |
| 神の存在を強く信じる | 71 | 69 | 64 | 54 | 50 |
| 天国の存在を信じる | 75 | 74 | 72 | 67 | 68 |
| 聖書の言葉を神の言葉と信じる | 69 | 64 | 61 | 50 | 52 |
| 地獄の存在を信じる | 57 | 59 | 59 | 55 | 56 |
| 宗教の重要性 | | | | | |
| 宗教は自分の人生にとって非常に重要だ | 67 | 59 | 53 | 44 | 38 |

**図表32**：宗教に対するアメリカの世代別態度、2014年（出典：ピュー・リサーチ・センター）

## 結論

宗教はいつの時代にも盛衰を繰り返してきた――もちろん地域によっても社会によっても、盛衰のサイクルはばらばらだ。それゆえ、二〇二五年までに状況がどれほど変化しているかを予測することは難しい。ピュー・リサーチ・センターの調査によれば、アメリカでは宗教離れが進み、とりわけミレニアル世代でその傾向が強いという（図表32）。彼らはまた、自分たちは特定の宗教組織には属さないと答えている。とはいえ、この傾向がどこの国でも当てはまるわけではない。

二〇世紀には、善悪に対する私たちの考えに疑問を突きつけ、その判断を変えるようなできごとがたくさん起きた。二度の世界大戦、大恐慌、ブレトンウッズ協定、ロシア革命、冷戦、中国の第二次国共内戦、中国の改革開放、アパルトヘイト、ルワンダ虐殺、宗教離れ、CNNニュースチャンネル、インターネットの出現など、ほんの十数例をあげればこのようになる。二〇一五年までの一五年間を見ても、二一世紀のできごとをたくさんあげることができるだろう。アメリカ同時多発テロ事件、アルカイダ、過激派組織IS、気候変動、二〇〇八年の世界金融危機、欧州で増加するイスラム教信者、SNS、エドワード・スノーデン事件……これらはほんの一例だ。私たちが誰を、何を、なぜ信じるのかも、目まぐるしい速さで変化している。

二〇二五年までに、未来に対する考え方や、誰や何を信じるのかを決定づけるような、どんなできごとが起こるのかは予測できないが、そのようなできごとがたくさん起こることは間違いない。しかしながら、世界各地で開いたワークショップで集めた情報から察するに、世界はますますつながっていると同時に断片化しているようだ。GDP成長率が動かすグローバリゼーションはやがてピークを迎え、成長をもっと包括的な視点で捉える傾向に変わっていくのかもしれない。もっとも、それも一部の地域の話であって、あらゆる地域がそうなるわけではない。私たちがどの情報にアクセスし、どの情報にはアクセスしないのか、私たちが目にし、読み、耳にした情報について最終的にどんな判断を下すのか——ビッグデータ、デジタル化、様々なシステムの変化は、それらを本質的に変えていく。様々な信念や宗教が注目を奪い合い、信仰心を持たない人を対象にした新たなネットワークも登場するなか、ひとつだけ確かなことがある——状況は変化している。

第6章

# 課題5
# 未来の行動

未来に向けた重要な課題と資源制約の必要性を理解する人が増えたいま、どうすればもっと課題解決に結びつくような態度を取り、行動を変えて、重要な資源や未来の地球を守ることができるだろうか。

・逼迫《ひっぱく》する重要資源
・食料廃棄
・都市の肥満傾向
・プラスチックの海
・データ所有権
・電子マネー
・教育改革
・大衆の積極的関与《マス・エンゲージメント》
・取り残された者へのケア
・結論――まだ愚かにふるまい続けるつもりか

将来に目を向ける時、地平線上に見えるのは、技術の進歩がもたらす変化の兆しだ。たとえば自動運転車、データ・マーケットプレイス、[*1]オーダーメード医療などである。同じように、変化を起こすためにはルールづくりが待たれる分野もある。たとえば個人データ保護や国際貿易、定年退職などの問題がそうだろう。だが、なかには技術や規制などの外部の調整を必要とせず、私たち一人ひとりがその問題をどう捉え、理解し、行動するかによって起こせる変化もある。そのほとんどは環境問題だが、それ以外の分野においても、基本的で重要な問題に対して私たちがどんな態度で臨むのかが大きな変化を生む――重要なのはただ、私あるいは私たちがどんな意識を持ち、何に価値を見出し、どう行動するかだけなのだ。

環境分野について言えば、資源利用や食料廃棄の問題がある。これらは世界共通の問題だが、なかには難しい状況が絡む場合もある。二〇一五年九月、ベイルートでゴミが数週間にわたって収集されずに放り置かれ、路上に溢れるというできごとが起きた。ゴミの収集に誰かが異議を唱えたからではない。原因は、どちらの土地にゴミの埋め立て地をつくるかをめぐって、スンニ派とシーア派が対立したことにあった。そのいっぽう、

＊1　161頁を参照。

食べ物の未来についてワークショップを開いたウィーンの通りには、蓋を色分けした、七種類もの分別用ゴミ容器（コンテナ）が設置してあった——「古紙」「リサイクル不可能な廃棄物」「枯葉や野菜くずなど有機肥料になるもの」「プラスチック類」「色のついていないガラス」「色付きのガラス」「空き缶用」の七種類である。このように、同じ問題についても対応がまったく異なる。システムも状況も明らかに異なれば、文化の違いばかりか政治的な事情も大きく絡んでいるが、実のところ、ゴミに対する基本的な態度や行動は、さほど違わないのかもしれない。つまり、もしゴミを一部の人だけでなく、私たちみなが資源とみなしたならば、何をゴミと考え、どこに棄てるのか、その理由や方法にもすぐに変化が表れるのではないかと思うのだ。

環境問題以外の分野について言えば、ますますつながり、デジタル化が生活を変えていく世界にあって、デジタル・フットプリント（行動履歴）の問題は今後、議論の機会が増える分野のひとつだろう。データ所有権についても、もっと積極的な対策の必要性を訴える者がいるいっぽう、あまり懸念していない者もいる。だが私たちが意見を交わした多くの専門家によれば、個人データの価値を理解する人が増えるのに伴い、データ共有に対する個人の意識が、この数年で大きく変わるかもしれないという。そのような変化が、特定の地域ではなく特定の年齢層やグループに現れると考える者もいれば、ワシントンDCで〝プライバシー分野のチェルノブイリ〟と呼ばれるような〝大惨事〟が頻発すれば、データに関する態度は世界全体で変わるだろうと考える者もいる。

世界各地で開いたワークショップでは、その他にも教育や肥満、精神衛生、大衆の積極的関与について起こりうる変化をテーマに議論した。どれも特に新しい問題ではなく、公の場で議論されるようになって久しい変化である。

多くの者にとって、そのような変化は早急に起きたほうが望ましく、また起きても不思議ではないというのに、なぜかなかなか起きない。なぜならそれは、多くの人が気づき、また深く理解している人も少なくないのに、実際に行動を起こそうという者がほとんどいないからだ。本章では様々な話題について探り、何が私たちの意識を変え、行動を変えるのかについて見ていこう。

## 逼迫《ひっぱく》する重要資源

**重要な資源を確保することが経済的、物理的、政治的に難しくなると、国内においても国家間においても緊張が増す。人間は毎年、その年に地球が生産できる以上の資源を消費しており、今後は原油や天然ガスだけでなく、食料や水資源の不足についても注目が集まるだろう。**

地球の再生産量を超える資源を消費しつづけた場合、それが環境に与える影響について、世界中で懸念が高まっている。地球が安定供給できる一・六倍もの資源量を、私たちは毎年、消費しているのだ[162]。状況は複雑にしろ、問題の本質は変わらない。すなわち、重要な資源を必ずしも使い果たしてしまったわけではないが、多くの資源を確保することが経済的、物理的、政治的、あるいは環境的にいっそう難しくなる。その結果、二〇二五年には手に入れるのがますます難しくなる資源が増え、必然的に価格は上昇する。特定の資源が激減すると、産出国は資源を囲い込み、価格の高騰を招く。

いまのままのペースで消費しつづけると、鉛蓄電池の重要な原料であるアンチモンは、あと約八年で枯渇する。太陽光パネルの重要な原料であるインジウムは残り一二年。銀と亜鉛は一七年、銅は約三〇年、チタンはあと四五年で枯渇する[163]。それ以外の資源はもっと豊富にしろ、経済的、政治的、あるいは環境的な理由で入手が困難になる（図表33）。あと四〇～八〇年は枯渇しない石炭も、二酸化炭素の排出量と地球環境への影響を理由に、すでに消費が制限されている。代表的な化石燃料である原油と天然ガスも、また別の理由で入手が難

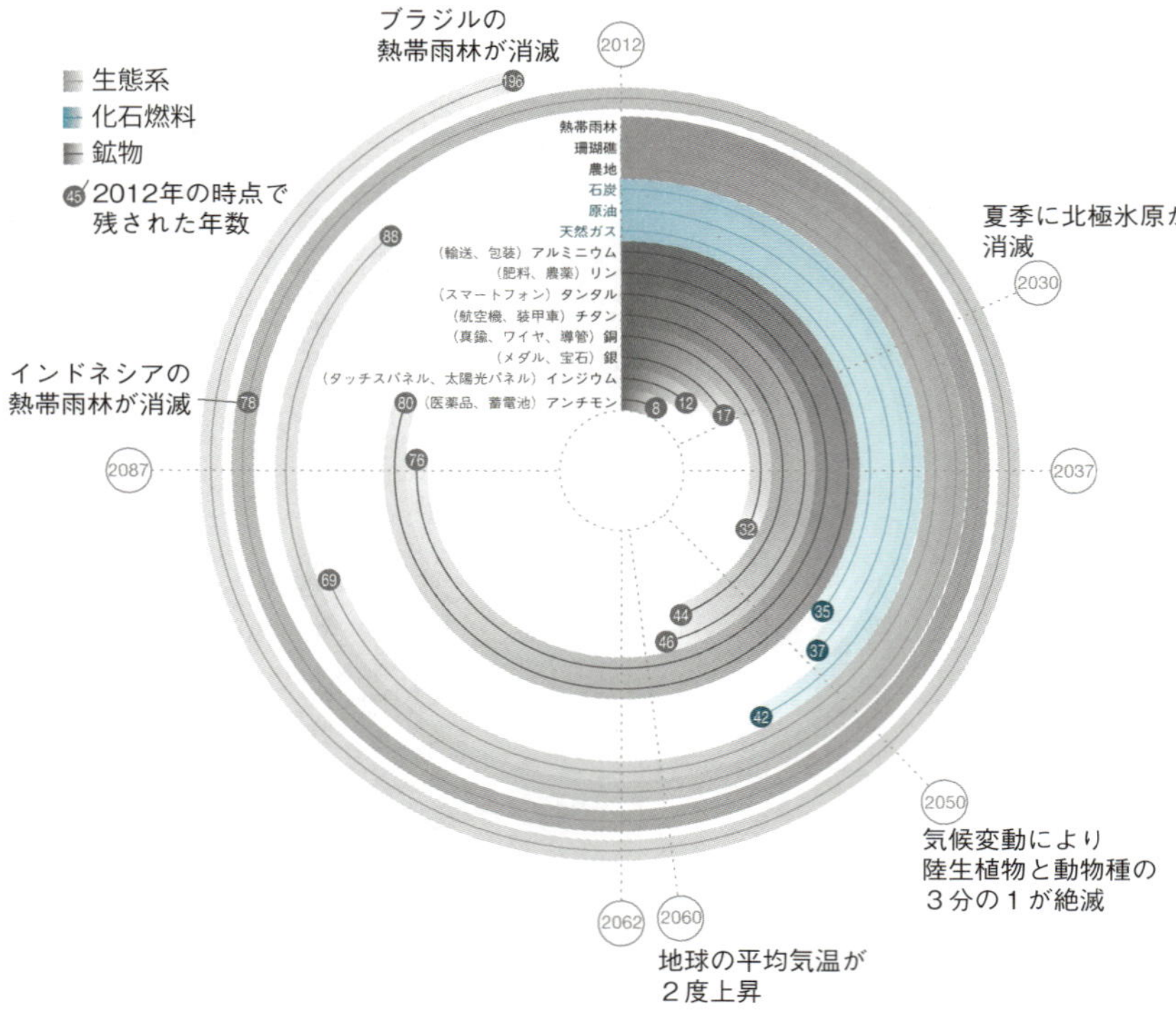


**図表33**：再生不可能な資源の推定される残り年数、2014年（出典：ＢＢＣ）

しくなる。あまり一般的ではないが、肥料として欠かせないリン鉱石は、産出国が数カ国（アメリカ、中国、モロッコ）に限られ、あと七五年ほどで枯渇する。リンには代替物質がなく、人工的につくり出すこともできない。しかもいまのところ、有機的な方法でしかリサイクルできない。(164) リンに対する需要は、効率的な食料生産を望む声と直結している。ピーク・リン*2は二〇三〇年頃と見られるが、重要な資源問題として今後、リンの枯渇がニュースで取り上げられる機会が増えるだろう。

　他にも重要な課題は、枯渇はしないが増えることもない水資源が、ますます危機にさらされていることだろう。地球上の水の量は一万年前と変わらないが、問題は私た

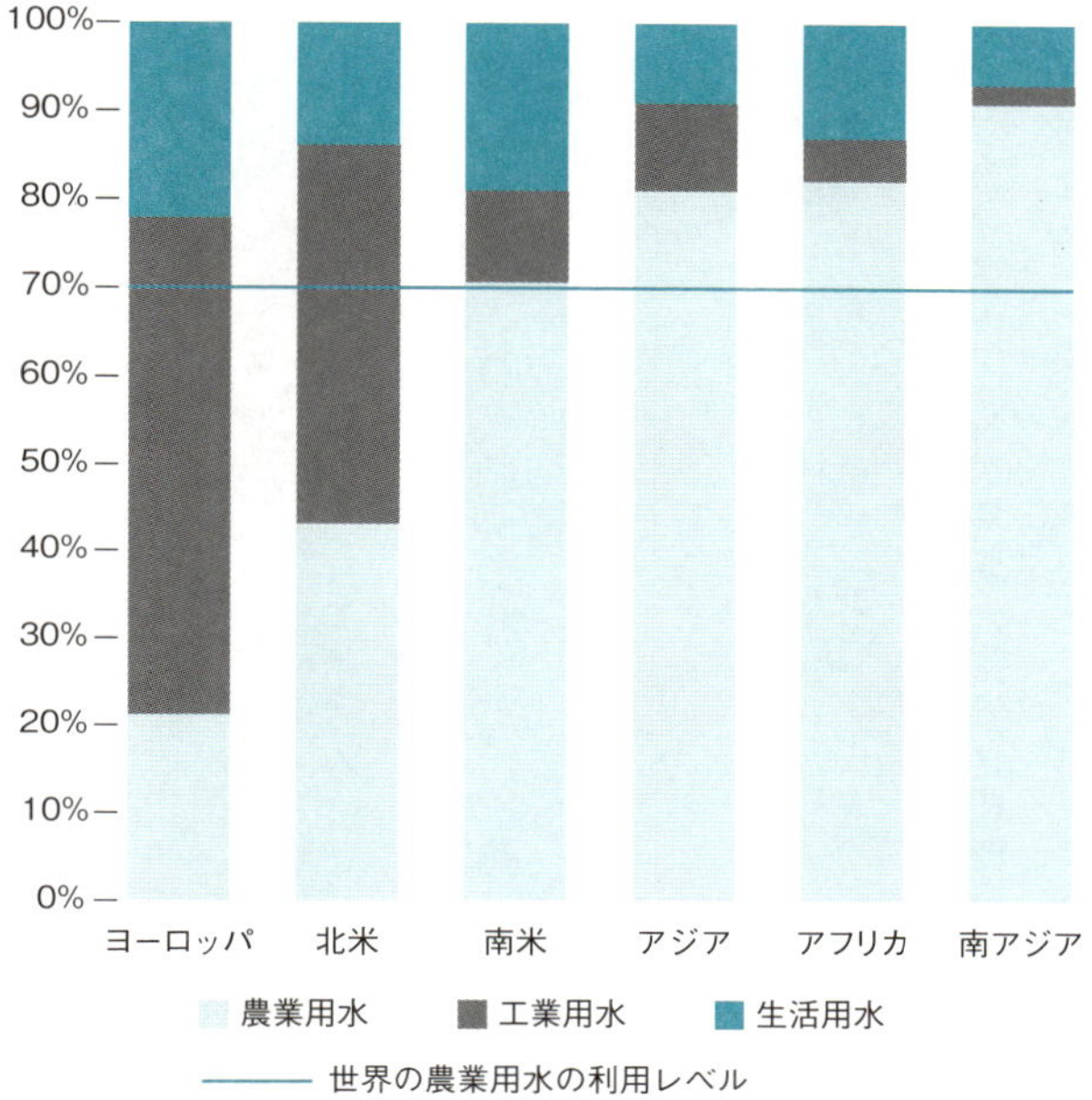


**図表34**：世界の水使用目的（出典：グローバルアグリカルチャー・オーグ）

ちの使い方にある。世界の真水の約七割が農業用に使われる。国によっても差はあるが、残りの三割が家庭用か産業用に使われるか、システムのなかで無駄になってしまう[165]（図表34）。一〇億人に行き渡る水の量で一〇〇億人の生活を賄うことは難しい。それにもかかわらず、今日、真水の価値を知り、その真のコストを理解している地域はほとんどない。今後は、水を供給する難しさをもっと幅広い人たちが理解するだろう。

食料〝供給〟以上に大きな問題なのは、地域レベルと局地レベルでの食料〝流通〟だ。食料が豊富ではない土地で暮らす人が増えたために、新鮮な食料を手軽な価格で届けることはいまでも難しい。「人口増加」「不安定な天候パターン（それゆえ収穫量の予測が難しい）」「資源としての食料」の三つは、経済でも政治でも大きな関心事になるだろう。

＊２　リンの供給が不足して価格が高騰する時期。

人口増加に伴い、二〇二五年に向けて、世界規模で食料を安定供給することはさらに難しくなる。(166)「食習慣を変える」「肉食を減らす」「生産量を増やす」「遺伝子組み換え作物の種類を増やす」などの解決策が考えられる。これらの対策が効果を現す文化もあるにしろ、すべての文化で受け入れられるわけではない。となると課題は、新たに扶養する必要のある一〇億人をシステムに組み入れつつ、逼迫の度合いを増す食料供給にどうやって対処するのか、ということになる。

より多くの食料を生産する上で重要だが、大規模な都市化の影響を受けるのが、耕作地面積である。一九六〇年に〇・四五ヘクタールだったひとり当たりの耕作地は、現在では〇・二五ヘクタールに減少した。この傾向は今後も続くと思われる。このような変化は、過去五〇年に及ぶ農業経営の効率化の賜物だが、懸念されるのはこれからの五〇年だ。二〇一〇年をピークに減少の一途をたどる耕作地面積で、より多くの食料を生産しなければならないからだ。増加する人口を養うためには、二〇二五年までに食料生産を、それゆえ生産力を、持続可能な方法で倍加させる必要があると多くの者が考える——だが、そうは考えない者もいる。もっとシンプルな選択肢があるかもしれないからだ。

## 食料廃棄

**サプライチェーンの段階か消費の段階で廃棄される食料は、三割から五割にものぼる。これは、地球上の三〇億人を養える量に相当する。途上国では食料の流通と貯蔵を最適化することで、先進国では正しい消費者情報を伝えることで、食料廃棄の問題を解決できるかもしれない。**

ショッキングな統計がある——世界で生産される食料の四分の一が、食べられることもなく廃棄されてしまうのだ。西洋の消費者が毎日、廃棄する食料は、サハラ以南のアフリカ諸国が生産する食料の量全体に匹敵する。毎年、世界で廃棄される食料は二〇億トンに、金額にして約一兆ドルに及ぶ。[167] もし今世紀のうちに、限られた土地と水資源であと一〇億もの人口を養うのであれば、大量の食料廃棄の問題に取り組むことが、私たちにできる最も重要な方法ではないだろうか。途上国において、データを活用して食料の輸送と貯蔵を最適化するとともに、先進国において消費者の啓蒙活動を行なえば、あと三〇億人を養えるかもしれない。

住んでいる地域によっても違うが、かつて生産・貯蔵段階で発生していた食料廃棄の問題は、輸送・消費段階の問題に変わってきている。途上国では、食料廃棄の四割が「収穫後」「貯蔵」「加工」の三段階で起きる。対する先進国では、同じく四割が「小売」と「消費」の段階で起きているのだ[168]（図表35）。中国では、米の全生産量の四五パーセントが廃棄され、ベトナムではその割合は八〇パーセントにも及ぶ。インドのデリーにはアジア最大の食料市場があるが、冷蔵貯蔵設備がない。つまり急上昇する気温のせいで、野菜や果物は鮮度を失ってしまう。南アフリカ共和国では、収穫されたマンゴーの五割が、輸送が始まって最初の一・五キロメートルで傷んでしまい、冷蔵貯蔵設備のないインドでは毎年二〇〇〇万トンもの小麦が廃棄処分になる――この数字はオーストラリアで毎年、生産される小麦の量に相当する。貯蔵方法を、シンプルで低価格な方法（紙袋や粗い布製の袋をやめて木箱を利用するなど）に変えるだけでも、廃棄は劇的に減らせるはずだ。

国や地域によって生産性にも大きな差がある。インド全体の生産性は、世界の平均生産性のおよそ半分しかない。一エーカーあたりで見た場合、アメリカの農家の生産量が一一トンであるのに対してインドでは三トンにとどまる。こうした生産格差の原因は、生産量を簡単に上げるための動物飼料を、インドの農家の九割が使用しないからだ。すでに耕作地のほとんどを活用し、都市化が進み、気候変動によって自然のバランスが急速に崩れつつあることを考えれば、食料産業にとっての大きなテーマは、一ヘクタールあたりの生産量を上げることだろう。[169]

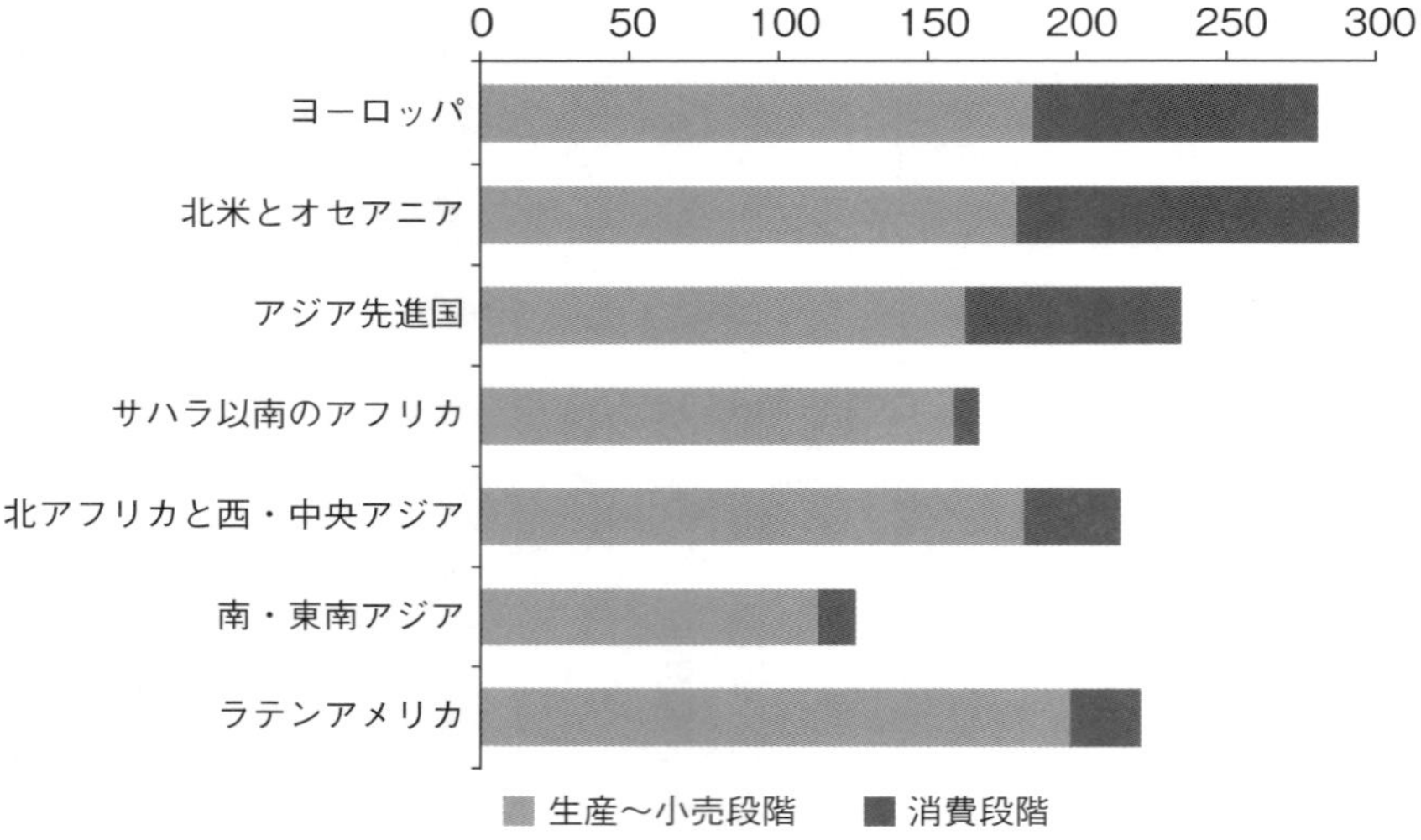


**図表35：**ひとり当たりの食料廃棄（キログラム／年）（出典：国連食糧農業機関）

明らかな選択肢のひとつは、積極的に遺伝子組み換え食品を増やすことである。この考えに抵抗のない地域もあるが、ＥＵは遺伝子組み換え食品をまるで悪魔か何かのように忌み嫌っている。だが旱魃に強い作物や塩水でも育つ作物については、遺伝子組み換えを支持する声が大きいため、広範な遺伝子組み換え生産に踏み切らなくても食料問題を解決できる、と主張する者も多い。

同様に重要な課題は、水の供給と灌漑《かんがい》である。農業が消費する真水の割合は全体の七割にも及ぶため、食料廃棄を減らせば真水をもっと他の用途にまわせる。アメリカでは購入した食品の三割が捨てられ、これによって、食料生産に使われた真水の半分が無駄になった計算になる。世界中で湛水《たんすい》灌漑*3やスプリンクラー灌漑を点滴灌漑*4に換えれば、それだけ水を有効利用でき、生産量は一・三倍以上に改善すると見られる。

西洋の小売業界において廃棄の大きな原因は、食品の品質規格と見た目に対するこだわりである。多くの先進国では、収穫された野菜のおよそ半数が、見栄えが悪いという理由で店の棚に並ばない。曲がった人参は誰も買いたがらないらしい。食品のラベル表示も問題だ。英国では、表示された製造日を、消費者が消費期限と誤解することが原因で、全食品の二割が捨てられるという。そのため「消費期限」だけを表示してほしいという要望に応えて、スーパーマーケットチェーンのテスコでは、欧州で展開する全店で試験的に取り組んでいる。そのいっぽう、スマート冷蔵庫や貯蔵キャビネットをネットワークでつないで、食品パッケージと情報をやりとりし、冷蔵庫の中身や食品の消費期限を確認したり、インターネットで食品を注文したりすることで、余分な食品の購入を控えることも選択肢のひとつだろう。

世界のどこでもかなりの量の廃棄が出るのは、ホテルやケータリングサービス産業である。この業界では、食料廃棄の八割がパーティや会議、結婚式の披露宴で発生する。大人数に食事を提供する際、ホテルは着席スタイルよりも安く上がるビュッフェを好む。人件費は安くつくものの、用意した分に対する消費の比率という意味において、バンケット（宴会）はとりわけ効率が悪く、大量の廃棄が出てしまう。シンガポールでは、中国スタイルの結婚式の披露宴に一〇〇〇人規模の客を招待する。そのためホテル側では、招待客が友人を連れてくることを見込んで、たいてい一割ほど余分に料理を用意する。ところが招待状を送って出欠を確認するという行為が嫌われる文化のために、招待客が五〇〇人しか現れないこともある。となると、せっかくの料理の五五パーセントが無駄になってしまう。

別の選択肢は、食べ物が必要な人に、売れ残りの食品を配布することだ。食品安全規制のせいで、残念ながら食品の再利用を禁じる国も多いが、プレタマンジェ[*5]では、売れ残った商品をホームレスの慈善団体に寄付し

＊3　水田などに見られる、耕作地全体が水没する灌漑方法。
＊4　作物の根に近い部分に、点滴をするように水を供給する灌漑方法。
＊5　サンドイッチやサラダのファストフードチェーン。

ている。また個人でも、レフトオーバースワップ*6のようなアプリを活用して、食べ残しを食べても構わないという個人からの連絡を待ったり、オーストラリアではセカンドバイトのような組織を活用して、不要の食品を地元のフードバンクに寄付したりできる。アメリカの多くの都市では、もはや食品が埋め立て地に運ばれることはない。エネルギーに変えられるのだ。あちこちで建設が進む嫌気性消化タンク*7で、食料廃棄物からバイオガスを発生させる。英国では、高級スーパーのウェイトローズがすでに、店で出た廃棄物をすべて嫌気性消化タンクで処理している。フランスでは、スーパーマーケットによる売れ残り食品の廃棄を禁ずる法律が通過した。

もし現在の食料廃棄量を四分の一だけ減らせたら、飢餓に苦しむ世界の全人口を養えるだろう。そして半分に減らせた時には、あと一〇億人の人口増加にも充分に対応できる。二〇五〇年には、いまの一六〇パーセントの食料を確保しなければ、地球上の九〇億人を養うことはできない。だが現在の廃棄レベルを半減させれば、その一六〇パーセントという数字を二二パーセントも削減できる。この比較的簡単な解決法によって、世界が抱える大きな問題を解決できるのだ。途上国において、サプライチェーンと冷凍貯蔵を改善し、農家の研修に努めることにはかなりの努力と時間を要するが、「食料」「表示ラベル」「食料の価値」に対する私たちの態度を地球レベルで改めるだけで、すぐにでも変化が表れることは間違いない。

## 都市の肥満傾向

あちこちで都市化が進み、人間の活動量が減って食生活が偏ると、肥満傾向に拍車がかかる。ほとんどの都市で急速に肥満化が進み、それに伴う医療費はまもなく世界のＧＤＰの五パーセントを占めるだろう。

食品の消費に関連して言えば、カロリーの摂りすぎは慢性疾患につながる。これほど世間で警告されているにもかかわらず、患者数は年々増えるいっぽうだ。肥満の蔓延が大きな社会問題になってすでに久しい。しかも、二〇三〇年には世界人口の約半数が過体重（太り気味）になると見られる。[170] 肥満を、国の医療費負担を脅かす時限爆弾とみなす政府も多い。

現代のアメリカ人の体重は、一九六〇年よりも平均して一一キログラムも重い。肥満が増えれば、経済的生産性の低下によって毎年、相当額の損失が見込まれる。だがその数字を織り込まなくても、二〇三〇年には肥満が原因の医療費が五五〇〇億ドルも増え、アメリカの医療費支出の一六～一八パーセントを占めることが予想される。[171]

世界的に見て、人口に占める過体重と肥満の比率が最も高い国は、これまで通り太平洋諸島である。そのあとにクウェートやカタール、サウジアラビア、アラブ首長国連邦などのペルシャ湾岸諸国と、人口の多いアメリカとメキシコが続く（図表36）。アメリカの肥満率は三五パーセントと高い。いまのところ肥満率が平均してアメリカの約半分であるアジアとアフリカのほとんどの国でも、状況は――とりわけ都市部において――急激に悪化しつつある。インドと中国では、都市部の肥満人口の割合が農村部の三倍から四倍に及ぶ。[172]

二〇一四年、中国の成人人口の二五パーセント以上が過体重か肥満だった。中国人の一一・六パーセントが糖尿病だ。これは、肥満率三五パーセントというアメリカに匹敵する高い数字である。中国の少年の肥満率は七パーセントを占め、成人男子の二倍に当たる。いっぽうのインドでは、都市部の男女は農村部の男性よりも

＊6　レフトオーバーは英語で「残り物」を、スワップは「交換」を意味する。
＊7　有機物を、酸素の発生しない（嫌気性）条件下で生物分解する方法。

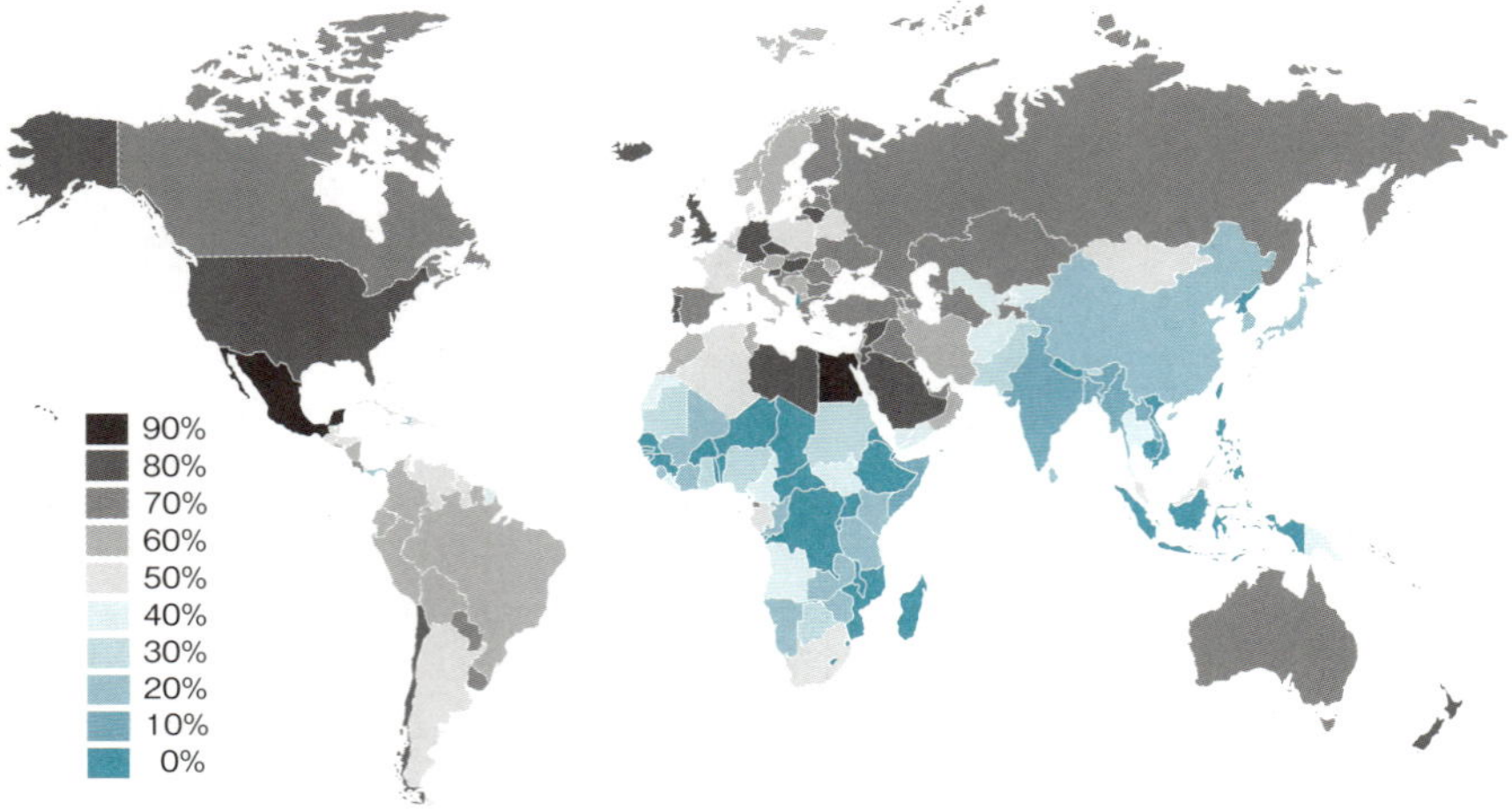


**図表36：**世界各国の成人の過体重と肥満の比率、2013年（BMI25以上）
（出典：ワシントン大学健康指標評価研究所）

血圧が高く、脂質異常症で糖尿病予備軍も多い。肥満と糖尿病の比率は、都市部の住民が農村部の住民の二倍以上高い。またアフリカにおいて、都市部の肥満の問題は、とりわけ貧困層のあいだで顕著だ。アフリカ大陸全体で、都市部の肥満は農村部のほぼ三倍にのぼる。アフリカの都市人口の三人にひとり以上が過体重か肥満であり、最近増えているのが、教育を受けていない貧困層の女性の肥満だ。恵まれない家庭で肥満の問題が起きやすいのであれば、苦しい家計に、医療費がさらに大きな負担となってのしかかる。

　世界中のあちこちの都市が、肥満問題に取り組むプロジェクトに乗り出した。二〇〇一年以降、パリでは車の所有率が半分に減った。ロンドンでは、二一世紀に入った頃と比べて自転車に乗る人が二倍に増えた。台北が多くの女性に勧めているのは、レンタル自転車サービスのユーバイクを活用したサイクリングである。ニューヨークでは、パリやロンドンに続いて、自転車のシェアリングプログラムの充実を図るとともに、車の制限速度を低く設定した。コロンビアの首都ボゴタでは、毎週日曜と祝日に、一二〇キロメートルにわたって道路を通行止めにして車を締め出し、おおぜいの市民がサイクリングを楽しむ。このプロジェクトを真似た都市も多い。たとえばデリー近郊のグルグラムでは、二〇一三年以降、日曜日の午前中に歩行者天国を設けて、市民がスポーツを楽しむ「ラーギリ」というプロジェクトを実施している。ブラジルでもあちこちの都市で自転車利用を促進する大会を催し、またメキシコシティのパセオ・デ・トドス（毎月一度、夜に開かれるサイクリング大会）は有名だ。ただ、急速に発展する途上国の都市部では、このようなプロジェクトを真似るか独自の方法で、市民の重い腰を上げさせることは難しい。

経済格差も肥満防止には役立たない。アメリカ疾病予防管理センター（CDC）によると、アメリカの子どもの肥満は、「世帯主の教育レベル」と「所得の低さ」の両方と直接的な関係があるという。肥満の子どもを持つ家庭の世帯主が高校中退者である比率は、大学卒業者である比率の約二倍だ。また、貧困線を下まわる家庭には肥満が多い。[173]

今後二〇三五年までのあいだに、重度の肥満は世界全体で一・三倍に増加すると予測される。かつて裕福な国に特有の問題と見られていた肥満は、いまや世界的に最も懸念される健康問題になったのだ。肥満は高齢化と並んで、健全な医療サービスの存続を脅かす要因とみられ、どの国においても、増えつづける医療費を支えきれなくなるだろう。英国では肥満は喫煙に次いで社会に大きな影響を与え、すでに英国のGDPの三パーセントを占めている。一部の国で肥満がピークを迎えたと見る者もいるが、それ以外の国では――特に都市部において――増加傾向にあることは間違いない。大規模な都市化が進み、数百万人が都市に押し寄せ、食品はますます安くなって手に入りやすくなり、世界の成人人口の一二人にひとりが糖尿病を抱えるいま、都市人口の肥満化が社会や経済に及ぼす負担は、太りすぎの人間のウエストのように膨れ上がるばかりだ。ほとんどの人間は、肥満が引き起こす問題を理解している。理解していないとしても、政府や医療関係機関が必死の啓蒙活動を行なっている。食べすぎれば体重がオーバーし、糖尿病のリスクが増大することをよく理解していても、多くの人が、それも医療関係の専門家でさえ、頭でも心でもなく、胃の欲しがるままに食べつづけているのだ。

## プラスチックの海

**世界のあちこちの海で人為的な汚染のレベルが悪化し、改善する兆しもない。二〇五〇年には、世界の海を漂うプラスチックの数が、魚の数を上まわっているかもしれない。**

同じように食品に関係があるが、もっと広い範囲にわたる別の問題について取り上げよう。商品パッケージやペットボトルなどの廃棄物と、それが世界の海に流れ込んでいるという問題に対して、私たちはどう行動するのか。これまでは、人間が捨てたゴミを広大な海が吸収して分解してくれると考えられてきたが、実のところ、海に流れ込んだゴミはほとんどなくならない。それにもかかわらず、海に流れ込むプラスチックゴミの量は、二〇一五年から二〇二五年までのたった一〇年間で倍加すると見られている。(174)

私たちは青い惑星に住んでいる。地表の四分の三を世界の海が覆っている。地球上に存在する水の九七パーセントを海洋が湛え、人間の活動がつくり出す二酸化炭素の三分の一を吸収し、気候変動の影響を和らげる緩衝装置の役目を果たしている。人為的な活動が大気中に放出した二酸化炭素は、海水に溶けると炭酸を発生する。そのため近年、懸念されているのが海洋の酸性化だ。海洋の水素イオン指数（pH）が酸性に傾くと、炭酸カルシウムの骨格や殻をつくる珊瑚や貝のような生物の成長を阻害する。とはいえ、世界の海が直面している汚染問題は酸性化だけではない。さらに急速なスピードで深刻化している問題があり、その影響は膨大で悪化の一途をたどっている。

海洋汚染の原因の八割は、人間が地上で行なう活動だ。ゴミは排水設備を流れるか、排水設備に捨てられて川へ入り、海に流れ込む。油、肥料、下水、プラスチック、有害化学物質も同じ経路をたどる。最近は油の流出は減ったものの、リサイクルシステムが整備されていない国では、油を直接、配水管か川に捨てる。農場や芝生から流れ出した肥料の栄養素は藻《そう》類を発生させ、溶存酸素、すなわち水中に溶けている酸素量を激減させることで、海洋生物を窒息死させてしまう。メキシコ湾やバルト海には、すでにそのようなデッドゾーン（酸欠海域）が存在する。適切に処理しないまま下水を海に流す地域も多い。たとえば地中海諸国の八割がそうだ。最近、この問題に新たに加わったのが、海水淡水化プラントである。中東からオーストラリアやカリフォルニア州まで、慢性的な水不足に悩まされる国や地域のあちこちで建設ラッシュが続く。プラントは、海水から淡水を生産する際に海に塩分を加え、海洋の塩分濃度を、それゆえ毒性を高めてしまうのだ。

どの汚染物質も深刻な被害を与えているが、なかでも目に見えて被害が甚大で、二〇二五年までに最も大きな汚染をもたらすのがプラスチックだ。毎年、およそ二億七五〇〇万トンものプラスチックゴミが発生する。[175]そのうち、四八〇万から一二七〇万トンものプラスチックが、海に流れ込むか意図的に海に捨てられる。世界銀行の予測によれば、地球上の一般廃棄物（都市ゴミ）は、一五年以内に――二〇三〇年までに――倍加し、そのうちのほとんどが使い捨てのプラスチックゴミだという。プラスチックボトル、レジ袋、風船、包装、靴はどれも、分解されるまでに数十年かかる。しかも、魚、イルカ、アザラシ、カメや海鳥などのほとんどの海洋動物が誤って飲み込んでしまう。プラスチックで消化管を詰まらせた海洋動物は、これまでに少なくとも二六七種が確認されてきた。

プラスチック汚染は世界的な問題だが、その発生源は判明している。今日、海洋プラスチックゴミの六割が中国、インドネシア、フィリピン、タイ、ベトナムの五カ国で発生しているのだ。メディアはすでに「太平洋ゴミベルト」という名前で呼びはじめた。[176]アジアのプラスチック消費量は一〇年後の二〇二五年には一・八倍に増加し、その総量は二億トンを超えるだろう。この五カ国に、急速な対応を求める組織や活動家も多い。地域的に見れば、EUは二〇一八年までにレジ袋の利用を半分に減らすという目標を掲げているが、これも国際的な取り組みではない。二〇五〇年には、プラスチックの生産量が現在の三倍に達すると見積もる専門家もいる。世界経済フォーラムでは、二〇五〇年までに、世界の海を漂うプラスチックの量が魚の数を上まわるだろうと予測する。

しかしながら、世界の海にはプラスチック汚染以外の危険も高まっている。難しい政治的問題のひとつは、浚渫《しゅんせつ》[*8]と埋め立てである。南シナ海では中国が暗礁を埋め立てて人工島を建設した。インドネシアは砂を採掘してシンガポールに売却し、シンガポールはその資源を使ってこの四〇年間に、一三〇平方キロメートルもの〝埋め立て地〟を建設した。採掘現場は陸から海へと移りつつある。

このような人間の様々な行動の影響が明らかになってきたいま、問題は、前向きな変化を生みだすものは何か、だろう。そして、これほど深刻化した海洋汚染について、二〇二五年までに目に見えるような具体的な変化を望めるだろうか。望めると考える者もいる。国連は「持続可能な開発目標」の一四を、「海洋と海洋資源を持続可能な開発に向けて保全し、持続可能なかたちで利用する」と定め、「二〇二五年までに、陸上活動による海洋堆積物と富栄養化《ふえいようか》をはじめ、あらゆる種類の海洋汚染を防止し、大幅に削減する」と謳っている。

残念ながら、海洋のほとんどはどこの国の領海でもない。地表の四割以上（三億七〇〇〇万平方キロメートル。アフリカ大陸の七倍）がみなのものであり、誰のものでもない。そしてそのために、海洋は規制されていないも同然だ。各国がその海岸線に近い海域については、漁業、環境、観光、防衛などの多様な政策によって保全と管理に努めているが、排他的経済水域（一二〜二〇〇海里）の外の公海については、どこの政府の管轄も及ばず、ほとんどが野放し状態である。魚やイルカやプランクトンが被害を受けるのも、その公海においてだ。世界的なルールを設定する者も、解決策に同意する国も少ない。

私たちは、いつになったら目が覚めるのだろうか。環境や生態系に及ぼす影響や、さらには財政的な面から見て重要な食料資源に及ぼす影響がどこまで悪化すれば、私たちは態度を変えるのだろうか。新たな基準を設定する中国に信頼を置く者もいるが、その標準も地域的なものに終わる可能性が高い。地球規模の話で言えば、「海洋経済《ブルー・エコノミー》」[*9]の価値を改めて考えるべきだと説く者もいる。たとえば、世界海洋委員会は、海洋環境に流れ込むプラスチックゴミをゼロにするという、野心的な長期目標の採決を求めてきた。そのためには、新たなパートナーを組むとともに、私たち自身が態度を改める必要があるだろう。欧州とアメリカが、アジアへ廃棄物を輸出する慣行[*10]も廃止しなければならない。廃棄物を資源として捉えるならば、二〇二五年までに私たちの考え方も——ひょっとしたら行動も——変わるかもしれない。

食料供給を維持するためであれ、国連の開発目標を達成するためであれ、公海に秩序をもたらすことは今後の世界にとって非常に重要だ。「生物多様性の破壊」と「窒素の量」において、人類はすでに地球の限界点《プラネタリー・バウンダリー》を超え、その影響はますます明らかになってきている。私たちは海洋汚染についても、限界点を超えるような事態を防ぐことができるのだろうか。

## データ所有権

### ユーザーはデジタルシャドウ[*11]の価値を理解し、プライバシー・エージェントはクライアントのデ

*8　海や川などの水底の土砂を掘削する作業。
*9　海洋が持つ可能性に着目し、持続可能な開発を中心に据えた経済政策。
*10　金属などの廃棄くずの他、廃棄された家電や電子機器などをアジアに輸出している。輸入したアジアの国々では、金属資源などの回収作業において環境汚染や健康被害をもたらし、大きな問題になっている。
*11　個人について日常的に生成されるデジタル情報。

ータをキュレートする[*12]。個人データを保管すれば、情報を透明に管理できる。私たちは自分に関するデータの所有権を保有し、共有もコントロールしようとする。

資源や廃棄物の他にも、私たちが態度を変えると思われる急成長分野がある。そのひとつが個人データであり、個人データに対する考え方や価値観や共有方法についてである。より便利なオンラインサービスを受ける見返りとして、私たちはつい最近まで、さほど大きな不安も感じずに、個人データを書き込んで医療研究や交通調査に協力してきた。だが名前や生年月日、住所といった、個人が特定できる情報を書き込まなかったからといって、デジタル・フットプリント（行動履歴）が隠せるわけではない。データベースを対照する能力が発達したせいで、匿名性を維持することはほぼ不可能になった。インターネットは、私たちユーザーの価値をつくり出した。何と言っても、私たちはSNSのようなサービスを無料で利用している。そのためユーザーは、つながればデフォルトで管理され、コントロールされるコモディティ（商品）になったのだ。私たちの個人データをコントロールするのはインターネットサービス企業や政府であり、彼らがあくまでも彼ら自身の利益のために、私たちの個人データを利用する。彼らが私たちの問題を解決したり、私たちの利益のために利用したりすることはない。プライバシーをテーマにウィンザー城で開いたワークショップで繰り返し出た発言のように、「あなたが商品にお金を払わないのなら、あなた自身が商品だ」というわけである。

さらには、個人データの収集と販売によって企業が莫大な利益を得ている、という事実に多くの者が気づきはじめたこともあって、個人データを自分で管理したいと望む者が増えた。だが、そこにはジレンマも発生する。個人データの公開によって得られる利益や利便性と、個人の力やコントロールを手放したくないという欲求とのバランスを、どううまく取るかという問題だ。

現在のようにつながった世界で完全なプライバシーを保つことは不可能にしろ、企業の検索エンジンに個人データを何もかも差し出さずに、インターネットを利用する方法もある。たとえばインディーウェブというソフトウェアを使えば、近況の更新や写真、ブログ、コメントなど個人が投稿したすべての情報を個人で所有できる。しかも、インターネットの他のサービスが使えなくなることもない。インディーウェブが思い描くのは、使いやすいオープンソース・ソフトウェアを利用して、個人データのプライバシーを保ちつつ、投稿を可能にする世界だ。

二〇二五年になる頃には、デジタル世界と現実世界とがシームレスにつながっているだろう。そして、デジタル世界の真実が現実世界の真実になる。つまり、私たちは自分のデジタルシャドウをもっと意識して、自分自身が〝データの所有者〟にならなければならない。それと同時に、消費者は自分の個人データが持つ力をより強く意識するようになり、個人データが利用される方法をもっと自分でコントロールしたいと思うはずだ。[177]

コンピュータが読み取り可能なフォーマットにおいて、個人データの所有権を完全に保有することは可能だろう。そのための提案のひとつは、〝プライバシー・エージェント〟やブローカーのような専門のキュレーターに、個人データの管理と配信をアウトソーシングする方法だ。その専門家が、プライバシーポリシーの遵守を監視し、データ所有者の指示に従って、個人データを取引して利益を得る。ユーザーのほうで個人データ（個人情報や身元情報、各種の取引データ）を管理するのだ。自分のほうで選んだ特定の相手に、個人データへのアクセスを許可することで、問題を解決したり様々な利益を手に入れたりする。なかには、ファイナンシャル・アドバイザーのような役割を果たす〝パーソナル・インフォメーション・マネジャー（個人情報管理者）〟を雇って、プロセスをより簡単にしようとする者も現れるかもしれない。認証システムの発達に伴い、個人データの新たなプラットフォームが生まれ、共通の認証方法を利用して、複数のブランドパートナーがマーケテ

＊12　データの収集、編集、要約、公開など。

イング目的に活用するようになるだろう。

国や企業による個人データの収集に、世界中の市民が疑いの目を向け、世間に大量のデータが溢れている状態を、よく言っても国か企業による、あるいはその両方による個人のプライバシーの侵害と考える[178]——それもよくわかる話だろう。だからといって、市民の危惧によって、個人データの使用や管理方法が根本的に変わる兆しはほとんどない。とはいえ、データアナリストは注意すべきである。世間の理解が進めば、プライバシーの侵害とデータ所有権に対する意識も高まり、それとともに懸念もさらに高まるからだ。

企業がデータを保有できる期間も頭の痛い問題である。「忘れられる権利」の原則が認められた*13とはいえ、いまだ模索の段階にあり、問題も複雑である。リベンジポルノのページに張ったリンクを削除するといった決定は難しくないが、さほど簡単ではない場合もある。たとえば、ある人物が暴力事件で逮捕されたが、のちに無罪判決を受けたというニュースの場合はどうだろうか。ほとんどの人にとっては、インターネットは長期にわたって、容赦なく記憶を植えつけるもののようだ。この問題に対処する方法のひとつは、企業がデータを保有する期間に制限を加えるサービスの開発だろう。消費者の意識が高まるにつれ、この件に関する市場の成長も見込まれる。

もちろんプラス面もある。かつて印刷技術の発明によって、より多くの人が学びやすくなったように、今日、モバイルインターネットは医療を市民に解放し、これまでにないレベルで自分の健康を管理できるようになった。スマートフォンを手にしたいま、もはや「医師の言う通りにしていればいい」などという、よそよそしく押しつけがましいシステムをありがたがる必要もなくなった[179]。医師の代わりにコンピュータが診断してくれ、〝市民医療〟も発達し、膨大なデータのおかげで、これまで治療が難しかった症状に対処する情報も教えてくれる。大量のデータを備えたオープンなオンライン医療では、フェイスブックのようなカルテを使って診断を行なうとともに、大規模なユーザーを対象に実践的な調査がリアルタイムで可能になる。だが、複雑な問題が待ち受けていることは間違いない。このような変化に医療機関が抵抗しないはずはなく、オンライン医療はまた深刻なプライバシー管理の問題も生む。それでもやはり、よりよく、より安く、より人間味の加わった医療を実現するだけの価値はあるだろう。

さらには、私たちが普段利用するグーグルやフェイスブック、アマゾンとは違う世界が存在する。Ｔｏｒ《トーア》を[14]使ってアクセスする、暗号化を施した「ダークウェブ[15]」である。ユーザーは追跡されず身元も特定されない。だが、ブランドや組織は必死で顧客を獲得しようとし、「ダークする」者はその特権ゆえに、いつか報いを受けるのかもしれない。私たちが普段利用しているインターネットでは、ユーザーのプライバシーを守るサービスが続々と登場するに違いない。企業は自社から大量の顧客が流出するリスクを削減しようとするうちに、プライバシー自体が有効なマーケティングツールになることに気づくだろう。とはいえ、共有サーバーに保存されるデジタルアセット[16]の増加に、規制は追いついていない――なかには、複数の国の共有サーバーに保存されたデジタルアセットもある。

もし、自分に関するすべてのデータにアクセスできるとしたら、そのデータをどうすればいいかわかるだろうか。そして共有データの価値を、市民である私たちは本当に理解しているのだろうか。世界のあちこちの大学でおおぜいの学生と話した時、こう言った者がいた。共有するデータよりも、プライバシーにもっとお金を払う時代がやって来るのかもしれない、と。しかしながら、私たちが違う未来を思い描き、その姿が実現するように考え方や行動を変え、国や企業がデジタル技術をもっとシステマチックに導入すれば、以前は現実性の

＊13　191頁を参照。
＊14　Ｔｏｒは「The Onion Router（玉ねぎルーター）」の略。玉ねぎの皮のように、何重にも暗号をかけるという意味。
＊15　匿名性と秘匿性が高いために、銃、偽造ＩＤ、薬物などを違法取引する、いわゆる闇サイトが多いネット空間。
＊16　デジタルで記録した文書や音楽、映像などのコンテンツ。

低かったことが実現する新たな方法が開けるのかもしれない。

## 電子マネー

**電子マネーが徐々に現金に取って代わりつつある。消費者は利便性が高まるとともに選択肢も増え、企業は取引コストを削減できる。幅広い導入が進めば、新たな提案も急増する。**

世界の通貨量は六〇兆ドルだが、紙幣と硬貨のかたちで出まわっているのはその一割にすぎない。(180) 残りの九割は、コンピュータサーバー上の電子マネーだ。取引の圧倒的多数は、実際に現金をやりとりすることなく、コンピュータファイル間でデータを移動することで完了する。

私たちはなぜ電子マネーを利用するのか。(181) それはおもに、現金よりも安く取り扱えるからだ。現金には、GDPの一・五パーセントの社会的費用がかかっている。電子マネーの場合には、現金にかかる管理費や警備費を削減でき、時間の節約になり、輸送の手間も省ける。このところ固定とモバイル回線のネットワークが普及し、技術標準とプロトコル（通信規約）が発達したおかげで、銀行制度や貨幣制度が充分に発達していない途上国においても、電子マネーはファイナンシャル・インクルージョン*17を促してきた。国をまたいだ移住であれ、公共交通機関やウーバーを使った近距離の移動であれ、おおぜいの人間が移動する世の中にあって、消費者が望むのは手っ取り早く支払いを済ませられる方法だ。そのうえ、電子マネーは国際貿易でも大きな役割を果たす。国内通商をしのぐスピードで増大し、二〇二五年には現在の三倍に増えて八五兆ドルの規模が見込まれる国際貿易において、電子マネーはますます重要になり、大きな影響力を及ぼすだろう。

負の遺産となった技術と、時にがんじがらめの規制への対応に、銀行と決済制度が四苦八苦するあいだに、電子マネーの新規参入者が次々に登場した。スクエアリーダー、ペイパル、ストライプなどの決済サービスは、電子マネーの受け入れやデジタル決済に伴うコストを削減しようとしている。アリペイ[*18]とアップルペイは、利便性の高いサービスを消費者に提供し、金融取引の場でも存在感を増しつつある。新規参入のなかでもとりわけ破壊的なのが、ビットコインのような仮想通貨と、その根幹となる分散型のブロックチェーン技術だろう。

商業界でイノベーションが進むいっぽう、政府と中央銀行も電子マネーへの流れを加速させている。その大きな理由のひとつは、現金の場合には不可能なマイナス金利が、電子マネーの導入によって可能になるためだ。[*19]加えて、電子マネーであれば税金も確実に徴収でき、合法的な取引のみが行なわれることになり、非公式経済[*20]と闇経済[*21]にも圧力をかけられる。

その反対に、電子マネーのマイナス面は不正行為の大幅な増加だろう。市場調査会社であるニールセンの調べによれば、二〇一四年にペイメントカード詐欺の被害額が世界で一六〇億ドルに達したという[182]。一時は世界で最大の取引量を誇ったビットコイン交換所のマウントゴックスが、二〇一三年、ハッキングによって四億五〇〇〇万ドルの窃盗に遭った事件は、電子マネーが孕むリスクを浮き彫りにした。〝現金廃止〟を望む声は多いが、現実的な廃止は時期尚早に思える。私たちが数千年も現金を使いつづけてきた理由も、まさにそこにある。現金は基本的に追跡が不可能だ。持ち運びに便利で、広く流通し、停電の際にも頼りになる。その利便性、

＊17　金融への受け入れ。貧困層など、それまで正規の金融システムから締め出されてきた人びとに、金融サービスを提供すること。
＊18　アリババグループのオンライン決済サービス。
＊19　マイナス金利を導入した場合、貯蓄の目減りを恐れて、預金者が銀行から現金を引き出してタンス預金にしてしまう。ところが、現金を廃止してすべて電子マネーにした場合にはマイナス金利を実現できる。
＊20　インフォーマルセクター（50頁を参照）における経済活動。
＊21　税制や政府規制から逃れて営む経済活動。

信頼性、匿名性において、現金に勝る支払いシステムはおそらくない。リバタリアン（自由至上主義者）が強く指摘するのも、次のような現金の利益だ。電子マネーのように取引を監視されることもなく、経済的なプライバシーを保て、政府に支払いを阻止されたり、中央銀行にさらなる権力を与えたりすることもない。その結果、アメリカを見ればわかるように、現金の絶対的価値と市場での通貨量はいまも増加傾向にある。(183)

将来的には、新たなかたちの金融機関が増加し、決済のインターフェースをコントロールしようとし、独自の金融サービス（アマゾン・ペイメント、[*22] アマゾンレンディング・プログラム）[*23] や、小売提案（アリババ、グーグル・ショッピング）[*24] を行なおうとする。そしてそのために、様々な企業や組織（機器製造業者、電気通信事業者、業界団体、銀行、グーグルなどの企業）が、より緊密に協働している可能性が高い。代替通貨は増加し、マネーネットワークは拡大し、変動しない仮想通貨を発行する国も現れるかもしれない。

二〇二五年に向けて、消費者は現金よりもネットワーク型か非接触型の決済を選び、デジタルな財布が実際の財布に取って代わるようになる。決済が能動的プロセスから受動的プロセスへと変わる（今日のウーバーの決済もそうだ）につれ、精算の場所もレジからデバイスへと変わる。不正行為を排除し、簡単かつ安全な取引を維持するために、多元的な認証（リアルタイムのジオタギング[*25] や生体認証、トークン化[*26] など）が標準になり、より適切に認証された取引が可能になるだろう。

現金が完全に、いますぐに廃止されることはないだろうが、電子マネーが普及すると社会経済的なモビリティが高まり、移動労働者が別の国で暮らしたり働いたりしやすくなり、二〇二五年までに数百万人が新たに金融サービスを受けられるようになるだろう。様々な地域でそれぞれの速度で電子マネーが普及し、二〇二五年には、私たちと通貨との新たな関係が社会により深い変化をもたらしているかもしれない。

## 教育改革

**教育制度を改革して幅広い教育機会を子どもたちに与えれば、権利の拡大や経済成長の維持、さらには格差や対立の解消にもつながる。現代の私たちには、デジタル時代にふさわしい教育システムが必要だ。**

教育分野もまた、デジタル化の機が熟した分野のひとつだろう。現行の教育制度は二〇世紀、あるいは一九世紀のニーズに合わせてつくられ、いまの私たちにはますます時代遅れになった。(184) 世界中の学校や教育機関で問われているのは、教える側と教わる側の両方の目的にかなった教育方法だろう。教える側について言えば、問題は教育の質と量にある。資格を持った教師の数が世界的に不足しているうえに、教育の本来の目的を疎かにして、試験にばかり焦点を絞った、柔軟性のないカリキュラムをこなすよう求められる場合も少なくない。対する教わる側について言えば、卒業後に社会で生きていくために必要なスキルが身についておらず、柔軟性と分析力が求められる職場に適応する準備もできていない。事実を学ぶ教育から、「プロジェクトに取り組む方法」と「未来の仕事環境に順応する方法」を学ぶ教育への転換を望む声は大きい。これは課題であり、変化を促すきっかけでもある。

すべての学校を――理想的に言えば、すべての子どもを――オンラインに接続することが、多くの者にとっ

＊22　アマゾンサイトで顧客が登録した名前や配送先住所、クレジットカード番号などの個人情報を、アマゾン以外の通販サイトでも利用して、ログインや決済ができるサービス。
＊23　法人の販売事業者向けの融資サービス。短期運転資金型ローン。
＊24　グーグルのショッピングアシストサービス。
＊25　位置情報の付加。
＊26　機密データを、乱数によって生成する別の文字列に置き換えて、保存・利用する技術。

ての大きな望みである。グーグルやフェイスブックのようなテック系の企業が取り組む（気球などの斬新な方法を用いて、僻地に暮らす子どもがインターネットに接続できるようにする）のか、固定かモバイルのブロードバンド・インフラを政府が整備するのかはともかく、すべての子どもが世界中の情報にアクセスできる機会は重要であり、社会を大きく変える可能性がある。もちろん、最初はその恩恵にあずかれない子どももいるだろうが、情報格差《デジタルデバイド》は削減されるはずであり、二〇二五年までにすべての学校をインターネットに接続すべきである。

インターネット接続が大きな役割を果たすことは間違いないが、おおぜいが焦点を合わせるのは、あくまでも教育の基本方針の修正だ。技術は確かに教育を改善するが、特効薬ではないからだ。伝統的な教育手法に新たな技術を組み合わせることで、若者の総合的な成長を促し、責任ある市民を育てなければならない。また世界規模で成果を出すためには、持続可能で、いかなる場所でも実行できる拡張可能なアプローチでなければならない。

世界的な影響力という点で最も重要なのは、教育機会の拡大という課題に取り組むことだ。教育の質を上げ、あらゆる人に教育機会を与えることは、途上国だけでなく、たくさんの国にとって共通の課題だろう。次の世代が権利を奪われた人生を送らないために、より多くの学生により質の高い教育機会を与えることを急務とする西洋諸国もある。女子の教育機会を高めるための支援と寄付が、国連や各国政府、財団、ＮＧＯなど世界中から途上国に集まっている。[185] 女子にも男子と同じ教育機会を与えれば、社会的、経済的、政治的に大きな利益があるため、様々な政策や計画も生まれている。基本的なニーズ（女子が中等教育に進学できるようにする）に取り組む者もいる。これは単に、娘も息子と同じように大切にするという文化的な変化を促すだけでなく、トイレの問題を解決することでもある。いまの時代においても清潔で安全なトイレがないことは、思春期に入った女子が学校に行きたがらない理由のひとつなのだ。[186] 他にも、女子がより長く教育を受けられれば、出産時期を遅らせて人口増加に歯止めをかけられる、という直接的な効果も見込める。

アフリカ、インド、アジアの多くの国で顕著なのは、教育機会の拡大を支援して、地位の向上や経済成長を促す動きである。子どもの教育レベルが向上すれば、経済的生産性が上がり、より豊かな生活を送れるようになる。社会の構成員がもっと進歩的なものの見方をするようになり、格差や対立の解消につながるという期待もある。この点で言えば、一部の地域において別の基本的なニーズに取り組む必要もあるだろう。つまり、多くの教育制度の格差をなくすためには、私立か公立かを問わず、すべての学校で共通基準を導入する必要があるのだ。

大きな変化に直面しているのは、教え方も同じだ。これまでとまったく違う方法を取り入れることで、教育体験に大きな革命をもたらせる。ＭＯＯＣ[*27]にせよ、よくできたユーチューブ動画にせよ、すべての子どもに最良のコンテンツを届けられるのであれば、画一的な知識を教師が教えるという、三〇〇年前と変わらない方法に頼らずに済む。誰でもマサチューセッツ工科大学（ＭＩＴ）の講座を受けられる時に、なぜ相も変わらず対面式の方法で教えなければならないのか、というわけだ[187]。この新たな方法は自己学習の機会を与え、子どもは仲間どうしのネットワークを通して学ぶ。あるいは、子どもが学ぶ方法を――それゆえ教師が教える方法を――改革することで、「学習内容を伝える」という従来の方法から脱却する機会にもなるだろう。もし学習が、純粋に学習内容を獲得することから、課題解決型の学習に移行するならば、実社会で働くためのよりよい準備ができるばかりか、教師の役割もコーチやメンターや変化を起こす触媒に変わる。そのうえ、学ぶべき内容が〝すべて〟オンラインで獲得できるならば、その圧倒的な量の情報を、簡潔でわかりすく、価値ある情報にふ

＊27　Massive Open Online Course。大規模公開オンライン講座。インターネット上で誰もが無料で受講できる公開講座。世界的な大学が提供するプラットフォームも多い。

るい分けて整理することが重要になる——それこそが、教師の本来の役割だろう。クラウドのコンテンツによって、あるいは学校において、教師を様々な制約から解放すれば、教える側と教わる側との需給の不均衡の解消につながる。二〇二五年までには、従来の対面式授業とオンライン授業とが並行して行なわれるだろうが、教育の本質は確実に変化している。

つけ加えるならば、学習が卒業とともに終わらない時代に入り、多くの者は教育を、直線的ではないプロセスと捉えるようになった——教育は生涯を通した活動であり、仕事人生を通して公式にも非公式にも、知識を更新してスキルを向上するものだ、と。そのうえ、IQを重視するいまの教育制度から、「心の知能指数《EQ》」を重視する制度へと移行して、「リスクに立ち向かう態度」「イノベーション」「起業家精神」を学ぶ機会を重視するようになるだろう。教育から仕事へのスムーズな移行を果たすためには、教育は将来の職業に役立つ内容へと変わらなければならない。新しいアプローチを模索中か実践中の優良校もある。だが二〇二五年までに国家レベルで、もちろん世界レベルでも構わないが、教育制度の改革が完了すると考える者はいないはずだ。世界のあちこちでイノベーションが起き、新しいアプローチを試行し、改良しては実践するだろう。二〇二五年までに教育機会の拡大という課題を解決して、教育を受ける機会をすべての子どもに与えられたならば、その時には、私たちが何を、どんな方法で学ぶのかという課題に取りかかる可能性が現実味を帯びそうである。

## 大衆《マス》の積極的関与《エンゲージメント》

大衆の声が届きやすくなり、押さえつけるのが難しい時代にあって、リーダーは構想や政策に対する市民の積極的な関与を求め、それによって構想や政策の正統性をつくり出し、強化し、確実にして維持しようとする。だが大衆が積極的に関与すれば、リーダーの権力はますます弱まる。

約二〇万年前に現生人類が現れて以来、コミュニケーションと参加の方法は進化してきた。小さな集団で暮らしていた時代には、一対一のコミュニケーションや噂話で事足りた。農業革命と産業革命を経て、私たちはより大きな集団を形成するようになった。集団は都市を形成し、やがて国ができた。リーダーか権力の座にあるか、権力を維持したいと望む者は大衆に語りかけ、彼らを支配する必要があった。そして、そのためにメディアが発達した。最初は「町の触れ役」だった。やがて印刷技術の発達に伴い、パンフレットや書籍、新聞が、続いてラジオとテレビが登場し、いまはデジタルの時代だ。この流れとともに進化したのが、大衆の積極的な関与である。以前は、大衆が政治や社会に積極的に参加することはめったになかった（新聞に投書するといったレベルでしかなく、実際に紙面に掲載される保証もなかった）。大衆の積極的関与は、地理的な要因（会合や抗議集会、行進の場に足を運べるかどうか）によって制限されやすく、名前を順番に並べるような活動（請願書など）によってのみ可能だった。

デジタル世界において、ルールは一変した。ツイートやフェイスブックの投稿をはじめ、チェンジ・ドット・オーグ[*28]や38ディグリーズ[*29]（「38度《ディグリーズ》は雪崩が起きる斜面の角度。真の変化を求める人たちが一緒に問題に取り組むことで、その流れを止められないものにする」と38ディグリーズでは謳っている）、あるいは慈善団体のキャンペーンに参加することで、大衆は以前よりもずっと積極的に関与しやすくなった(188)(189)。デジタルによって、あちこちに散らばる個人やコミュニティの関与が可能になり、市民の声を聞いてもらい、存在を感じてもらえるようになった。オンラインを活用した関与は世間の注目を集めやすく、おおぜいの人の目に触れやすい。

＊28　慈善活動や社会変革を中心とした、世界最大のオンライン署名プラットフォーム。
＊29　積極的な関与によって、政治や社会に変革をもたらそうとする英国の非営利組織。

実際にその場に足を運んで参加するという以外の活動も可能だ。そのうえ、関与の取引コストも下がりつづけ、小さな問題ばかりか大きな問題についても、積極的に関与できるようになった（アラブの春[*30]も起こせる）。

権力の力学は変化した。いまは誰の手も力を握っている。その結果、市民の声は届きやすくなり、押さえつけることは難しくなった。まずは市民の意見を取り入れなければ、新しい構想や政策に対する支持を、そう簡単には集められない。権力の座にある者は以前よりも責任を問われやすくなり、メッセージもコントロールできなくなった。その権力は弱体化した。それゆえ構想や政策の正統性をつくり出し、強化し、確実にして維持するためには、どの分野のリーダーも積極的に働きかけて、市民と政界からの支持を取りつける必要があるだろう。

デジタル世界では、様々な次元のいろいろな関与の方法がある。交流レベルでの関与（X組織に参加する）もあれば、会話レベルでの関与（「Yについてどう思う?」「どっちの方向に進むべきだろうか?」）もある。能動的な関与（「Xについて私の意見はこうです」）もあれば、受動的な関与（「都市内の移動に関する調査に協力するために、私の位置情報へのアクセスを許可します」）もある。関与の度合いも様々だ（フェイスブックの「いいね！」のボタンを押す。ツイッターかウィーチャットのフォロワーになる。あるいは政府に提出する請願書に署名したり、寄付サイトのジャスト・ギビングに寄付したりする）。ブランド戦略は、露出の高さや〝広告の表示回数《インプレッション》〟を測定することから、〝表現回数《エクスプレッション》〟を測定する方向に変わってきている[190]。

PR会社のエデルマンで、欧州・中東・アフリカ法人のCEOを務めたロバート・フィリップスは、著書『真面目な話、PRはすでに終わっている（*Trust Me, PR is Dead*）』のなかで、中央集権型のコミュニケーションでは、もはや信頼されているように見せかけたり、リーダーの本当の行動をごまかしたりできないと述べている。フィリップスは書いている。「個人が権利を獲得した時代に、権力は国家から都市へ、雇用主から従業員へ、企業から市民や消費者へと移りはじめた。権力と影響力とは一体ではない。信用はどこまでも脆く、支配しようという試みは実を結ばない」(191)。今日のように複雑で相互接続した世界では、メッセージを操作しようとしても絶対にうまくいかない。あるいは企業について言えば、起業家のマーガレット・ヘッファナンの言葉を借りれば、「自分たちのことを盛んに宣伝する代わりに、企業はすぐさま正しい行動を起こすべきだ。適正な給料で従業員を雇う。経営陣の法外な報酬をやめる。税金を支払う。顧客を大切にする。耳を傾ける。従業員の持ち株制度を導入する。情報操作をやめる。検討します、などと言っている暇があったら、さっさと実行する。信頼はメッセージではない。それは結果にすぎない。消費者の信頼を勝ち取る唯一の方法は、信頼に値する行動を起こすことだ」(192)。

いまの世界においてリーダーに必要なのは、社内政治や利益の最大化ではなく、その先を見据えることだ。トップダウンによる支配や、中央集権型のコミュニケーションにもこだわるべきではない。市民や消費者の積極的な関与を受け入れ、意思決定のプロセスに参加する機会を広く与えるならば、トップダウン方式で提唱する解決策よりも優れ、幅広い同意を得られる答えが見つかるだろう。企業と政治には、いまの時代に適したアプローチが必要である(193)。「SNSとモバイル技術の時代には、顧客、従業員、サプライヤー、パートナーが直接コミュニケーションし合う。顧客の意思決定とお金の使い途に影響を与えるのは、そういったパーソナルネットワークと、ブランドに対して顧客が注ぐ情熱なのだ」(194)。

デジタルな関与という新たなかたちは、より速い変化（住民の文化的な変化など）を促し、新しい調査方法（市民科学プロジェクトなど）*31を可能にする(195)。もちろん、デジタルによる関与も万能薬ではない。ちょっとした失敗や間違い、伝達ミスが、せっかくの結果を吹き飛ばしてしまう場合もある(196)。関与の速度や規模が適切で

＊30　二〇一〇年代初めにアラブ世界で起きた民主化要求運動。
＊31　市民が専門家と連携しながら、科学的調査や研究に参加するプロジェクト。

なかったり、間違っていたり、悪用されたりしたケースも少なくない。

今後は、リーダーも構想や政策も、もっと簡単に、もっとすぐに責任を問われることになるだろう。幅広い支持を維持していなければ、市民や顧客に対して、みずからと構想や政策の正統性を訴えることはできない。独裁的なリーダーシップは今後、ますます維持が難しくなる。大衆の参加や関与を求める声は高まり、実際に増えるだろう（英国で行なわれた「EU離脱の是非を問う国民投票」のように、争点をひとつに絞った投票など）。特定の権利を持つグループの参加や干渉も増えるはずだ（もの言う株主など）。

大衆による関与に必要になるのは、さらなる積極性と、あらゆる関係者が継続的に対話していく能力だろう。有効で信頼性の高いネットワークをつくり上げることができれば、不正行為も防げるかもしれない。また、関与しない者や取り残された者（インターネットの恩恵を受けられない者など）に対する活動も、積極的に展開して、彼らの要求に応える必要もあるだろう。

## 取り残された者へのケア

**社会が大きく進歩したとはいえ、すべての者がその恩恵を受けられるわけではない。数百万人がいまも、主流の進歩から取り残されたままになっている。とりわけ若者、貧困層、恵まれない者にその傾向が強い。**

進歩という旅はいつも順調なわけではない。そして、その起伏の激しい進歩の旅が、二〇二五年までに大きく改善することはなさそうだ。きちんとした教育や医療サービスを受け、いい仕事に就いて人生が大きく開ける者もいるだろう。そのいっぽうで、ますます惨めな人生を送ることになる者もいるだろう。持てる者と持たざる者との格差が広がるにつれ、さらに惨めに〝感じる〟かもしれない。取り残された者の声を聞くことが、いま以上に難しくなると考える者もいる。

両親が都市部に出稼ぎに行っているあいだ、農村部に残された子どもの窮状を考えてほしい。中国では二億七〇〇〇万人以上が、生まれ育った村を出て都市部に仕事を探しに行く。中華全国婦女連合会によると、「留守児童」と呼ばれるあとに残された子どもは、中国全土で約六一〇〇万人を数えるという。この数字は、アメリカの全年少人口（〇～一四歳まで）よりも、たった一〇〇〇万人少ないだけである。[197] 子どもが都市化の影響を受けているのは中国だけではないにしろ、一人っ子政策とその結果生まれた男女比の大きな歪みを考えれば、このような大規模な子どもの放棄は、世代全体を根本的に変えてしまいかねない。

とはいえ、荒廃した居住地で暮らす貧困層にとって〝都市部で暮らすメリットが大きい〟わけではない。国連人間居住計画の推計によれば、世界人口の六人にひとりが、都市部のスラム街や不法占拠者の集まる居住区において、極貧状態で暮らしているという。[198] 貧困国やコミュニティの住民が比較的子だくさんだという人口統計を考えれば、現在、都市部で貧しい生活を送っていると思われる子どもは、世界中で四人にひとりにのぼる。その数は、都市部に流入する人口の増加に伴い、さらに増えつづけるはずだ。スラム街の子どもの人生は、生まれた時から問題に直面しやすい。出生届けを出せない親も多いため、教育や医療などの基本的な公共サービスを受けられなくなってしまうからだ。非公式経済に依存して、子どもを働かせざるを得ない都会の貧困世帯も多い。

表面的には、農村部のほうが暮らしは楽なように見えるが、さほど大きな違いはない。たいていの場合、農業生産性もかなり悲惨なものだ。インドでは、人口のおよそ半分に当たる六億人が、作物を育て、家畜を飼育して何とか生計を立てている。価格は変動しやすく、市場への道のりは遠く、規制は時代にそぐっていない。事業資金を借りたくともハードルが高く、土地を所有したくとも規制が厳しい。これらすべてが一緒になって、そこそこの賃金を稼ぐことすら難しい。生産性の低さは、長期にわたる大きな問題だ。その理由のひとつは、年々縮小する耕作面積にある。インドでは人口が増加するいっぽう、一九七〇年におよそ二・三ヘクタールだった世帯当たりの平均保有農地は、二〇一五年には一・二ヘクタールにまで縮小した。オックスファムによれば、二億一六〇〇万人が、すなわちインドの農村部に住む人口の四人にひとりが、貧困ラインを下まわる計算になる。[199]

これほど大規模な人数の暮らしを、都市部への移動によって改善することは不可能である。農業従事者の生活を改善するために、今後、様々な手を打てるはずだと考える者も多い。インドでは農業従事者の自殺率が高く、メディアもこの点について関心が高い。自殺を抑制するために、規制を全面的に見直すべきだろう。現在、インドでは玉ねぎや小麦のような農産物の貯蔵を制限しているため、農業従事者は冷蔵設備や倉庫を設置していない。また、インドでは土地の賃借が難しい。小作権が非常に強いために、所有者が農地を貸したがらないのだ。あるいは、州の販売委員会が果物と野菜の売買を制限するために、取引業者にとっても、外国から輸入したほうが農作物を手に入れやすいという現象が起きてしまう。

規制の見直しに加えて、小さな取り組みが大きな効果を上げると指摘する者もいる。インド南部のバンガロールでは、職にあぶれた者はトラック運転手になる。そのため、交通事故が頻発する。国際道路アセスメントプログラム（iRAP）の推計によれば、インドでは毎年交通事故で七万六〇〇〇人が命を落とすか重症を負い、そのうちのほとんどが三〇歳以下の男性だという。[200] 彼らが一家の稼ぎ手である場合も多く、その死は精神的にも財政的にも大きな痛手となり、残された家族はその後、何世代にもわたって貧困に苦しむことになる。政府にとっても年間約二八億ドルの損失だ。トラック運転手を正式なライセンス制とし、また運転手の労働条件を改善すれば、交通事故を防ぐ大きな効果があるのではないか。あちこちの町で、歩行者が安全に歩ける歩道を整備することも、交通事故の削減につながるだろう。

　社会のシステムから滑り落ちるのは、新興経済国に暮らす貧困層だけではない。豊かな国も様々な困難に直面しており、とりわけ精神を病んでいる人の治療は大きな課題である。精神疾患を抱えて早世する人の数は、その年代の心臓疾患と卒中を合わせた死亡者数よりも、あるいはがんで亡くなる人の数よりも多い。多くの国で、精神疾患を抱えた人の治療と生産性の損失は、GDPの三、四パーセントに相当する。特にアメリカではこの点で対応が遅れており、治療を受けていない患者の対応を、結局は、刑務所と警官に押しつけていると指摘する声もある。欧州では、受刑者の四割から七割が精神疾患の患者と言われる。世界保健機関は、先進国で抑うつ症状のある者のうち、診断と治療をきちんと受けているのは約半数にとどまると発表した。[201]

　都市化、農村部の問題、精神疾患が及ぼす影響に大きな注目が集まるいま、変化の兆しも見られる。国連は二〇一一〜二〇二〇年を「交通安全のための行動の一〇年」にすると宣言した。国連の「持続可能な開発目標」も、「二〇二〇年までに、世界の道路交通事故による死者数を半減させる」という、野心的な目標を掲げる。各国政府もより積極的に取り組んでいる。いっぽう、少額の寄付者の貢献も大きい。実際、彼らの貢献は、億万長者の慈善家やその財団の貢献を大きく上まわるほどだ。もちろん、ビル＆メリンダ・ゲイツ財団は様々な活動を行ない、乳幼児の死亡率を減らし、農業開発を支援している。およそ二〇〇カ国の政府が世界保健機関の「世界精神保健行動計画」を承認し、二〇二〇年までに達成する行動目標に取り組んでいる。英国の国民保健サービスは、二〇二〇年までに年間一〇億ポンド以上の予算を用意して、メンタルヘルスプログラムを展開し、あと一〇〇万人以上の患者に治療を施すと公約した。実業界に目を向ければ、メンタルヘルスを多様性《ダイバーシティ》プログラムに加えた企業もある。アクセンチュアでは二〇一四年に、「メンタルヘルス支援プログラム」を開始した。

　それでもなお、ワークショップにおいて最も得るところの多い瞬間は、コーヒーブレイクに入る前の何気ないひとことだったりする。そのひとつが、ある善意の発言者がこう洩らした時のことだ。二〇二五年までには何も変わらない。なぜなら、悪いことはたいてい貧しい者か、周縁で暮らす者の身に起きるからだ、と。他者の生活の現実とは何の関わりも持たず、自分自身に満足した富裕層の多くは、自分の恵まれた暮らしを犠牲にしてまで、現状を変えようとは思わない。この点について、異議を唱えた者はいなかった。だが、その考えが間違っていることを望みたい。

## 結論――まだ愚かにふるまい続けるつもりか

人類が直面する長期的な課題について理解が進んだにもかかわらず、個人としても社会としても、依然として私たちが行なっているのは、短期的な利益を生む意思決定であって、長期的によい結果を生む意思決定ではない。

それでは、私たちはどんな破滅や悪影響を避けようとしているのだろうか。気候変動、サイバー攻撃、地政学的な不安定化、水不足、食料危機、経済成長の鈍化、希薄化する人間関係、安全保障リスクの高まり、世界的な難民危機、核攻撃の脅威。どれもいまに始まった問題ではない。世界が大きな危機に瀕していることに気づいて久しいというのに、しかも豊富なイノベーション、目覚ましい技術の進歩、活用できる優れた才能も揃っているというのに、私たちは何ひとつ手が打てないようだ。だが、それはいったいなぜだろうか。

その理由のひとつは、私たちが直面している課題があまりにも大きくて複雑であるうえ、変化を促すためには幅広い協働と、――言うまでもなく――莫大な投資が必要になるからだろう。しかも、効果はすぐに現れるわけではない。だがただ手をこまねいていれば、さらなる悪化か破滅を招く恐れがある。なかには、すでに手遅れだと言う者や、現在の生活様式を諦めなければとても改善の見込みがないため、解決の機運は高まらないと言う者もいる。もっと直接的な意見もある。つまり、私たちが直面する課題の多くは〝世界の片隅の〟問題だと言うのだ。だが、その世界の片隅には課題に対処するために必要なインフラがない。あまりに貧しすぎて国際舞台に大きな影響も及ぼせないため、必要な支援もなかなか得られない。時には、問題をよく理解している市民や消費者でさえ、打つ手がないと思い込んでいる。おおぜいが、疫病も飢餓も貧困も、今後も常に人類とともにあると考えているのだ。

　まとめて言うと、課題が持つ複雑な性質を、どうやら私たちがよく理解していないらしいのだ。そのため、課題の解決法に異議を唱える。たとえ合意に達したとしても、キャパシティ・ビルディング[*32]がうまくできないために、大きな影響を及ぼせない。加えて、国際的な協働もほとんどない。枠組みもなく、規制も後手にまわっている。世界経済フォーラム、国連、世界保健機関のような組織は世界をよくするために懸命に取り組み、人びとの関心を維持することには成功している。だが、その組織の大きさゆえ、どうしても合意を得ることが主になってしまい、最も抵抗の少ない道を選ばざるを得ず、なかなか目標の達成に至らない。しかも往々にして、起こったあとで危機に対処することになる。それは、来るべき問題に彼らが気づかなかったからではない。まだしばらく起こりそうもないか、ひょっとしたら起こらないかもしれない問題に対して、政治的なリーダーシップが得られないからだ。西アフリカで猛威を振るったエボラ出血熱や、欧州を襲った難民危機は、すでに警告されていたにもかかわらず、国際社会が惨事を未然に防ぐために行動できなかった例だろう。

　破滅的な事態を防ぐために必要なのは、迅速で集団的な行動だ。新たな協力体制を整えて〝全員〟が参加することに加えて、従来の資産だけでなく、「人」「社会」「自然」の三つの多重資本を純粋に評価する測定基準も必要だろう。考え方も転換しなければならない。そうすることで、人間は自然や社会の発展、そして二〇世紀の古い考え方《レガシー・シンキング》だけでなく、今日、注目が集まっている社会運動にも注目するようになる。たとえば化石燃

＊32　目標達成に向けて組織の能力を形成、強化、構築すること。

料からの投資撤退*33も、そういった社会運動のひとつだろう。(202) 本章で述べた方策のなかには、すでに実行されているものも多いが、こうやって執筆している時点ではまだ充分とは言えない。あちこちの国のワークショップで耳にしたように、私たちは〝意識の高い管理人〟として行動しはじめなければならない。

*33 投資先を化石燃料から再生エネルギーへと変える運動。

第7章

# 課題6
# 未来の企業

2025年になる頃には、利益のみを追求する企業は持続不可能になっているだろう。どうしたら新しい課題に取り組み、成長の機会を拡げ、社会に貢献する企業へと進化できるだろうか。

・目的を持った企業
・目まぐるしい拡大
・データの価値
・動的価格設定《ダイナミック・プライシング》
・組織3・0
・クリエイティブエコノミー
・深化する協働《コラボレーション》
・真のシェアリングエコノミー
・ラストマイル・デリバリー
・時々ノマド
・結論――企業と社会

楽観論者は言うだろう——企業は前例のない可能性の時代に突入した、と。好機は増え、障壁は減る。技術が新しい扉を開くとすぐに、世界のあちこちで市場が開く。それと同時に幅広い人材が現れ、新しいアイデアや刺激を供給し、有能な労働人口が増加する。しかも、課税や規制について時代遅れの考えから抜け出せない政府は、かつてほど強い影響力を発揮できない。経済はより自由になる。これらすべてが一体となって、企業にとってまたとない輝かしい時代が訪れる。

いっぽうの悲観論者はこう反論するに違いない——企業は困難な状況にある、と。店はシャッターを閉める。財布のひもはますます固くなる。複雑な貿易協定と難しい国際関係は、製品やサービスを利用したい消費者と企業とのあいだに楔《くさび》を打ち込む。さらに悪いことに、多くの人が大企業に対する信頼を失い、消費者は地元の市場やオフラインの企業に回帰している。新しい技術は膨大な富を運んでくるどころか、販売利益も純利益も帳消しにしてしまう。さらに熟練労働者は不足し、何もかも規制だらけで、生産コストは上昇し——貧富の差が開いて社会不安をもたらす。私たちがいま目撃しているのは、従来のビジネス慣行が死に絶える断末魔の苦しみだ。となると、次はいったいどんなことが起きるのだろうか。

## 目的を持った企業

**〝企業〟に対する信頼が失墜し、大企業の構造やビジネス慣行に厳しい視線が注がれている。環境問題や社会的責任、ガバナンスの問題を改善するよう、企業はより大きな圧力にさらされる。**

事実はもちろん、楽観論者と悲観論者の意見のあいだにある。インターネットが、そしてもっと最近では生産と配送段階のイノベーションが、ビジネスモデルを変えただけでなく、経営理念の根本的な変化をも促している。実業界もそろそろ順応すべき時が来た。

好むと好まざるとにかかわらず、企業の成功は投資利益率（ＲＯＩ）をもって、おもに金融機関が判断する。投資額に対して高い利益を見込めなければ、金融機関が資金を提供することはない。投資利益率を重視するのは、経営陣も同じだ。彼らの多くが、報酬をストックオプションで受け取る。少しでも企業の株価を上げて多くの報酬を得ようと、経営陣も意欲を燃やすからである。そうなると、企業は時としてコミュニティの向上のためどころか、コミュニティを犠牲にして多くの報酬を得ようとする。だが、そうした行動が世間の知るところとなり、一部の経営陣のまさに常識外れの報酬額が格差の拡大にスポットライトを当てると、世間から批判の声が高まった。企業はその資金をもっと他のことに――たとえば環境問題や社会的責任、ガバナンスの問題の改善に――まわすべきではないか。

その声に答える方法のひとつは、成功の定義を企業がもっと広く捉え、短期的利益と長期的利益のバランスを取り、より積極的に社会と関わることだろう。慈善の精神とはほど遠い、この現実的な変化を促したのが、インターネットにつながり、ネットワーク化され、情報に通じたコミュニティから起きた圧力である。彼らは多くの声を武器に、影響力を行使し、変化を起こそうとする。この動きを政界も支持して、規制面での変化を促し、企業がもっと社会的な責任を果たすように働きかける。プーマやパタゴニア、レゴ、ユニリーバは、気候変動、社会イノベーション、企業責任において積極的な戦略を推し進めているが、そのような変化を個々の企業活動にとどめておいてはいけない。社会や環境に対する負荷、資源の枯渇、環境変化が原因の移住、都市化のような根本的な問題について、企業はもはや傍観者ではない。みずからの問題の解決を、政府やＮＧＯに任せておける立場ではないのだ。事業の発展を願うのであれば、企業にはもっと積極的に社会的責任を果たし、より幅広いコミュニティを支援していく覚悟が必要だろう。

失墜した信頼を取り戻すために、必死の努力を必要とする企業もあるだろう。企業の透明性を求める声は威力を発揮し、ＮＧＯとメディアは様々な問題に懸念を表せるようになった。それはたとえば経営陣の法外な報酬、特異なサプライチェーン、環境問題に対する無責任な態度、多国籍企業が与える政治的影響力まで幅広い問題に及ぶ。ＮＧＯとメディアはまた、多国籍企業の脱税問題についても市民の関心を強く煽ってきた。企業（スターバックス、グーグル、フェイスブックなど）が過度の節税対策を講じて、事実上の税金逃れをしているという問題を次々に明るみに出したのだ。企業のＣＦＯ（最高財務責任者）や会計士はもはや、税金の不払いはただ単に「効率がいい」などとは主張できない。市民の支持も得られない。実際、一部の国で激しい抗議の声（と政府から納税要求）が上がったことを受けて、経済協力開発機構は、多国籍企業の複雑な租税回避を取り締まる仕組みづくりに乗り出した。(203) ＥＵがこの動きに倣う可能性は高い。だが、果たして迅速な変化が望めるかどうかについては、いまのところ不透明だ。少なくとも、今後も報道が続き、企業の透明性を求める圧力が高まれば、企業は現行の経営システムを大きく転換せざるを得ないだろう。企業活動に対する消費者の意識がさらに高まり、様々な国際的機構の取り締まり案を統合していくことで、この問題に好影響を及ぼしつづけられるに違いない。

一部の企業に対する不満はまた、社会的企業運動[*1]の誕生にもつながった。たとえばＢラブ[*2]という非営利団体は、社会的問題の解決に取り組む企業や起業家を支援し、Bコープという認証制度を行なっている（つまり、コーヒーに対してフェアトレード認証があるように、企業に対してBコープ認証がある）。アメリカで生まれたBコープは、二〇一五年に欧州に上陸した。Bコープ企業はたいてい規模が小さいが、そのアプローチは幅広い分野に影響を与え、「コミュニティに価値をもたらす」という社会的目的を掲げた企業が増加している。二〇一六年の時点で、英国でコミュニティ利益会社（CIC）として登録した法人は一万社にのぼる。[*3]

社会的問題の解決を通して事業価値を確認し、創出するだけでなく、価値の創造をより長期的な視野で考える企業も現れた。二〇一一年、ユニリーバは四半期報告を廃止すると発表した。この動向に追随する企業はまだないが、この決断によってユニリーバの企業価値が下がったようには見えない。さらに言えば、おおぜいの株主を抱える大規模な上場企業は、成長という概念について、いま一度、議論したほうがいいのではないだろうか。すなわち、成長という概念は、企業利益を高めるという従来の定義のままで充分なのか。あるいは〝共有価値（社会と企業が共有する価値）〟を、共通の目的意識を提供するものとして捉えるだけでなく、社会的利益と企業利益の両方を生み出す企業戦略の一部として築く方法についても、考えるべきではないだろうか。実際、グローバル企業団体である「持続可能な開発のための経済人会議（WBCSD）」は、国連の「持続可能な開発目標」を〝行動のための枠組み〟に変え、たくさんの企業がその枠組みを活用して、それぞれのアプローチを模索している。たとえばユニリーバは、自社の目的を「持続可能な暮らしを当たり前にする」ことだと述べている。

地政学的な環境の変化も、従来のビジネスモデルにとっては試練だ。全体的に見て、新たな機会を生み出す新興経済国と比べて、西洋の市場は弱体化している。若い労働力と増加するミドルクラスの恩恵を受けるアジア諸国は、国際貿易に影響を及ぼし、外交舞台においても存在感を増しつつある。アフリカと南米の企業はまださほど大きな影響力を持たないものの、その役割が増す日もそう遠くないだろう。豊富な天然資源を持つこれらの国は、二〇二五年までに大きな変化を体験することになるはずだ。ＢＨＰビリトン（鉱業会社）やアングロアメリカン（鉱業資源グループ）といったアフリカで伸長した大手企業に加えて、ナイジェリアファースト銀行やディメンション・データ、[*4] オラスコム・グループ[*5] のような新興企業が新たに世界の舞台に登場した。

世界的に見て、勢力の均衡が再編され、現行の大国はかたちばかりの支持しか打ち出さない。そのために、第二次世界大戦後にグローバルなビジネスを支援した機構は、もはや目的にかなっているようには見えず、多くの者が世界貿易機関などの組織の改革を求めてロビー活動を行なっている。アメリカは世界の権威者としてふるまう意欲を失い、欧州はＥＵという機構上の課題に直面し、変化は宙に浮いたままだ。

目の前で起こりはじめている変化を見ればわかるように、国や企業、個人は忠誠を誓う対象を変え、市場が互いに反応し合う方法に影響を及ぼす。考えを同じくする者はオンラインでつながり、国境を超えて拡大するネットワークを築く。新たな通貨と様々な決済プラットフォームが登場して、無敵に見える機関の地位、とりわけ「第三者の仲介者」の地位を脅かしはじめた。製品やサービスを設計してつくり出し、売買し、ひとつの場所から別の場所へ移動させる必要はなくならないが、新たな提携関係が発達し、古い関係は時代にそぐわなくなってしまった。

そしてその問題に取り組むために、国際組織やＮＧＯは、新たなビジネス慣行の発展に向けて、世界的な合意に漕ぎ着けようと取り組んでいる。うまく協働できれば、プラスの変化を促せるからだ。その証拠に、国連

＊１　社会的問題の解決を目的とした収益事業に取り組む企業。
＊２　Ｂはベネフィット、すなわち「利益」の意味。
＊３　Ｂラブが独自の指標を用いて、「社会や環境に配慮した企業活動を行なう企業」に対して与える認証制度。コープはコーポレーション（企業）の略。
＊４　南アフリカのＩＴ企業。二〇一〇年にＮＴＴが買収した。
＊５　エジプトの電気通信事業グループ。現在はロシアの携帯電話事業者の傘下にある。

の「ミレニアム開発目標」の多くが成功を収めてきた。だが、保護貿易主義の傾向が目立ち、断片化と格差の問題が地政学的な環境をかたちづくるいま、こんな懸念を口にする者もいる——合意に従う行動を求める声が弱まり、さらに大きな分裂が起きて、目標を達成するための協力関係が育たず、企業は結局のところ、短期的な成長に焦点を戻してしまうのではないか、と。かつてないほど相互接続が進んだ世界に生きる私たちにとって、それはまさに皮肉な状況と言わざるを得ない。

## 目まぐるしい拡大

**世界がますますつながり、消費者が豊かになり、ターゲットの範囲が拡がると、スタートアップや企業内の新規事業開発で、一〇億人の顧客を獲得し、一〇〇億ドルの価値を築くまでの時間が短縮する。**

将来的に携帯電話のユーザーが四五億人から七〇億人へと増加し、世界の接続率が九九パーセントに達すると見られ、業界破壊が次々に起きることを期待する声が多い（最初はナップスターだった。現在はアリババとウーバーである）。銀行や小売であろうと、物流や輸送であろうと、データアナリティクスとユビキタスな接続性を様々に活用する能力が、膨大な数のビジネスモデルの誕生を促す。その基盤にあるのは、早急に規模を拡大できるという考えだ。起業して一年以内に一〇万人の顧客を獲得するという目標は、以前と比べて控えめだと考えられている。なぜ一〇〇万人や一〇〇〇万人ではないのか。一億人という目標だって狙えるのではないか。

だが、その数字は本当に現実的だろうか。どのくらいの加速が見込め、どのくらいの規模であれば実現可能だろうか。二一世紀最初の一〇年を見てみよう。二〇〇一年に発売されたｉＰｏｄが、五億人のユーザーに達するまでに一二年かかった。二〇〇五年に投入されたＧメールの場合は七年。フェイスブックとツイッターが六年。二〇一〇年発売のｉＰａｄは三年だった。このように一定のユーザー数に達するまでの時間が短くなった要因を、世界のインターネットインフラが整備されたために、規模の拡大を妨げる障害が取り除かれたからだと考える者もいる。あるいは、競争が激化して新たな企業がたくさん参入したことを考えれば、五億というユーザー数はさほど大きな数字ではないと主張する者もいる。つまり、ただ単に接続性の問題ならば、いま頃、スカイプは現在の三億人という現在のアクティブ・ユーザー数[*6]を上まわるはずであり、タンブラーは四億二〇〇〇万人を、リンクトインも四億人という現在のユーザー基盤を上まわっていなければならない。もちろん接続の問題もあるだろうが、資金提供と価値提案という極めて重要な問題を忘れてはならない。

　企業評価額が一〇億ドルを超える非上場のスタートアップを〝ユニコーン企業〟と呼ぶ。資金提供について言えば、投資家のコミュニティの共通テーマは、そのユニコーン企業が発するシグナルと密接な関係がある。[204]いまは第二のドットコム・バブルであって、企業価値が高騰しすぎているのではないかと、疑問を呈する者もいる。そのいっぽう、ユニコーン企業の存在もまた、企業の価値提案が正しければ早急な規模拡大が可能だという、もうひとつの指標だと捉える者もいる。実際、企業価値が一〇億ドルを超えるスタートアップの数は確実に増えている。スクエア[*7]、スポティファイ[*8]、ドロップボックス[*9]、エバーノート[*10]、ピンタレスト[*11]にエアビーアンドビーなど、二〇一一／一二年には一七社だった。ところが二年もしないうちに、その数は七〇社を超えた。

＊６　特定の期間内に一回以上のサービス利用があったユーザー。
＊７　モバイル決済システム。
＊８　音楽ストリーミング配信サービス。
＊９　オンラインストレージサービス。

ユニコーン企業の次に登場したのが〝デカコーン企業〟と呼ばれる、企業価値が一〇〇億ドルを超えるスタートアップだ。[*12] この現象は、企業の成長スピードが加速しているという紛れもない証拠だろう。イーロン・マスクが二〇〇二年に創業したスペースXが、一〇〇億ドルの評価額に達するまでに要した年月が一三年。二〇〇七年に設立されたドロップボックスとフリップカート[*13]は、八年でデカコーン企業に成長した。ピンタレストとエアビーアンドビーは、それぞれ六年と七年で一〇〇億ドルの企業価値を突破した。二〇〇九年にサービスを開始したウーバーも五年以内で、さらに最近では、中国の総合家電メーカー小米科技《シャオミ》が、スマートフォンの製造業者として一気に世界四位の規模に駆け上り、二〇一〇年の創業からわずか三年でデカコーン企業になった。そのスピードでデカコーン企業の仲間入りを果たしたのは、他には二〇一一年に創業したスナップチャットだけである。

スタートアップの成長スピードが加速しているという現象を一部の者が重視する理由は、スタートアップの物理的規模と、その顧客数や企業価値とが切り離されているように見えるからだ。実際、企業の規模――従業員数や他の資源など――と企業価値のあいだには、もはや何の関係もない。二〇万人近い契約ドライバーを抱えるウーバーの従業員は、四〇〇〇人に満たない。エアビーアンドビーの従業員はわずか一六〇〇人。それゆえ、従業員ひとり当たりの企業価値は螺旋状に上昇するいっぽうだ（図表37）。たとえば四万四〇〇〇人の従業員を抱え、企業価値一一〇〇億ドルを超えるナイキの場合、従業員ひとり当たりの企業価値は二五〇万ドル。マイクロソフトは、従業員ひとり当たり四〇〇万ドル。ところが二〇一五年に創業し、従業員数三〇〇人に対して企業価値が一五〇億ドルというスナップチャットの場合には、ひとり当たりの企業価値が五〇〇〇万ドルだ。これはフェイスブック、エアビーアンドビー、ピンタレスト、ウーバーの約二倍に、グーグルの五倍、マイクロソフトの一〇倍以上、ナイキの実に二〇倍に当たる。[205] 果たして、この傾向は今後も続くのかと疑問に思う者も多い。

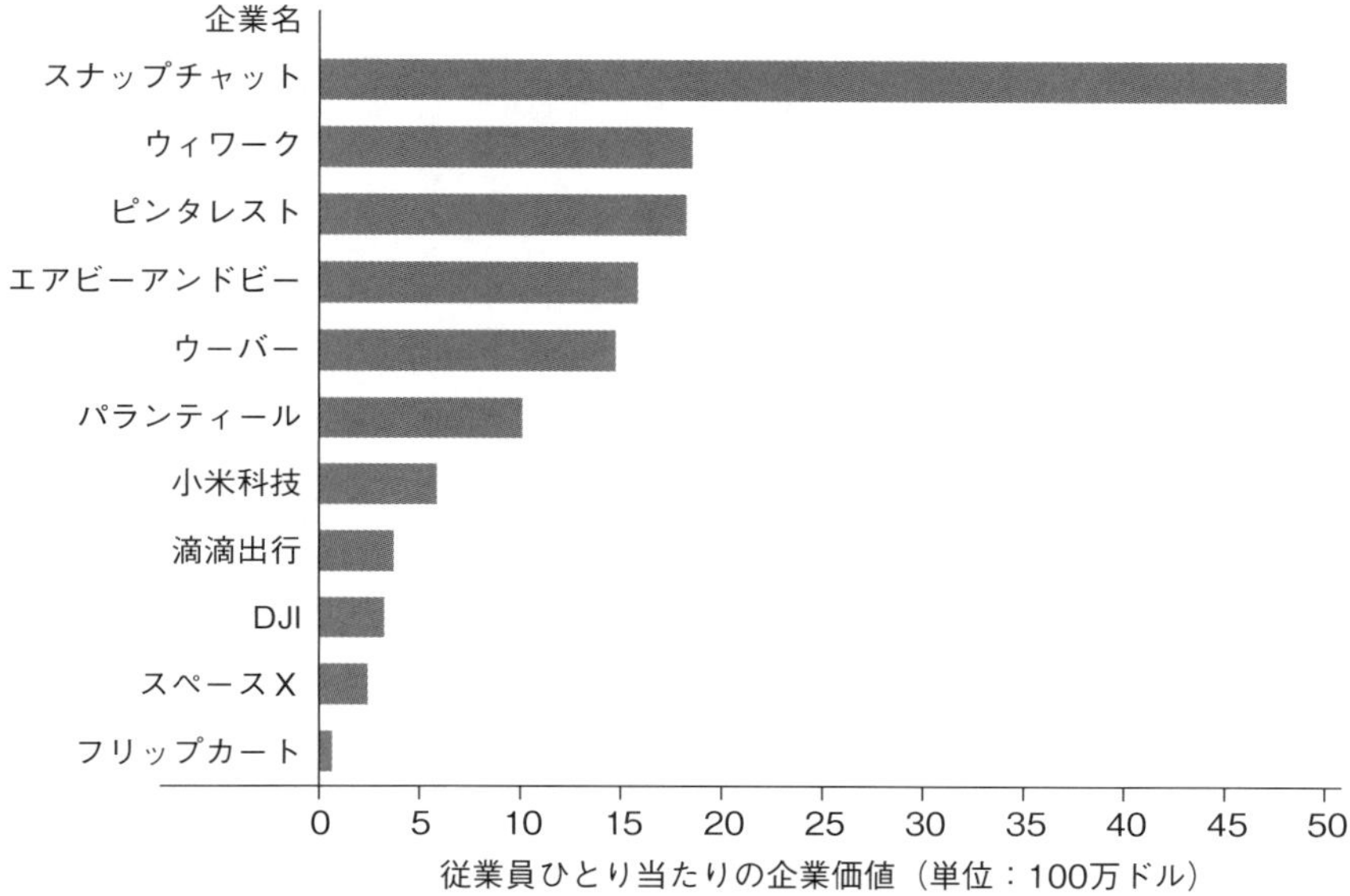


**図表37：**従業員ひとり当たりの企業価値が高いスタートアップ、2015年（出典：《フォーブス》誌）

これまでの企業価値は一般に、ブランドと有形資産（資源や設備など）との組み合わせと深い関係があった。ところが、企業の成長スピードが指数関数的に加速するのに伴い、一部のスタートアップの企業価値は、ますます無形資産（知的資産や人的資産など）と結びつくようになった。同様に既存の企業にとっても、大々的に新事業に乗り出すことは一〇年がかりの目標ではなくなった。インドを代表するコングロマリットのリライアンス・インダストリーズは、固定と移動通信サービスを提供するリライアンス・ジオ社をムンバイで立ち上げ、二〇一五年一二月の創業から一〇〇日以内に、一億人の顧客を達成するという目標を掲げた。[206] 同じくムンバイに本拠地を置くタタ・グループも、二〇二五年に向けた野心的な目標を公言し、時価総額

＊10　個人用ドキュメント管理システム。
＊11　写真共有ウェブサービス。
＊12　デカは「一〇倍」の意味。
＊13　インドの電子取引企業。

で世界のトップ二五位入りを果たして、世界人口の二五パーセントを顧客にすると謳った。[207]すでにインドで最も企業価値が高く、ボンベイ証券取引所の株式時価総額の八パーセントを占めるタタにとって、その野心的な目標とはつまり、二〇二五年までの一〇年間で、自社の時価総額を二倍にして、新たな顧客を一一億人増やすという意味である。

将来は、企業価値の高い企業のほとんどを、創業一〇年未満のスタートアップが占めるのかもしれない（図表38）。上位二〇社の平均年齢が二〇歳ということもあるだろう。それに比べて、今日の上位一〇社の平均年齢は七五歳だ。グーグル（一七歳）、中国工商銀行（三一歳）、アップル（三九歳）、マイクロソフト（四〇歳）の他、ウェルズ・ファーゴ、ジョンソン・エンド・ジョンソン、エクソンモービル、ノバルティスなどだが、ウェルズ・ファーゴにいたっては創業一六〇年を超える老舗である。将来、ユニコーン企業を目指すのかデカコーン企業を目指すのかはともかく、私たちが生きているのは、スタートアップがまたたく間に急成長する世界であることは間違いない。そしてそれは、ケーススタディを毎年書き換える必要があり、データ駆動型の新たなモデルが企業成長にまつわる古いルールを覆してきた世界なのだ。

## データの価値

**企業はできるだけ多くの顧客情報を保有しようとし、データは価値と価格を持つ〝流通物〟になる。それゆえ、データにはマーケットプレイスが必要となり、情報であるものは何もかもが取引される。**

多くの企業にとって成長を左右するカギは、「顧客をより深く理解すること」と「市場へのアクセスを高め

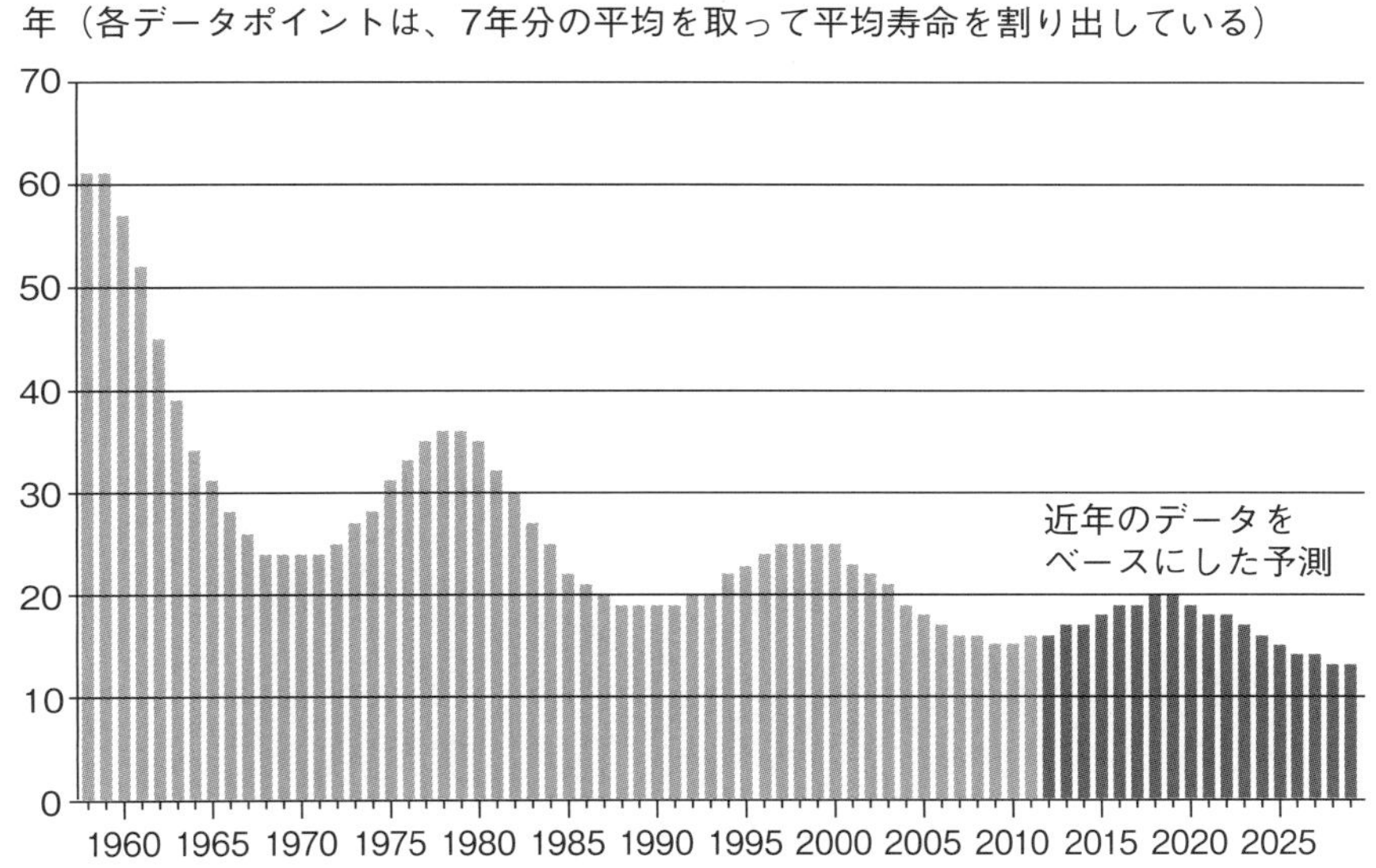


**図表38：** S＆P500指数の企業の平均寿命（出典：イノサイト）

ること」のふたつである。だからこそ、企業にとってデータは新たな原材料になった。データはいまや、資本財や労働力にも劣らない経済的な資源なのだ。デジタル機器の性能が格段に向上し価格が低下したために、情報の収集と保存は簡単になり、優れたアルゴリズムと分析ツールを駆使して意味をつくり出し、価値を付加することも容易になった。インターネットに接続したモノと消費者が、数十兆ギガバイトのデータをつくり出す日もそう遠くない。その膨大な量のデータが、私たちと私たちを取り巻くモノの情報を明らかにする。それはかつて知られざる情報だった。もっと正確に言うならば、知ることができなかった情報である。これはどの部門にとっても、大きな変化をもたらす。生産性のイノベーションが進み、たとえばよりよい医療、環境保全といったすべてにおいて効率性とコスト削減を実現する。だが、それだけではない。まったく新しいサービスが登場するかもしれないのだ[208]。

情報の収奪戦において忘れてはならないのは、「技術的に可能だからといって、必ずしも文化的に受け入れられるわけではない」という点だろう。消費者の信頼を失わないために、企業と規制当局は、自分たちが収集したデータの管理に注意を払うべきであり、公共の利益のためにデータを活用することと、個人のプライバシー権を守ることの、ふたつの問題のバランスの取り方について法に則った新たな合意を築くべきである。何をもって個人情報とするのか、その基準は国によっても違う。たとえばドイツでは、特定の民族を対象にしたマーケティングを禁じているが、アメリカでは合法である。こうした問題を解決する――すなわち、共有するのに適切な情報はどれで、適切でない情報はどれかについて明確な合意を築く――ことが、ビッグデータの未来を開くカギになるだろう。

今後、特に国民感情に注意する必要があると思われるのが医療業界である。ビッグデータを活用すれば、企業と研究者は患者の情報を統合して、新薬や診断に的を絞った研究開発を行なえる。そのいっぽう、保険業者は個人情報をくまなく調査できるようになり、明日のがん患者や事故の犠牲者を見つけ出せてしまう。重要なのは、国民の信頼を失わない方法だ。この問題に対処するために、政府は臓器提供プログラムのような措置を取るべきだろうか。すなわち、個人情報の共有を自動的に了承したことにするのではなく、積極的に拒否できる選択肢を市民に与えるのだ。そうすれば、個人が選択した場合にのみ、医療データを公共の利益のために共有することができる。公的データと個人データをうまく組み合わせれば、個人の全体像を提供できるだけでなく、世界的な疫病の流行や人口移動などの重要分野を調査する巨大データベースにも、情報を提供できる。

その可能性を探るために、政府と企業は慎重に事を進める必要がある。集めた情報の社会的利益と、個人あるいは企業のプライバシーについて理解を求めるとともに、公益とプライバシーのバランスも築かなければならない。その問題を解決し、多くの部門で発達するかもしれないのが、データ・マーケットプレイスだ。個人や個人に任命されたアドバイザーが、個人情報をウェブ上で売買する場である。この時、問題になるのは必ずしもプライバシーではなく、個人データを使った成果物と結果について、全体的な合意を築いておくことだろう――それが消費者の有利に働く。以前は無料だった情報に、今後は料金を支払わなければならないという考えに、企業は慣れる必要があるだろう。同じように、以前は所有権のあったデータが無料で公開され、共有システムの恩恵を受けられるかもしれない。正しく管理すればマーケットプレイスはデータの価値を高め、金融モデルを活用することでさらに共有を促す。マーケットプレイスはまた、信用の置ける第三者を通じて、既存の孤立したデータ《データサイロ》をつなげて情報の一元化を図り、知識の取り出しや新たな考えの発見をも可能にする。

だが、ビッグデータアナリティクスが提供する好機を最大化することは、時間を要する、骨の折れる作業だろう。なかには、すでに個人データは悪用されすぎだと考える者もいる。消費者と企業を結ぶ信頼のリボンは、ぎりぎりまで引き延ばされていると言うのだ。企業はすでに消費者情報をふんだんに手に入れ、目的の情報を探すための装置も備えている。対する消費者は情報不足のうえ、自分についてのデータを理解するための、ましてや他者と照らし合わせて捉え直すツールもない。[209] ワールドワイドウェブ財団[*14]は毎年、「社会」「経済」「政治」の発達にウェブが果たした貢献度を評価する、「ウェブ指標」という年次報告書を公表している。その二〇一四～一五年版も企業と消費者間の格差に注目し、次のように問いかけた。「私たちは〝万人向けのウェブ〟と〝勝者ひとり占めのウェブ〟の岐路に立っている――すなわち、世界中のすべての人間が人生の可能性を高め、国内と国家間の格差を削減できるウェブなのか。それとも、ごくひと握りの人間が、富と政治権力をますます掌中に収めるウェブなのか」。

この問いを解決するカギは、消費者に次のふたつを与えることだろう。第一に、自分の個人情報がどのよう

＊14　二〇〇九年、ＷＷＷの生みの親であるティム・バーナーズ＝リーが中心となって、ウェブの普及やオープン性の維持を目的に設立した。190頁も参照。

に使われているかを消費者が理解する能力である。第二に、消費者が望めば、自分の個人情報に他者がアクセスすることを拒否できる権利である。二〇一五年、ひとり当たりの年間データ価値は――グーグルのユーザーひとり当たりの平均収益額と同じとみなすならば――約四五ドルだった。技術の効率性がますます高まったいま、次の一〇年は、より高い透明性を求める消費者の声に応えて、企業の対応にも変化が見られるだろう。「予測分析」「柔軟なビジネスモデル」「膨大なデータ」の三つに支えられ、様々な分野において、需給を一致させて収益を高めることが可能になってきた。今後も利益の最大化が重要な推進力であることに違いはないが、需給の一致はまた、資源活用の改善や廃棄物の削減、システム効率の最適化にもつながる。消費者にとっては選択肢が広がる。企業にとっては、ほぼ何もかもを最適化してくれる自動化アルゴリズムのおかげで、販売利益も収益も増加する。

## 動的価格設定《ダイナミック・プライシング》

**アマゾンとウーバーのアルゴリズムは本来の領域を超えて、駐車場からエネルギー利用までの幅広いビジネスに影響を与える。リアルタイムの透明性のおかげで、よりよい購入が可能になると同時に、販売利益も収益も自動的に増加する。**

今日、ほとんどの人が価値の最大化を最も直接的に経験したことのある分野は、飛行機の予約ではないだろうか。ダイナミック・プライシング[*15]は、オンライン旅行業界で大流行である。エクスペディア[*16]では、様々な料金を比較して航空券を選ぶことができる。ところが数分後に同じページに戻ってみると、料金がすでに変わってしまっている場合も多い。旅行予約サイトでは、航空会社が、それも特に格安の航空会社がユーザーのＩＰ

アドレスを追跡し、そのＩＰアドレスを用いて、予約をする瞬間を見計らって価格を上げる。それを防ぐために、仮想プライベート・ネットワークアプリ[*17]を利用する方法もある。いろいろな国のウェブサイトを見ると、同じ航空券でも価格が違う。まったく同じ便なのに、エクスペディア・コムの価格がエクスペディアＵＫの半額の場合さえあるのだ。航空券ほどあからさまではないにしろ、ホテルの予約でも同じである。

あまり知られてはいないが、もっと一般的なのは、アマゾンのような企業が大々的に行なっているダイナミック・プライシングの方法である。アマゾンは一日のうちに価格を二五〇万回以上も変えるばかりか、二四時間ごとに全商品の約二割の価格を変更する。それに比べて、近年のウォルマートが一カ月当たりに価格を変える商品数は、五万アイテムだけである。聞いた話によると、アマゾンはまた、ウィンドウズユーザーよりもマックユーザーに対して価格を高く設定しているという。そのうえ、カスタマーの購買行動を監視して、価格を上下させる最善のタイミングを決定して販売につなげたり、カスタマーのバスケットに入っている他の商品を参考にして、商品価格を調整したりするという。

いまのところ、それほどのデータ収集力と分析力とを併せ持つ企業は数えるほどしかない。だが、いわゆるアナリティクスを専門とする企業は包括的なサービスを提供して、消費者と供給者の双方に利益をもたらす。たとえばキューキュー（Ｑｃｕｅ）というアメリカの企業が専門とするのは、スポーツイベントの観戦チケットの価格分析だ。キューキューでは、需要に応じてチケット価格をリアルタイムで上下させる変動料金制を取り、人気の試合では価格を上げるが、あまり人気のない試合では価格を下げることでスタジアムを満

＊15　需給状況に応じて価格を変動させ、需要の調整を図る手法。変動料金制。
＊16　ホテルや航空券などのオンライン予約ができる、世界最大規模の旅行関連サイト。
＊17　公的なインターネットに接続した利用者間を、仮想的に専用線でつなぎ、閉鎖的で安全なデータ通信を行なえるようにしたプライベートなネットワーク。ＶＰＮ。

杯にする。[210]

インターネットとの接続が進む輸送システムも、今後は変動料金制を導入するようになるだろう。アプリを利用してチケット料金を上げて、たとえば次の列車に乗るよう乗客を促すことで混雑の緩和に役立てる。スマートパーキングの導入を検討している都市もあり、すでにサンフランシスコでは試験サービスに成功した。このシステムでは、駐車料金をリアルタイムで変動させて、駐車場の稼働率を常に六～八割に保つ。時間と場所によって料金を調整し、一時間当たりとしてはかなり格安だが、いっぽうで常に空きスペースを確保できるような駐車料金を設定する。

輸送分野で言えば、いささか物議をかもしたものの、ダイナミック・プライシングを導入したおもな企業と言えばウーバーだろう。あるレベルにおいて、ウーバーは需要に応じた変動料金制を採用するマーケットプレイスに他ならない。つまりエアビーアンドビーや、グーグルのアドワーズ*18のプラットフォームと同じである。料金を変動させて競合よりも安い料金を設定することは、もちろんバリュー・プロポジション（顧客に提供する価値の組み合わせ）のかなめである。ウーバーの場合にさらに議論を呼んだのは、需要の高まりに応じて値上げする行為だ。[211]街を走るウーバー車以上の乗客が見込めるピーク時には、アルゴリズムはより需給にマッチした価格を設定する。料金を上げることで、ウーバーの契約ドライバーにたくさん道路に出るように促し、需要に応じる体制を整えるのだ。ドライバーが仕事をしたくなるように料金を高めに設定するとともに、利用客に敬遠されない料金のバランスを保つ。そのカギを握るのが、システムを裏で支えるリアルタイムの分析だ。経済学者はこれを「価格弾力性に対する反応度合い」と呼ぶが、ウーバーが試しているのは行動変化を調整する方法だ。二〇一二年に、ウーバーがボストンで初めてダイナミック・プライシングを試験サービスした際、ドライバーの数を一・七～一・八倍に増やすことに成功した。もちろん、固定料金を採用する競合や一部の乗客からは反発の声も上がるが、ほとんどのユーザーは、サービスのしっかりしたタクシーに対してピーク時に割増料金を支払うことを、トレードオフのひとつと捉えている。

今後は、ビジネスモデルと収益モデルの最適化を目指して、ダイナミック・プライシングを導入する企業がますます増えるだろう。利益の最大化が目的の企業もあるが、別の企業にとっては資源の利用や共有化も同じように重要だ。航空会社や小売業者は、可能な場合には少しでも多くの利益を上げようとするが、エネルギー部門のスマートグリッド[*19]は、もっと社会的な利益のために用いられる。この数年でダイナミック・プライシングの技術は進歩し、利益の最大化を狙う供給者が活用してきたが、分散型の再生可能エネルギーシステムに接続したスマートメーターのシステムは、最も大きく全体的な影響を体験できる分野だろう。

## 組織３・０

**水平型、プロジェクト型、協働型、あるいは仮想チームなど形式にとらわれない新たなかたちの組織が一般的になる。それを可能にするのが技術とノマド型労働者だ。今後は仕事の性質や組織の役割が曖昧になっていく。**

もっと大きな視点に戻ると、ほぼ同じ目標に取り組む個人の集合である組織が存在するのは、個人がばらばらに働く時よりも、集団で働いた時のほうが目標を達成しやすいからだ。これまでの主流は、株主である会社オーナーを頂点に取締役会、管理職、そして従業員という階層を持つ、官僚的な指揮統制型の組織構造だった。

＊18　グーグルが運営するクリック課金広告サービス。
＊19　164頁を参照。

この構造はうまく機能してきたが、近年、従業員の態度の変化と通信技術の発達によって、新しい組織構造が登場した。そして中間管理職を取り払って経費を削り、効率を高めてきた。権限を委譲して意思決定や行動を促すことで、従業員の意欲を刺激してきた。ミレニアル世代にとって、古い働き方は堅苦しすぎる。知的資本を基盤とする知識型経済において、指揮統制の手法は創造性を殺すものと見られている。

敏捷で自律型の小さなチームで協働したほうが、知識労働者は創造性を発揮しやすく、情報も活用しやすい[212]。オンラインのなかだけで存在する仮想チームもある。遠く離れた場所で働くか、違う国を拠点とする者も多いからだ。世界的なオフィス用家具メーカーで、コンサルタント業務も展開するスチールケースが最近実施した調査によれば、従業員が積極的に仕事に取り組むようになる最善の方法は、働く場所と時間を彼ら自身に決めさせることだという。そのためには柔軟性が必要になる。

ＩＢＭやＧＥも、いまでは柔軟なモデルを導入して〝水平型〟の組織を目指し、「多様なスキル」「知識のタイプ」「ワーキングスタイル」において、優劣をつけることなく正当に評価している。これらの企業は、規模の大小にかかわらず、またたとえ既存のプレーヤーであっても、目まぐるしく変化する市場環境に適応する敏捷な組織に生まれ変われるという絶好の例だろう。米軍でさえ変われるのだ。著書『チーム・オブ・チームズ』（日経ＢＰ社）のなかで、スタンリー・マクリスタル元米陸軍大将が披露するのは、イラク戦争において、寄せ集めの民兵集団であるアルカイダの戦術から学んで、アメリカ軍のエリート特殊部隊を分散型で自己組織型のチームに再編成した時の体験である。

簡単そうに聞こえても、実際、チームが活躍する環境を整えるのは容易ではない。何と言っても、人間にはそれぞれ個性があり、いつも機嫌がいいとも限らないからだ。一匹狼も管理して、怠け者も見つけ出さなければならない。チームが最も力を発揮するのは、お互いをよく知り、信頼し合う時だ。共有できる揺るぎない文化も必要だ。そのためには時間もかかり、達成するのも難しい。特に規模が大きな企業では、スタッフのほとんどが契約社員という状況も増えてきた。躊躇や遅延、意思決定の失敗をなくすために、ある程度の管理は必要だ。それらを避け、〝仲間うちのお喋り〟を防ぐことで、チームを少人数に限った利益もある。その点について、アマゾンのジェフ・ベゾスCEOは非常に明確な考えの持ち主だ。「二枚のピザで足りなければ、そのチームは人数が多すぎるということだ」。

そのような考えをさらに進めて、「ホラクラシー」[*20]という、洒落た言葉を使う組織も現れた。ホラクラシーでは、その徹底した自律システムにおいて、自己組織型チームのそれぞれに権限と意思決定機能とを持たせる。従来のように、管理階層のなかで権限や意思決定の機会を与えるシステムではない。ホラクラシーの擁護者は、このシステムがP2P[*21]の職場に構造と規律をもたらすと考える。ホラクラシーで有名な企業と言えば、ザッポス[*22]である。[213] ザッポスはこのシステムを大々的に採用し、雇用や報酬のプロセスで活用できるホラクラシーのアプリまで開発するという熱の入れようだ。CEOのトニー・シェイは次のように語る。「都市では人も企業も自己組織化している。ザッポスはそれと同じことを実現して、通常の階層型構造からの転換を図ろうとしている。できれば、ザッポスのアプリを採用するか修正する企業が現れて、やがて全エコシステムが、いまの階層型企業からホラクラシーへと転換することを願っている。そうすれば、従業員はもっと起業家のように行動できるはずだ」。

だが、多くの者が重要と考えるのはリーダーシップである。MITスローン経営大学院教授のデボラ・アンコナは、今日の職場で求められるのは、協働型か分散型のリーダーシップだと述べる。リーダーは透明性を高めるとともに、戦略的なものの見方を部下に教え、（組織のなかで多様なグループをつなぐ）おおぜいの

＊20　「hola」はギリシャ語で「全体」を、「cracy」は「政治」を意味する。
＊21　Peer-to-Peer。「ピア」は、同僚や仲間、同等の相手などを指す。
＊22　靴を中心とした服飾関連のオンラインショップ。

“接続者《コネクター》”を確保しなければならない[214]。

そもそもこのような変化が起きた理由は、雇用主と従業員との関係が変化したからだ。二一世紀になった頃からフリーランスが増えつづけたことに加え、ウーバーやリフト[*23]、タスクラビット[*24]、エランス[*25]によって、オンデマンド経済、いわゆる“ギグ・エコノミー”[*26]が急成長した[215]。調査会社のエデルマン・バーランドが実施した調査によれば、アメリカの労働人口のすでに三四パーセントがフリーランスであり、その数字は二〇二〇年には四〇パーセントを、二〇三〇年には五〇パーセントを超えるという[216]。企業と経営陣は将来、従業員の募集や管理、報酬形態についてよく理解する必要に迫られるだろう。未来の従業員は、従来の雇用モデルの枠では捉えきれないからだ。

よく理解する必要に迫られるのは、政府も同じだ。ニューヨーク大学スターン・スクールのアルン・スンドララジャン教授は、二〇一六年の著書『シェアリングエコノミー』（日経ＢＰ社）のなかで述べた。「ギグ・エコノミーが及ぼす幅広い社会経済的効果はいまだ不明瞭だが、政府がセーフティネットについて考え直し、有給職とフリーランスとを切り離して考え、自営業者がもっとセーフティネットを利用しやすい状況をつくることは、明らかに必要だ[217]」。

いっぽう、正規の従業員にとって、職場のルールを揺さぶっているのがミレニアル世代だ[218]。典型的な例をあげれば、上の世代の働く意欲を掻き立てた、安定した雇用などの要因に若い彼らは魅力を感じない。ミレニアル世代が重視するのは、経済的な成功ではなくワークライフバランスや目的意識である。それに応じて企業側も、従業員が自宅にいるようにくつろげる、居心地のいい仕事環境を整えようとする。エアビーアンドビーの共同創設者、ネイサン・ブレチャジックは言う。「僕たちがどんなビジネスをしているのかを、うちの従業員にいつも思い出させるようにしています。彼らが心からくつろげて、仕事が終わったあとでも、しばらくぶらぶらしていきたくなるような環境をこしらえるんです」。エアビーアンドビーでは、従業員がサバティカル[*27]を取る機会も与える。[219] リーダーシップのコーチを務めるバーバラ・パガーノは説明する。「時間は（仕事の）新たな通貨です……人は四〇年間も働きつづけたくは――そしてそのあとに定年退職したくはありません……自分の目標を追うのにそんなに待ちたくはないのです……」[220]。そのような状況に並行して、また世界がますます縮小し、ネットワークでつながったノマド型労働者が増えるのに伴い、経営者や上級職も、ビジネスとレジャーとを融合した〝ブレジャー〟[*28]を意識的に楽しんだり、国を離れて働いたり、長い休暇を取ったり、時にはジョブシェアリングや転職したりしている。[221][222]

## クリエイティブエコノミー

シェアリングエコノミーが急速に成長し、より多くの〝労働者〟が、ウーバーやエアビーアンドビー、エッツィ[*29]、レンディングクラブ[*30]、ゾーパ[*31]などの生産者や参加者になると、労働者、生産者、消費者の定義も、職場の概念すらも曖昧になる。二〇世紀に主流だった各企業の仕事スペースの代わりに、共有型で協働型のコワーキングスペース（ウィワークやザ・ハブなどの共同オフィス）が、すでに現実的な選択肢として登場しはじめた。

＊23　配車サービス。ウーバーの競合。
＊24　仕事請負仲介サービス。
＊25　クラウドソーシングの仲介サイト。現アップワーク。
＊26　37頁を参照。
＊27　長期勤務者が利用できる一カ月〜一年の長期休暇。
＊28　113頁を参照。
＊29　ハンドメード商品のマーケットプレイス。
＊30　オンライン融資仲介サービス。
＊31　オンライン・ソーシャル金融サービス。

**クリエイティブエコノミー[32]は、包括的で持続可能な文化を築く。そのうえ富も生み出す。この経済を大きく育てるために必要なのは、協働を厭《いと》わず、批判的思考《クリティカル・シンキング》ができ、リスクを背負う能力を持った創造力溢れる人間だ。**

創造性は知識型経済を支える重要な要素であり、二〇二五年までのあいだに、この分野に起きる変化について考えてみる価値はあるだろう。クリエイティブエコノミーには、出版、映画、テレビ、音楽制作、放送、建築、広告、視覚芸術、舞台芸術などが含まれる（図表39）。低迷する他の分野を尻目に、クリエイティブな人間は文化と技術を融合させて仕事をつくり出す。貧困地域の再生を図り、文化的な遺産を築く。しかも、ますます大きな利益を上げている。ユネスコ（国連教育科学文化機関）も二〇一三年の報告書で、この分野が世界で約三〇〇〇万人の雇用を創出し、年間二兆二五〇〇億ドルもの収益を生み出している点に注目した。この数字は世界のＧＤＰの三パーセントを占め、世界の電気通信がもたらす収益（一兆五七〇〇億ドル）を大きく上まわり、インドやロシア、カナダのＧＤＰをもしのぐ。[223]「テレビ部門」が最も規模が大きく、四七七〇億ドルの収益を上げ、「視覚芸術」と「新聞・雑誌」がこれに続く。この三部門を合わせた収益は一兆二〇〇〇億ドルを超え、世界のクリエイティブエコノミーのおよそ半分を占める。英国のクリエイティブエコノミーは一時間に八八〇万ポンドの収益をもたらし、観光客を引き寄せ、市民の文化的な生活を向上させるとともに、年齢や住む場所、信仰に関係なく、社会の一体感をつくり出す機能も果たしている。[224]

定量化は難しいものの、文化やクリエイティブ部門を社会発展の推進力と捉えて、この部門に投資すれば、地域社会の暮らしや個人の自尊心、生活の質の向上につながる。豊富な〝再生可能資源〟を存分に活用することにもなる——知識や経験、想像力を活かして価値を生み出し、つくり出された財やサービスは、やがて製品

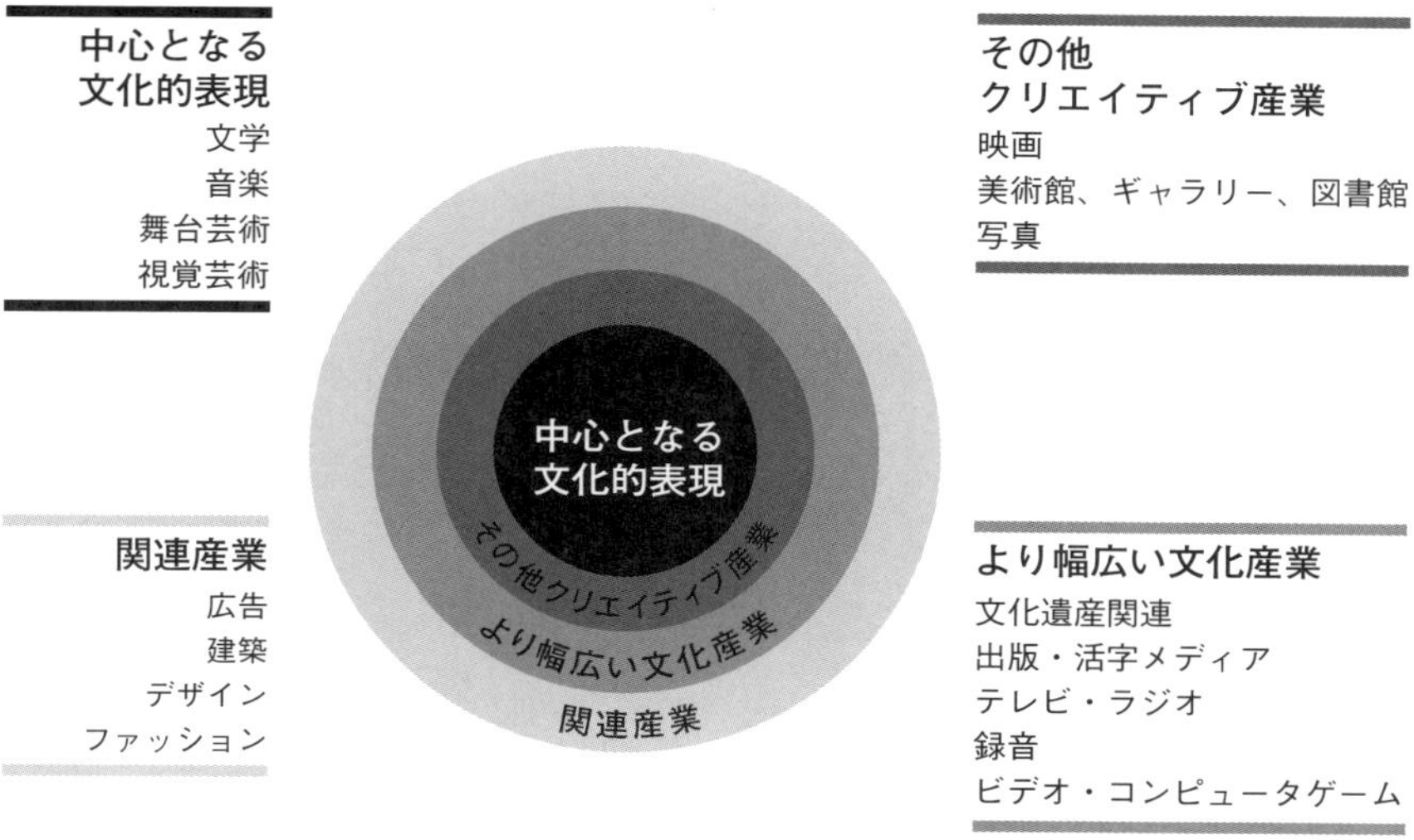


**図表39**：カルチャー産業、クリエイティブ産業（出典：ユネスコ）

化されて売買され、オンラインで配信されることも多い。ソフト（無形）インフラに対する初期投資が比較的低いクリエイティブ産業は、経済が疲弊して厳しい時期にも高成長を生み出す手段として、多くの政治家や財界のリーダーが期待を寄せる分野である。

　クリエイティブな人間は触発されやすく、一般に都市向きと言えるだろう。都市であれば、志を同じくする仲間と出会い、協働して作品づくりに励んだりしやすいからだ。ハリウッド、ムンバイ（ボリウッド）、ナイジェリアのラゴス（ノリウッド）は映画産業の都、ソウルは電子機器とデジタルメディアの都、ニューヨークとロンドンは舞台芸術の都である。シドニー、ロサンゼルス、ベルリン、東京、バルセロナも世界のクリエイティブセンターだ。だが、どの分野のアーティストも充分な報酬を手にしてい

＊32　一般に、個人の創造性が経済的価値を生み、取引の対象となる、あらゆる経済活動を指す。二〇〇一年に、英国の作家ジョン・ホーキンスが著書『クリエイティブエコノミー』（*The Creative Economy*）のなかで提唱した。

ない。そのため、経済成長にとっても地域の活力にとっても彼らの存在が重要であるにもかかわらず、高騰する家賃や高い生活費のせいで、彼らが魅力を添えているその都市で暮らすための資金が足りない。アーティストがきちんと暮らしていけるだけの保障が必要だ。政府や慈善団体は、今後も支援を続けていくべきだろう。

芸術文化センターは、創造的な雰囲気を共有したいアーティストを磁石のように引き寄せる。様々な失敗もあったにしろ、都市プランナーは折りにふれ、都市の魅力をうまく活用してきた。ソウマヤ美術館[*33]は、いまやメキシコで最も人気の観光スポットである。荒廃した工業地だったプラザコルソ地区を、メキシコシティ一お洒落で、おおぜいの人びとが目指す場所に変えた。そのような効果が何世代にもわたって続く場所もある。パリの左岸はいまでも、多くの観光客を引きつけている。かつて作家のシドニー＝ガブリエル・コレットや画家のアンリ・マティス、哲学者のジャン＝ポール・サルトルが輝きを放った、自由奔放な反体制文化の雰囲気を味わうためである。クリエイティブ・ハブを築こうとしている都市もある。ダブリンのテンプルバー・エリアでは家賃に補助金が支払われるため、ミュージシャンや映画制作に携わる者など、おおぜいのアーティストが住んできた。シンガポールは都市国家の一部をクリエイティブゾーンに指定し、ドバイではクリエイティブ・クラスター庁を設置している。

急成長する文化やアート部門に引き寄せられた、野心的なアーティストやプロフェッショナルが住んで働いてみたいと思うような都市が、世界のあちこちで増えている。ロンドンからナイジェリアのラゴスまで、ベルリンからアルゼンチンのブエノスアイレスまで、都市はそれぞれの文化が持つ魅力を活かして、アートを楽しみたい人びとを引きつけてきた。そして新しいビジネスを推進し、イノベーションを促進し、才能や投資を呼び込み、都市の開発を促し、住民の生活の質をも向上させている。

クリエイティブエコノミーはまた、ソーシャル・インクルージョン[*34]を促すとともに、貧困撲滅、女性の地位向上、環境保全、精神疾患対策など、今日最も難しい社会問題に取り組む手段にもなり得る。たとえばインドのバンガロールにあるアースン・シンフォニーという装飾美術・デザインのスタジオは、女性のデザイナーや職人、工芸家を育成し、健全な労働文化を地域社会に広める役割も果たしている。あるいはキングス・カレッジ・ロンドンが主導するアバターセラピー・プロジェクトでは、コンピュータを駆使したシステムを用いて、統合失調症の幻聴に苦しむ患者を、薬を使わずに治療している。

クリエイティブエコノミーは、途上国が高成長分野において一気に世界のトップクラス入りを果たすという、実現可能な選択肢も提供する。実際、その難題に挑もうという国も現れた。たとえば中国は、低コストの接続性と大規模な国内市場を利用して、ビデオゲーム産業に少なからぬ額を投資して、アメリカや韓国と競争しようとしている。東アジアの多くの国はいま、クリエイティブ・ハブになりつつある。ラテンアメリカでも、特にブラジルとメキシコで地元の音楽産業が活況を呈し、「クンビア[*35]」のような音楽ジャンルが注目を浴びて、新たなグローバル市場を形成するようになった。

このように様々な可能性が拡がるいっぽう、私たちのイベントに参加した多くの人が不思議に思うのが、生徒や学生がもっと創造性を発揮できるような教育を、ほとんどの学校が行なっていないことだ。「フューチャー・アジェンダ」のプログラムで、教育の未来について執筆してくれたスガタ・ミトラ[*36]は、「ほぼどこの国の教育制度も時代遅れだ」と指摘する。ロンドン、ドバイ、インド、シンガポールで開いたワークショップでも同じ声が上がった。またケン・ロビンソン[*37]もＴＥＤのプレゼンテーションで述べたように、子どもたちは、カ

＊33　実業家で世界的な富豪のカルロス・スリムが、亡くなったソウマヤ夫人の美術コレクションを収めた美術館。
＊34　社会への受け入れ。社会的に孤立した人や排除された人、弱者を、社会の構成員として受け入れ、支え合うこと。
＊35　コロンビアの伝統的な民族音楽。
＊36　認知科学、教育テクノロジーの専門家。インターネットに接続したコンピュータをスラム街の壁に埋め込んで、子どもたちの反応を探るというミトラのプロジェクトは、映画「スラムドッグ・ミリオネア」の原案になった。

リキュラムを詰め込んだ、古めかしい官僚主義システムの一部に組み込まれてしまい、現在の私たちが暮らす協働的でクリエイティブな世界で働くためのスキルを学ぶ余裕を持てないか、そのスキルを教わることもない。変化の兆しはある。たとえばインドのアショカ大学やフレーム大学、パキスタンのハビブ大学、英国のウォリック大学やユニヴァーシティ・カレッジ・ロンドンでは、リベラルアーツ（一般教養教育）に力を入れている。だが、横並びの能力と資格を持つ、組織で役立つ学生を送り出さなければならないという重圧をはねのけるのは、教師にとって並大抵のことではない。それが特に難しいのは、どんなかたちであれ、学校教育を行なうのが困難な途上国だろう。そのような国では、表現の自由を伸ばす教育を行なうことはなおさら難しい。環境の変化にすばやく適応でき、機転を利かせ、洞察力を発揮し、協力し合ってものごとを進められる若い世代を育成するよう、現在の教育方法を見直すことこそ、クリエイティブ産業の未来を確かなものにする最善の方法かもしれない。

## 深化する協働《コラボレーション》

**よりダイナミックで長期的、民主的で、多様な関係者が参加する協働型のパートナーシップが生まれつつある。競合との提携や幅広い市民の参加が進み、規制当局が新たな法的枠組みを構築すれば、オープンで共感的な協働が可能になる。**

世界は急速に変化し、市場は不安定で、私たちは大きな社会的、経済的問題に直面している。そのような状況を考えれば、そして目まぐるしく変化する世界において、安定と安全を確保するためには、機敏に行動し、変化に対応できる能力を身につけた子どもを育成することが重要だ。そしてそのために必要となるのが、企業や圧力団体、（国と地方の）政府、テクノロジー企業のこれまで以上の取り組みと様々なレベルでの協力だ。古い習慣を捨てて新たな働き方を模索する必要に気づいた企業は、もっとダイナミックで機敏に対応するためのプロセスに着手しはじめた。二〇二五年までに、この動きに倣う企業は増えるだろう。

困難な問題に取り組む時には、より深く、より幅広い協働が必要になる。それは、ただ単に知的財産と企業価値を考慮した協力のかたちではない。近い将来に登場するのは、よりダイナミックで迅速に対応し、長期的かつ民主的で、幅広い関係者が参加するかたちの協働である。

大気汚染を例にあげよう。この問題に取り組むためには、輸送事業者やエネルギー事業者から都市プランナー、公衆衛生関連の企業、政府、規制当局、投資機関、市民グループまでの幅広いパートナーシップが必要だ。あるいは肥満の問題に取り組むためには、食品・飲料メーカーだけが方針を変えればいいのではない。医療関係の専門家や行動心理学者、規制当局、輸送関連の専門家、都市プランナーはもちろん、教育機関やメディアの協力も欠かせない。イノベーションを図り、これらの（そして同様の）課題に取り組むために必要なタイプの協力を確保するのであれば、企業はそのようなパートナーシップをどうやって計画して運営し、報酬を分配するのかといった根本的な問題について改めて考えなければならないだろう。二国間協定は、国際協定よりも締結しやすく履行もしやすいが、その分、効果は限られてしまう。

知的財産の創造、所有、取引について言えば、残余アプローチ[*38]をそのまま当てはめたのでは、協働を促すどころか、かえって妨げになってしまう。特許プール[*39]のような考えは、特定の業界において成功を収めてきた。

＊37　イギリスの能力開発・教育アドバイザー。
＊38　会計用語。取引価格の総額から、客観的に見積もられた独立販売価格の部分を差し引いて、残った金額を参照して、残りの要素の独立販売価格を見積もる方法。
＊39　複数の企業や研究機関が持つ特許権を、共同で設立した会社に集めて、管理する仕組み。

古くはミシンや車が、この二〇年ほどはブルートゥースやMPEG、DVD規格がその代表例だが、将来に予想される、より深くより幅広いレベルの協働にとっては、特許プールも適切なモデルではないだろう。新しいモデルは、たとえばオンラインで、複数のレベルにおいて複数の著作者が、コンテンツを共同制作していく方法から見えてくるのかもしれない――すなわち著作権の共有だ。なぜなら、おおぜいが協力してアイデアを交換する過程で、考えが徐々に組み立てられていくからだ。その結果、複数の人間が著作権者となり、共有情報を誰か特定の個人が所有するわけではない。となると明らかに、協働事業において報酬モデルを新たにつくり出す必要がある。

　政府と民間企業の協働事業に対して、西洋の一部の地域やアジア、南米ではよく批判の声が上がるものの、官民が緊密に協働する必要性とそのメリットは明らかだろう。コロンビアのメデジンの成功例は[*40]、都市経営と施設運営において、官民の緊密なパートナーシップがもたらした成功例として、エクアドルやあちこちのワークショップで注目を浴びた[225]。医療、教育、輸送、食料供給の改善をテーマにインドで開いたワークショップでは、政府の野心的な政策が、迅速で柔軟な民間企業との協働を通して、より効率的に実行された場合の成果について話が集中した。政府が企業や市民の参加にますます積極的になると、市民はこれまで以上に、意思決定と実行に深く関わることになり、政府は一歩退き、従来のリーダー役から、市民や産業界との新たな関係を築く世話役のような立場になるのかもしれない。そして、その新たな関係が問題の対応策を生み出し、解決をもたらすのだろう。

　将来はますます協働が必要になる。そしてそのために多くの企業は、従来の機能単位や縦割りの事業単位ではなく、社会的ネットワークに基づいて再編成を図ることになり、協働の構造はもちろん、運営するプラットフォームまでも変えてしまうだろう。その結果、共通の価値や感情に基づいた意味あるネットワークが生まれる。それは、データに基づく皮相的なつながりとはまったく別ものだ。協働において時間は〝社会的通貨〟となり、社会問題に取り組む協働プロジェクトに費やした時間が評価基準となって、評判や社会的地位を決めるのかもしれない。慈善的な立場からであれ、積極的な投資であれ、ただ現金を出すだけではなく、個人が自分の空いた時間を自発的に使って、新たな問題の解決に参加するようになるのかもしれない。それは、複数の企業が、共同事業《ジョイントベンチャー》という従来のパートナーシップを選ぶ時よりも、さらに大きな行動と影響をもたらすはずだ。

イノベーション分野での協働もさらにオープンなかたちになり、もはや二者間のパートナーシップではなくなった。解決が不可能か、解決への道筋が見えない問題に焦点を絞った、壮大で複雑な協力関係に変わりつつあるのだ。そのわかりやすい例のひとつが、アメリカのエネルギー省が推進して、賞にも輝いた「サンショット・イニシアティブ」である。[226] この取り組みでは、二〇二〇年までの一〇年間で、太陽光エネルギーの技術開発を進め、化石燃料などの他のエネルギーとコスト競争ができる段階を目指す。具体的には、太陽光エネルギーの発電コストを一ワット当たり三・八〇ドルから、一ドルにまで削減する。まずは、エネルギー企業だけでなく幅広い民間企業を巻き込んで、野心的な目標を達成するための斬新なアイデアを募った。そして、優れたアイデアを持つ各種プロジェクトにエネルギー省が助成金を出し、民間企業、大学、中央政府と州政府、NGO、国立研究所が協力して調査を行ない、プロジェクトを展開した——つまり、それぞれの構想に対して、理想的な協働ネットワークを築く機会が生まれたのだ。一〇年計画の半分を過ぎた二〇一五年の時点で、サンショット・イニシアティブは様々な資源を有効活用し、二五〇ものプロジェクトに助成して、すでにコスト削減目標の七割を達成したという。

将来は、重大な問題について、いまとはまったく違う考え方や協力体制が必要になるだろう。多くの者にと

＊40　79頁、112頁を参照。

ってパズルを完成させる重要なピースは、より深く、より幅広く、より有意義な協働なのだ。そのため、仕事の性質も組織の役割も曖昧になる。そのような環境において、組織は根本的に姿を変え、より水平でプロジェクト型、協働型で、時にはオンラインのなかだけで存在する、柔軟性に富んだかたちが一般的になるだろう。

## 真のシェアリングエコノミー

**協働がもっと一般的になると、社会的ネットワークや社会に及ぼす影響をもとに、企業の再編成が進む。真のシェアリングエコノミー参画企業は利益の追求を第一に考えるのではなく、資源や知識、意思決定にまつわる責任を共有する。**

シェアリングエコノミーについて語る時に、共同消費[*41]の背後にある本質を探ってみる価値はあるだろう。音楽ファイル共有サービスのナップスターが一九九九年に音楽業界に衝撃を与えて以来、シェアリングエコノミーは、インターネットを介した大規模な交換市場経済に成長し、いまでは年間一二〇億ドルを超える投資を呼び込んでいる。次の段階には、株主利益を第一に考えるのではない、つまり資源や知識、意思決定の責任を共有する、真のシェアリング企業が誕生するのだろうか。

マーケットプレイスにおいて、需要を目に見えるかたちにし、需要と供給をマッチングさせ、競争力のある価格でモノやサービスを提供するシェアリングエコノミーは、これまでも幅広いモデルを生み出してきた。エアビーアンドビー、ウーバー、タスクラビットが代表格だが、そのほとんどが営利目的である。これらを可能にしたのは、オープンで透明な情報共有によって、P2Pのビジネスモデルが開発できるようになったためである。最近、成功した企業の多くが、シェアリングエコノミーの一部と考えられ、その多くはインターネットのプラットフォームを利用して、破壊的で〝旨味のある〟新しい事業を展開する。いずれはもっと意義のある共有のかたちが登場し、真のシェアリングエコノミーを体験できると期待する者も多い――つまりスキルや情報、知識をもっと純粋なかたちで共有し、一部の人間にとってだけでなく、みなにとって付加価値を生み出すシェアリングエコノミーだ。

マーケットプレイスの原型であるイーベイであれ、ウーバーの競合であるリフトであれ、タスクラビットのようなプラットフォームであれ、たいていは、取引が成立するたびに手数料を取ることで事業が成り立つ。その手数料が五パーセントなのか（ウーバーのように三〇パーセントなのか）はともかく、投資家が魅力を感じるのは、それらの企業が価値の大部分をコントロールして、実際に手に入れているからだ。いっぽう、シェアリングエコノミーの新しいモデルとは、そのマーケットプレイスがいかなる資産も支える必要がなく、ただ単に需給をマッチングさせるかたちに他ならない。共有よりもアクセスを重視するようになった時、いわゆるシェアリング・プラットフォームは、コミュニティを損ねている。〝理想的で平等主義的なＰ２Ｐムーブメント〟として始まったシェアリングエコノミーは、一部の人たちにとって、他者の資源を商品化するものに変わった。ユーザーがつくり出す価値の大部分をプラットフォームが抜き取り、規制もなく、競合さえもほとんどいない独占状態をつくり出そうとする。最近のスタートアップが公共の利益に反して事業を行なっている事態を、規制当局が疑問視する都市も現れた。

たとえばニュー・エコノミクス財団[*42]は、情報や才能、利益をもっと純粋に共有する、真のシェアリングエコノミーのかたちを模索している[227]。あるいは、フリーサイクルという地域密着型の共有プラットフォームを利用

＊41　インターネットを用いて、モノやサービスを貸し借りしたり、交換したり、共同利用したりする消費行動。
＊42　英国の独立系シンクタンク。国の幸福度を測る「地球幸福度指数（ＨＩＰ）」を発表している。

すると、不用品を無料でやりとりしてリサイクルできる。レフトオーバースワップのようなアプリを使えば、余った食料を無料でホームレスに提供できる。カウチサーフィンでは、エアビーアンドビーのような仲介サービスを通さずに無料で登録者の家に宿泊でき、ツール・ライブラリーの登録者の農業従事者は、高すぎてとても個人では購入できない特別な機械や農具を必要な時だけ借りられる。これらは人気が高く、成長しているムーブメントだが、営利型のプラットフォームに比べれば、いまのところまだ規模は小さい。

資源の減少に伴い、廃棄物を資源とみなす人が増えると、共有プラットフォームを利用して、自分で買う余裕のない製品を手に入れる機会が増え、持続可能な消費が（特に都市部において）いっそう加速するだろう。そうなれば、環境に対する影響を削減でき、コミュニティの活性化にもつながる。スマートグリッドによってエネルギー消費者がエネルギー生産者になれるように、新しいインフラの登場によって、共有に対する考え方も変化するのかもしれない。そしてそれが、より大きな社会的交流と、公正な富の分配やコミュニティの強い絆を生み、最終的には生活の質の改善につながるのかもしれない。英国にはエコーという代替通貨による時間《タイムバ》銀行《ンキング》プロジェクト[*43]がある。これはタスクラビットよりもはるかに平等で、効果的なアプローチだろう。また、ウィシェア[*44]は協働者のネットワークを、フランスから欧州へ、さらに中東やラテンアメリカへと拡大した。多くの人が注目するのは、富裕層があまり裕福でない人にカネを払って自分の雑用をさせる──しかも、従来のような雇用の利益や安定性も提供しない──事業ではない。それは効率的であるとともに、みなが協力して商品やサービスをつくりだし、その結果を公平に共有できる、もっと協力的で、いっそう協働型のプラットフォームなのだ。

二〇二五年までに、より平等主義的な共有の考え方がどれほど浸透しているだろうか。ウーバーやエアビーアンドビーなどの背後で生まれつつある新しい動きは、明らかに重要である。難しいのは、非営利型という選択肢が幅広い支持を得て、規模を拡大できるかどうかだろう。

## ラストマイル・デリバリー

**継ぎ目がなく統合的で共有型の配送が実現して、効率の悪い競争に取って代わり、配送の二度手間を防ぐ。ラストマイルの配送効率を高めることは、人の輸送効率を高めることと同じくらい重要であり、大きなイノベーションが待たれる分野である。**

乗客のためであれ、商品のためであれ、効率的な協働が大きな変化を生む分野のひとつが、ラストマイル・デリバリーと呼ばれる、最もコストが高くつく配送段階での経費削減だ。この段階の効率化をシンプルな方法で図れれば、企業にとって大きなビジネスチャンスが生まれることは間違いない。

複雑な物流の世界において、配送効率はすでに世界中で劇的に向上した。過去数年間に、荷物を仕分け、積み込み、輸送するスピードは大きく改善した。だが、とりわけ効率化が難しいのは、配送センターから家庭や事業所、車、個人などの最終目的地までの最後の配送部分《ラストマイル・デリバリー》である。一般に配送コスト全体の半分近くを占めるこの部分は効率化が最も難しく、今後、改善を図る分野もこの部分に集中している（図表40）。現在、検討されている解決法のほとんどが、ドローンか自動運転配送車を活用するという案だ。

どんなシステムを採用するにせよ、一番の目標は、顧客が購入した商品をその日のうちに配達することだ。

＊43　自分が働いた一時間分の労働を「エコー」という単位で貯蓄できる。そのエコーを使って、今度は自分が求める仕事を他の誰かに行なってもらえるという、技術やサービスを交換し合うオンラインシステム。

＊44　二〇一二年にパリで誕生したＮＧＯ。人や組織、アイデアをつなげ、シェアリングエコノミーで成り立つ社会づくりを使命とする。

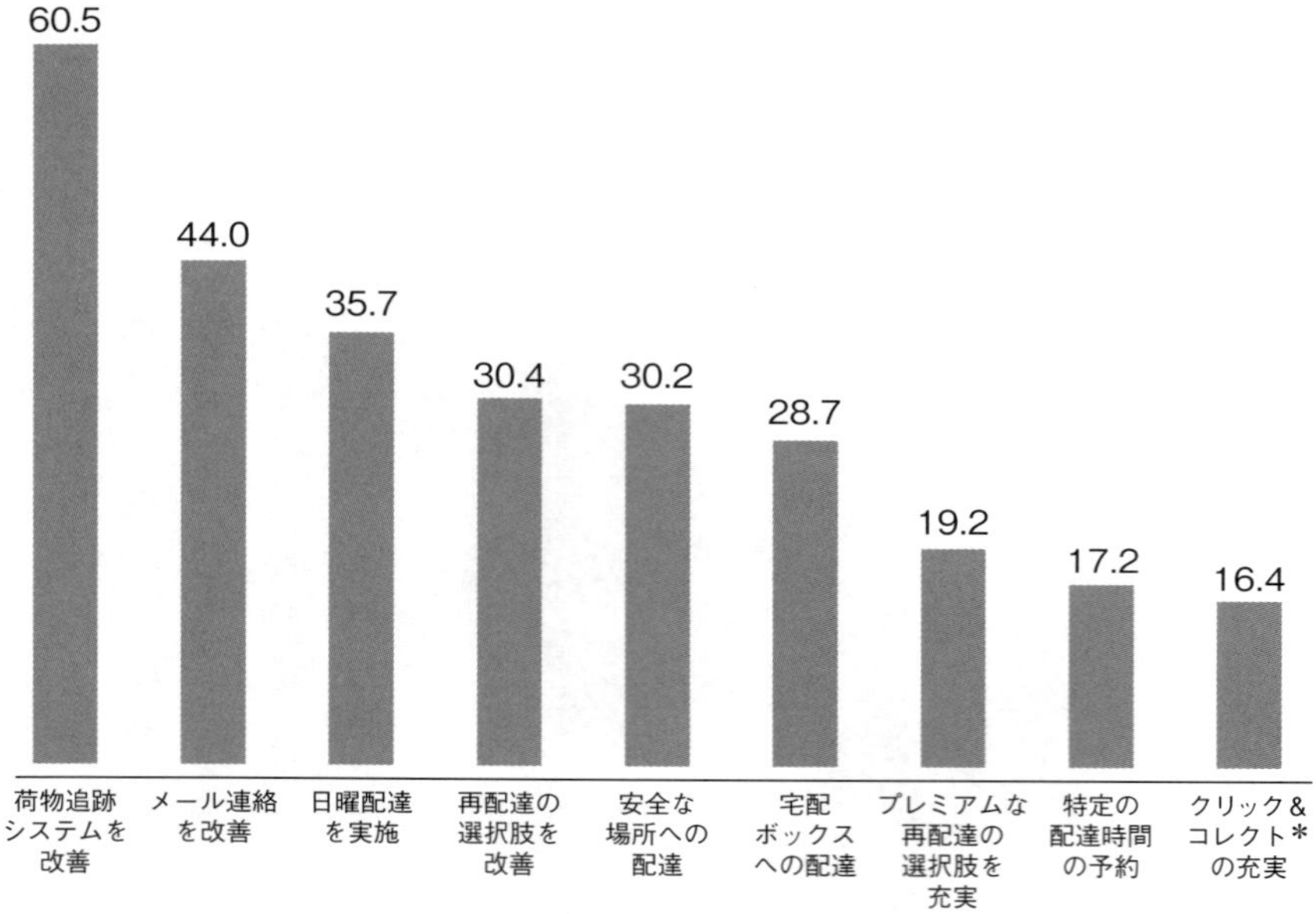


*訳注：ネットで注文した商品を、受取専用場所（店舗や宅配ボックスなど）で購入者自身が受け取ること。

**図表40：**英国の物流企業において、将来、充実を図る分野、2015年（出典：バークレイズ）

ドローンを使って注文受付から三〇分以内に商品を届けるという、アマゾン・プライム・エアーの動画を見れば、この配達システムがすでに実現可能な段階にあることがわかる。アマゾンはまた、最先端の車両システムの特許も複数申請した。だが、着々と布石を打っている、同じくらい動きが速い企業もある。たとえばウーバーがそうだ。インフラをすばやく拡大するとともに、経路検索や到着予測時間の算出を行なうアルゴリズムに莫大な額を投資してきたウーバーは、取り扱う量と規模において、ユナイテッド小包宅配便会社（UPS）やフェデックスなどの運送業者に太刀打ちできる、唯一の新規参入者である。そのUPSはすでに一日三五〇〇万個の小包を取り扱い、新技術に多額の投資を行なって、さらにミスのない効率的な配達を目指している。[28] そのいっぽう、処理能力を高める共有型のビジネスモデルを試す企業も現れた。たとえば、ウーバーのような協働型のネットワークビジネスモデルを活用して、一回の配送にかかるドライバーと車両にかかるコストの低減を図るのだ。そのうちのひとつとして、最近アメリカで始まったアマゾン・フレックスは、一般人のドライバーに時給一八〜二五ドルで商品の配達を委託する外注プログラムである。

注文受付から出荷・入金までのプロセスにかかるコストは、アマゾンの売上げの一五パーセントを占めるため、この分野の経費を削減しつつサービスの充実を図ることは難しい。だが、アマゾンだけではなく、アリババもグーグルもこの分野で大きな影響を与えようとしている。グーグルは「プロジェクト・ウィング」によって、二〇一七年までにドローンを使った配送サービスの開始を目指すと発表した。許可を取るために、連邦航空局（ＦＡＡ）や英国民間航空局（ＣＡＡ）、その他の規制当局と交渉中とはいえ、ドローン配送は二〇二〇年までに大きな変化をもたらすだろう。

地上に目を向けると、大きな関心が集まっているのが自動運転トラックの導入である。倉庫や配送センターではすでに何年も前から自動運転車を活用して、商品や荷物を所定の場所に移動させてきた。これまではほとんど既定ルートを走っていた（そのため固定インフラを必要とした）が、次世代の自動運転車が用いるのは３次元ヴィジョン・ガイダンスシステムである。これらの自動運転車は商品の移動、配送車への積み込み、積み降ろしを迅速かつ安全に行なうばかりか、数台が自動的に集まって大きな荷物を移動させる。しかも、障害物を見つけた際には自動的にルートを変更する。

多くの者が関心を寄せるのが、屋内の技術を屋外に持ち出して市街地での配送システムに活用する方法だ。あちこちで見かける白い配送車の代わりに、電気自動運転トラックが活躍するのなら、効率は大きく改善する。安全確保のために無人トラックの速度は抑えるにしろ、このシステムの推進者によれば、自動運転トラックはルートを選び、混雑を避けて市街地を走り、指定の時間に、指定された場所に荷物を届けるという。

このシステムは、末端の消費者に商品を届ける時だけでなく、B2B（企業間）でも効果を発揮するはずだ。事業所やレストラン、小売業者、製造業者も、効率のいいネットワークの恩恵を受けるだろう。もちろんドライバーの職が減ることについては社会的、経済的な影響が大きいものの、物流分野において大きなコスト削減をもたらす。規制面で超えるべきハードルは多いが、物流部門を含めたおおぜいの推進者は、技術は急速に拡張可能になっていると訴える。投資対効果は魅力的で、環境的なメリットも大きい。

極端な場合、これらの自動配送車は非常に小さく、実際、配送する荷物よりもほんの少しサイズが大きいだけだろう。私たちが最終的に目にするのは、自走して荷物を届ける完全な自動運転システムかもしれない。そのひとつが、スカイプの共同創業者が始めたスターシップ・プロジェクトだ。一〇キログラムまでの商品を収めた、完全自律型駆動のロボットカーが、通行人の邪魔にならないよう、時速六・四キロメートルというゆっくりとした速度で歩道を進む[229]。

もっと複雑だが、システム全体の効率性から見てさらに魅力的なのは、人と商品とを同時に輸送することである。誰かがタクシーに乗って自宅に帰る時、その同じタクシーで近所に住む人の荷物を配達するのだ。その場合、正しい荷物を正しいタクシーに載せることは決して簡単ではないが、たとえばボルボでは、オンコールというテレマティック・アプリを使って、他のボルボ車にアクセスできるシステムを開発した。つまり、ボルボ車の移動プランとルートを調べて、その近所に配送する荷物があれば、宅配業者はトランクの使用料を払って、配送する荷物をそのボルボ車のトランクに積み込む。車両が目的地に着いた時に、荷物の受取人がデジタルキーを使ってトランクを開け、荷物を回収するという仕組みだ。アウディも、同じ分野でボルボとは違うアプローチを開始した。アウディの車の持ち主が、オンラインで注文した荷物の届け先に、自分の車を指定するサービス実験をミュンヘンで行なったのだ。アウディ車に搭載したインカー・コミュニケーション（ICC）システムを活用することで、配送業者のドライバーは配送先のアウディ車の場所を特定する。そして、ワンタイムデジタルコードを用いて車のトランクを開け、配送を完了する。アウディではこれまで、アマゾンやDHLと組んだ実験を行なってきたが、もちろんこの原理によってどの企業ともパートナーシップを組むことが可能だ。

以上のようなイノベーションはどれも同じ分野で競い合っており、誰にでも充分な好機があるだろう。長いあいだ、最後の一マイルは効率の悪い未開発の分野だった。ドローン、無人の自動運転トラック、ロボットカー、人と荷物を同時に車で運ぶというシンプルな解決策、あるいはそれらを組み合わせるのかどうかはともかく、二〇二五年までに大きな変化を起こすために必要なのは、より高い透明性のように思える。

## 時々ノマド

**みずから選んだ移住が増え、旅行料金は大幅に下がる。世界規模で知識の共有が進み、あちこちを渡り歩きながら働くワーキングモデルがさらに増加する時、生まれ育った国の伝統と移住先の価値観や習慣とを身につけた、つながったノマドが生まれる。**

モノの移動は、もちろん企業が取り組む現在進行形の問題だ。それと並行して、人の移動もこれまでにないほど活発になり、才能ある人材を引き止めるために、企業は大きな努力を払わなければならなくなった。グローバリゼーションが進展し、接続性が高まり、指先ひとつで情報を入手できるようになり、世界はいっそう小さくなった。さらに旅行料金が下がり、世界的な規模で知識の共有化が進み、あちこちを渡り歩きながら働くワーキングモデルが増えるにつれ、労働文化にも大きな変化が現れ、冒険心に富んだ者はとりわけ様々な機会を手にできるようになった。生まれ育った国の伝統と移住先の価値観や習慣とを身につけた、世界のあちこちで働く〝つながったノマド〟が、二〇二五年までにたくさん増えるに違いない。

前向きな理由にせよ、そうでないにしろ、人はいろいろな理由で住む場所を変える。世界銀行によれば、母国を離れて暮らす人は二億五〇〇〇万人に及び、国内で移動した人口も含めると、地球上の七人にひとりが移住者だという。母国での紛争を逃れた難民の数は増えるばかりだが、恋愛や結婚、仕事、新たな冒険のために母国を離れる者も多い。人間の大量移動に加えて、安価で手軽な旅行と、自由なコミュニケーションを促す技術の進歩は、文化が溶け合う世界をつくり出し、〝属する〟という従来の意味を大きく変えようとしている。

いっぽう、企業世界のトップに君臨するのは、需要の高いスキルを持ち、本人が選んだ国のパスポートによって守られた、ごく一部の特権階級である。どこで暮らそうと、彼らのライフスタイルはほとんど変わらない。地域の文化に溶け込むかどうかは、彼らにとっては選択肢であって義務ではない。その仲間は世界のあちこちで生まれ、多くの者が母国の友人や家族よりも、同様の環境に身を置く仲間とのあいだに共通点を見出す。国際的なレベルで活躍する企業の経営者は、その経済力と影響力とを発揮して、中央政府も羨むような大きな変化を起こそうとする。たとえばユニリーバでは、二〇二〇年までに一〇億人以上が健康的で衛生的な暮らしを送れるようにするとともに、肥満の改善にも貢献するという目標を掲げる。タタ・グループは純利益の三パーセント（二〇一四年の時点で一七〇〇万ドル）を、教育、健康、環境関連のプログラムに投資している。

また、仕事目的で移住した人の多くは、高い教育を武器に豊かな暮らしを手に入れ、シリコンバレーのような中心地に居を構える。多くの者にとって、渡航先の第一候補はアメリカだ。アメリカ人口の一四・八パーセントを移民が占めたという一八九〇年の過去最高の数字も、二〇二五年までには抜かれるだろう。さらに二〇六〇年には、その数字も一九パーセント程度に達するものと見られる。今日、アメリカへ移住する者のほとんどが、一定以上の資格を持ち合わせている。二〇一三年、アメリカに移住した者の四一パーセントが、最低でも学士号を取得していた（一九七〇年にはわずか二〇パーセントだった）[230]。インド系アメリカ人はいまや、最も裕福なエスニックグループであり、世帯収入の中央値は約八万八〇〇〇ドルにのぼる。[231] いっぽう、インドのひとり当たりのGDPは一六〇〇ドルにも満たない。世界貿易の中心が移動し、企業成長の機会が増すにつれ、少数とはいえ、この影響力の強いグループが、南米かアジアの新興経済国に新たな移住先を見つけるのだろう。

中国では一九七〇年代後半から、教育レベルを高めるために学生の留学を推進してきた。最近では、経済協力開発機構諸国で高等教育を受ける留学生の五人にひとり以上が、またアメリカへの留学生の四人にひとり以上が中国の若者だ。アメリカの博士課程の学生は、アメリカ人よりも中国人のほうが多くなりそうな勢いである。それ以上に急増しているのが、帰国者の数だ。留学を終えて中国に帰国した若者の数は二〇〇三年には二万人だったが、二〇一三年には三五万人にのぼった。[232]

ところが、他国の文化を吸収する西洋人の数は、必ずしも同じように急増しているわけではない。二〇一三／一四年、高等教育の留学生は世界中で四五〇万人にのぼった。そのうち、アメリカを留学先に選んだのは八八万六〇〇〇人である――この数字は、その次に多い留学先の英国の二倍以上に当たる。だが、大学在籍中に留学するアメリカ人の学生は全体の一割にも満たないのだ。[233] このような不均衡がこのまま続くならば、アメリカの労働人口は、さらにグローバル化の進む世界に参加する準備ができるのかという疑問が湧いてしまう。

香港のクリーニング店の店員からロンドンの弁護士まで、移民は母国で暮らす家族に送金し、途上国の経済に大きく貢献している。世界銀行の推計によれば、海外で働くナイジェリア人が母国に送金した総額は、二〇一三年だけで二一〇億ドルにのぼる。これは、ナイジェリアが原油の輸出で稼ぐ収入の四分の一に当たる数字だ。多くの者が、フェイスブックかスマートフォンを介して送金する。こうした技術が経済移民に与える影響は大きく、彼らからの仕送り額は対外援助額の二倍以上にのぼり、フィリピンのGDPの一〇パーセント、タジキスタンのGDPの四二パーセントにも及ぶ。[234] 二〇一四年、インドはどこの国よりも多くの送金を受け取り、その総額は七〇〇億ドルに達した。

ほとんどの移民労働者が選択する〝ハブ〟は、いまもニューヨーク、ロンドン、シンガポールであり、これらは最も文化が融合した都市でもある。富裕層のインド人にとって母国の外にある最大の〝インド人〟の都市は、ロンドン、シンガポール、ドバイだ。アルゼンチン人の女性が日本食レストランで食事をしたあとで、ロシアのバレエ団の講演を楽しんだからといって、不思議がるロンドンの住民はいないだろう。それでもそのロンドンにおいてさえ、ここ最近、国際性は大きく変わった。多くの者が地球市民意識《グローバル・シチズンシップ》を最大限に発揮して、ノマドのようなライフスタイルと経歴を築いているのだ。グローバル化した世界が提供する好機を最大限に活用することは、ある者にとって、より豊かな生き方を手に入れることであり、猛烈な出世競争に加わるのではなく、かといってただ単に〝人生を降りる〟のでもない、もっと理にかなった選択である。またある者にとって国際社会とは、会話を交わし、知識を共有し、協力し合って仕事をこなすという普段の生活を送る、よりよい、よりつながった舞台にすぎない。

不安定な世界において暗い要素が働くことで、人生の計画が困難になる時がある。母国を離れて暮らす者がみな、特権階級にあるわけではない。慣れない土地に身を置き、よりよい生活を送れるという希望も機会も持てない、恵まれない移民も増えている。身ひとつで母国をあとにして一から生活を始めざるを得ない難民は、母国の伝統を守り、宗教を守ることでしか、自分が誰かという意識を保てない。たとえ困難な環境で暮らしていても、安価に接続できるおかげで、貧困層や難民も過去とつながることができ、アイデンティティや帰属意識を保つことができる。二〇二五年までに、少なくとも一時的には、自分が特定の国や国民に完全に属している、という意識を持てない者が増えることは間違いない。

国内においても、農村部から都市部への人口流入は大きな問題だ。西洋には、国内の他の都市とは比べものにならないほど、面積も人口も大きく膨れ上がった都市がある。ロンドンだけの話ではない。中国では一部の都市にあまりにも人口が集中する事態を危惧し、省をまたいだ移動を規制しようとしている。中国はかねてから、移動をコントロールするために戸籍制度を利用し、とりわけ都市部に出て職を探す農村部の出稼ぎ労働者（農民工）を厳しく制限してきた。安価な医療と教育制度の恩恵を受けられるのは都市戸籍を有する者に限られ、戸籍制度は事実上、出稼ぎ労働を抑制するものとなった。比較的賃金の高い都市で働きたい若い労働者の多くは、年寄りや子どもを農村部に残して都市部へ働きに出る。これが長期的にどのような影響を及ぼすかは、いまのところわからない。

稼ぎと体験とを携えて故郷に戻る他にも、移民が母国にもたらす利益がある。母国と移動先の両方の知識を備えた彼らは、言葉と文化の違いの問題が解決しはじめると、母国で操業する移住先の国の現地法人で——あるいはその反対のパターンで——働き、様々な役に立つ。彼らが母国に対して果たす政治的、経済的、あるいは文化大使としての役割は非常に大きく、その彼らとの連絡を絶やさないよう様々な措置を講じる政府もある。少しでも多くの移民を自国の子孫として含めるために、移民担当大臣を任命する国もあるほどだ。アイルランドはすべての子孫をアイルランド人と数え、イスラエルもすべての子孫をユダヤ人とみなす。しかし、特定の地域で特に大きな影響を及ぼしている離散民もいる。たとえば、レバノン人の多くは非常に高い教育を受け、世界中で報酬の高い職業に就き、高等教育で遅れを取っている中東において、とりわけ大きな影響力を放っている。将来、ペルシャ湾岸地方の教育が改善して中東の住民がもっと熟練した仕事に就くようになれば、レバノン人の活躍機会は減少して、次の移住先を探さなければならないかもしれない。二五〇万人以上もの難民が押し寄せたレバノンでは、自国で仕事を探すことは非常に難しい。離散したレバノン人が母国に帰りたいと願うことも、その願いがかなうこともないだろう。

移住と移動を通して、物理的にもネットワークの上でも世界が小さくなるにつれ、人も集団も多様なアイデンティティのレンズを通して、もっと大きな声で自分を表現するようになるのかもしれない。様々な要素が融合した文化が、一般的になる日も近いのかもしれない。

## 結論——企業と社会

企業は将来に対して楽観的になるべきだろうか、それとも悲観的になるべきだろうか。判定はまだ下っていない、と言うのが正しい答えだろう。もちろん、包括的で持続的な成長を実現するためには、企業と社会とが様々な議題について協力し、成功の幅広い定義を採用して、短期的利益と長期的利益のよりよいバランスを取ることが大切だろう。その点については、誰がどのようにしてリーダーシップを執るのかといった難しい問題はあるものの、企業がリーダーシップを執って未来を築き、幅広い社会に利益をもたらす、というのが大方の意見の一致するところだ。そのためには難しい決断を迫られ、多くの企業が現行の経営システムを大きく転換することもあるだろう。だが、一体化と相互接続が進んでいるにもかかわらず、世界はますます断片化し、不均衡なものになっている。このような権力の拡散のせいで、協働はさらに難しくなり、明らかなパラドックスを生み出した——世界はどんどん緊密になる反面、ますますバラバラになっているのだ。

政府、企業、市民社会の境界が曖昧になるいっぽう、資源の枯渇とその影響といった難しい問題については、これまで以上に三者が協力し合う必要があるだろう。だがそれを妨げるのが、これまでリーダーシップを執ってきた政府と企業に対する信頼の失墜だ。協力し合えないのならば、プラスの変化を起こす可能性もなくなる。多くの者は、それも特に若い層は、今日の政財界のリーダーに幻滅している。そして将来の明るい方向性を示してくれる、信頼の置ける新たなネットワークを求めている。

もっと適切なコーポレートガバナンスのあり方と、協働に対する新たなアプローチについて、世界のあちこちで提案や議論や試行が続いている。特に目立つのが、企業が株主価値を最大化する法的義務を負う旨の明確化と、Bコープ原則を採用する動きである。そのどちらも、純利益ではなく、企業が利害関係者《ステークホルダー》に再び焦点を合わせるようにするためだ。また共通の利益のもとに、企業が先頭に立って大規模な協力体制で課題に取り組むという考えは、根本的で段階的な変化をもたらしている。政府、企業、幅広い社会がそれぞれの資源を出し合い、利用できる資本を活用し、知的財産をもっとうまく管理して知識の共有を加速させる必要性を訴える者もいる――積極的な変化を促すためである。もちろん、そのような変化を起こす企業もあるだろう。だが、企業社会全体がそうとは限らない。なぜなら、ほとんどの企業は充分な利益を得ている現状に満足だからだ。

第8章

# 12の共通認識について再考する

ワークショップで得た考えや意見をもとに、2025年の世界に対する懸念や誤解について再考していこう。

・懸念に答える
・好機を活かす

本書の冒頭で紹介した一二の共通認識に戻ろう。本書で知ったことを通して、もっと確かな情報に基づいた見方ができるようになっただろうか。

「フューチャー・アジェンダ」のワークショップで得た様々な考えや意見について、詳しく考察したあと、私たちは世界各国の幅広い視点を得ることができ、すべてに対してではないものの、一部の共通認識に答えることができた。二〇二五年に向けて明白な答えもあれば、さほど明白ではない答えもある。

## 懸念に答える

### 1．人口が爆発的に増加する

人口増加の速度が徐々に緩やかになるとはいえ、世界人口が今世紀中に九〇億～一一〇億人に膨れ上がることは間違いない。二一〇〇年の具体的な人口については、いろいろな意見がある。大規模な移動が起きて出生率による自然分布の不均衡を調整する、という前提に立てば、都市化はさらに進み、北半球への移住傾向が続く。

第6章「食料廃棄」で述べたように、毎日、食料の三～五割が廃棄されている。だが、本書で述べたような解決策を実行すれば、いまのシステムを改善できる可能性は大きい。それゆえ、耕作地を増やすことなく、世界中のあらゆる住民に充分な食料を分配することは可能だろう。そのうえ技術が進歩し、農法が改善したこともあり、現在の食料生産を倍加させる必要はないという意見が多い。とはいえ最も重要なことは、私たちが食事の方法を変え、それに慣れることだろう。特に重要なのは、牛肉の消費量を減らすことだ。今日、世界の牛の飼養頭数は約一〇億頭にのぼり、その三分の一をインドが占める。一頭の牛を飼養するために平均約八〇〇〇平方メートルの面積を必要とするため、世界中の牛を育てるためには八〇〇〇平方キロメートルもの土地が必要になる。これは、アメリカの総面積の五分の四を超える数字だ。人口増加には対処できても、いま以上の牛を育てることは多くの国にとって難しいだろう。

都市化は、明らかにその国に大きな変化をもたらす。二一世紀の中頃には世界人口の七割が都市に集中すると見られ、空間を柔軟に利用して都市を建設し、全住民に効率的に家を供給できるかどうかは、都市プランナーの力量に負うところが大きい。都市の具体的なモデルがあって、需要に対応できるインフラも整っていれば、今世紀中に増加するあと二〇～四〇億人を養うことは可能だろう。一部の国では大きな課題に見舞われるだろうが、だからこそ人口の不均衡を是正するためには移民が重要な手段となる。いま以上の人口を養うために、現在の生活水準を落とさなければならない者が出てくることや、近くに移民が暮らしている者が、自分とは違う文化にもなじみ、その文化を受け入れる必要があることも理解しなければならない。

## 2. 資源が枯渇する

食料と土地の利用について賢明な意思決定を行なえるのであれば、他の資源についても正しい決断を下せるのではないだろうか。資源と聞いて真っ先に思い浮かぶのはエネルギー資源であり、できるだけ早く化石燃料への依存から脱却しなければならない。最終的には、電力の大部分を太陽光エネルギーで賄うことになるだろうが、今後五〇年ほどは原子力や風力、天然ガスとの併用になる。二〇二五年までに、エネルギー難に見舞われる国も出てくるだろう。それゆえ、石油や石炭への依存を減らしつつ、他のエネルギー源の割合を高めることは、多くの国にとって大きな課題である。だが、スムーズな移行はそう簡単ではない。

地球上の水の総量が変わらないのであれば、より多くの市民に安全な水を供給することは、ほとんどが技術的な問題になる。今後は海水の淡水化や家庭雑排水の再利用が進み、灌漑設備も普及するはずだ。また、二〇二五年までに差し迫った課題になると見られるのが、重要な鉱物資源（アンチモンやインジウムなど）の枯渇であり、蓄電池や太陽電池の新たな選択肢を模索することは急務である。もっと長期的な課題について言えば、これまで通りのペースで消費が進めば、銀と亜鉛は二〇三二年すぎに、銅は二〇四五年頃に、チタンは二〇六〇年頃に枯渇すると見られる。食料問題では、リン肥料の供給が不足して価格が高騰する「ピーク・リン」が、二〇三〇年頃にやって来る。その後は新たな選択肢を探す必要に迫られるが、その目処は立っていない。

## 3．環境汚染に歯止めがきかなくなる

地球温暖化はデマだと唱える人たちは、〝すべての〟とは言わないまでも、ほとんどの地域で少数派になった。そしていま、ようやく化石燃料からの切り替えが進むことに期待が高まっている。二酸化炭素回収技術[*1]が実用段階に入ったいま、様々なエネルギー源を組み合わせる電源構成《エネルギーミックス》に大きな注目が集まっている。だが、すでに重大な影響が出ている大気汚染については、実効性の高い措置を早急に講じる必要がある。大気汚染は目

＊1　二酸化炭素を大量に排出する工場や発電所などで、二酸化炭素を回収して地中や水中に貯留する技術。持続可能なエネルギーシステムに移行するまでの、つなぎの技術とされる。

につきやすいうえ、毎日たくさんの命が奪われ、すでに歯止めが利かない問題になってしまったとみなす者も多い。問題解決のためには複雑な協力体制が必要だが、カギを握るプレーヤーが共通の目的のために力を合わせれば、それも不可能ではないはずだ。

海洋汚染は大気汚染よりも目につきにくい問題だが、二〇五〇年頃の海には魚よりもプラスチックが多く溢れているだろう。その事態を防ぎ、取り返しのつかないレベルにまで悪化する前に、根本的に行動を改めなければならない。たとえば、この問題については国連がイニシアティブを取っているが、特に中国が――もちろん中国だけではないにしろ――問題の解決に乗り出すことを期待する声は多い。大気と海洋の汚染に加えて、土壌汚染も深刻だ。農薬や除草剤が原因の土壌汚染は、二〇世紀を通して悪化の一途をたどってきた。土壌汚染は生態系に著しく有害な影響を及ぼし、これが緊急の課題になった国もある。つまるところ、二〇二五年までに必要な行動を起こして、汚染問題をよりうまく制御することは可能にしろ、完全に解決することは難しい。温暖化によって地球の平均気温が二度から三度、あるいは四度上昇した際には、いったいどのような影響が出るのだろうか。その予測は非常に恐ろしい。

## 4．移民は悪だ

第7章でも述べたように、移民は世界人口の自然分布の不均衡を正すために不可欠な解決法であり、今後もそれは変わらない。国内で都市部への人口流入が続くことはもはや避けられず、様々な問題が発生する。ところが、さらに問題が大きいのは国境を越えた移民だろう。近年、反移民感情が問題になっているのは、欧州やアメリカだけではない。二〇一五年に移民の数が一一〇〇万人を超えたロシアでも高まりつつあるのだ。[235] 出生率の低い国にとって移民はよい解決策だという、明らかな経済的メリットを訴える国があるいっぽう、過激な政党と右派のメディアが移民賛成論を掻き消してしまい、市民感情が移民排斥に傾きはじめた国もある。皮肉なのは、移民の受け入れに大声で反対を唱える国が、シンガポールやアラブ首長国連邦、カタール、クウェートなどに大量の移住者を送り込んでいることだ。もっとも、その大半は白人と海外駐在員である。今後、オープンで透明な移民政策を取る、カナダのような模範的アプローチに倣う国は増えるのだろうか。[236][237] カナダは世界で最も純移民率の高い国のひとつであり、近い将来、移民がカナダの政策と人口構成の大きな特徴になることは間違いない。そしてまた、国の経済政策にこれまで以上に密接に組み込まれるのに伴い、人的資本においても移民の重要性が増すことになる。もっと人口密度の高い国において、カナダのような理想的な成功例は見つからない。一時は移民政策の好例とされたドイツも、現在、直面している問題を見れば、将来の移民政策に大きな一石を投じたと言えるだろう。

## 5. 仕事が不足する

多くの者にとって明らかな問題のひとつは、自動化が大きな影響を及ぼすことだ。そのうえ、進化したＡＩが、人間から特定の仕事を奪う可能性が高まっている。グーグル傘下のディープマインドが開発したＡＩが、囲碁の世界チャンピオンを破った一件は有名だ。高収入で高度な専門知識を備え、繰り返し作業の多い仕事（薬剤師、会計士、弁護士など）は、将来なくなる可能性が高いが、（鉱山や水中、あるいは極端な気温のなかで働くような）危険な仕事も機械に取って代わられる可能性が高い。もっと〝普通の〟、たとえば倉庫やスーパーマーケットで働くような低賃金の仕事がなくなることを懸念する者もいるが、多くの仕事はまだいまのところ、自動化では対応できない。少なくとも人間のほうがうまくできると思われるあいだは、投資利益率（ＲＯＩ）があまりよくないのだ。おそらく仕事について大きな問題は、老年者が長く働きつづけると、若者に充分な仕事が行き渡らなくなることだろう。二〇〇八年の世界金融危機を受けてスペインとギリシャで上昇した失業率は、この二国だけの問題ではなくなるかもしれない。あちこちの国で若者の失業率が五〇パーセント近くにまで跳ね上がれば、問題があちこちの分野に飛び火しかねない。そのうえ、特に移民を対象にした低賃金の仕事が増えれば、持続的な雇用を確保することは、多くの政府にとって頭の痛い問題になるだろう。

もっとも、同じような問題が持ち上がった時期は過去にもあった。一部の国で製造業の雇用が激減したのだ。だがその時には、サービス部門の雇用が伸びてその穴を埋めた。クリエイティブエコノミーによって新たな職が増え、医療関係の需要が世界的に増加し、デジタル経済が今後も成長し続けると、雇用の減少を最終的に緩和すると考える専門家は少なくない。とはいえ、雇用をめぐる競争が激化し、技術が進歩するにつれ、賃金の低下を招くことを懸念する声も多い。

## 好機を活かす

### 6. 女性の教育水準の向上が、多くの問題を解決する

多くの者が〝熱い口調で〟語るのは、よりよい教育機会を、とりわけ女子により広く与えれば、様々な分野でプラスの効果が連鎖的に表れるということだ。国連女子教育イニシアティブと、「持続可能な開発目標」の五「ジェンダー平等を達成し、すべての女性と女子の能力強化を行なう」を通して、女性と女子の教育アクセスの問題に国連はトップダウンで取り組んでいる。この目標に積極的に焦点を絞った企業の社会的責任（CSR）活動も加わり、機運はますます高まりそうだ。*2

世界銀行は、女子の教育を戦略的な開発投資と捉える。すなわち女子の教育が及ぼす利益は、教育を受けた本人だけでなく、その子どもたちや地域社会に、さらには経済成長の点で広く社会全体に及ぶ。「高い教育を受けた女性は健康的で、公式《フォーマル》な労働市場に参加して、より多くの収入を稼ぐ。儲ける子どもの数は減り、よりよい医療と教育を受ける機会を子どもに与え、それが結局、女性自身により心豊かな暮らしをもたらし、家庭

も貧困から抜け出せる。これらの利益は世代から世代へ、さらにはコミュニティ全体へと伝わる」。この因果関係は明らかなうえ、魅力的だ。残念ながらすべてとは言えないものの、ほとんどの国は、女子に教育機会を与えるという課題を、説得力のある、すぐにでも取り組むべき優先事項と捉えている。

## 7. 技術が大きな問題を解決する

私たちが直面する様々な課題を解決するカギは、政策や私たち自身の行動、あるいは変化を促す計画にあるが、技術もまた大きな役割を担っている。デジタル化の進展が、大きな転換をもたらす産業もある。医療、エネルギー、輸送、食料生産など、ごく一部の分野を取ってみても、地平線上に見える大きな技術革新が、重要な課題を解決してくれるかもしれない。ゲノム編集、新しいリチウムイオン電池、自動運転車、旱魃に強い作物などが、重要な役割を果たすことは間違いない。

しかしながら、目の前にある根本的な問題に対して技術に何ができるのか、という点については疑問が残る。たとえば気候変動や肥満などの根本的な問題に対しては、いまのところ特効薬はなく、それらが現れそうな兆しもない。これらの問題に対して、新たな技術の登場を期待してなかなか行動を起こさない者もいるが、多くの者は技術以外の手段を探る必要性を痛感している。地球温暖化に関して言えば、協定を採択する国が増え、パリ協定のような重要な合意が発効すれば[*3]、各国政府の政策にも変化が表れ、大きな成果を生むだろう。生物多様性についても、いつかの時点で意識が高まり、私たちが行動を変えることで、変化に結びつくはずだ。技術以外の視点が必要なのは、肥満の問題も同じだろう。つまり、肥満税や、個人健康予算制度[*4]を導入するほか、

＊2　UNGEI。教育アクセスの男女格差をなくし、あらゆるレベルの教育機会を女子に与えることを目的に、国連が二〇〇〇年に採択した一〇年間の行動計画。

＊3　二〇一六年一一月四日に正式に発効した。

体重が大幅に超過した患者に対して、再保険会社が再保険の引き受けを断ることもあるだろう。

## 8. 答えは太陽光エネルギーにある

すでに述べたように、太陽光発電は多くの人にとって最終的な選択肢であるばかりか、世界的に見ても最も重要な答えだ。毎日の電力需要を太陽光で賄う未来を、長く思い描いてきた各国政府が、太陽光エネルギーに対する投資を優先課題のトップに据えているのも当然だ。とはいえ、経済は不透明だ。補助金制度に反対するか補助金を減らしたり、既得権益を持つ者が他の議題を優先しようとしたりする動きもあるが、私たちが話を聞いた政治家や技術者、エネルギー部門のリーダーのほとんどが、太陽光こそが答えの重要な部分を占めると答えた。なかには、早急の収益を期待する専門家もいるにしろ、太陽光エネルギーが普及するプロセスとそのスピードは、ワット数当たりの発電コストの低減と規模の経済にかかっている。

もちろん太陽光の量については地域によって差があり、太陽光エネルギーの恩恵を受けやすい地域と受けにくい地域がある。だが、あちこちの研究所で電力貯蔵と長距離送電の画期的な技術が次々と開発されており、電源構成《エネルギーミックス》のなかで、太陽光発電は二一世紀末までに大きな役割を果たすことになる。中国の「生態文明」に弾みがつき、太陽光エネルギー分野の研究に大規模な投資が行なわれるなか、太陽光発電の効率アップは差し迫った優先課題である。

次に、さほど緊急ではないが、もっと基本的な問題についてもう一度見てみよう。

## 9. 定年について考え直す必要がある

平均寿命が伸び、多くの国が高齢化社会の進展に直面している。従属人口指数がすでに五〇を超えた国もあり、非常に懸念される。年金制度の加入者が抱える大きな問題は、いつまで働き、いつ退職するかという時期の見極めである。四〇年の労働で、三〇年の年金生活を支えることは難しい。大半の年金制度は、平均して約一〇年の年金生活を支えるようにしか設計されていないのだ。若い世代にいま以上の税金の負担を求めない限り、財源の確保が高齢化のスピードに追いつかない。行動を起こす時が来た。定年七〇歳案を議論する欧州の政府が現れ、私たちが話を聞いた保険数理士の多くが、二〇五〇年には定年が七五歳になる可能性を考えていた。

フルタイムで働いたあとにすぐ退職するのではなく、パートタイムに移行するというかたちも、受け入れられやすくなっている。スタンフォード大学長寿研究センターのローラ・カーステンセン、ケン・スミス、ドミニカ・ヤボルスキーは次のように述べる。「定年後の蓄えが心配な人にとって最もシンプルな解決策は、長く働くことだろう……この時、予想される大きな障害は、年配の労働者を雇うことに雇用主があまり乗り気ではないことだ。近年、雇用主のほとんどが老年労働者は高くつき、時には若い労働者よりも生産性が劣るとみなしている。だが後者について言えば、それが固定観念にすぎないことを裏づける調査がある。つまり、従業員の生産性は年齢とともに上がる傾向にある。知識労働者は特にそうだ……正規雇用のあと、完全に定年退職するまでにいったんパートタイムの仕事に就いたり、時短勤務などの柔軟な労働形態を決めたりすることで、老年労働者の専門知識を活かしつつ、人件費も抑えられるるだろう」。

## 10．医療費は増大の一途をたどる

＊4　どの医療機関から、どのような医療を受けるのかを決める選択権を、慢性疾患の患者に与えるとともに、個人に合った予算を設定する制度。

アメリカの基準（医療費の高額化）に引きずられ、あちこちの国で医療費が増大している。アメリカでは医療費の対GDP比が二割に近づき、他の西洋諸国においても一割を超える。これ以上の医療費増大に歯止めをかけることは、すでにさんざん議論されてきた課題である。同じように、健康の増進や体力の増強に焦点を合わせているアジアやアフリカにおいても、やはり医療費支出は増加している——もっとも、医療費の対GDP比が一割に達する兆しはない。慢性疾患、公衆衛生、高齢化社会の三つが、医療費を増大させる大きな原因だ。

西洋諸国のなかで、医療費を実質的に削減している国がひとつだけある。英国である。国民保険サービス（NHS）は評価が高いいっぽう、少ない財源でより多くのサービスを提供するという問題に悩まされている。金額だけで見た場合には、英国も確かに二〇二〇年までの予算を八〇億ポンド増やしたが、人口増加とインフレを考慮すれば、同じ質の医療サービスを提供するためには、二〇二〇年までにあと三〇〇億ポンドが必要だ。その意味において、英国は医療費を削減——この場合は二二〇億ポンド——した西洋で唯一の国と言える。成否はわからない。医療の質を落とさずにターゲット効率を達成できるかどうかについては、疑問の声も多い。

そのいっぽう、国際的な解決策として有望視される革新的なアプローチも生まれている。本文でも述べたように、特に有名なのはシステムの根本的な改革に挑む、インドのアラヴィンド眼科病院（白内障手術）やナラヤナ・ヘルスケア病院（心臓外科手術）だろう。彼らは西洋の一流病院をしのぐとは言わないまでも、遜色ない医療を提供し、クリーヴランド・クリニックのようなアメリカの名だたる大学病院が請求する、わずか二パーセントの治療費で同等の手術を行なう。これらのアプローチと、いわゆる〝フルーガル・イノベーション〟*5が、外科手術分野の解決策になるのかもしれない。こういった答えが、EUやアメリカ以外の場所から現れる可能性は高い。他にも、多くの国が予防医療に力を入れ、疫病の際に早急に警告を発する、病気の発症を予測する遺伝子検査を行なうなど、ひとり当たりの医療費の増大に歯止めをかけようと取り組んでいる。事実、いつかの時点で待ったをかけなければならない。問題は、それが可能か、そしていつかの二点である。

## 11．アジアの世紀が始まる

近年の中国の経済的繁栄に疑問を抱く者はいないだろう。だが、いま問われているのは、果たしてその成長率を維持できるかどうかである。中国という牽引車から車輪が外れてしまうのか。それともほんの少し、スピードが鈍るだけなのか（とはいえ、中国の経済成長率は西洋諸国の約二倍だ）。これは《フィナンシャル・タイムズ》紙や《ウォールストリート・ジャーナル》紙などの新聞の一面で、頻繁に目にする類いの問いである。約七パーセントのＧＤＰ成長率を誇るインドをはじめ、中国以外のアジア経済に弾みがついている現状に、ますます多くの者が注目している。世界の経済力の重心が東へ移動していることには、議論の余地がない。だがアジアの世紀について語る時、話題にのぼるのは経済の影響だけではない。

他にも考慮すべきは「軍事的影響力」「文化的影響力」、そして重要なことに目下、ドルが支配する「準備通貨の地位」だろう。アメリカがいまの軍事的優位をすぐにでも失うと考える者はほとんどいないが、国際舞台から撤退する可能性については、ワークショップでも頻繁に議題にあがった。中東の石油に依存する必要がなくなり、他の国と比べてアメリカ産業の輸出に抵触するような影響も低いことから、アメリカが大西洋と太平洋の緩衝地帯に注力し、それ以外の地域の安全保障を他の国に任せるのではないかという声が、世界のあちこちで聞かれる。それは他のどこかの国が課すわけではない、アメリカ自身が決める問題だが、もしそうなれば軍事的な空白を生み、その空白を埋めようとするのはインドではなく中国だと多くの者が考える。そして第二の「文化的影響力」だが、インドはボリウッドや料理、各国に散らばった移住者とその子孫が世界中で大きな影響力を誇っている。その点では、中国もさほど遅れを取っているわけではないが、二〇世紀を席巻した西

＊５　フルーガルは英語で「質素な」「倹約」などの意味。余分な飾りを省いて、本質的な機能を満たす商品やサービス。

洋文化の、それも特にアメリカ文化の地位を奪う能力が、インドか中国のどちらかにあるのかついては疑問が残る。最後の「準備通貨の地位」について言えば、ＩＭＦが二〇一五年に人民元を世界の主要通貨に加えたとはいえ、二〇二五年か三五年までのあいだに、人民元がドルに代わって世界第一の準備通貨になる可能性は低く、二〇四五年か五五年頃まではドルがいまの地位を維持するものと考えられる。二二世紀はアジアの世紀かもしれない。もしそうであるならば、二一世紀は激動の過渡期になるだろう。

## 12. ＧＤＰ成長率は、社会の発展を評価する最良の尺度である

本章の９以降で述べてきた「基本的な問題」のなかで、おそらく最も重要なのは、成功や繁栄を測定し、評価する方法だろう。どこの国にとっても発展の評価基準と言えば、まずはＧＤＰ成長率だが、これは経済学者にとってさえ最良の方法ではないのかもしれない。《フィナンシャル・タイムズ》誌のジャーナリストとして活躍するサー・サミュエル・ブリタンは、経済学者であるダイアン・コイルの二〇一四年の著書『ＧＤＰ――〈小さくて大きな数字〉の歴史』（みすず書房）について、次のような書評を書いた。「他の条件がすべて同じなら、ひとり当たりの実質ＧＤＰは低いよりも高いほうがよい……ＧＤＰは、減価償却費を差し引いていない国民総所得にすぎない。ＧＤＰを国レベルで測定することは、非常に難しいと考えられるようになった。ここはもう一度、国民所得という概念に切り替えたほうが理解しやすいだろう」[238]。この意見に納得する者も多い。いっぽう、第四代ブータン国王ジグミ・シンゲ・ワンチュクが提唱した考えに強く関心を引かれる者も多い。ワンチュク前国王は一九七〇年代、他の指標に代わる選択肢として「国民総幸福量」という概念を提唱し、「持続可能な開発は、発展という概念に対してもっと全体的なアプローチを取るべきであり、幸福という非経済的側面にも同じくらい重点を置くべきだ」と指摘した[239]。その後、この考えをもとに登場したのが、世界幸福度ランキングのような分析である[240]。二〇一六年の世界幸福度ランキングの上位五カ国は、デンマーク、スイス、

アイスランド、ノルウェー、フィンランドだった。これは国連開発計画の人間開発指数の「最高位国」[*6]とも一致する。(241) ひとり当たりの購買力平価GDP[*7]の世界ランキングにおいても、先の五カ国はそれぞれ上位二五カ国に入っていた。もっとも、スイスとノルウェーは上位一〇位以内だったが、どの国も上位五カ国には入っていない。一国の発展の度合いを測定するには、GDP以外の指標のほうがいいのかもしれない。ただし、これには異論も多い。

企業に目を向けると、近年、《エコノミスト》紙が明らかにしたのは、どの企業においても株主価値をおもな尺度とする方針を支持する考え方である。「企業価値は、金融工学ではなく長期的な業績の上に成り立つ。資本構造の巧みな操作によって、企業価値を大きく高めることはできない(242)」。《エコノミスト》誌は、株主価値の追求に的および財政的影響についても議論していることは知っていても、シーメンスやユニリーバが社会取って代わる目標を見つけ出す難しさに気づいている。「企業が雇用を促進しなければならないならば、生産性は落ち、リスクの高い債務者になってしまう。ちょうど現在の中国も、それを体験しているところだ。富の最大化という目標は、世界的な貯蓄制度のなかに深く埋め込まれ、資産管理者である企業は、株主から預かった資金を守る義務を負う」。これに対し、はっきりと異を唱える者も多い。社会が成功を評価する方法について、もっと包括的な考え方が優勢になるにつれ、変化の兆しを読み取る者もいる。問題は次のふたつだろう。すなわち、変化はどのくらい早く訪れるのか。おもに銀行が支持する現在の考え方が、今後も――少なくともまだしばらくのあいだは――優勢なのか。資本を多面的に捉えて企業の業績を評価する方法が、近いうちに主流になることを期待する者は多い(243)。

＊６　上位二五パーセント。66頁を参照。
＊７　購買力平価とは、ある商品やサービスを購入する際に、それが各国の通貨でいくら必要になるかを示す交換レート、購買力の比率。

第9章

# 2025年のキーワード

- 信頼
- プライバシー
- 格差
- 透明性
- アイデンティティ

二〇一〇年に実施した第一回「フューチャー・アジェンダ」プログラムでは、二〇二〇年までの一〇年間について、約五〇の新たな考えを得ることができ、それぞれを六つのカテゴリーに分類した。「健康」「富」「幸福」「移動」「安全」「地域性」の六つである。当時、このすべてのカテゴリーにわたって、将来起きる重要な変化の根底にあり、変化が起きるスピードを速めたり遅らせたりすると思われる、ふたつの要素があった。私たちはそのふたつを、未来の調整要因《モデレータ》と呼んだ。「信頼」と「プライバシー」である。

二〇一〇年、私たちは「信頼」を次のように考えていた。

「信頼とは、相手の公正さや誠実さを信じる気持ちの表れである。信頼は、市民と企業が協力し合う方法に影響を及ぼすだけでなく、政府と企業と社会とが結ぶ契約の不可欠な要素でもある。誰を、どのように信頼するかを理解することは重要だ。なぜなら、信頼が裏切られたか信頼関係が成り立たない時には悪い結果を生みやすく、破滅的な結末を招いたり、極端な思想や過激なイデオロギーを育てる土壌になったりするからだ。二〇〇八年の世界金融危機、気候変動に対する不安、地政学的な不安定さ、国家や企業、教会などの既存の組織にはびこる腐敗が、資本主義体制そのものに対する信頼を揺るがせたと主張する者もいる。二一世紀最初の一〇年は、私たちが堅く信じてきたことに疑問を突きつけた。そしてその結果、多くの人は信頼できる新たな枠組みや組織を探している。そのせいで、世界は非常に不確実な場所になっている」

また二〇一〇年の時点では、プライバシーを次のように捉えていた。

「市民生活のほぼあらゆる面でデータが流通し、精巧な分析が可能になったことが、多くの社会的利益をもたらした。スマートシティやよりよい医療の提供がそうである。だがそのために、個人のプライバシーが犠牲になっていると考える者もいる。自分がつくり出すデータの価値に気づくようになると、市民はその脆弱さをも理解するようになる。またプライバシーを守る権利と、公益のために個人データを提供するメリットとのバランスを取る必要性についても理解が深まる。個人データを共有する相手を自分のほうで制限したいという欲求はますます重要になり、今後はプライバシー管理の方法も変わるはずだ。この点については、文化的な態度が大きく影響するため、国によってアプローチは異なるだろう。個人データを共有するという新たな常態に社会が適応するにつれ、国民感情も変化するに違いない。とはいえ、オンライン世界で育つ未来の世代は、公益かプライベートかという問題にも、もっとやすやすと対処するのかもしれない」

本文でも述べたように、「信頼」と「プライバシー」の問題は幅広い分野で大きな影響を及ぼし、この数年間で私たちの考えをいろいろと変えてきた。

## キーワード１：「信頼」

二〇一〇年以来、「信頼」には明らかな変化が見られる。信頼のレベルが落ちただけではない。その本質までもが変わってしまったのだ。ＰＲ会社のエデルマンが実施する国際的な信頼度調査「エデルマン・トラストバロメーター」[*1]は、二〇一五年の調査で「あらゆる制度や機関に対する信頼は失墜した。予測不可能な事件や想定外のできごとに対する答えを、まるで誰も知らないかのようだ」と述べている。[244]西アフリカで起きたエボラ出血熱の大流行、消えたマレーシア航空三七〇便、収賄容疑による元中国共産党幹部の逮捕、欧米の六つの大手銀行による外国為替レート不正操作、データハッキングの急増――これらによって、政府やメディアに対する信頼は失墜した。二〇一六年にエデルマン・トラストバロメーターが注目したのは「エリート層と一般大衆のあいだで、信頼の格差が広まっている」ことだった。[245]制度や機関に対する信頼度が「上昇しているのはエリート層、あるいは最低でも大学教育を受け、メディアに精通し、世帯収入が上位二五パーセントに属するいわゆる〝知識層の市民〟グループである。だが、制度や機関に対する〝一般大衆〟の信頼度は、二〇〇八年の世界金融危機以降、ほとんど低いままだ」。一部の宗教で原理主義が盛んになったからか、ＡＩが及ぼす影響を不安視するからか、企業や個人の税金逃れが続々と暴露されたからか、その理由が何にせよ、制度や機関に対する信頼の失墜傾向は、ここしばらくは続くと思われる。

## キーワード２：「プライバシー」

＊1　195頁を参照。

最高プライバシー責任者（CPO）を設置する企業が急増している。二〇一五年に私たちが五つのイベントでパートナーを組んだ「国際プライバシー専門家協会」は、すでに数千もの会員を抱えている。アメリカ国家安全保障局（NSA）がIT関連企業のサーバーに直接アクセスして、個人データを収集・分析していたことを元CIA職員が暴露した、いわゆるスノーデン事件は、政府の干渉や監視に対する一般市民の考えを変えた。また、ソニー・ピクチャーズ・エンタテインメントやホームデポ、イーベイ、JPモルガンに対するハッキングと情報流出事件[*2]を知って、データセキュリティが脅かされていると感じた者も多い。なかでも特に重大なのは、二〇一六年に起きた、iPhoneのロック解除の協力要請をめぐるアップルとFBIとの対決だろう。その後、フェイスブック傘下のワッツアップはE2Eの暗号化を採用した。[*3] このできごとが示すのは、新たな規格の誕生かもしれない。プライバシーはもはや、ニッチな問題ではないのだ。

二〇一五年に実施した「フューチャー・アジェンダ」のワークショップで得た新たな知識を詳しく考察すると、このふたつと同じように幅広い分野にまたがって浮かび上がる問題がある。私たちが耳にした考えや意見に共通して存在する、運命の〝赤い糸〟のようなキーワードである。その赤い糸は、将来起こりうるたくさんの変化のなかに織り交ざり、重大な変化を起こす要因でもある。二〇二五年までか、その数年先までのあいだに、そのキーワード自体に具体的な変化が現れるわけではないかもしれないが、世界中で起きる他の変化のスピードを速めたり遅らせたりするモデレータの役を果たすかもしれない。二〇一五年に私たちが見つけたキーワードとは、「格差」「透明性」「アイデンティティ」の三つである。

## キーワード3：「格差」

現在の世界のありようと、今後の世界が向かう方向を考えた時、格差が大きな問題であることに誰も驚かないだろう。世界各地で拡がる貧富の差を、経済学者や政治家、メディアは大きく取り上げる。今日でも、そして将来においても、格差は頻繁に議題にのぼる問題だ。懸念されるのは、所得および資産の格差の拡大と、そのふたつが社会や経済に与える影響だけではない。そのふたつの格差は、金銭面にとどまらない幅広い格差にも影響を及ぼしているのだ。本書で述べた六つのテーマ――「未来の人」「未来の場所」「未来の覇権」「未来の信念」「未来の行動」「未来の企業」――を振り返ってみると、格差の様々な面が今後、未来の課題に大きな影響を及ぼすことは間違いない。次に、本書で取り上げた六つのテーマごとに、格差というキーワードについて詳しく見ていこう。

「未来の人」では、次のような分野において明らかな格差が見られる。地域による人口増加の格差と、それらが各地域に与える影響。世帯当たりの子ども数。平均寿命。ミドルクラスと若者層に対する求人数。国別の人口構成。従属人口指数。老年者に対する様々な機会と医療。国別の定年退職年齢。医療機会とその質の高さ。男女格差など。

「未来の場所」について言えば、移住の原因と、移住先の国によってそれぞれの移民が享受できる権利にも格差がある。その他にも、都市の計画地域で暮らす住民とスラム街で暮らす住民。公共輸送機関および私的な移動手段を利用できるかどうか。大気汚染、洪水被害、トイレの整備状況が及ぼす様々な影響。気候変動の影響を受けやすい国と受けにくい国。都市部と農村部の格差など。

「未来の覇権」においては、豊かな国と貧しい国とのあいだだけでなく、貿易協定を締結しているか、いない

＊２　二〇一四年に起きたソニーのハッキング事件では、電子メールや従業員の個人情報、未公開映画「ザ・インタビュー」の本編が流出した。同映画が金正恩の暗殺を扱ったコメディ映画だったために、北朝鮮ハッカーグループの関与が疑われた。

＊３　これにより、ワッツアップでは送受信内容を送受信者しか見ることができなくなった。サービスを運営するワッツアップ社にも見られないため、ＦＢＩなどに通信記録の提出を求められても協力できない。

かによって、国家間で格差が見られる。あるいは国際的な規格に準拠するのか、その国や地域の規格に準拠するのか。天然資源が豊富で、自由に使える国かどうか。接続している者と、接続していない者。プライバシーの意味とそれがもたらす影響を理解している者と、理解していない者。安定した再生可能エネルギーを利用できる者と、環境汚染を生む、不安定な化石燃料エネルギーしか利用できない者との格差など。

「未来の信念」においても幅広い格差が存在する。選挙権がある者とない者。投票に意味を見出す者と意味を見出さない者。環境の変化に大きな影響を受ける者と受けない者。公共の利益と個人の利益。信頼する側とされる側。人間と機械。一部の国において、信念や宗教による格差もいまだに大きな問題だ。

「未来の行動」の分野で生じる顕著な格差を見てみよう。重要な資源（食料、水、土地、貴金属など）が安定して手に入る者と入らない者。遺伝子組み換え作物が手に入るかどうか。食料を廃棄する側か飢餓に苦しむ側か。肥満か適正な体重か。データを所有する者としない者。他人の個人データで稼ぐ者と、何の利益もない者。銀行口座を持つ者と持たざる者。税金を支払う者と逃れる者。教育を受けた者と受けなかった者。資格や学位を持つ者と持たざる者。知識が豊富で社会に参加している者と、取り残された者とのあいだにも大きな格差が生じる。

最後の「未来の企業」においては、短期的な利益と長期的な貢献のどちらを重視するかによって、企業間に格差が生まれる。少人数しか雇用せず膨大な企業価値を生み出す「ユニコーン企業」と、多くを雇用する既存企業。データを所有して利益を生み出す側と、データを供給する側。精巧なアルゴリズムを駆使して収益を最大化する企業と、そのような仕組みを持たない競合。真のシェアリングエコノミーに参画する企業と、自称シェアリングエコノミーのプラットフォームを通じて、人材を安価に利用するマーケットプレイス。格差がはびこっている。

格差の問題について、何か手を打つべきではないか。たとえばオックスファムが重視するのは、世界銀行でかつてチーフエコノミストを務め、ノーベル経済学賞も受賞したジョセフ・スティグリッツが提案した目標だ。スティグリッツは、世界の所得上位一〇パーセントの総所得額を、世界の所得下位四〇パーセントの総所得額以下に抑えるべきだと訴えた。一日一ドル未満で暮らすという貧困を終わらせる活動が軌道に乗ったいま、オックスファムが唱えているのは、そのハードルをもう一段上げて、一日二ドル未満で暮らす貧困を撲滅する活動だ。(246)

とはいえ、格差は明らかに経済だけの問題ではない。資源の限られた地球上に将来、より多くの人間が密集して暮らしていくのであれば、もっと幅広い格差と取り組まなければならない。ジニ係数[*4]が上昇傾向にあり、また世界の総資産の五〇パーセントを上位一パーセントが占めるというこのふたつは、新聞やニュース番組が頻繁に取り上げる厳然たる事実だが、それは毎月の所得だけではない、様々な格差が生んだ結果だろう。

第二次世界大戦後の約三〇年間、多くの国で、それも特に西洋の国で格差は縮まった。そこには、三つの大きな要因が働いていた。第一に、格差を削減できなければ、社会的、政治的な混乱が起きるのではないかという不安。第二に、ふたつの大戦の実質的な影響。第三に、自分の運命を切り拓くのは個人の責任だ、という考えの衰退。(247)「この三つの傾向が政治的、知的な基盤となって政策が生まれ、民主主義の先進工業国で二〇世紀中頃の数十年にわたり、富の再分配によって経済格差が是正された。正義や平等について理論的な合意がなかったにもかかわらず、格差は削減されていったのである」。ところが一九八〇年以降、こうした目的要因がなくなるとともに、平等主義を推進する公共政策への支持も薄れた。先進国が格差の拡大に歯止めをかける政策を推進する、強い外的要因はもはやなくなったのだ。

経済学者は様々なデータを巧みに分析する。世帯人員ひとり当たりの平均所得、可処分所得、平均年収や年

＊4　所得・資産分配の不平等度を示す指標。国民所得分配係数。

収の中央値、ひとり当たりの資産など。彼らはまた政策や社会構造、市民行動の効果についても分析するが、必ずしもそれぞれの原因を明らかにするわけではない。もし格差に歯止めをかける要因に影響を与えたいのなら、焦点を当てるべきは、世界中の個人や法人の税率ではなく、インフラや教育、医療、インターネット接続に対する投資だろう。

最も有名な慈善基金団体のひとつ、ビル&ベリンダ・ゲイツ財団は幅広い視点に立つ[248]。ゲイツ財団では集中的な援助を行なうとともにイノベーションを推進し、貧困国が開発資金を教育や農業、医療に投入した際に、劇的な変化が表れることを実証した。たとえば一九六九年、バングラデシュやインドネシア、韓国などのアジア諸国は、GDPの五パーセント以上を援助に頼っていた。それが二〇〇九年には、その数字はバングラデシュでは一パーセント以下に、インドネシアでは〇・五パーセントにまで下がり、韓国は援助する側にまわった。総花的な問題ではなく、具体的な問題に焦点を合わせた官民のパートナーシップこそが、問題を解決に導く方法だとゲイツ財団では主張する。

格差は、より幅広いかたちで、より多くの分野において見られるようになった。とはいえ、格差が是正されてきた分野も多い。たとえば、人種や性別による格差は改善されつつある。それでもなお、格差の克服は今後、取り組むべき大きな問題のひとつに違いない。どの分野で、どの具体的な原因に取り組むことで、どう効果的に格差を解消するのかが最近の議論の中心になっている。格差社会が不安定になりやすいことは、経済学者だけでなく、社会学者や科学者、警察、政治家にとっても明らかな事実だ。社会地理学者のダニー・ドーリングは、こう指摘した[249]。「二〇〇八年の世界金融危機以来、格差は世界のほぼあらゆる場所で顕著になった。だが、その現象を抑制しようという動きも見られる。同じようなことは過去にも起きた。一八四〇年代は、格差の増大を抑制しようという動きが盛んになり、（欧州で）社会が大きく進歩しはじめた時代だった。（約八〇年後の）一九二〇年代もそうだった」。現代に生きる私たちも、もう一度その歴史を繰り返すのだ。今回は、地球規模でその運動が起きることを願いたい。

## キーワード4：「透明性」

信頼を取り戻し、できれば格差をも改善する方法のひとつは、行動の透明性を高めることだろう。これは個人だけではなく、政府や企業にも言えることだ。実際、透明性は目下〝企業の辞書〟において一種の流行語になった。企業の透明性が高まれば高まるほど、消費者の利益にかない、収益も上がり、社会的責任も果たせるようになるというわけだ。ところが、活動家が騒ぎ立てて多国籍企業の責任を厳しく問いつめても、透明性がより大きな影響を与えるのは、企業が取引する政府のほうだったかもしれない。多くの国において、税額を公表することで、その税金の使い途を説明するよう、政府部門にますます大きな圧力が加わるだろう。多国籍企業が支払った法人税のうち、どれだけが中央政府や地方政府、地元の自治体に渡ったかを公開する義務を企業に課せば、企業はよりいっそう大きな説明責任を負うことになるかもしれない。

市民がより透明性を求めるようになったきっかけが、二〇〇八年の世界金融危機だったことは間違いない。調査ジャーナリストやNGOは、SNS上の熱いキャンペーンに後押しされて透明性を追求する。これらの動きは大きな効果をもたらしやすい。どの情報の開示を求めるかが明白だからだ。いま、この原稿を書いている時点で問題になっているのは、外国口座税務コンプライアンス法（FATCA）である。これは、アメリカ市民（アメリカに納税義務のある者）による、海外の金融機関を利用した租税回避を防止するために、その海外の金融機関に対して、顧客口座情報をアメリカ内国歳入庁（IRS）に報告する義務を課すというものだ。もし情報提供に同意しない場合には、非協力口座に対して源泉徴収を実施する。その履行は負担が大きいばかりか、シンガポールや香港においては国の法令（個人情報保護法など）に抵触する恐れもある。いっぽう、経済協力開発機構も先頭に立って、多国籍企業の情報開示を促す措置に乗り出した。たとえば、その企業がどこの国で、どのようにして利益を上げたのか、また個々の政府とのあいだでどんな契約を結んだのかについても情報開示を求める。多国籍企業の積極的なタックスプランニング（国際的な課税逃れ）を防止するためだ。現在のところスイスを含む九六カ国が参加して、近々、情報の交換が始まるものと見られる。残念ながら、実効性には限りがありそうだ。なぜなら、二国間租税条約を数多く締結してきたアメリカが、経済協力開発機構が推進する多国間協定への参加を必要と考えていないからだ。*5

過去の例を見ても、開示する情報の内容について合意することは難しい。たとえば採取産業透明性イニシアティブ（ＥＩＴＩ）*6は、〝複数利害関係者《マルチステークホルダー》〟モデルを採用し、途上国政府、採取企業、市民社会の三者が平等に参加する形態を取る。今後も好戦的なやりとりは免れないだろうが、そのいっぽう、これまでの取り組みが実り、アフリカをはじめとする腐敗が横行する国の政府は、石油やガス、鉱物の取引について格段に多くの情報を開示するようになった。このイニシアティブの参加者は、個々に取り組んだ時よりも、はるかに大きな成果をあげてきたのだ。

もちろん、度が過ぎれば弊害も出てくる。あまりに情報開示を要求しすぎると、かえって隠し事をする者が現れ、情報は開示するものの、理解や分析が難しくなるという事態が起きてしまう。たとえば企業が収益の総計のみを公表すれば、その企業がどこの国にどんな資産を持ち、どれほどの収益を上げたかを判断できなくなる。ＥＵは特に採取産業において、国ごとの、場合によってはプロジェクトごとの資金の流れを開示するという指令を出し、各加盟国が国内法として成立させている。ところが、グローバルスタンダードで合意が得られれば大きな効果が望めるにもかかわらず、この点について消極的なのがアメリカだ。

透明性にはおのずと限界がある。みなが同じルールに従わない場合はなおさらだ。情報開示に否定的な者は、採取産業透明性イニシアティブが、情報開示を強要された側に不利に働く可能性を指摘する。その理由は三つある。第一に、同じ標準に従う義務のない非西洋国の競合に競争上の優位を与えてしまう。第二に、情報開示を求めるＥＵの要求に応じれば、情報開示を禁ずるという相手国側の法令に抵触する場合もある。第三に、国ごとの情報開示が果たして、多国籍企業の実態を正しく伝えるものかどうかが、いまだ定かではない。たとえばオーストラリアやカナダで資源を産出し、シンガポールの市場で取引し、中国で販売する企業の場合はどうだろう。また透明性を促進する活動家でさえ、データの海に溺れる可能性や、本来は比較対象にならない、まったく別のものどうしを比較するリスクを認識している。

とはいえ、世界的に透明性が高まれば、問題を全体的な視点で理解できるとともに、変化を起こすための因果関係をさらに詳しく知ることができる。医療を例に取ると、感染症の進行と封じ込めの方法について詳しい知識があれば、世界的大流行《パンデミック》のリスクを抑えられるだろう。なかには、そのような考えに消極的な国もある。なぜなら、情報開示によって国内がパニックに陥り、海外からの観光客を遠ざけ、貴重な輸出機会を失ってしまうからだ。グローバル・パンデミック・イニシアティブは、世界保健機関やアメリカ疾病予防管理センター、ＩＢＭ、世界中の公衆衛生機関による、感染病の蔓延防止を支援する協働的な取り組みである。また、グーグルとサン・マイクロシステムズも連携して、オープンソースで非政府系の公開型ネットワークを築き、必要に応じて世界が即座に対処できるよう、体制を整えている。「感染病が恐ろしいのは、間違いなく世界的に蔓延する可能性がある点だ」。ＩＢＭのサミュエル・パルミサーノ会長はそう言う。「我々の対応も同じように世界的でなければならない。そして……オープンで協働的なイノベーションの上に成り立っている必要がある」。

＊5　二〇一七年六月にまず約六〇カ国がこの多国間協定に署名したが、アメリカは参加を見送り、既存の二国間租税条約で対応することとなった。

＊6　採取産業とは石油、ガス、鉱物資源などの開発産業を指す。ＥＩＴＩとは、採取産業から資源産出国政府に流れる資金の透明性を高め、腐敗や紛争を防止し、責任ある資源開発を促進する多国間協力の枠組み。

二〇二五年には、いま以上に多くの国がこの問題に取り組んでいるはずだ。

幅広い分野で透明性を求める草の根運動のカギになってきたのが、スマートフォンである。情報を瞬時に、世界中に拡散できるその威力は、小さな腐敗にも大きな影響を及ぼし、個人に力を与えてきた。名前を出されて、恥をかきたい者はいない。賄賂を要求した際の動画をユーチューブに投稿されるとわかっていれば、警官もそう熱心には要求できない。仕返しを受けるリスクもなく、インターネットを使って事実を訴えられるのであれば、被害者は犯罪を告発しようと思うだろう。それだけではない。スマートフォンを使って相手の主張を覆す事実を拡散すれば、抗議運動を組織して戦うこともできるのだ。将来には、ますます多くの人口がオンラインでつながる。そして、様々なレベルで独裁主義にノーを突きつける力を手にした個人が、その威力を大いに発揮するだろう。

フードチェーン（生産から消費まで）の末端において、透明性と食品トレーサビリティ[*7]を推進し、情報の入手を容易にしただけで、情報格差の問題に大きな成果があがった。会計事務所のデロイト・トウシュ・トーマツの調査によれば、天候と作物の値動きをスマートフォンで追跡することで、インドの農家は八パーセントの増益に成功し、消費者価格は四パーセント下がったという[250]。市場情報と価格情報が手に入れば、小規模農家は中間業者を飛ばして市場に直接アクセスできる。労働力の約四割を農業従事者が占める途上国においても、接続性の高まりに伴い、大きな変化が起きることは間違いない。より安定した低価格の恩恵を被る人口は最大三億六〇〇〇万人に及ぶと、デロイトでは試算する。

最後につけ加えるならば、企業と顧客とのあいだに信頼関係があれば、完全な透明性は必要ない。顧客が膨大な量の情報開示を要求するのは、何も企業に倫理的《エシカル》な行動を求めるからではない。多くの者が主張するように、完全な情報開示は競争上の優位を損ない、誰の利益にもならず、そのうえ顧客を遠ざけてしまいかねない。ブランドの背後にある企業を顧客が充分に信頼していれば、顧客のほとんどは最低限の情報で満足するはずだ。

市民が情報にアクセスして世論を変える状況が続くと、規制当局はなかなかその動きについていけなくなる。国際的な租税回避が明るみに出たことを受け、近年、一部の企業（グーグルやフェイスブック、スターバックスなど）に対する市民の信頼が失墜した。だがこの件で興味深いのは、企業がなりふり構わず節税対策を行なっていたことではない。それよりも、企業は法体系にかなっているだけでは充分でなく、それ以上に適切な行動を取るべきだという考えを、市民が激しい抗議によって支持したことだろう。グーグルの広報責任者の次のような発言は、確かに間違っていなかったのかもしれない。「政府が税法をつくり、税務当局が独立して施行する。グーグルはその法律に従っている」。だが、この発言に対する市民の反応は冷ややかだった。

「フューチャー・アジェンダ」のワークショップを通じて得た、幅広い考えや知識について再考しながら気づいたことは、ほとんどの分野において、透明性の問題が影響を及ぼしていることだ。データの提供とその入手しやすさによって、政府や企業、個人の活動を追跡しやすくなった。そしてそういう事情のもとに、アクセス格差や居住環境、目まぐるしく変化するビジネス環境についても、こうして様々な議論を行なえるのである。

## キーワード5：「アイデンティティ」

アイデンティティとは、私たちが自分自身を定義する特徴の総体である。私は誰か、という問いの答えである。その答えは決して単純ではない。なぜなら、年齢を重ねるごとに人は変わり、成長するからだ。だが近年の傾向を見ていると、自分は誰かという〝自己感〟は、多くの人にとって、自分は何人《なにじん》かという国民意識や住んでいる場所によって定義されるのではなく、信仰に対する考え方や社会的移動性、言語、性別や年齢などを

---

＊7　生産・流通に関する履歴情報をさかのぼって追跡可能であること。

編集することによって定義されるようになった。社会のなかでどう行動し、社会にどう反応するのかを決めるのもアイデンティティなのだ。

多くの者が同意するのは、私たちがアイデンティティの話を持ち出すきっかけが変わった理由だ。その理由のひとつは、いまの時代、情報や考えを簡単に共有できるからである。他者とつながる新たな技術のおかげで、つい最近までは不可能だった関係も築けるようになった。接続する時間が長ければ長いほど、親密で充実したつながりを築け、同じ趣味を持つ仲間と考えを共有したり親しくなったりする。育った環境や文化の違う相手の場合でも、それは変わらない。その結果、自分が〝誰か〟は、自分が〝どこにいるか〟によって定義されなくなった。

奇妙なことに、技術は親密な感覚をもたらすとともに、孤立の感覚をも生み出す。それゆえ、個人は幅広いアイデンティティをつくり出すことができる。それぞれの特徴が矛盾することもあるだろう。その様々なアイデンティティを、時と場合によって選んだり捨てたりできるのだ。まるで仕事とプライベートでメールアドレスを使い分けるように簡単だ。だが、移住や移動によって、デジタルと現実の世界が小さくなるにつれ、人も集団も単一ではなく多様なアイデンティティのレンズを通して、もっと積極的に自分を表現するようになる。この〝カクテル・アイデンティティ〟――複数のペルソナを混ぜ合わせてこしらえたアイデンティティと、それがもたらす結果――が、今後の世界に大きな影響を与えると考える者は多い。都市化の進展に伴い、コミュニティはますます多様化する。だが、私たちが果たしてうまく共存できるのかどうかという、重要な課題には引きつづき答えがなさそうだ。

経済的、政治的な理由で、あるいは気候変動が原因で、今後も莫大な人口が移動し、移住しつづけることは明らかだ。新たな環境にすぐに適応できる者もいれば、生まれ故郷の伝統にかたくなにしがみつく者もいるだろう。人口の大量移動に社会がどう適応するのかが、今後の世代を定義すると多くの者は考える。また、新たな移住者とコミュニティが平和に共存する最善の方法は、多様性と個人の権利に払うべき敬意を払いながら、共有の価値観を育てることだと言う者もいる。つまり、お互いの違いを認めるいっぽう、コミュニティが共有するアイデンティティに自分を一体化させ、そのアイデンティティをしっかりと自分自身のなかに埋め込む方法を見つけ出すことだ。あるいは周縁に追いやられ、排除された集団が、国境を侵害され、アイデンティティを奪われ、さらなる困難に見舞われて別の国に流入する。彼らを受け入れる側の住民のなかには、多様性を間近に見る機会が増え、居心地の悪さを感じる者もいる。彼らはまた、そう簡単に無視できない大きな文化の違いも恐れる。この意見は軽視できない。なぜなら、豊かで自由で宗教色の薄い欧州と、その欧州に近年、大量の移民を送り出している国とのあいだには実際、厳然たる文化の違いがあるからだ。たとえば二〇一三年、ピュー・リサーチ・センターがイスラム教信者を対象に行なった世論調査では、チュニジア人とモロッコ人の九割が、妻は常に夫に従うべきだと考えていた。また、妻のほうから離婚を言い出せると考えるイラク人はたったの一四パーセント、ヨルダン人では二二パーセントだった。

今後、私たちが直面する重要な課題に取り組むためには、協調と行動が欠かせない。幅広い集団に属する人を結びつけて協調を促せば、お互いの違いに対する不安を取り除けるかもしれない。近年の研究によれば、交流を深めることで、相手に対してもっと前向きな態度を取ったり、偏見を減らしたり、長く続く友情を育んだりできるという。この考えのもとにあるのは、ひとりの人間としてもひとつの国民としても、他の文化を知り、体験し、ともに協力し合うことで、人は利益を得るという前提だ。どの研究も、集団を結びつけるのは違いではなく、共通点だという考えに焦点を当てている。違う文化で育った者どうしが会話を交わすことも、人を結びつけて協調を促す方法のひとつだろう。

二〇一〇年以降の世界をかたちづくるキーワードが「信頼」と「プライバシー」だったように、今後は「格差」「透明性」「アイデンティティ」が、これまで以上に大きな影響をもたらすだろう。この三つは、私たちが直面するあらゆる課題を解決する万能薬ではないし、もちろん個々の状況において具体的な解決策でもない。だが、「格差」「透明性」「アイデンティティ」の三つは、様々な分野において、二〇二五年までの一〇年間に私たちがどれほど前進したのか、あるいはしなかったのかを定義するキーワードのように思える。

「フューチャー・アジェンダ」の目的は、未来予測のオープンプラットフォームを提供し、イノベーションを促すことにある。目の前の課題に取り組むために必要なのは、より豊かな知識だと私たちは考える。「フューチャー・アジェンダ」が目指すのは〝場〟をつくり出すことだ。二〇二五年までに私たちが直面する大きな課題を、世界の優れた頭脳が見つけ出して議論し合い、そのプロセスを通して重要な問題を描き出し、解決策を考え出し、進むべき方法を提案する。そしてその結果、集団的なイノベーションを促すプラットフォームをつくり出すこと——それこそが、私たちの狙いである。

二〇二五年の世界の姿を明らかにするために、私たちは幅広い部門を横断して、様々な意見を集めた。そのおかげで、起こるかもしれないことと、起こる可能性の高いこととをはっきりと区別でき、様々なできごとの関連性も見つけ出した。そうすれば、より正確で詳細な未来像に基づいて、より多くの知識をもとに意思決定を行なえるからである。

本書で紹介した考えや情報が足がかりとなって、次の活動に結びつくことを願っている。政府や企業、個人が未来に向けた戦略を築く一助とするために、私たちが促すのは、「だから、どうだと言うんだ?」という無関心な態度について考えてみることだ。そしてそのために、私たちは「フューチャー・アジェンダ」で集めた情報を、できるだけ多くの人に利用してもらうことにした。誰でも簡単にアクセスできて活用でき、考えるきっかけにしてほしいからである。

〝いままで通り〟はもはや選択肢になく、何か措置を講じなければならないことに、異論を唱える者はいないだろう。今後数年間に行なう選択が、二〇二五年まではおろか、私たちの子や孫の暮らしにまで影響を及ぼす可能性についても、ほとんどの人は理解している。最善の選択を行なう責任を、この私たちが負っているのだ。だからこそ未来について考える時には、様々なアプローチに対して、できるだけオープンな態度で臨むことが重要である。違う産業や一見、何の関係もなさそうなプロジェクトが提案する機会についても考慮してみることだ。つまるところ、真のイノベーションとは、様々な学問の交わる点や部門の垣根を越えた場所で、技術とビジネスモデルがひとつの分野から別の分野へと飛び移る時に起きやすいからだ。

そしてまた、変化というものが、必ずしもトップダウンの国際的な政策やプログラムを通して起きるのではなく、思いも寄らないできごとに刺激され、思いも寄らない場所で起こる可能性についても考えてみるべきだろう。政策立案者や企業、大きな影響力を持つ者は、その可能性を利用して大きな役割を果たすことができる。たとえばインフラ整備に投資したり、啓蒙や情報、インセンティブを通して〝正しい〟習慣や選択を促したり、政府の政策を強化するか補完するような事業施策を立てたり、新たな製品やサービスを市場に投入したりすることで、変化の速度を速め、変化の規模を拡大できるのだ。

一二〇回に及ぶワークショップを通して意見が一致したのは、二〇二五年までに私たちが直面する大きな課題に取り組むのであれば、あらゆる部門でイノベーションが必要だという点である。未来に迫るできごとに対応し、その進行を遅らせるためには新しい政策と規制が必要だ。社会と経済の両面で価値を生み出す新たな製品やサービス、ビジネスモデルも求められる。そしてまた、従来の規則も変えなければならない。社会のグローバル化がますます進展するのに伴い、具体的かつ持続可能で前向きな変化を起こすためである。

## 質問

二〇二五年までに確実に起こるか起こりそうな変化と、それらの変化を加速させたり減速させたりする要因について詳しく探ってきた。その結果、明らかになった課題について、じっくり考えてみる価値はあるだろう。さらなる考察の価値があるのは、次のような重要な課題についてである。西洋諸国の国債が及ぼす影響。アジア諸国で増加する消費者。主要資源の安定供給と価格上昇。低炭素経済に移行する必要性。先進国において、経済発展の速度に大きな格差が出る可能性。社会保障費の増大。プライバシーをめぐる社会の変化。相互に関連し合うグローバルシステム。企業構造の断片化と新たな提携関係。新技術が及ぼす影響。医療の進化。老年者が社会に果たす役割。所有から共有への移行。巨大都市で増加する失業者が及ぼす影響など。

本書で取り上げた課題がもたらす具体的な影響とその重大性については、「政府」「企業」「個人」で理解が異なるだろうが、三者のそれぞれに共通する問いがあることは明らかだ。新たな議論を促し、考えるきっかけとするために、「政府」「企業」「個人」の三者にとって役立つと思われる一〇の問いを整理しよう。

## 「政府」がみずからに問う質問

### 1．二〇二五年に向けて、本当に重要な問題に焦点を合わせているか？

気候変動やエネルギーの問題についてはよくわかっている。だが医療や食料、水の問題も、ちゃんと課題リストの上位に加えているか。国民が望むものについて、正しく理解しているか。国民が喜んでデータを共有するはずだという誤った前提に立っていないか。

**2．我々が直面する重大な課題について、企業や国民と有効な方法で理解を共有しているか？**

地球の年平均気温が四度上昇した場合の影響や、慢性疾患を抱えた患者や高齢者に対する医療費の増大と、その莫大な財源を確保する方法について、国民に隠し立てなく、きちんと情報を伝えているか。

**3．国民の行動の変化を促すために、どの程度まで課税や政策を利用すべきか？**

新しい世界に適応するよう国民を促せるだろうか。肉食を減らし、エネルギー使用量を減らすよう促せるか。あるいは、一部の製品を使用禁止にする必要があるだろうか。そしてそれでも効果がない場合に、課税に頼るべきだろうか。他に有効な手だてはないか。

**4．今後、経済のどの分野に新しく投資すべきか？**

このところの我が国の強みは、長期にわたって世界的な成功に発展するだろうか。今後は、既存産業に対する支援を取りやめて、新しい分野に移行すべきか。もしそうなら、どの分野に投資すれば最大の効果を上げられるか。

**5．より高い成長を実現するために、どんな新しいスキルを磨いたり利用したりすべきか？**

我が国の国民は、将来の課題に対応できる能力を備えているか。そのために必要なスキルを、我が国の労働者にどのくらい速く身につけさせることができるか。有能な労働力を新たに呼び込むために、移民政策を見直すべきだろうか。

**6. 世界のどの地域と、もっと効果的に協力し合う必要があるか？**

二〇二五年を見据えた時、現在の貿易相手国は最適なパートナーか。権力の重心が東へと移動しているいま、新たな二国間貿易協定を結ぶべきか。それとも、協働こそがより望ましいアプローチだろうか。提携関係を結ぶ際に地理、イデオロギー、経済のどれを重視すべきか。

**7. どの通貨を準備し、どの通貨で取引すべきか？**

外貨準備のバランスはうまく取れているか。米ドルに偏りすぎていないか。それ以外の外貨や電子マネーで取引したり、外貨準備の内訳を変更したりする準備はできているか。

**8. 経済成長と社会のニーズとのバランスを、改めて調整すべきか？**

富を再分配するために課税すべきか。それとも、変化を促す重要な触媒への支援を増やすべきか。

**9. 避けられない事態に対処する準備が、ちゃんとできているか？**

国民の健康を守るために、生物学的監視[*1]を怠っていないか。不適切な食料に依存しすぎていないか。データセキュリティは万全か。二〇二五年までに、充分なエネルギー自給率を確保できているか。

**10. 大きな課題に協働で取り組むのか、それとも独自に取り組むのか？**

重要な問題について、他の国とうまく連携しているか。正しい道を歩んでいることを確認し合い、協力し合

＊1　感染症の流行やバイオテロに対する監視。

って課題の解決に取り組むのか。それとも独自に進める分野もあるのか。もしそうなら、それはどの分野なのか。

## 「企業」がみずからに問う質問

**1．近い将来に迫っている重大な課題について、どのくらいよく理解しているか？**

現状に捉われずに将来を見据え、自分たちの手ではコントロールできない変化が、自分たちの産業部門に及ぼす影響についてよく理解し、新しい未来をつくり出すことに本気で取り組んでいるか。

**2．資源の制約が及ぼす意味や影響を、どのくらい正確に理解しているか？**

水不足がもたらす問題に直面するだろうか。エネルギー不足にどう対処するのか。枯渇する資源をどうやって安定的に確保するのか。変化をもたらすために、どんな選択肢が残されているのか。

**3．既存の強みをどの分野で活かして、新たな価値の源泉とするのか？**

世界の変化に伴い、どのような新たな活動が登場し、どの分野で自社が持つスキルや経験をもっと効果的に展開して、どうやって新たな機会を最大限に活用できるだろうか。

**4．人的資源にどのくらい影響を与えられるだろうか？**

世界がますます小さくなり、フラット化し、優れた人材が企業を渡り歩く時代に、重要なキーパーソンをどうやって自社に呼び込めるか。ぜひここで働きたいと思わせる刺激をどうやって与え、どのような報酬を用意できるだろうか。

## 5．透明性がいっそう重視される世界で、どのように事業を行なうのか？

情報に容易にアクセスできるようになると、企業の決算報告プロセスにどのような影響を及ぼすか。多重資本の考え方をどう思うか。固定資産よりも無形資産のほうが重要になるのだろうか。市場は、どの程度のリスクを受け入れそうか。

## 6．将来の可能性や自分たちの弱みについても、理解しようとしているか？

将来、好機となる分野を競合よりもよく理解しているか。未来の可能性について、誰よりもよく理解しているか。外部の変化の影響をどれほど受けやすいのか。その点が最も顕著に表れるのはどの分野で、どうやって把握できるだろうか。

## 7．隣接分野で起きた変化に対応する準備はできているか？

顧客管理の新たな技術開発や変化が他の分野で起きた時には、自分たちの分野でもその技術や変化をどう早急に活用できるか。その技術や変化が、自分たちの事業を脅かす可能性についても理解しているか。

## 8．将来起こりうるリスクと課題をきちんと監視しているか？

成長機会のプラス面に着目するとともに、コアの事業分野だけでなく、潜在的な事業分野に対する脅威についても監視を怠っていないか。新たな好機を競合よりも早く見つけ出して、競争優位をつくり出せるか。

**9. より進化した協働に参加する準備はできているか？**
知識や知的財産を自由に共有する世界で、競争力を維持できるか。多様な官民協働事業において、どうやって価値をつくり出せるか。現在のやり方を変える準備はできているか。

**10. 規則が変わった時にも、充分な影響力を発揮できるか？**
新たな規格はどこで生まれ、自社はそれにどう関わっていくのか。国内事業も海外事業も、法的枠組みの変化にうまく合わせられるか。

## 「個人」がみずからに問う質問

**1. 現状を変えるために、自分はどんな役割を果たせるだろうか？**
どの分野で、どんなかたちなら、ひとりの人間として最も大きな影響を及ぼせるだろうか。自分が取り組むのに最も適した問題は何か。誰を信頼すれば、正確な情報を得られるだろうか。

**2. いまある資源のなかで、より豊かな暮らしを送る方法はあるだろうか？**
技術のおかげで、自分のやりたいことは何でもできるのだろうか。それとも、もっと少ない資源で生活すべきだろうか。何を断念する必要がありそうか。親の世代と同じ方法で、豊かさを判断すべきか。

**3. 日々のどんな選択が、将来に大きな影響を及ぼすだろうか？**
歩いて通勤したり、自転車を買ったりしたほうがいいのか。それとも、自動車の運転を覚えるべきか。時々はベジタリアンになるべきか。自分にとって最善の選択肢は、都市で暮らすことか。もっと小さな家に住むべきか。

**4. 将来は〝全費用〟を支払うつもりがあるか?**

ガソリン一ガロン（約三・八リットル）に五ドルを、ミルク一リットルに二ユーロを、食パン一斤に五ポンドを支払うことになるのだろうか。買い物をするたびに、あるいは毎月、炭素税[*2]や肥満税を支払うことになるのだろうか。支払わないためには自分はどんなことをするか。

**5. 自分の個人データを、どの程度まで公開すべきか?**

将来はどんな方法で友だちをつくり、交遊するのか。インターネットのなかのネットワークは、実社会で顔を合わせる友だちと同じくらい重要か。自分の個人データはごく親しい友人とだけ共有するが、医療データはすべて政府に公開するのか。

**6. 最大の好機をどこで見つけるのか?**

いまの場所で自分は充分満足か、それともどこかに移動する必要があるのか。国境は問題か。仕事のために別の国か大陸に移住すべきか、それとも遠くに旅をするだけで充分か。

**7. 二〇二五年にまだ消えていない仕事は何か?**

---

*2　石油や石炭などの化石燃料の炭素含有量に応じて、国が企業や個人の利用者に課す一種の環境税。

何を学ぶべきか。どうやったら能力やスキルを伸ばし、資格を身につけられるだろうか。バイオ情報のスペシャリストや個人データのブローカー、フリーのウィチャッター、都会の農業家を目指すべきだろうか。それとも、教師や医師や弁護士のほうが、もっといい暮らしができるだろうか。

**8. 最善のリタイア生活を計画するためには?**

一〇〇歳まで暮らせる金銭的余裕はあるか。七五歳以降も働くことになるのか。どうやったら健康でいきいきと暮らしていけるか。どんなものを食べて、どこに住むべきか。

**9. 将来に備えられる子どもを育てるためには、どうすればいいか?**

子どもを教育する最善の方法は何だろうか。誰が基準を設定すべきか。子どもが適切な期待を抱き、望ましい価値観を持つためにはどんなことができるか。

**10. 自分は何を信じるのか?**

自分が何を信じるべきかを、どうやって知るのか。誰を、何を信用するのか。群衆の声を聞くべきだろうか。

## 前へ進む

本書で述べたことが、課題のすべてではない。もちろんあなたなりの問題や、あなた自身の未来の課題があるかもしれない。だが先にあげた課題や同じような質問は、さらなる議論のきっかけをつくってくれるだろう。本書で紹介した内容は、www.futureagenda.org でも自由に閲覧可能だ。私たちの調査をもとに、世界各地の組織がイノベーションを行ない、変化をもたらす分野を見つけ出すためである。私たちは今後も情報を更新しつづけ、その情報が新たな考えや行動につながることを願っている。

二〇二五年までのあいだ、そしてそれ以降も世界は大きな難問に直面する。不均衡な人口増加と重要な資源の枯渇は、避けられない問題のふたつにすぎない。それ以外にも医療費の増大、都市化、移動や移住傾向、再生可能エネルギーの利用など、たくさんの課題が並ぶ。しかしながら、世界的な接続性、経済の重心の移動、医療分野のイノベーション、ビジネスモデルの変化、新たな技術、資源の持続可能な管理方法などについて本書で明らかにした情報や考えが、さらなる判断材料となることを願っている。私たちはまた、本書で紹介した内容が、自由に使えるツールを手に入れたという自信につながることを、そしてそのツールを使ってたくさんのイノベーションを生み出し、私たちみなが、いろいろな方法でこの世界に重要で具体的な進歩をもたらすことを願っている。

# 謝辞

「フューチャー・アジェンダ・プログラム」は協働の成果である。そのため、本書の表紙に共著者ふたりの名前だけが記してあるのを見ると、不思議な気持ちがする。本書の執筆にあたっては、多くの人の知恵におおいに助けられた。特に重要なのはコアチームの活躍である。彼らの並々ならぬ努力なしには、本書が完成を見ることはなかっただろう。パトリック・ハリス、ジェイムズ・アレクサンダー、アリ・ドレイコット、ロビン・ファラオ、マリーン・ハン、チャーリー・カーソン、リザ・マクドウェル、アルカ・ピューリ、アヌパム・ヨグからは多くを学び、彼らについても多くを学び、大変世話になった。コアチームの他にも、たくさんの人が貴重な時間を割いてくれた。ダン・エイブラハム、クリス・カーボン、ニッキー・チェインバーズ、デイヴィッド・コーテス、シャラジャ・シャーマ、コーネリア・ダーハイム、ロジャー・デニス、リマ・グプタ、ケイティ・ホジソン、スティーヴン・ジョンストン、デイヴ・マコーミック、バップエンドラ・シャーマ、ハムシーニ・シバクマール、ニール・ストーン。彼らには大きな感謝を捧げたい。

本書のそれぞれのテーマについて、議論の土台となる考えを執筆してくれた人たちの専門知識と勇気がなければ、このプロジェクトが動き出すことはなかった。彼らが高い基準を設定してくれたからこそ、世界のあちこちでワークショップを開くことができたのだ。そしてそのワークショップに、豊富な知識を備え、問題に精通したおおぜいの人が参加して、無償で時間を割き、それぞれの知識や経験を披露してくれたおかげで、私たちの考えがよりイキイキとした価値あるものになり、アイデアに彩りが加わった。そしてもちろん、これらを可能にしたのは後援者のおかげである。あまりに多すぎてここに名前をあげることはできないが、このプログラム全体にとって彼らは欠かせない支援をしてくれた。心からお礼を申し上げる。

他にも感謝の念を捧げたいのは、私のエージェントであるマギー・ハンベリーだ。彼女は、確かな助言を与えてくれ、魅力的な笑顔で手際よく私を導いてくれた。ハンフリー・プライスは、鷲のような鋭い目で重複や逸脱を見つけ、本文の欠点を指摘してくれた。

最後に、本書のなかの誤りや勘違いの責任は私たちにある。どうかご容赦いただきたい。

# 日本語版増補　二〇二五年に向けた未来予測

第二回の「フューチャー・アジェンダ2・0」プログラムから三年が過ぎたいま、専門家たちの意見はどのように展開しただろうか。どんなことが予測通りになり、どんなことが予測と異なり、日本についてはどんな動向が予測され、どんな課題が浮かび上がってくるだろうか。一〇年後に実現する社会の姿について世界中の人びとに訊くと、人口増加や資源の枯渇のように、誰もが共通して認識している重要な問題がある。そのいっぽう、普遍的に意見が一致するわけではない問題も多い――地理的もしくは産業的な要因によって、その予測がどうやら特異に思われる話題である。しかしながら、それらの意見もすべてまとめて、私たちは一〇年後の世界の姿をより明らかに描き出そうとしている。

## どんな予測が実現したか

二〇二〇年の世界を予測した第一回の「フューチャー・アジェンダ」プログラムから、今年で八年が経つ。その八年を振り返ってみると、当時の予測の約九〇パーセントが実現したと言えるだろう。一〇年前はさほど一般的ではなかった肥満や格差の拡大、安全な飲み水の不足、ドローン戦争などについても、最近では深刻な問題とみなされるようになった。また、当時はその好機を指摘する者も少なかった、モバイルマネーや電気自動車、シェアリングエコノミーの普及についても、ごく頻繁に話題にのぼるようになった。

そして、「フューチャー・アジェンダ2・0」の実施から三年が過ぎ、本書で取り上げた予測のうち、次のような事柄がすでに実現しはじめた。

・あちこちの国際都市で、大気汚染の問題が急速に、変化を促す原動力になりつつある
・自動運転車が、数カ国の道路で走りはじめる日も近い
・電子マネーと仮想通貨が公共部門で用いられるようになった
・エネルギー貯蔵が数十億ドルもの投資を呼び込んでいる
・規制当局や専門家のあいだで、AIの倫理的問題に注目が集まっている
・食料廃棄とプラスチックの海は、今日、環境保護主義者が中心に据える問題である
・幅広い企業や政府が、データの価値にますます高い関心を寄せている
・市民がより長く働くよう、多くの国の政府が計画している
・車の乗り入れ規制から移民対策まで、世界の都市が協働して課題に取り組むようになった

以上のような動向を考えれば、二〇一五年のプログラムで予測した二〇二五年の世界について、およそ五〇パーセントの変化が顕著になり始めていると言ってもいいのではないだろうか。

## 予測を超えた動向1――ポピュリズム

以上は、私たちのアプローチが功を奏した肯定的な例であるが、そのいっぽうでよく訊かれるのは、驚くような新たな展開はなかったか、という質問だ。最もよく訊かれるのは、トランプ大統領の誕生、英国のＥＵ離脱、信用の失墜、そして中国の台頭についてである（本書の第４章と第５章を参照していただきたい）。

二〇一七年に起きたトランプ大統領の誕生と、英国のＥＵ離脱を予測した者は少なかったが、このふたつのできごとには明らかに根本的な変化が潜んでいる。第４章の「中央政府の影響力の低下」と第５章「試される資本主義」の箇所でも触れたように、かつて支持されたグローバリゼーションとマルチナショナリズムが、ポピュリズム（大衆迎合主義）、ナショナリズム（国家主義）、プロテクショナリズム（保護貿易主義）に直面しているのだ。こうした動向を歓迎する世界のリーダーは少ないにしろ、そのような世界はまた、変化を促す重要な原動力を反映している――なかでも顕著なのが、格差の拡大、民主主義に対する支持の低下、国家間ではなく都市間の関係に焦点を当てるローカリゼーションの高まり、そしてソーシャルメディアの増幅効果である。

こうした傾向がさらに強まるのか、それとも協調的行動によって収まっていくのかは、いまのところかなり不透明である。二〇一七年に行なわれたフランスの大統領選やオランダの下院選では、結局のところ、極右政党が敗れて中道派の候補者が勝利した。だが、二〇一八年三月のイタリア総選挙で躍進したのは、ポピュリストの政党だった。ロシアでは、国家主義者の意図による帝国主義的で侵略的な姿勢が目立つ。南アフリカ共和国では、与党のアフリカ民族会議（ＡＮＣ）が汚職や腐敗を一掃しようとしている。カリフォルニア州のような重要な州で、多くの企業が熱心なロビー活動を繰り広げているにもかかわらず、トランプ大統領は国際協調主義を否定し、強硬な移民政策を謳い、貿易戦争も辞さない構えで関税を引き上げようとしている――おそらく、この勢いはさらに増すだろう。また英国について言えば、ＥＵ離脱によって経済が大打撃を被るという不利な証拠が増えているにもかかわらず、英国政府はポピュリストたちの反発を恐れて、ＥＵ離脱を取りやめることができない。このように、かつては民主主義の旗手だった国が公然と嘲笑されているのだ――そして、明らかに国際社会での影響力を失いつつある。

## 予測を超えた動向2――信頼の失墜

企業世界に目を向けると、誰を、なぜ信用するのかについて、ますます厳しい視線が注がれている。第5章の「真実と幻想」においても、「大きな組織に対する信頼が揺らぐ時、私たちは信頼できる誰かや何かを探そうとする」と述べた。この傾向を裏づける証拠は増えるばかりだ。「真実と幻想」の箇所では、ドナルド・トランプの台頭について簡単に触れたうえ、インターネットが及ぼす影響によって、何が真実で何が真実でないのかを判断することは、これまで以上に難しくなるだろうと指摘した。「フェイクニュース」はもはや日常生活の一部であり、第一回の「フューチャー・アジェンダ」プログラムでも大きく取り上げたように、世界は〝信頼できる情報源〟を、つまり、真実を語る個人や企業をこれまで以上に求めている。

「フューチャー・アジェンダ」のプログラムではこのところ、この信用というテーマについて、さらに深く掘り下げてきた。ロンドンで世界各国の学生を対象にワークショップを開催した時、信用は真実と直結する問題だと彼らは考えていた。もし信用を勝ち取りたければ、企業は曖昧で倫理に反するふるまいを改め、〝真実を語る〟べきである。規制当局は大企業に一段と厳しい監視の目を向けるようになったが、厳しい目を向けているのは何も規制当局だけではない。数十年をかけて築いた信用を一瞬で失う怖さを、世界中のブランドが肝に銘じている。ディーゼル車に不正なソフトを搭載して排ガス規制を逃れようとしていた、フォルクスワーゲンの一件を考えればわかるだろう。一度失った信頼を取り戻すのは、そう簡単ではない。消費者の信頼をどう維持するのかという問題は、今後、企業の経営陣にとって大きな課題となるに違いない。

そしてもうひとつ、最近のプログラムで詳しく議論してきたのが、個人の医療データの問題である。個人情報の利用とＡＩの影響について議論を重ねるうちに、誰を、何を信用するのかが明らかになってきた。たとえばノルウェーやシンガポール、カナダでは、政府と医療機関に対する信頼度が非常に高いが、これらの国は例外にすぎない。世界中のワークショップで耳にしたのは、企業に対する信頼の失墜だった。製薬会社や保険会社からアメリカの大企業やスタートアップまで、彼らが患者の個人データを利用して商業的利益を得ることについて、懸念の声が高まっていたのだ。よりよい医療を実現する目的で個人情報を共有するためには、そのような懸念をどう解消していくのかが、今後、多くの人にとって大きな課題となるだろう。

## 予測を超えた動向3――中国の台頭

西洋の政府や企業が活気を失い、後退して見えるのに対して、誰の目にも明らかなのは中国の着実な前進である。その動向に批判的な声もあるにしろ、中国ほど国際社会の停滞に乗じて、みずからの意図を着々と推し進めている国はない。

・第3章「生態文明」の箇所でも述べたように、気候変動とグリーン経済について、アメリカが後退して中国が前進した。大気汚染の改善、安全な飲み水の確保、再生可能エネルギーの推進という中国の国内政策は、国際的な政策として急速に広まりつつある。アジアと欧州で開いたワークショップでは、中国はいまや、グローバルスタンダードを設定する国とみなされていた。

・環境分野だけでなく、中国の政治的影響力の拡大に言及する者は多い。舞台裏で北朝鮮に影響力を振るい、南シナ海ではますます公然と埋め立てや建設を行ない、中国がアジアで政治的、軍事的存在感を増していると指摘する政治戦略家もいる。その反面、アメリカの影響力は後退している。米軍がもはや世界の警察とみなされない世界で、ロシアが国際社会の合意なしにウクライナやシリアで影響力を行使しているように、中国もまたアジアのみならず世界の貿易ルートにおいて影響力を拡大している。

「フューチャー・アジェンダ2・0」のワークショップでは、二一世紀はアジアの世紀かという問いが頻繁に議題にのぼり、ほとんどの者が同意した。もしかすると、二一世紀は中国の世紀かもしれない。そして、それが数世紀も続くのかもしれない。

## 日本についての予測

世界的な潮流のなかには、とりわけ日本で顕著な傾向がある。特に注目すべきは〝人口動態の不均衡〟と、高齢化と少子化の進展だろう。日本は毎年、平均して六六万人以上の生産年齢（一五～六四歳）人口を失っている。二〇一二年に七九〇〇万人だった生産年齢人口は、二〇二五年には七一〇〇万人へと約八〇〇万人も減少し、従属人口指数（生産年齢人口一〇〇に対する、年少人口と老年人口を合わせた比）も、六〇から七三に上昇する。これが大きな懸念事項であることは間違いない。医療費や経済に与える影響だけではない。将来の人口動態や社会構造にも大きな歪みが表れる。日本にとってはこれが第一の懸念であるが、問題はそれだけではない。

二〇一七年七月に、文部科学省科学技術・学術政策研究所（ＮＩＳＴＥＰ）科学技術予測センターの招きに応じて私は東京を訪れ、セミナーを開催した。その際にいろいろなテーマについて議論し、日本を取り巻く次のような課題が明らかになってきた。

・近年、産業生産力が低下しており、積極的なオートメーション化とＡＩの採用による改善が見込まれている。これまでの日本は、高度な生産システムと家電が重要な産業部門だった。その流れは今後も変わらないだろう。ここで重要なのは、ハード単体から統合的なソフト戦略への転換である。

・二度にわたる〝失われた一〇年〟にもかかわらず、日本は世界第三位の経済大国であり、貿易輸出額でも世界第四位を誇る。だが、インドとドイツが激しい追い上げを見せており、いまの地位はますます脅かされている。減少する人口で経済成長を維持することは難しい。金融サービス部門の有効性を改善することが、カギとなるだろう。

・家庭内に目を向ければ、高齢者のニーズに応えるために、日本は今後も家庭用ロボット分野でリードを保っていくだろう。アメリカのボストン・ダイナミクスのような企業が、軍事技術を転用して民間市場に積極的に参入しようとしているが、この分野においては、いまも日本の製造業者の名前をイノベーターとしてあげる者が多い。

・こうした背景をもとに、高齢化による国民医療費の増大に伴い、医療機器分野で日本が世界のリーダーになる可能性を見出す者もいる。光学機器やエレクトロニクスといった、すでに高い将来性を持つ分野で、デジタル化を加速させている。

・自動車製造業が日本経済に果たす重要性を踏まえれば、エネルギー効率の高い次世代型モビリティが次第に主流になっていくと考える者もいる。最大の問題は、それが果たして中国や一部のアメリカ企業が入念に検討しているようなバッテリー式電気自動車戦略なのか、水素燃料電池車なのかという点である。

・これらに関連して、今後の日本に必要となるのは、海外からの直接投資をもっと積極的に呼び込み、国内市場を多国籍企業に開放することだろう。経済の自由化がカギを握るのではないだろうか。

・加えて、日本がもっと国際的に統合されるべきだという意見もある。アメリカが貿易障壁を設ける可能性が現実味を帯びるいま、様々な変化によって生じる隙間を、中国との協調によって埋めることが、日本にとっては明らかな好機となる。
・最後に、あちこちの国で問題になっているように、日本でも政府の影響力の低下を懸念する声がある。莫大な公的債務を抱え、税収が減少し、高齢化の進展によって医療費が増大するなか、政府と与党には強い圧力がかかるだろう。さらには、覇権を維持するアメリカの意欲が低下するとともに、中国が軍事力の増強を図る時、日本はどうすれば国際的な影響力を行使して、海上交通路《シーレーン》を確保できるだろうか。

これらは、今後予測される変化のごく一部である。だが、「フューチャー・アジェンダ」で行なったどんな議論もそうであるように、一〇〇パーセント確実な予測というものはない。しかしながら、日本を取り巻く国際的、地域的、社会的な変化を考えた場合には、以上のような課題が浮き彫りになる可能性が非常に高い。

二〇一八年三月

「フューチャー・アジェンダ」共同創設者／プログラム・ディレクター、ティム・ジョーンズ

# 訳者あとがき

『〈データブック〉近未来予測２０２５』は、グローバルなオープン型未来予測プログラム「フューチャー・アジェンダ」から生まれた。共著者のひとりであるティム・ジョーンズ博士をプログラム・ディレクターとして、第一回の「フューチャー・アジェンダ」を二〇一〇年に実施し、二〇二〇年までに起こる様々な変化について探った。第一回の成功を受けて、二〇一五年には「フューチャー・アジェンダ２・０」を実施し、世界三九都市においてワークショップを開催して、二〇二五年までに予測される重大な変化について議論を重ねた。それらすべての成果をまとめたものが本書である。

本書の最大の特徴は、六つのテーマ――「未来の人」「未来の場所」「未来の覇権」「未来の信念」「未来の行動」「未来の企業」――をもとに、個々の課題ごとに現状や今後一〇年間に予測される変化、課題解決の方向性、イノベーション機会などについて詳しく紹介していることだろう。それと同時に、ワークショップで繰り返し話題にのぼった、おおぜいの人が抱く共通の未来像を、「一二の共通認識」としてまとめている。たとえば「人口の爆発的増加」「資源の枯渇」「環境汚染の悪化」「太陽光エネルギーの活用」「アジアの世紀」などである。また「二〇二五年のキーワード」として、「信頼」「プライバシー」「格差」「透明性」「アイデンティティ」の五つについても、深い考察を加えている。

それでは実際、「フューチャー・アジェンダ」の予測はどれほど信頼性が高いのか――二〇二〇年の世界を予測した第一回の「フューチャー・アジェンダ」の場合、あと二年を残して約九〇パーセントの予測が実現したと言えるだろうと、著者も「日本語版増補」で述べている。二〇二五年の世界を予測した「フューチャー・アジェンダ2・0」、すなわち本書で取り上げた内容について言えば、ワークショップの開催から三年が過ぎた二〇一八年の時点で、約五〇パーセントの変化が顕著になりつつある、と著者は分析する。これだけの〝的中率〟を誇るのもやはり、幅広い話題について各分野の著名な専門家に執筆を依頼し、その見識をもとに世界中の都市でワークショップを開き、多様な参加者と共著者の考えや意見をまとめた成果ゆえだろう。

だがもちろん大切なのは、予測が当たったという点にあるのではない――その予測をどう活かして課題に取り組むのか。未来に向けた戦略をどう練って、より豊かな未来の実現につなげるのか。本書が訴えるのは、「知識」と「行動」と「イノベーション」の重要性だ。つまり、私たちが直面する様々な状況や課題について、まずは正しい「知識」を共有する。しかも知識は「行動」に結びついてこそ意味がある。ただ知っているだけでは、その課題に取り組んだことにはならず、プラスの変化は起こせない。そして、変化を起こすためには「イノベーション」も必要だ。

たとえば食料問題である。現在、地球上には七〇億人を超える人口が暮らし、二一世紀の終わりにはさらに二〇～四〇億人の増加が見込まれている。さてその時、いまの一・五倍の人口を果たして地球は養《やしな》っていけるのか。そのいっぽうで、世界で生産される食料の四分の一が食べられることなく廃棄され、また西洋の消費者が毎日廃棄する食料は、サハラ以南のアフリカ諸国が生産する食料の量に匹敵すると知ったら、あなたはどう思うだろうか。きっと、私たち一人ひとりが食料廃棄に対する意識を高め、普段の行動を変えることで、未来の食料問題を解決できるはずだと考えるのではないだろうか。それと同時に、食料の流通と貯蔵の最適化、生産性の向上、遺伝子組み換えによる旱魃に強い作物や塩水で育つ作物の開発といった、技術やイノベーションも重要になってくる。

ここで少し、世界的な潮流と日本の問題について考えてみよう。本書で紹介した「二〇二五年のキーワード」の五つのうち、日本でも「信頼」「透明性」「格差」は深刻な問題であるように思える。ニュース番組を見れば、連日のように文書の改竄《かいざん》や日報の隠蔽《いんぺい》をめぐって国会で野党による追及が続き、また無資格の従業員による完成検査やデータの改竄、顧客情報の流出など企業の不正や不祥事が多発している。こうしたことから、国民が政府や企業、メディアに寄せる「信頼」は著《いちじる》しく失墜した。実際、PR会社のエデルマンが実施した二〇一五年の国際的な信頼度調査「エデルマン・トラストバロメーター」において、日本の国民が自国に寄せる信頼度は三七パーセント、調査対象二七カ国のうちのなんと最下位だったのだ（本書195頁を参照）。つまり、日本人は政府や企業やメディアを信用していない。この大きく失墜した信頼を取り戻すためには、政府や企業は積極的に情報を公開し、説明責任を果たし、「透明性」を高める必要があるだろう。そしてまた「格差」も、私たちが日常生活のなかで実感することの多い問題ではないだろうか。格差の問題が厄介なのは、それが単に所得格差や資産格差にとどまらない点だ。すなわち、格差は幅広い分野の格差を生む。健康格差、教育格差、雇用格差、情報格差など……。格差は固定化し、次の世代へと引き継がれる。

日本特有の差し迫った問題も多い。著者が「日本語版増補」で指摘しているため、詳しくはお読みいただきたいが、真っ先に思い浮かぶのは「人口減少」「高齢化」「医療費の増大」だろう。「民主主義の後退」も無視できない重大な問題である。エコノミスト・インテリジェンス・ユニットは「民主主義指数」において、二〇一四年まで日本を「完全な民主主義国家」にランク付けしていたが、二〇一五年以降は「欠陥のある民主主義国家」に降格した（本書142頁を参照）。国際面に目を向ければ、日本の国際的な影響力の低下、経済や外交の舞台ではもちろん、環境分野でも存在感を増す中国との関係、技術的優位性の低下、日本のモノづくりに対する信頼の失墜、市場開放といった様々な課題も明らかになっている。

もっとも暗い未来ばかりではない。個人の創造力を活かした「クリエイティブエコノミー」は様々な可能性を拡げ、営利目的ではない「真のシェアリングエコノミー」の萌芽も見られる。余分な飾りを省いた「フルーガル・イノベーション」にも、大いに期待が集まっている。「エイジレスな社会」は多様な経済的利益を生み、老年者により長く輝ける機会を与える。近い将来にはあちこちで「スマートシティ」が実現するだろう。「技術のイノベーション」が、今後も重大な課題を解決してくれることは間違いない。だが、なかには私たち一人ひとりが意識を変え、行動を起こすことで実現する変化もある。いまのデジタル世界において、力は既存の機関から市民や消費者へと移行し、ソーシャルメディアというツールを手に入れた個人や個人のネットワークは、以前には考えられなかったような方法で社会や政治に積極的に参加して、変化をもたらすことができるのだ。

さて、共著者のひとりティム・ジョーンズ博士についてご紹介しよう。ジョーンズ博士は、「フューチャー・アジェンダ」の共同創設者であり、プログラム・ディレクターも務めている。世界中の都市でワークショップを開催し、ブレジャー（ビジネス＋レジャー）を楽しむノマドワーカーである。

二〇一七年七月には、文部科学省科学技術・学術政策研究所（ＮＩＳＴＥＰ）科学技術予測センターの招きに応じて初来日し、「将来課題――今後一〇年の六つのチャレンジ」と題して、本書で取り上げた六つのテーマに沿って、二〇二五年までに予測される変化の行方や課題点、将来のイノベーション機会についてセミナーを開催した。

参加者はみな真剣な面持ちでジョーンズ博士の話に聴き入り、そのあとに熱気のこもった質疑応答が続いた。様々な分野の専門家から大学生だという若者まで、幅広い参加者から勢いよく手があがり、博士が一つひとつの質問に次々と答えていった。そしてセミナーはいったん終了したものの、まだ訊き足りないのか、おおぜいの参加者が博士の前に列をつくって並んだのである。セミナーに参加していた編集者と私も最後に挨拶をしたところ、博士は非常にフレンドリーで、邦訳が出ることをとても喜び、力強い握手を交わして下さった。

その日の夜、博士を交えて食事を楽しんだ際の会話にも、その気さくな人柄がにじみでていた。(ワサビ以外は)日本食の大ファンということで器用に箸を操り、日本酒やビールを楽しまれ、なかなかの酒豪ぶりを発揮された。世界の政治情勢、英国の政界裏話、最新技術やイノベーションの未来、歴史から好きな作家やハリウッド俳優までの豊富な話題で盛り上がり、あっという間の二時間半だった。そして、翻訳をする上で不明点や質問があれば、どんなことでも遠慮せずに訊いてほしいと、何度も熱心におっしゃって下さった。そのおかげで、私も躊躇《ちゆうちょ》なくメールでやりとりして質問に答えてもらい、たいへん感謝している。

二〇一八年四月には、共著者のキャロライン・デューイング氏とともに再来日を果たし、同じく文部科学省で「データの価値の未来」をテーマに、専門家を交えてワークショップを開催した。二〇三〇年の世界を予測する次回のプログラムに向けて、まさに世界をまたにかける活躍ぶりである。博士が「フューチャー・アジェンダ」プログラムを今後も長く続け、そのたびに日本を訪れてワークショップを開き、その成果をもとにプラスの変化が生まれ、豊かな未来へとつながることを願っている。そして、本書がその一助となれば幸いである。

最後に、本書を訳すきっかけを与えて下さった早川書房編集部の三村純氏と、原稿を詳しくチェックして的確にアドバイスして下さった同編集部の一ノ瀬翔太氏に、この場を借りて心から感謝申し上げる。

二〇一八年四月

江口泰子

# 原　注


1 http://esa.un.org/unpd/wpp/

2 http://www.who.int/gho/mortality_burden_disease/life_tables/situation_trends_text/en/

3 http://www.bbc.co.uk/news/world-asia-19630110

4 http://data.worldbank.org/indicator/SP.POP.DPND

5 https://www.cia.gov/library/publications/the-world-factbook/fields/2261.html

6 http://www.metoffice.gov.uk/climate-guide/climate-change/impacts/four-degree-rise/map

7 http://www.pewsocialtrends.org/2015/12/09/the-american-middle-class-is-losing-ground/

8 http://www.pewglobal.org/2015/07/08/a-global-middle-class-is-more-promise-than-reality/

9 http://www.theatlantic.com/magazine/archive/2015/05/the-disintegration-of-the-world/389534/

10 http://www.s4.brown.edu/us2010/Data/Report/report10162013.pdf

11 http://www.brookings.edu/blogs/the-avenue/posts/2015/06/09-city-middle-class-berube-friedhoff

12 http://www.economist.com/news/leaders/21637393-rise-demand-economy-poses-difficult-questions-workers-companies-and?fsrc=scn/tw_ec/workers_on_tap

13 http://www.truelancer.com/blog/india-and-usa-comparing-freelance-economies-2/

14 http://www.economist.com/news/business/21625801-forecasting-internets-impact-business-proving-hard-pointers-future

15 http://apps.who.int/iris/bitstream/10665/186463/1/9789240694811_eng.pdf?ua=1

16 https://www.gov.uk/government/collections/future-of-ageing

17 https://t.co/MM1YvTyrdW

18 http://www.mckinsey.com/mgi/overview/in-the-news/the-productivity-challenge-of-an-aging-global-workforce

19 http://www.dw.com/en/german-pension-plans-prompt-eu-reply/a-17588981

20 http://www.economist.com/news/essays/21596796-democracy-was-most-successful-political-idea-20th-century-why-has-it-run-trouble-and-what-can-be-do

21 http://www.ilo.org/wcmsp5/groups/public/---ed_emp/---ed_emp_msu/documents/publication/wcms_181907.pdf

22 ILO, World Employment and Social Outlook – Trends 2015.

23 http://www.weforum.org/community/global-agenda-councils/youth-unemployment-visualization-2013

24 http://www.who.int/gho/publications/en/

25 http://www.economist.com/blogs/democracyinamerica/2015/06/pharmaceutical-pricing?zid=318&ah=ac379c09c1c3f b67e0e8fd1964d5247f

26 http://www.stgeorgeshouse.org/wp-content/uploads/2016/02/Redefining_the_UKs_Health_Services_ Report.pdf

27 http://www.bbc.com/future/story/20150805-will-machines-eventually-take-on-every-job?ocid=twfut

28 http://www.caregiving.org/caregiving2015/

29 http://apps.who.int/iris/bitstream/10665/186463/1/9789240694811_eng.pdf?ua=1

30 http://www.caregiving.org/wp-content/uploads/2015/05/2015_CaregivingintheUS_Final-Report-June-4_WEB.pdf

31 http://www.oecd.org/newsroom/healthspendingineuropefallsforthefirsttimeindecades.htm

32 https://www.metlife.com/mmi/research/caregiving-cost-working-caregivers.html#key findings

33 http://www.mckinsey.com/insights/growth/how_advancing_womens_equality_can_add_12_trillion_to_global_growth

34 http://www.prowess.org.uk/facts

35 http://reports.weforum.org/global-gender-gap-report-2015/report-highlights/

36 http://www.prowess.org.uk/facts

37 http://www.prowess.org.uk/facts

38 http://www.icrw.org/what-we-do/emerging-issues/innovation-transform-womens-lives

39 http://www.iea.org.uk/in-the-media/press-release/scandinavian-success-is-not-due-to-high-taxes-and-welfare-spending

40 https://www.jacobinmag.com/2015/08/national-review-williamson-bernie-sanders-sweden/

41 http://hdr.undp.org/sites/default/files/2015_human_development_report_1.pdf

42 http://www.unfpa.org/urbanization

43 https://urbanage.lsecities.net

44 http://www.bbc.co.uk/news/world-europe-34131911

45 https://issuu.com/unpublications/docs/wmr2015_en

46 http://unhcr.org/556725e69.html

47 http://www.weforum.org/communities/global-agenda-council-on-infrastructure

48 http://www.thenational.ae/business/economy/uaes-infrastructure-investment-not-affected-by-oil-slump

49 http://web.worldbank.org/WBSITE/EXTERNAL/TOPICS/EXTINFRA/0,,contentMDK:23154473~pagePK:64168445~piPK:64168309~theSitePK:8430730,00.html

50 http://ec.europa.eu/economy_finance/publications/occasional_paper/2014/pdf/ocp203_en.pdf

51 http://reports.weforum.org/strategic-infrastructure-2014/introduction-the-operations-and-maintenance-om-imperative/the-global-infrastructure-gap/

52 http://www.mckinsey.com/industries/infrastructure/our_insights/infrastructure-productivity

53 http://reports.weforum.org/strategic-infrastructure-2014/introduction-the-operations-and-maintenance-om-imperative/the-global-infrastructure-gap/

54 http://reports.weforum.org/strategic-infrastructure-2014/executive-summary/

55 http://www.pwc.com/gx/en/industries/capital-projects-infrastructure/future-of-infrastructure.html

56 http://online.wsj.com/ad/cityoftheyear

57 http://www.gci.uq.edu.au/building

58 http://www.energyplan.eu/smartenergysystems/

59 http://www.prnewswire.com/news-releases/global-water-metering-market-66-billion-per-year-by-2025-300058768.html

60 http://www.artba.org/about/transportation-faqs/#9

61 https://www.cia.gov/library/publications/the-world-factbook/fields/2085.html

62 http://reports.weforum.org/global-competitiveness-report-2014-2015/rankings/

63 http://www.transport.govt.nz/ourwork/keystrategiesandplans/strategic-policy-programme/future-demand/

64 http://peakcar.org/category/car-use/

65 http://www.archdaily.com/462616/qianhai-integrated-transportation-hub-gmp-architekten/

66 http://www.futurecommunities.net/case-studies/hammarby-sjostad-stockholm-sweden-1995-2015

67 http://www.teriin.org/div/pro-poor-mobility_policy-guidelines-case-studies.pdf
https://lsecities.net/ media/objects/articles/mobility-and-the-urban-poor/en-gb/

68 http://www.teriin.org/div/pro-poor-mobility_policy-guidelines-case-studies.pdf

69 http://www.sustrans.org.uk/lockedout

70 http://www.slocat.net/sites/default/files/pro-poor_mobility_guidelinesbest_practices.pdf

71 http://www.economist.com/news/business/21644149-established-carmakers-not-tech-firms-will-win-race-build-vehicles

72 https://www.eutruckplatooning.com/home/default.aspx

73 http://www.who.int/phe/health_topics/outdoorair/databases/cities/en/

74 http://www.theguardian.com/world/2015/aug/14/air-pollution-in-china-is-killing-4000-people-every-day-a-new-study-finds

75 http://www.economist.com/news/middle-east-and-africa/21657805-does-united-arab-emirates-really-have-dirtiest-air-world-dust-up

76 http://www.oecd.org/env/the-cost-of-air-pollution-9789264210448-en.htm

77 https://www.london.gov.uk/what-we-do/environment/pollution-and-air-quality

78 http://www.cdc.gov/air/

79 http://www.bbc.co.uk/news/world-asia-india-32193742

80 http://www.economist.com/news/asia/21642224-air-indians-breathe-dangerously-toxic-breathe-uneasy

81 http://www.oecd.org/env/the-cost-of-air-pollution-9789264210448-en.htm

82 http://www.metoffice.gov.uk/climate-guide/climate-change/impacts/four-degree-rise/map

83 https://www.weforum.org/agenda/2016/02/how-can-cities-improve-their-climate-resilience-f6fb69b3-2680-473f-9239-4f6b98b0ed78

84 https://www.weforum.org/agenda/2015/11/major-cities-under-water

85 http://www.economist.com/news/asia/21607837-fixing-dreadful-sanitation-india-requires-not-just-building-lavatories-also-changing

86 WHO/UNICEF 水供給・衛生施設共同監視プログラム, Water Supply and Sanitation Sector Monitoring Report 1990: Baseline year, JMP, Geneva, 1992

87 http://epi.yale.edu/epi/country-rankings

88 http://www.theclimategroup.org/_assets/files/china-ecocivilisation.pdf

89 http://www.mckinsey.com/global-themes/urbanization/urban-world-mapping-the-economic-power- of-cities

90 http://inhabitat.com/how-the-cheonggyecheon-river-urban-design-restored-the-green-heart-of-seoul/

91 http://www.unicefchina.org/en/index.php?m=content&c=index&a=lists&catid=130

92 http://www.c40.org

93 http://newsroom.fb.com/news/2015/02/the-state-of-global-connectivity

94 http://solar.m-kopa.com/about/

95 https://urbanage.lsecities.net

96 http://www.seguridadjusticiaypaz.org.mx/sala-de-prensa/1356-caracas-venezuela-la-ciudad-mas-violenta-del-mundo-del-2015#.VqZQNwJ4GSI.twitter

97 http://www.lse.ac.uk/IDEAS/pdf/COX-Waltz.pdf

98 http://www.mckinsey.com/insights/urbanization/urban_world_cities_and_the_rise_of_the_consuming_class

99 https://qzprod.files.wordpress.com/2013/01/global-middle-class-consumption-2.png?w=640

100 http://www.mckinsey.com/business-functions/strategy-and-corporate-finance/our-insights/why-chinas-consumers-will-continue-to-surprise-the-world

101 https://www.weforum.org/agenda/2015/09/china-king-of-commodity-consumption/

102 http://www.mckinsey.com/global-locations/africa/south-africa/en/rise-of-the-african-consumer

103 http://www.mckinsey.com/global-themes/middle-east-and-africa/whats-driving-africas-growth

104 https://www.bcgperspectives.com/content/articles/globalization-growth-dueling-with-lions-playing-new-game-business-success-africa/

105 http://www.mckinsey.com/global-themes/employment-and-growth/the-growth-opportunity-in-africa

106 https://www.eiu.com/public/topical_report.aspx?campaignid=Democracy0115

107 http://www.economist.com/news/essays/21596796-democracy-was-most-successful-political-idea-20th-century-why-has-it-run-trouble-and-what-can-be-do

108 http://index.okfn.org/place/

109 http://www.top500ngos.net/the-new-top-500-ngos/

110 http://www.ericsson.com/news/1925907

111 http://www.bloomberg.com/news/articles/2013-08-05/trillions-of-smart-sensors-will-change-life-as-apps-have

112 http://networks.nokia.com/innovation/technology-vision

113 http://www.ericsson.com/news/1925907

114 http://www.statista.com/statistics/333861/connected-devices-per-person-in-selected-countries/

115 http://www.ibm.com/smarterplanet/us/en/

116 http://www.theguardian.com/cities/2014/jun/25/predicting-crime-lapd-los-angeles-police-data-analysis-algorithm-minority-report

117 http://www.theguardian.com/cities/2014/jun/25/predicting-crime-lapd-los-angeles-police-data-analysis-algorithm-minority-report

118 http://www.theguardian.com/cities/2014/jun/25/predicting-crime-lapd-los-angeles-police-data-analysis-algorithm-minority-report

119 http://www.hoganlovells.com/files/Publication/cee0104e-9625-4a3c-9d57-dc7c810da2fe/Presentation/PublicationAttachment/7f46bf34-5f15-4aeb-9ec6-e79f28981d95/100273_CM3_ Data%20 Privacy_BRO_E_link.pdf

120 http://www.nytimes.com/2016/02/07/opinion/congress-starts-to-get-serious-about-online-privacy.html?ref=topics&_r=1

121 https://www.whitehouse.gov/sites/default/files/docs/big_data_privacy_report_may_1_2014.pdf

122 http://docplayer.net/3305636-Global-trade-2020-achieving-the-vision-of-interconnected-customs.html

123 https://ustr.gov/tpp/

124 http://www.fmprc.gov.cn/mfa_eng/wjdt_665385/zyjh_665391/t1170143.shtml

125 http://ec.europa.eu/trade/policy/in-focus/ttip/index_en.htm

126 https://www.wto.org/english/res_e/booksp_e/world_trade_report13_e.pdf

127 http://www2.deloitte.com/us/en/pages/about-deloitte/articles/press-releases/global-supply-chain.

html
128 Camarinha-Matos, L., *Adaptation and Value Creating Collaborative Networks*, 2011, São Paulo, Virtual Enterprises
129 http://venturebeat.com/2015/10/19/dyson-acquires-sakti3-for-90m-to-help-commercialize-breakthrough-solid-state-battery-tech/
130 http://www.greenbiz.com/blog/2014/04/21/how-10-innovative-companies-are-giving-energy-storage-jolt
131 http://www.greenbiz.com/article/energy-storage-could-change-power-paradigm
132 https://www.teslamotors.com/en_GB/gigafactory
133 http://storage.pv-tech.org/news/tesla-hints-at-further-gigafactory-ramp-up-consulting-with-utilities-on-sto
134 http://www.theguardian.com/commentisfree/2014/apr/12/capitalism-isnt-working-thomas-piketty
135 https://hbr.org/2015/12/a-better-scorecard-for-your-companys-sustainability-efforts
136 https://www.equalitytrust.org.uk/among-equals-spring-2015-0
137 http://quaternary.stratigraphy.org/workinggroups/anthropocene/
138 http://www.theguardian.com/environment/2015/jun/19/humans-creating-sixth-great-extinction-of-animal-species-say-scientists
139 http://www.nature.com/news/biodiversity-life-a-status-report-1.16523
140 http://www.sciencedirect.com/science/article/pii/S2212041614001648
http://www.fs.fed.us/pnw/about/programs/gsv/pdfs/health_and_wellness.pdf
http://www.pnas.org/content/112/28/8567. abstract
141 http://naturalcapitalforum.com/about/video-wall/
142 http://www.teebweb.org/
143 http://www.sciencedirect.com/science/article/pii/S0959378014000685
144 https://www.gov.uk/government/uploads/system/uploads/attachment_data/file/462472/ncc-natural- capital-gov-response-2015.pdf
145 https://brightfuture.unilever.co.uk
146 http://www.trucost.com/published-research/99/natural-capital-at-risk-the-top-100-externalities-of-business
147 http://integratedreporting.org/the-iirc-2/
148 http://www.naturalcapitalcoalition.org
149 https://www.google.co.uk/landing/now/
150 http://eu.wiley.com/WileyCDA/WileyTitle/productCd-0470598824.html
151 http://www.forbes.com/sites/jaymcgregor/2015/07/06/siri-cortana-google-now-are-the-future-of-

mobile
152 http://money.cnn.com/2015/07/01/technology/siri-easter-eggs/
153 http://uk.businessinsider.com/robotic-cat-is-the-perfect-pet-for-seniors-2015-11
154 http://www.singularity.com/
155 http://www.kurzweilai.net/the-law-of-accelerating-returns
156 http://www.theguardian.com/technology/2014/sep/28/tim-berners-lee-internet-bill-of-rights-greater-privacy
157 https://deepmind.com/publications.html
158 https://www.technologyreview.com/s/527336/do-we-need-asimovs-laws/
159 Stonawski, M., Skirbekk, V., Potancokva, M., Connor, P. and Grim, B.J., 'Global Population Projection by Religion', 2015. *Yearbook of Religious Demography 2015*, pp99–116.
160 http://www.brill.com/products/book/yearbook-international-religious-demography-2014
161 http://www.state.gov/j/drl/rls/hrrpt/
162 http://resourcesfutures.org/#!/introduction
163 http://www.bbc.com/future/story/20120618-global-resources-stock-check?selectorSection=science-environment
164 http://www.theguardian.com/environment/blog/2011/oct/31/six-natural-resources-population
165 http://www.globalagriculture.org/report-topics/water.html
166 http://www3.weforum.org/docs/WEF_FutureAvailabilityNaturalResources_Report_2014.pdf
167 https://next.ft.com/content/09d28fda-98e4-11e5-9228-87e603d47bdc
168 http://www.fao.org/save-food/resources/keyfindings/en/
169 https://www.youtube.com/watch?v=s_JLmxhnpNY
170 http://www.mckinsey.com/mgi/overview/in-the-news/the-global-obesity-threat
171 http://www.medpagetoday.com/upload/2012/5/7/AMEPRE_33853-stamped2.pdf
172 http://www.worldobesity.org
173 http://www.cdc.gov/obesity/data/index.html
174 http://www.plasticpollutioncoalition.org
175 http://www.plasticseurope.org/information-centre/publications.aspx
176 http://education.nationalgeographic.org/encyclopedia/great-pacific-garbage-patch/
177 Lanier, J., *Who Owns the Future?*, 2014, London, Penguin.
178 http://www.economist.com/blogs/economist-explains/2013/07/economist-explains-12
179 Topol, E., *Patient Will See You Now*, 2015, New York, Basic Books.
180 *The Ascent of Money*, Niall Ferguson（『マネーの進化史』／ニーアル・ファーガソン著／仙名紀訳／ハヤカワ・ノンフィクション文庫）

181 http://betterthancash.org/why-e-payments/cost-savings

182 http://www.pymnts.com/news/2015/global-card-fraud-damages-reach-16b/

183 US Federal Reserve http://www.federalreserve.gov/paymentsystems/coin_data.htm

184 https://www.ted.com/talks/sugata_mitra_build_a_school_in_the_cloud?language=en

185 http://www.ungei.org/

186 http://www.unicef.org/esaro/7310_Gender_and_WASH.html

187 https://www.edx.org/school/mitx

188 https://www.change.org/

189 https://home.38degrees.org.uk/

190 https://hbr.org/2012/01/mass-medias-new-engagement-mea

191 Phillips, R., *Trust Me, PR is Dead*, 2015, London, Unbound.

192 http://www.huffingtonpost.com/margaret-heffernan-/is-pr-really-dead_b_6660032.html

193 Farrar-Myers, A. and Vaughn, J.S., *Controlling the Message*, 2015, New York, NYU Press.

194 Wang, R., *Disrupting Digital Business: Create an Authentic Experience in the Peer-to-Peer Economy*, 2015, Cambridge, Mass., Harvard Business Review Press.

195 http://www.acceleratedimprovement.co.uk/culture-change-engagement

196 Ronson, J., *So You've Been Publicly Shamed*, 2015, New York, Riverhead Books.（『ルポ ネットリンチで人生を壊された人たち』／ジョン・ロンソン著／夏目大訳／光文社新書）

197 http://www.womenofchina.cn/womenofchina/html1/news/china/1602/655-1.htm

198 http://mirror.unhabitat.org/stats/Default.aspx

199 https://oxfamblogs.org/fp2p/why-ending-poverty-in-india-means-tackling-rural-poverty-and-power/

200 http://www.irap.org/en/

201 http://www.who.int/mental_health/en/

202 http://www.theguardian.com/commentisfree/2015/apr/27/divestment-fossil-fuels-apartheid-barclays

203 http://www.oecd.org/tax/aggressive/

204 https://www.cbinsights.com/research-unicorn-companies

205 http://www.forbes.com/sites/liyanchen/2015/08/11/the-most-valuable-employees-snapchat-doubles-facebook/#257ecebcf754

206 http://www.thehindubusinessline.com/info-tech/reliance-jio-sets-a-target-of-100-million-users-in- first-year/article8037571.ece

207 http://articles.economictimes.indiatimes.com/2015-09-20/news/66731180_1_cyrus-mistry-tata-sons-tata-group

208 Harbour Research, 'Where Will Value Be Created In The Internet Of Things & People?', 下記を参照。 http://harborresearch.com/where-will-value-be-created-in-the-internet-of-things-people/ (2014年9月12

日にアクセス)

209 Little, M., 'Personal Data and the Big Trust Opportunity', 下記を参照。
http://www.ovum.com/big-trust-is-big-datas-missing-dna/ (2014 年 11 月 10 日にアクセス)

210 http://www.forbes.com/sites/prishe/2012/01/06/dynamic-pricing-the-future-of-ticket-pricing-in-sports/#2c11616355ac

211 https://www.washingtonpost.com/news/wonk/wp/2015/04/17/how-uber-surge-pricing-really-works/

212 Abrams, R.S., 'Uncovering the Network-Centric Organization.' Ph.D. dissertation, University of California, Irvine, 2009.

213 http://www.zapposinsights.com/blog/item/a-memo-from-tony-hsieh

214 http://www.fastcompany.com/3046371/the-new-rules-of-work/what-kind-of-leadership-is-needed-in-flat-hierarchies

215 http://www.theguardian.com/commentisfree/2015/jul/26/will-we-get-by-gig-economy

216 http://www.fastcompany.com/3046387/the-new-rules-of-work/4-things-freelancers-wish-you-understood

217 https://mitpress.mit.edu/books/sharing-economy

218 http://www.bbc.co.uk/news/business-35460401

219 www.fastcompany.com/3046532/the-new-rules-of-work/how-you-can-realistically-make-a-sabbatical-happen

220 http://yoursabbatical.com/about/team/

221 http://skift.com/wp-content/uploads/2014/10/BGH-Bleisure-Report-2014.pdf

222 http://www.economist.com/blogs/gulliver/2015/03/mixing-business-and-leisure

223 http://www.unesco.org/new/en/culture/themes/creativity/creative-economy-report-2013-special-edition/

224 https://www.gov.uk/government/statistics/creative-industries-2015-focus-on

225 http://www.forbes.com/sites/ashoka/2014/01/27/the-transformation-of-medellin-and-the-surprising-company-behind-it/#642e62df4752

226 http://energy.gov/eere/sunshot/sunshot-initiative

227 http://www.neweconomics.org/blog/entry/the-sharing-economy-the-good-the-bad-and-the-real

228 https://pressroom.ups.com/pressroom/ContentDetailsViewer. page?ConceptType=PressReleases&id=1445948452077-607

229 http://uk.businessinsider.com/skype-cofounders-launch-starship-delivery-robot-2015-11

230 http://www.pewhispanic.org/2015/09/28/modern-immigration-wave-brings-59-million-to-u-s- driving-population-growth-and-change-through-2065/

231 http://factfinder.census.gov/faces/tableservices/jsf/pages/productview.xhtml?pid=ACS_10_SF4_B19013&prodType=table

232 http://www.economist.com/news/china/21644222-yearning-american-higher-education-has-driven-surge-overseas-study-georgia-their

233 http://www.iie.org/Who-We-Are/News-and-Events/Press-Center/Press-Releases/2014/2014-11-17-Open-Doors-Data

234 http://www.economist.com/news/finance-and-economics/21663264-how-torrent-money-workers-abroad-reshapes-economy-manna

235 http://www.migrationpolicy.org/programs/data-hub/charts/top-25-destination-countries-global-migrants-over-time

236 http://www.migrationpolicy.org/article/canadas-immigration-policy-focus-human-capital

237 http://www.cic.gc.ca/english/

238 https://next.ft.com/content/cf550f34-a396-11e3-aa85-00144feab7de

239 http://www.grossnationalhappiness.com/articles/

240 http://worldhappiness.report

241 http://hdr.undp.org/en/2015-report

242 http://www.economist.com/news/business/21695940-enduring-power-biggest-idea-business-analyse?fsrc=scn/fb/te/pe/ed/biggestideainbusiness

243 http://www.multicapitalscorecard.com

244 http://www.edelman.com/insights/intellectual-property/2015-edelman-trust-barometer/trust-and-innovation-edelman-trust-barometer/executive-summary/

245 http://www.edelman.com/insights/intellectual-property/2016-edelman-trust-barometer/executive-summary/

246 http://www.huffingtonpost.com/winnie-byanyima/overcoming-inequality-and_b_5498804.html

247 https://www.foreignaffairs.com/articles/2015-12-14/how-create-society-equals

248 http://www.gatesfoundation.org/What-We-Do/Global-Policy/G20-Report

249 http://www.dannydorling.org/?p=5206

250 http://www2.deloitte.com/content/dam/Deloitte/ie/Documents/TechnologyMediaCommunications/2014_uk_tmt_value_of_connectivity_deloitte_ireland.pdf

〔データブック〕近未来予測《きんみらいよそく》 2025

2018年5月25日　初版発行
2018年8月25日　5版発行

著　者　ティム・ジョーンズ
　　　　キャロライン・デューイング
訳　者　江口泰子《えぐちたいこ》
発行者　早川　浩
発行所　株式会社　早川書房
東京都千代田区神田多町2-2
電話 03-3252-3111（大代表）
振替 00160-3-47799
http://www.hayakawa-online.co.jp

印刷所　三松堂株式会社
製本所　三松堂株式会社

ISBN978-4-15-209768-2 C0030　Printed and bound in Japan
定価はカバーに表示してあります。
乱丁・落丁本は小社制作部宛お送り下さい。送料小社負担にてお取りかえいたします。